劳动法学
Labor Law

沈同仙 著

北京大学出版社
PEKING UNIVERSITY PRESS

图书在版编目(CIP)数据

劳动法学/沈同仙著. —北京:北京大学出版社,2009.10
(新世纪法学系列教材)
ISBN 978-7-301-15828-9

Ⅰ.劳… Ⅱ.沈… Ⅲ.劳动法-法的理论-中国-高等学校-教材 Ⅳ.D922.501

中国版本图书馆 CIP 数据核字(2009)第 167377 号

书　　　名:	劳动法学
著作责任者:	沈同仙　著
责 任 编 辑:	刘秀芹　徐　音　王业龙
标 准 书 号:	ISBN 978-7-301-15828-9/D·2422
出 版 发 行:	北京大学出版社
地　　　址:	北京市海淀区成府路 205 号　100871
网　　　址:	http://www.pup.cn
电　　　话:	邮购部 62752015　发行部 62750672　编辑部 62752027
	出版部 62754962
电 子 邮 箱:	law@pup.pku.edu.cn
印　刷　者:	北京飞达印刷有限责任公司
经　销　者:	新华书店
	730 毫米×980 毫米　16 开本　19.25 印张　367 千字
	2009 年 10 月第 1 版　2019 年 6 月第 9 次印刷
定　　　价:	32.00 元

未经许可,不得以任何方式复制或抄袭本书之部分或全部内容。
版权所有,侵权必究
举报电话:010-62752024　电子邮箱:fd@pup.pku.edu.cn

目 录

第一篇 总 论

第一章 劳动法概述 (1)
  第一节 劳动法的概念和调整对象 (1)
  第二节 《劳动法》的适用范围 (11)
  第三节 劳动法的地位及与其他部门法的关系 (13)

第二章 法律关系 (20)
  第一节 劳动法律关系 (20)
  第二节 劳动行政法律关系 (31)

第三章 劳动法的起源和发展 (33)
  第一节 外国劳动法的产生和发展 (33)
  第二节 我国劳动法的发展 (39)
  第三节 国际劳动立法的产生和发展 (47)

第二篇 劳动制度和劳动标准

第四章 劳动合同 (61)
  第一节 劳动合同概述 (61)
  第二节 劳动合同的订立和履行 (66)
  第三节 劳动合同的变更、解除和终止 (83)
  第四节 劳务派遣 (89)

第五章 集体合同 (93)
  第一节 集体合同概述 (93)
  第二节 集体合同的订立 (97)
  第三节 集体合同的履行、变更、解除和终止 (104)
  第四节 集体合同的效力 (106)

第六章 劳动纪律 (111)
  第一节 劳动纪律概述 (111)

第二节　用人单位规章制度 …………………………………… (113)
　　第三节　惩戒制度 ……………………………………………… (119)
第七章　工作时间和休息休假 ……………………………………… (124)
　　第一节　工作时间概述 ………………………………………… (124)
　　第二节　工作时间的种类 ……………………………………… (127)
　　第三节　延长工作时间 ………………………………………… (131)
　　第四节　休息休假的概念和种类 ……………………………… (134)
第八章　劳动保护 …………………………………………………… (139)
　　第一节　劳动保护概述 ………………………………………… (139)
　　第二节　劳动安全保障制度 …………………………………… (140)
　　第三节　劳动卫生和职业病防治制度 ………………………… (146)
　　第四节　伤亡事故统计报告和处理制度 ……………………… (149)
第九章　女职工和未成年工特殊劳动保护 ………………………… (151)
　　第一节　女职工和未成年工特殊劳动保护概述 ……………… (151)
　　第二节　女职工特殊劳动保护的立法 ………………………… (152)
　　第三节　未成年工特殊劳动保护的立法 ……………………… (155)
第十章　工资 ………………………………………………………… (158)
　　第一节　工资概述 ……………………………………………… (158)
　　第二节　工资的形式和构成 …………………………………… (162)
　　第三节　工资的法律保障 ……………………………………… (165)
第十一章　劳动就业 ………………………………………………… (174)
　　第一节　劳动就业概述 ………………………………………… (174)
　　第二节　劳动就业的基本原则 ………………………………… (178)
　　第三节　就业服务 ……………………………………………… (183)
　　第四节　招工制度 ……………………………………………… (186)
第十二章　职业培训 ………………………………………………… (189)
　　第一节　职业培训概述 ………………………………………… (189)
　　第二节　职业培训的分类 ……………………………………… (191)
　　第三节　职业培训实体 ………………………………………… (195)
　　第四节　职业培训的标准和考核 ……………………………… (198)
第十三章　社会保险和职工福利 …………………………………… (203)
　　第一节　社会保险概述 ………………………………………… (203)
　　第二节　失业保险制度 ………………………………………… (208)
　　第三节　养老保险制度 ………………………………………… (213)
　　第四节　工伤保险制度 ………………………………………… (220)

第五节　医疗保险制度和生育保险制度 …………………………(236)
　　第六节　职工福利 ………………………………………………(238)

第三篇　权 利 救 济

第十四章　劳动争议处理 ………………………………………………(241)
　　第一节　劳动争议处理概述 ……………………………………(241)
　　第二节　我国劳动争议处理的基本原则 ………………………(246)
　　第三节　劳动争议调解组织对劳动争议的调解 ………………(248)
　　第四节　劳动争议仲裁委员会对劳动争议的仲裁 ……………(251)
　　第五节　人民法院对劳动争议的审理 …………………………(262)
第十五章　劳动监督检查 ………………………………………………(263)
　　第一节　劳动监督检查概述 ……………………………………(263)
　　第二节　劳动监察制度 …………………………………………(268)
　　第三节　工会组织的监督检查 …………………………………(277)

附录一　中华人民共和国劳动法 ………………………………………(280)
附录二　中华人民共和国劳动合同法 …………………………………(291)

第一篇 总 论

第一章 劳动法概述

第一节 劳动法的概念和调整对象

一、劳动法的概念

劳动法又称"劳工法"或"雇佣法"。在多数国家中,"劳动法"和"雇佣法"、"劳工法"的称谓是混同使用的,但在美国,"劳动法"(Labor Law)和"雇佣法"(Employment Law)分别代表着不同的含义,前者指以工会与雇主或雇主团体之间关系为主要调整对象的法律规范,后者指以雇员和雇主之间关系为主要调整对象的法律规范,两者通常不能混同使用。在我国大陆地区,普遍使用"劳动法"这一称谓。至于劳动法的概念,由于对劳动法调整的对象有着不同的认识,在我国大陆学理界对劳动法的概念也有着不同的表述,概括起来,大致有如下三种:第一种观点认为劳动法是调整劳动关系和与劳动关系有密切联系的其他社会关系的法律规范的总称;①第二种观点认为,劳动法是调整特定社会劳动关系的法律规范的总称;②第三种观点认为,劳动法是调整社会劳动关系以及为实现、保护劳动关系的其他社会关系的法律规范的总称。③ 在上述观点中,第二种观点仅将劳动关系作为劳动法的调整对象,失之过狭。第一种和第三种观点均认为,劳动法的调整对象除劳动关系外,还调整部分特定的非劳动关系的社会关系,只不过第一种观点是用"与劳动关系有密切联系"限定劳动法调整的非劳动

---

① 此学说为我国大陆法学界普遍接受和认同,为通说。参见关怀主编:《劳动法学》,群众出版社1987年版,第3页;李景森、贾俊玲主编:《劳动法学》,北京大学出版社1995年版,第4页;王全兴:《劳动法》,法律出版社1997年版,第45页;许建宇:《劳动法新论》,杭州大学出版社1996年版,第8页;沈同仙:《劳动法的理论与实践》,中国人事出版社2003年版,第3页;关怀、林嘉主编:《劳动法》,中国人民大学出版社2006年版,第5页。

② 参见谢怀栻、陈明侠:《劳动法简论》,中国财政经济出版社1985年版,第3页。

③ 参见董保华:《劳动法论》,世界图书出版公司1999年版,第37页。

关系的社会关系的范围,而第三种观点将劳动法调整的非劳动关系的社会关系直接界定为"为实现、保护劳动关系而产生"的其他社会关系。虽说第三种观点与第一种观点相比更清晰地界定了劳动法调整的"其他社会关系"的范围,但该界定是否精准还有待商榷。为此,本书仍然采用第一种观点。除此以外,我国台湾地区的学者还有以劳动法调整的社会关系围绕的主体为视角,将劳动法界定为:"系指一切以劳工为中心之所有法律规范,除劳工与雇主间权利义务关系之法律规范外,尚包括:劳工与国家间、劳工与劳工间、劳工与工会间、工会与雇主及雇主团体间,及雇主与国家间之相关法律规范。"[1]1994年颁布、1995年1月1日起施行的《中华人民共和国劳动法》(以下简称《劳动法》)第1条在明确立法目的时规定:"为了保护劳动者的合法权益,调整劳动关系,建立和维护适应社会主义市场经济的劳动制度,促进经济发展和社会进步,根据宪法,制定本法。"

二、劳动法的调整对象

法律总是通过调整一定的社会关系、规范社会关系主体的行为而实现社会作用的,劳动法也不例外。劳动法的调整对象为劳动关系和与劳动关系有密切联系的其他社会关系。

(一)劳动关系

1. 界定劳动关系的意义

界定某种社会关系的性质,其法律意义在于确定具体法律的适用。界定劳动关系的意义,概括起来有如下几个方面:

第一,劳动法上规定的对员工(劳动者)的权利保护只有在证明主体之间存在劳动关系时才能适用。例如,用人单位要对劳动者承担劳动保护的义务;劳动者从用人单位获得的劳动报酬不得低于当地政府颁布的最低工资标准;用人单位不得违法要求劳动者延长工作时间等。

第二,处理因劳动关系发生的争议,要遵守与处理其他争议所不同的程序。例如,按照我国《劳动法》的规定,当事人因劳动关系发生争议,并不能直接向人民法院起诉,而要先经过劳动争议仲裁委员会的仲裁,当事人对仲裁裁决不服的,才能依法向人民法院起诉。

第三,许多法律规定的社会保险和福利只有对构成劳动关系的劳动者才适用。例如,用人单位只能为与自己构成劳动关系的劳动者缴纳社会保险费等。

第四,与独立劳动的劳动者相比,劳动关系中的劳动者在劳动过程中要承担更多的义务和责任。例如,服从用人单位的指示,遵守用人单位的规章制度等。

正由于劳动关系中的主体在法律上具有如此多的特殊权利和义务,因此,界

---

[1] 黄程贯编:《劳动法》,新学林出版股份有限公司2006年版,第1页。

定和识别劳动关系就成为准确适用劳动法的前提条件,而如何界定和识别劳动关系也就成为各国劳动法理论界和司法界讨论的热点和难点。

2. 劳动关系的概念

世界上许多国家都制定和颁布了劳动法或雇佣法,但几乎没有一个国家的法律对劳动关系的概念下过定义。一般而言,英美法系的国家是通过判例形成对劳动关系概念的认识,而大陆法系的国家则通过探讨劳动关系的定义而确定鉴别劳动关系的标准和依据。我国属于成文法的国家,无论理论界和司法界都习惯于透过对劳动关系概念的理解,寻找劳动关系与其他社会关系的界限。纵观我国劳动法学界对劳动关系的概念探讨的历史,归纳起来,大致有如下两个阶段:

第一,20世纪90年代以前,理论界对劳动法调整的劳动关系的认识停留在高度抽象的劳动关系的层面上,将劳动关系理解为人们在参加社会劳动方面所形成的人与人之间的关系。

第二,20世纪90年代以后,人们认识到高度抽象的劳动关系是马克思所指的社会关系的一个部分,它不仅包括用人单位与劳动者之间在劳动过程中发生的关系,还包括平等主体之间在劳动中所发生的劳动关系,例如,承揽人与定作人之间因加工承揽合同所发生的关系,作者与出版社之间因出版合同所发生的关系等。这些关系都是人们在劳动中所发生的抽象的劳动关系,但它们由民法调整,而不属于劳动法调整范围。为了定义法律上的劳动关系,区界劳动法调整的劳动关系与抽象劳动关系,我国学者对此进行了有益的探索,并形成了一种通说观点,即劳动法所调整的劳动关系是指劳动者与用人单位之间为实现劳动过程而发生的劳动力与生产资料相结合的社会关系,这是一种具体的、狭义的劳动关系(以下如果没有特别说明,本书均在此意义上使用劳动关系的概念)。

3. 劳动关系的特征

劳动法调整的劳动关系与其他社会关系相比,呈现如下几方面的特征:

(1)劳动关系的主体一方为劳动者,在劳动关系中为劳动力的所有者和提供者。在法律上可以表现为自然人,也可以表现为劳动者的组织——工会。另一方为用人单位,在劳动关系中为生产资料的所有者或者经营者,也是劳动力的需求者。在法律上表现为企业、个体经济组织、国家机关和事业单位等。如果我们将劳动力和生产资料分属于不同主体,将经过双方的合作而实现的劳动过程称为"合作性劳动过程",将由同一主体同时提供劳动力和生产资料而实现的劳动过程称为"独立性劳动过程"的话,那么,劳动关系的主体特征可以将合作性劳动过程与独立性劳动过程相区别。显然,作为劳动法调整的劳动关系仅指合作性劳动过程中所发生的关系。

(2)劳动关系的内容为与劳动过程紧密相连的财产关系和人身关系。人身关系是指具有人身属性的社会关系。如基于人的生命、健康、姓名、荣誉、肖像等所产生的社会关系;基于婚姻、血缘等特定身份而产生的社会关系等。根据劳动经济学的一般理论,劳动过程是指劳动力和生产资料两大生产要素相结合,使"活劳动"演化成"物化劳动"的过程。如果撇开它的具体形式,劳动无非是人体生理机能的一种耗费。基于劳动能力是储存在劳动者体内且与劳动者的身体具有须臾不可分离性,当劳动力作为生产要素进入劳动过程时,客观上使得劳动者的人身也进入了劳动过程。这就决定了人身关系是劳动关系内容的重要构成部分。例如,用人单位应该对劳动者承担劳动保护的义务,保护劳动者在劳动过程中生命安全和健康不受伤害;用人单位对劳动者作为其员工身份的职务行为对外承担法律责任等。当劳动仍然是人们的一种谋生手段时,劳动关系就必然具有了财产关系的属性。在劳动关系中,劳动者通过让渡自己的劳动力给用人单位,并按照用人单位的要求提供劳动,以换取劳动报酬满足自己生活的需要。

劳动法调整劳动关系最终表现为调整劳动者与用人单位之间的财产关系和人身关系,但并不是所有在劳动中发生的财产关系和人身关系均构成劳动关系的内容由劳动法调整,只有与劳动过程紧密相连的财产关系和人身关系才是劳动关系的内容,即劳动者与用人单位建立劳动关系的直接目标是实现劳动力和生产资料的结合,完成劳动过程。这与只注重劳动产品交付而不注重劳动产品生产过程的其他领域中的财产关系或人身关系不同。例如,甲劳动者是乙用人单位招聘的食堂员工,甲每天按照用人单位规定的时间、地点和工作岗位完成工作任务,那么乙就应按照劳动合同的约定向甲支付劳动者的工资和福利待遇,并依法对甲在劳动过程中提供劳动保护。但如果甲是该用人单位通过向社会上招标确定的经营厂方食堂的承包人,双方签有食堂承包经营合同,尽管甲也是每天到食堂上班,但对乙而言,其注重的是承包经营合同规定的目标和任务的完成,而不再关注目标或任务完成的过程。这是两种不同性质的关系,前者为劳动关系,属劳动法调整范围;后者是承包经营合同关系,由民法调整。

(3) 劳动关系具有从属性特征。从属性又称"隶属性",是相对于平等性而言的。如果在某一社会关系中,社会关系主体的地位不平等,一方处于指挥、指示的强势地位,而另一方处于服从的弱势地位,我们就称该社会关系具有从属性。劳动关系的从属性是由劳动者提供劳动的从属性决定的。对于什么是"从属性劳动",我国台湾地区的黄越钦先生曾有精辟的论述:"凡经纳入他人劳动组织中,受指示而为劳动力之给付者概为从属劳动者。因此劳动法除对独立劳动者(例如自由业者、承揽人,虽亦为劳动力给付者,但不受劳动法规范所及)不适用外,凡纳入他人劳动组织,受他人指示而劳动之人即具备'从属性'之要

件。"①具体来说,劳动关系的从属性可以表现为如下几个方面:

第一,身份上的从属性。② 身份上的从属性是指劳动者被完全纳入用人单位经济组织和生产结构中,劳动者成为用人单位的一个成员,并以用人单位的名义对外从事生产经营活动,在身份上与用人单位产生吸收关系。例如,某清洁公司接受某客户要求清洗住房地毯的请求,派员工甲和乙前去履行清洗义务,虽然甲和乙在法律上具有独立人格,但在履行清洗义务时,其身份是清洁公司的代表,而不是甲和乙自己。

第二,履行义务的从属性。履行义务的从属性是指劳动者在劳动过程中必须服从劳动组织者——用人单位的指挥和管理,其履行劳动义务的自由决定权要受到用人单位意志的限制。例如,按照用人单位规定的时间、地点和工作岗位完成工作任务,遵守用人单位内部规章制度,接受用人单位对工作和劳动成效的检查和监督等。

第三,经济上的从属性。这是指劳动者生产或者劳动所创造的劳动成果在法律上的所有权不属于劳动者,而是归属于用人单位。众所周知,只有劳动力与生产资料两大生产要素结合,才能实现劳动过程,创造劳动产品和成果。一般情况下,用于生产资料由用人单位提供,用人单位通过支付劳动者工资换取劳动者对劳动力的支配权,使劳动力与生产资料进行合理配置,创造物质财富,从而实现用人单位所追求的经济目的。正由于劳动关系具有经济上的从属性的特点,所以法律要求用人单位承担两个方面的劳动风险。一是劳动成果经营风险,即劳动者只要按照用人单位指示或者要求完成生产或工作任务,用人单位就必须按照劳动合同的约定支付劳动者劳动报酬,而不应受用人单位经济效益的影响;二是劳动者在劳动过程中的职业风险,即用人单位应承担劳动保护义务,对在劳动过程中发生的劳动者人身损害事故承担赔偿责任。

(4)劳动关系从属性的发展和灵活运用

纵观人类劳动关系发展的历史轨迹,我们不难发现,典型的劳动关系是资本主义工业化生产方式的产物,所以一些欧美国家除将劳动法称为"雇佣法"外,还称其为"产业关系法"(Industrial Relations Law)。科学技术的飞速发展不仅改变了人们的生活方式,也使得用人单位的用工方式和劳动者的劳动方式变得更加灵活和多样,劳动关系的从属性在某些生产和工作领域不再像早期资本主义劳动方式那样表现得一成不变。例如,工业化大生产时代,工厂作为用人单位对劳动者的劳动指示,不仅包括做什么,而且包括如何做;同时,工作的时间、地点

---

① 黄越钦:《劳动法新论》,中国政法大学出版社2003年版,第31页。
② 目前在我国学者所著的相关著作和教材中,均将此表述为"人格上的从属性"。本书认为,劳动者和用人单位作为法律关系的主体,其人格均是独立的,不可能产生一方人格被另一方吸收的关系。在劳动关系中,当劳动者作为用人单位员工对外从事活动时,用人单位吸收的是劳动者的身份而不是人格。

和方式都很确定,几乎没有任何的弹性。但现代科技的发展使科技成为人类发展中的重要产业,从事技术研究和开发的劳动者越来越多。显然,用人单位对从事技术开发和研究劳动者的劳动指示不可能像对一般的产业工人那样,可以就如何完成工作任务作出明确的指示;同时根据脑力劳动的特点和需要,对劳动者工作地点、时间和方式的要求,也不像对产业工人那样规定得那么僵硬,而是更有弹性。也许我们能从英国司法机构和理论界对劳动关系的判断标准的认识发展中得到启发。

英国是世界公认的工业革命最早的国家,代表近代意义劳动立法开端的《学徒健康和道德法》也首先在英国颁布。早期的资本主义生产方式以劳动密集型为主,与之相对应,英国法院创立了著名的"指挥控制"(control test)的劳动关系判断标准。该标准由布拉姆韦尔(Bramwell)法官在1880年Yewens v. Noakes案的判例中创立。他认为,雇主有权控制劳动者做什么和怎么做,而受雇人工作的方式取决于雇主的命令和指示,相对于受雇人的独立劳动者只是被告知做什么,而没有被告知怎么做。① 随着社会的发展,工业生产对技术的要求越来越专业化,单一的"指挥控制"标准不能适应确认劳动关系的需要。1952年,法官丹宁(Denning)在Stevenson Jordan and Harrison Ltd. v. MacDanald and Evans案的判例中创设了"组织标准"(organisation test),又称"整体标准"(integration test)。该标准认为:判断一个人是否是受雇人不仅取决于他是否服从劳动命令和指示,还取决于他是否是劳动组织的一个组成部分。在劳动合同(a contract of services)项下工作的受雇人所做的工作应该是劳动组织业务的一个组成部分,而从事劳务合同(a contract for services)项下工作的人,虽然也可能是为该劳动组织的业务服务的,但不是劳动组织业务的整体组成部分,而仅是业务的配件或附加。② 事实上,劳动关系的从属性的表现形式是多种多样的,自1969年库克(Cooke)法官在Market Investigations Ltd. v. Minister of Social Security判例中创设"多种的或经济现实标准"(multiple or economic reality test)后,英国理论界和司法界就抛弃了以某单一标准判断劳动关系的路径,利用判例法具有充分灵活性的优势,由法官视个案案情的实际情况进行综合判断。库克法官认为,判断一个劳动者是否是受雇人,应考虑如下因素:第一,是否是劳动者本人亲自提供服务;第二,是否存在指挥和控制,他认为指挥控制标准虽然不再是判断劳动关系最终和唯一的标准,但毫无疑问它是一个不得不考虑的因素;第三,是由雇主还是受雇人提供劳动工具和劳动设备;第四,劳动者是否雇有自己的帮手;第五,劳动者是否承担经济风险。他指出:"一个人能在用自己账户经营的业务中雇用

---

① See Michael Jefferson, *Principles of Employment Law*, Cavendish Publishing Ltd., 2000, p. 60.
② Ibid., p. 62.

自己吗?"①英国有的学者认为,劳动关系(雇佣关系)"是一个群体概念,假如有人想用 A-E 的清单方式列出雇佣关系的判断因素,一个雇佣合同可能只有 A、B 和 C,而没有 D 和 E;而另外一个雇佣合同可能含有 D、E 或 A 和 C,但又不具有其他的因素,但它们可能都是雇佣合同。"②

从英国劳动关系判断标准发展的历程中不难发现,尽管人们无法就劳动关系的具体判断标准设计出统一的模式,但有一点是清楚的,那就是英国所有判例创立的各种判断标准都指向劳动关系的共性——从属性。确实,每一案件的法律事实所表现的劳动关系从属性的方式不完全一样,甚至在一个案件中会同时存在劳动关系和其他民事关系相互排斥的因素,这时只能依赖法官依据案件事实,综合分析各种因素对案件性质的影响,正如英国有的学者指出的那样,"一个最重量级的因素能超出四个轻量级因素的作用"③,据此对案件法律关系的性质作出准确的判断。实行判例法的国家,通过"法官造法",使法律对劳动关系识别标准的规定及时地适应了社会经济发展和劳动方式变化的需要。我国《劳动法》制定于1994年,而今天我国存在的劳动和就业方式与十年前相比,已经发生了翻天覆地的变化:各种所有制企业雨后春笋般成长起来,大量农民工涌入城市寻找就业机会,被国际劳工组织命名的"非正规就业"方式越来越受到人们的青睐……,所有这些都要求我们在认识和把握劳动关系从属性标准上,要改变传统和单一的思维模式,使法律能真正反映并适应社会经济基础发展的状况和需要。

4. 劳动关系的种类

按照劳动者方是否为团体的标准,可以将劳动关系区分为个别劳动关系和集体劳动关系两种。

(1) 个别劳动关系。个别劳动关系是相对于集体劳动关系而言的,是指劳动者个人与用人单位形成的劳动关系。劳动力就其本来意义而言,总是作为一种个体而存在的,所以劳动关系这一概念,如果没有特别说明,通常是指个别的劳动关系。

(2) 集体劳动关系。是指工会代表劳动者团体与用人单位或者用人单位团体之间形成的劳动关系。集体劳动关系是以规范劳动者团体劳动条件为目标的。从劳动关系发展的历史看,集体劳动关系产生的时间晚于个别劳动关系,其最初的产生原因大致有如下两个方面:

第一,个别劳动关系中劳动者和用人单位实际地位不平等。毋庸置疑,从总

---

① Cited from Gwyneth Pitt, *Employment Law*, Sweet & Maxwell Ltd., 2000, p.82.
② Ibid., p.83.
③ Ibid., p.66.

体上看,在劳动关系中,劳动者相对于用人单位而言始终处于弱者和劣势地位,单个的劳动者为了自己的生存,往往不得不接受用人单位提出的苛刻劳动条件。在单个劳动者无力抗衡或反抗无效的情况下,劳动者自发地团结起来,通过集体罢工的斗争方式为自己争取和赢得劳动条件的改善。为了实现斗争的有效性和有组织性,19世纪初,在英国出现了工会性质的工人秘密联盟,并于1918年在英国出现了世界第一个工会。"代表工人团体利益与资方谈判或协商是工会存在的最基本的理由。"[1]因此,集体劳动关系的形成过程也是工会的形成过程。

第二,社会化大生产方式下劳动者具有改善劳动条件的共同要求。在人类社会进入资本主义时代之前,也有少量的个别劳动关系存在,但当时以手工作坊的劳动方式为主,还没有形成产业生产方式,受雇于各作坊的劳动者的劳动条件千差万别,他们之间无法形成共同的改善劳动条件的需求,也没有现代意义上的团结意识。自从英国工业革命取得成功后,人类进入了机械化大生产的社会阶段,面对雇主的剥削和苛刻的劳动条件,改善劳动条件的共同目标使劳动者产生了团结意识,并最终形成了工会组织。

从国际工人运动和工会的发展历程看,工会经历了被禁止、承认、保护和发展三个时期。一般认为,18世纪工业革命后至1871年英国的《工会法案》颁布之前,各国政府对工人为改善劳动条件所采取的措施持禁止的态度,该时期被称为"禁止时期";自英国颁布《工会法案》至20世纪初,世界许多国家相继效仿英国颁布了承认工会组织合法性的法律,该时期被称为"承认时期";20世纪后,各国普遍将公民享有的结社权写入宪法,保护工人组织工会的权利,并鼓励工会代表工人利益与资方就劳动条件进行集体谈判和集体协商,工会组织的作用得到了前所未有的发挥。随着高科技信息时代的到来,以及各国劳动基准和社会安全保障立法的完善,虽然有些国家的工会成员数量出现了下降的现象,但工会在工人集体劳动条件形成中的作用并未因此而削弱,相反,工会不仅代表劳动者利益就企业的集体劳动条件与资方协商,还作为社会伙伴直接参与国家或国际组织(例如欧盟)的劳动立法。

5. 劳动关系与相关概念的关系

(1) 劳动关系与雇佣关系、劳务关系。对我国而言,"雇佣关系"这一名词是个"舶来品",是从英文"employment relation"翻译过来的。雇佣关系的主体一方是雇员,另一方是雇主,这里的雇主可以是法人或非法人组织,也可以是个人,例如个人或家庭雇用保姆。如前所述,在多数传统的市场经济国家中,"雇佣关系"与"劳动关系"这两个名词是混同使用的。我国台湾地区有学者认为,"劳动关系"这一名词的出现,反映了人们对雇佣关系概念的反思,"雇佣关系"这一名

---

[1] Gwyneth Pitt, *Employment Law*, Sweet & Maxwell Ltd., 2000, p.90.

词反映了受雇人和雇佣人之间劳务和报酬的等价交换关系,"然而依照法理,劳动关系决非如斯地对等人格者间纯债权关系而已,其间含有一般债的关系中所没有的特殊的身份因素在内,同时除个人要素外,亦含有高度的社会要素,盖以受雇人劳务之提供决非如物之出卖人仅将其分离于人格者之外的具有经济价值的身外物交付而已,而是将存在于内部毕竟不能与人格分离的人格价值一部分的劳力之提供,受雇人对雇主既有从属关系,其劳动力之提供事实上即成为人格本身的从属。此种在债权要素外,尚包括身份要素的不对等人格间之'人的关系',即所谓的劳动契约关系,与一般雇佣关系迥然相异。因此自十九世纪末二十世纪初以来,遂进入具有社会色彩的劳动契约时代。"①而劳动关系更多折射出以劳动者"人"本立场出发的法律理念。在我国,由于《劳动法》第2条将劳动关系的主体限定在劳动者和用人单位之间,即我国劳动关系中的"雇主"只能是单位,不包括个人。这样,传统意义的雇佣关系在我国《劳动法》颁布后分割成两种关系,一种为受《劳动法》调整的劳动关系,另一种为不受劳动法调整的雇佣关系,例如家庭保姆和雇主之间的关系。为了表示传统雇佣关系与不受我国《劳动法》调整的雇佣关系的区别,也有人将后一种关系称为"劳务关系"。同时,受传统雇佣关系概念长期使用的影响,法学界和司法界相当多的人仍然在传统雇佣关系含义上使用"劳动关系"这一概念。这样,就形成了"劳动关系"、"雇佣关系"和"劳务关系"这三个概念使用非常混乱的局面。本书认为,鉴于世界许多国家的法律仍然在同一含义上使用雇佣关系和劳动关系的现实,为了便于劳动法学界的国际交流和对话,我国以"劳务关系"的概念称呼不受劳动法调整的雇佣关系更为合理。

(2)劳动关系与劳资关系。在日常生活中,劳动关系有时也称"劳资关系",如前所述,劳动关系的概念体现了以人为本的现代劳动法学理念,而劳资关系是从另一个角度对劳动关系的描述。这里的"劳资"包含两层含义:一是指主体为"劳方"和"资方";二是指生产要素——劳动力和资本。劳资关系的称谓强调主体利益的对立性和劳资双方在劳动过程中的合作性。由此产生"劳资协商"和"劳资谈判",以协调劳资双方的矛盾和利益。

(二)与劳动关系有密切联系的其他社会关系

与劳动关系有密切联系的其他社会关系其本身不是劳动关系,因为与劳动关系有密切的联系,所以也纳入劳动法的调整范围。台湾有些学者称之为"劳动关系的附随关系"。

1. 其他社会关系与劳动关系有密切联系的表现

(1)从主体上看,这种社会关系的主体一方与劳动关系的主体发生交叉,即

---

① 黄越钦:《劳动法新论》,翰芦图书出版有限公司2000年版,第7页。

一方为劳动关系的主体——劳动者或用人单位,另一方为劳动关系的相对人,例如劳动行政部门、工会、职业培训机构等。

(2) 从内容上看,这些关系是以劳动关系为核心而展开的社会关系,有的是为了促进劳动关系的建立而发生的关系,有的是劳动关系发展中的附随关系,也有的是劳动关系发展的结果。劳动法如果不将这些关系纳入调整范围,事实上也不可能有效地调整好劳动关系。

2. 其他社会关系的种类

根据劳动法调整的其他社会关系的性质,可以将这些社会关系划分成两大类:劳动行政关系和因劳动争议处理而发生的劳动争议仲裁机构与用人单位、劳动者之间发生的关系。

(1) 劳动行政关系

劳动行政关系是指国家行政机关或行政机关授权的社会组织在劳动行政管理和服务中与劳动关系主体之间所发生的关系。劳动行政关系主要包括两部分:

第一,为帮助劳动者实现劳动权或用人单位实现用人权而发生的劳动行政关系。作为劳动者享有的核心权利——劳动权,其实现在很大程度上依赖于社会的客观条件,即劳动者要使自己的劳动力与社会生产资料结合,除自己在主观上有就业的愿望、客观上具有劳动能力外,还需要社会提供可与劳动力结合的就业岗位,正如有的学者指出的那样,劳动关系中"除个人要素外,亦含有高度的社会要素"①。这就要求国家在对待公民劳动权实现的态度上不能像对待其他权利那样,仅履行"不妨碍"的不作为义务,而要采取一切措施,积极帮助公民实现劳动权,即国家在公民劳动权的实现中负有积极的义务。例如国家应建立和健全供劳动力流动的市场;制定劳动力合理流动的法律、法规;建立健全促进劳动者就业服务体系,包括职业介绍、就业辅导、就业训练等;在公民尽自己所能仍然不能实现就业或劳动者因故丧失劳动能力或劳动机会时,国家应提供相应的救济,即国家应建立相应的劳动保险体系。其中,国家劳动行政机构或一些社会组织(例如职业介绍所)与劳动者或用人单位就劳动行政指导,以及经营劳动保险的机构和劳动关系主体之间必然会发生关系。我国 2007 年 8 月 30 日第十届全国人民代表大会常务委员会第二十九次会议通过并于 2008 年 1 月 1 日起实施的《中华人民共和国就业促进法》对国家在公民就业中的义务和责任作了具体的规定。

第二,为监督劳动法律、法规的执行而发生的享有劳动监督检查职权的国家机构和社会组织与劳动关系主体之间发生的关系。例如劳动行政管理部门、劳

---

① 黄越钦:《劳动法新论》,翰芦图书出版有限公司 2000 年版,第 7 页。

动监察部门、工会组织、妇联等就监督检查用人单位执行劳动法律、法规和维护劳动者合法权益等事宜与用人单位发生的关系。

（2）劳动争议仲裁机构就处理劳动争议与用人单位、劳动者之间发生的关系

我国现行劳动法采用了实体和程序合一的立法体系。《劳动法》、《中华人民共和国劳动争议调解仲裁法》对劳动争议在进入法院诉讼阶段之前的调解和仲裁程序作了规定，由此导致因劳动争议处理而产生的劳动争议调解机构和仲裁机构与劳动关系主体之间所发生的关系也纳入了劳动法的调整轨道。

第二节 《劳动法》的适用范围

一、适用范围的概念

适用范围是指法律对什么人适用、在什么空间适用、生效的时间以及是否有溯及既往的效力。

二、《劳动法》的适用范围

我国《劳动法》第 2 条和国家劳动部颁发的《关于贯彻执行〈中华人民共和国劳动法〉若干问题的意见》（以下简称《若干问题意见》）对《劳动法》的适用范围作了规定。《劳动法》第 2 条规定："在中华人民共和国境内的企业、个体经济组织（以下简称用人单位）和与之形成劳动关系的劳动者，适用本法。国家机关、事业组织、社会团体和与之建立劳动合同关系的劳动者，依照本法执行。"据此，可以将《劳动法》的适用范围分述如下：

（一）空间范围

我国《劳动法》适用的空间范围为"中华人民共和国境内"，其中包含两层含义：

1. 只要是在中华人民共和国境内的用人单位与劳动者之间建立的劳动关系，都适用我国《劳动法》，无论该用人单位的投资者的国籍如何，也不管劳动者是否是我国的公民，只要在我国境内形成劳动关系，就要适用我国《劳动法》。

2. 在我国境外形成的劳动关系是否适用我国的《劳动法》应按照冲突法规的有关规定处理。我国《劳动法》第 2 条的规定只是表明，在我国境内的用人单位与劳动者建立的劳动关系，必须适用我国的《劳动法》，当事人不得选择适用其他国家的法律，即我国《劳动法》对我国境内的用人单位与劳动者之间形成的劳动关系进行专属管辖，排斥外国法律的适用，这是国家主权在司法管辖上的表现。至于我国主权所不能及的外国企业，则不是我国《劳动法》所能管辖的，这

种法律理念,就外国政府的立场而言,也大致相同。但这并不意味着在我国境外的企业与劳动者之间形成的劳动关系就一定不受我国《劳动法》的管辖,尽可能扩大本国法律的域外效力,是各国制定冲突法的一个基本原则。因此,是否能以我国的《劳动法》处理某些具有涉外因素的劳动争议,应根据我国冲突法的规定而定,不能一概认为,我国《劳动法》只适用在我国境内的用人单位与劳动者形成的劳动关系。例如,设立在日本境内的企业甲与我国某企业在我国境内建立中日合资企业乙,甲企业聘用我国公民丙作为甲企业进驻乙企业的董事,聘用合同的有效期限为三年,年薪为20万元人民币。合同履行不到一年,甲企业因故作出解聘丙的决定。丙向乙企业所在地的劳动争议仲裁机构提出仲裁请求。仲裁机构以与丙建立劳动关系的甲企业不是设立在我国境内为由,裁定不予受理。从上述分析中可以看出,该仲裁机构的裁决有失偏颇:根据我国冲突法"最有密切联系"的原则规定,在该案中,合同的履行地在我国境内,当事人向我国的仲裁机构申请仲裁,该仲裁机构完全可以受理。

(二) 对人的效力

这里的"人",不仅指自然人,还包括法人和其他经济组织。根据我国《劳动法》第2条的规定,《劳动法》对人的效力包括:

1. 企业和个体经济组织与其劳动者

在我国境内的所有企业和个体经济组织均受我国《劳动法》的调整,与企业和个体经济组织的出资人的国籍无关。这里的企业是指从事产品生产、流通或服务性活动等实行独立经济核算的经济单位,包括各种所有制类型的企业。根据《若干问题意见》第1条第1款的规定,"'个体经济组织'是指一般雇工在七人以下的个体工商户。"我国境内的企业、个体经济组织与劳动者之间,只要形成劳动关系,即劳动者事实上已成为企业、个体经济组织的成员,并为其提供劳动,就适用《劳动法》。

2. 国家机关、事业组织和社会团体与其劳动者

国家机关、事业组织和社会团体及与其建立劳动关系的劳动者作为《劳动法》的适用对象是有条件的,即国家机关、事业组织和社会团体通过劳动合同或按规定应实行劳动合同与其工作人员建立劳动关系的,才适用劳动法。具体包括:

(1) 实行企业化管理的事业组织与其工作人员。例如民办学校及与学校建立劳动关系的包括教师在内的全体工作人员。

(2) 国家机关、事业组织、社会团体与其实行劳动合同制度以及按规定应实行劳动合同制度的工勤人员。例如国家机关与在国家机关做清洁工作或食堂工作的工勤人员。

(3) 其他通过劳动合同与国家机关、事业组织、社会团体建立劳动关系的劳

动者。

3. 排除适用《劳动法》的人员

根据《若干问题意见》的规定,以下人员不适用《劳动法》:

(1) 公务员。国家公务员不适用劳动法是国际通行的劳动法的适用原则,因为公务员是代表国家行使职权的,其与国家机构之间的劳动权利和义务不能通过《劳动法》调整,而应适用公务员法。例如,许多国家实行专职公务员制度,公务员的招考程序和要求与企业招收员工有着明显的区别,劳动者一旦被招聘为国家公务员,工作期限一般为终身制(劳动者辞职或严重违纪除外)。另外,某些劳动权利公务员不得行使,例如公务员不得参加罢工等。

(2) 比照公务员制度的事业组织和社会团体成员。在我国,共青团、工会和妇联等社会团体的专职工作人员,一般都是比照实行公务员制度的人员;有些事业组织主要是从事国家机构委托交办事项的,其专职工作人员可能实行比照国家工作人员制度。例如,国家劳动行政部门设立的职业介绍机构的工作人员等。

(3) 农业劳动者。农业劳动者通过家庭联产承包合同确定其权利和义务,由于农业劳动具有与工厂劳动诸多的不一致性,各国的劳动法均规定,农业劳动者不适用劳动法。农民与村民委员会之间的关系不属于劳动关系,不受《劳动法》的调整。但如果农民作为乡镇企业的职工或进城务工经商,与相应的企业、个体经济组织之间形成劳动关系,应适用《劳动法》。

(4) 现役军人。正在服役的军人肩负着保卫祖国和人民安全的重任,其在服役期间的职责由国家法律另行规定,不适用《劳动法》。

(5) 家庭保姆。家庭保姆是否适用劳动法,各国规定不同。目前我国规定,家庭保姆不适用《劳动法》。但也有国家规定家庭保姆适用劳动法,例如澳大利亚。

第三节 劳动法的地位及与其他部门法的关系

一、劳动法是一个独立的法律部门

(一) 澄清劳动法是否是一个独立的法律部门的意义

有人认为,理论界存在的劳动法是否是一个独立的法律部门的争议纯属理论研究者的派别争议,没有任何的现实意义,因此劳动法是否是一个独立的法律部门并不重要,没有必要对此问题花费笔墨。而本书认为,劳动法是否是一个独立的法律部门,不仅是一个理论问题,而且是司法实践中必须解决的问题,具有现实的实践意义。例如,我国许多民法研究者认为,劳动法不是一个独立的法律部门,它是民法的一个组成部分,相对于民法而言,劳动法是特殊法。受该观点影响,我国司法实践中也出现按普通法和特殊法效力的适用原则处理有关纠纷的情况。例如,甲公司为了重建一栋破旧的厂房,与乙建筑公司签订了一份建筑承揽合同,对双方应承担的权利和义务作了约定。丙是甲公司的电焊工,某天因下雨,甲公司安排丙在乙刚建好但正在进行内部油漆的厂房内作业。因电焊的火花溅入乙公司油漆工丁的油漆桶内,引起燃烧,致使丁身体大面积烧伤。经治疗,丁花去医疗费3万多元。乙建筑公司在承担了2万元医疗费后拒绝再支付,认为甲在丁的受伤中负有责任,要求丁向甲求偿,而甲认为丁是乙的职工,在工作中负伤,理应由乙负责,为此发生纠纷。丁向当地法院起诉,要求甲承担人身赔偿责任。法院在接到丁的诉状后认为,丁和乙之间存在劳动关系,丁是在工作过程中受到的伤害,构成工伤。丁和甲之间只是普通的人身损害赔偿。因而在该案中出现了法律适用的竞合,而劳动法相对与民法而言,是特殊法和普通法的关系,按照特殊法优于普通法的法律适用原则,在该案中首先应适用劳动法。而根据劳动法的规定,发生劳动争议,首先要经过劳动争议仲裁委员会的仲裁,对仲裁裁决不服的,才能向人民法院起诉。为此,该法院作出裁决,对丁的诉请不予受理,建议丁向当地的劳动争议仲裁委员会申请仲裁。在此暂且不讨论该案是否构成适用法律的竞合,但以此可以说明,劳动法在法律体系中的地位,不仅仅是一个理论问题,也是具有实践意义的问题。

(二)劳动法是一个独立的法律部门

本书赞同我国法学界大多数学者所持的"劳动法是宪法统帅下与民法、经济法和行政法并列的一个独立的法律部门"[①]的观点。理由如下:

1. 劳动法有自己独立的调整对象

按照一般法律理论,划分法律部门是以其调整对象为主要标准的。如前所述,劳动法调整的对象是劳动关系和与劳动关系有密切联系的其他社会关系,即劳动法有其特定的调整对象。"在这里,所谓特定的调整对象,不应理解为一个法律部门只调整单一的某种社会关系,也不应理解为一个法律部门所调整的社会关系只能是本法律部门所专有或特有的调整对象;而应理解为,各个法律部门的调整对象,都应在总体上具有不同于其他法律部门的特征。劳动法的调整对象,较之民法、经济法和行政法,其特殊性是明显的。它只限于劳动领域的社会关系,且以劳动关系为主。虽然民法、经济法、行政法分别对其中部分社会关系在一定程度上予以调整,但唯有劳动法是对劳动领域的主要社会关系进行统一调整的法律部门。"[②]

---

① 王全兴:《劳动法》,法律出版社1997年版,第57页。
② 同上。

2. 劳动法有自己独特的对社会关系的调整方式

法律对社会关系调整的方式,归根结底是由该社会关系的特点决定的。劳动关系具有从属性的特点,以及劳动力相对于社会生产资料严重地供大于求的现实,决定了以"契约自由"、"当事人意思自治"为原则的民法无法胜任劳动关系调整的重任。为了保证劳动者的劳动条件具有最低限度的"社会公正性",以及提高劳动者与用人单位的抗衡能力,在法律允许劳动者和用人单位继续以劳动合同形式确立双方权利和义务外,国家通过劳动基准立法和对集体合同效力的认定,对合同当事人(主要是用人单位)在劳动合同中的意思表示的自由作了限制。例如,国家通过立法规定最低就业年龄、最高工时、最低工资、劳动保护等劳动基准,用人单位在劳动合同中就上述劳动条件不能作出突破法律规定的"上限"或"下限"的意思表示;作为劳动者团体利益代表的工会,可以通过集体协商,代表劳动者团体与用人单位就劳动者团体的劳动条件与用人单位签订集体合同,集体合同所规定的劳动条件就成为本企业内部的"最低劳动基准"。用人单位在与劳动者个人订立的劳动合同中所约定的劳动条件,不得低于集体合同的规定。由此可见,劳动法对劳动关系的调整是通过三个层面进行的:一是通过国家的劳动基准立法,进行宏观调整;二是通过集体协商或谈判达成的集体合同,进行中观调整;三是通过劳动者和用人单位的协商签订劳动合同,进行微观调整。其目的就是为了提升劳动者的经济地位,改善劳动者的劳动条件,实现法律所追求的"公正"、"公平"的价值理念。

另外,从劳动过程实现的需要上看,劳动者与用人单位之间的利益摩擦,是两者合作过程中的摩擦。因此,当劳动者与用人单位之间的劳动关系或一个企业的整体劳资关系出现冲突或不协调的时候,许多国家的法律首先是允许通过双方当事人自己的力量对比和内部协商进行解决。例如,工会可以依法组织罢工,用人单位可以采取闭厂等手段,迫使对方让步,以此协调劳动关系和劳资关系。这种自我协调的方式也是劳动法独特的调整劳动关系方式的一个组成部分。

3. 劳动法是一个独立的法律部门是世界大多数国家客观存在的事实,劳动法具有作为独立法律部门的传统

自从劳动关系摆脱民法由劳动法调整以来,劳动法在世界大多数国家就取得了独立法律部门的地位。例如,法国、苏联等都颁布过劳动法典,世界许多国家设有专门处理劳动争议的劳动法院或劳动法庭等。劳动法是与民法、经济法和行政法平行的独立法律部门,一直是世界多数国家法律界的共识。我国也不例外,自新中国成立以来,受苏联劳动法地位的影响,我国的劳动法一直是一个独立的法律部门,虽然对劳动法的研究相对于其他法律起步较晚,但这不能动摇劳动法作为一个独立的法律部门的传统地位。

二、劳动法与其他法律部门的关系

（一）劳动法与民法的关系

我们知道，早期的劳动关系（雇佣关系）被视为一种纯债权债务关系由民法调整。毋庸置疑，以劳动合同确立的劳动关系具有债的性质，因此民法中关于债的一些基本原则对劳动合同仍然适用，例如合同的概念、合同订立和履行的原则等。但如前所述，劳动关系除具有债的关系外，还具有人身关系；除具有个人因素外，还具有高度的社会因素。因此，劳动法和民法除双方调整的对象不同外，其调整社会关系所适用的原则也不同，分述如下：

1. 在当事人意思表示方面

民法是典型的私法，在当事人的意思表示方面遵守的是"契约自由"、"当事人意思自治"原则。虽然现代民法以"合法"原则对传统的"当事人协议就是法律"的观念进行修正和限制，但当事人无论在合同的内容还是合同的形式上，都享有很高的自由创设度。"契约自由"和"当事人意思自治"仍然是民法调整合同关系的基本原则。但在劳动法中，劳动关系的当事人在订立劳动合同时，虽然也要遵循"平等自愿"、"协商一致"的原则，但作为合同的主要内容——劳动者的劳动条件，双方当事人的意思表示须受到国家劳动基准法规定和集体合同内容的限制，即当事人就劳动者劳动条件的约定条款不得突破国家规定的劳动基准的上限或下限，也不得低于集体合同规定的条件，即当事人只能在一定范围内进行协商。例如，当地政府规定的最低工资为每月850元，而本企业的集体合同规定最低工资为每月900元。该企业的劳动者与用人单位在签订劳动合同时约定的工资不得低于900元，双方当事人只能就不低于900元的工资标准进行协商。

2. 在合同的履行方面

民法遵守的是"契约严守"原则，要求合同当事人严格按照合同约定的时间、地点、数量、质量和方式履行合同规定的义务，即要求当事人按照合同的约定全面履行合同约定的义务。虽然情事变更原则在民法理论上存在，但至今未能在立法中确立。但在劳动法中，因为劳动合同具有债的性质，所以"契约严守"原则作为债履行的一般原则，得到劳动法的确认。例如，我国《劳动法》第17条第2款规定："劳动合同依法订立即具有法律约束力，当事人必须履行劳动合同规定的义务。"但基于劳动关系的特性，劳动合同履行中的全面履行原则受到很大的限制，并且只有当全面履行原则与其他原则不发生冲突时，全面履行原则才能发挥作用。从劳动者一方履行劳动合同的要求看，劳动者给付劳动义务，必须以劳动者利用与其人格须臾不可分离的体内劳动力为前提，根据国际通行的"不得强迫劳动"的原则，劳动者在与用人单位订立劳动合同后，无论什么原因，也无论在什么时候,只要其不愿再继续履行合同,就可以依法解除合同。虽然劳动者违反服务期约定提前解约的,要依法承担违约金,但即便如此,用人单位也不得要求劳动者继续履行合同。这就是法律赋予劳动者"辞职权"的理论依据。我国《劳动法》第31条规定:"劳动者解除劳动合同,应当提前三十日以书面形式通知用人单位。"劳动部在1994年下发的《关于〈劳动法〉若干条文的说明》(劳办发[1994]289号)第31条规定:"本条规定了劳动者的辞职权,除此条规定的程序外,对劳动者行使辞职权不附加任何条件。但违反劳动合同约定者要依法承担责任。"另一方面,从用人单位履行劳动合同的要求看,一般而言,用人单位相对于劳动者而言,是用人主体,但如果将其置于社会经济体制中观察,用人单位又是一个市场竞争主体,它与劳动者建立劳动关系只是实现劳动过程和追求其经济利益的一个手段。因此,用人单位对劳动合同的履行同样要受到市场竞争和组织劳动需要变化的影响。为此,各国劳动法都将情事变更原则确立为劳动合同履行的一个基本原则,我国劳动法也不例外。例如,我国《劳动法》第26条第3款这样规定用人单位可以解除劳动合同的情形之一:"劳动合同订立时所依据的客观情况发生重大变化,致使原劳动合同无法履行,经当事人协商不能就变更劳动合同达成协议的。"从而在法律上将情事变更确立为劳动合同履行的一项原则。

3. 在责任的承担方面

在民法中,"过错责任"是当事人承担民事责任的一般原则,"无过失责任"为补充或例外。而在劳动法中,用人单位对劳动者在劳动过程中因职业风险所导致的人身损害承担的责任,以"无过错责任"为原则,"过错责任"为补充或例外。例如,劳动者在工作中受伤,即使是因劳动者自己违反用人单位制定的工作规则或劳动安全操作规程所致,用人单位仍然要承担工伤赔偿的责任,除非用人单位能证明劳动者的受伤是因其主观上存在法律规定的几种过错行为所致,才能免除自己的责任。

4. 在争议的解决方面

在民法中,民事主体一旦发生争议和纠纷,如果争议双方不能通过协商解决,可以通过其他"和平"的途径寻求司法救济。例如,依法申请仲裁、向法院起诉等。而在劳动法中,当劳动者与用人单位发生纠纷,除可以通过"和平"的方式寻求纠纷的解决外,还可以通过双方行使"争议权"的方式力图解决纠纷,即劳动者可以依法举行罢工,用人单位可以实行闭厂。

综上所述,民法以个人主义、自由主义和赢利主义为指导,衍生出"所有权绝对"、"契约自由"和"过错责任"三大原则,并以物权、债权和法律责任为轴心,展开整个体系。而劳动法以劳动者的"人"为中心,以提高劳动者的经济地位、改善劳动者的劳动条件为宗旨,是以劳动者权利为本位而展开的法律体系。两者虽然在某些方面仍有联系,但从整体上讲,劳动法已经脱离民法的运行轨迹,形成了自己独特的法律体系。

(二) 劳动法与经济法的关系

经济法调整为实现国家对经济的干预而发生的经济关系,包括宏观经济关系和微观经济关系。国内有些学者认为,劳动关系是企业内部的经济管理关系,属于经济法调整的一个部分。为此,有些经济法的教科书将劳动法置于经济法的体系内。事实上,如果将劳动关系看成一种经济关系,那也是"一种以劳动力使用和再生产为核心内容的经济关系,而企业内部其他经济关系则以资产损益分配和生产经营管理为内容"[①],是两种不同性质的经济关系。另外,国家对劳动关系的干预着重于提高劳动者的经济地位和改善劳动者的劳动条件,体现国家对公民人权保护的状况;而经济法所指的"国家干预",是以经济运行为对象,以创造公平、公正的市场竞争为宗旨。因此,不能将劳动法和经济法混为一谈。

(三) 劳动法与行政法的关系

行政法是指调整国家行政机关或受国家行政机关委托的机构和组织在行使其职权过程中发生的各种社会关系的法律规范的总称。改革开放以前,我国实行高度统一的劳动管理体制,不仅生产资料的所有权和经营权归国家所有,企业只是国家行使劳动管理的场所,没有经营自主权,也没有用人的自主权;而且劳动者的劳动力也属于国家所有,劳动者没有择业的自主权,劳动力与生产资料的结合完全依赖于国家的计划和分配,工资也由国家统一规定。所以,计划经济下的劳动关系实质上是劳动行政管理关系,劳动法实质上就是劳动行政法。随着我国社会主义市场经济体制的确立和健全,劳动力和生产资料两大生产要素实行市场配置,劳动关系通过合同的形式予以确立,劳动关系从此注入了私法的因素。但由于劳动权实现和保障的特殊性,国家对公民劳动权的实现和劳动关系的运行仍负有保障和监督义务,因此出现了国家与劳动关系当事人之间就劳动权实现和保障而发生的社会关系,即构成与劳动关系有密切联系的其他社会关系。例如,国家因履行促进就业义务与劳动者和用人单位发生的关系,国家指定的经营社会保险的机构与劳动关系当事人之间发生的关系等。由于这部分关系是一种劳动行政关系,所以行政法的一些基本制度和原则也适用于该社会关系的调整。正因如此,有人认为劳动法具有公法性质。

三、劳动法的法律性质

传统的法学理论将法律分为私法和公法两部分。一般而言,公法涉及国家利益和社会公共利益,私法涉及的是私人利益。在调整的原则上,公法强调法律

---

① 王全兴:《劳动法》,法律出版社 1997 年版,第 57 页。

规定的刚性,当事人不得协议变更;而私法强调"契约自由"、"当事人意思自治"。行政法是典型的公法,民法则是典型的私法。劳动法在法律性质上属于私法还是公法,在学术界一直有不同的看法。一种观点认为,劳动法是民法的一个构成部分,属于私法;另一种观点认为,劳动法调整的劳动关系带有行政隶属关系,是行政关系的一部分,因此劳动法属于公法范畴。而劳动法学界的大部分学者认为,劳动法既不属于公法,也不属于私法,而是属于为实现社会公共利益和个人利益兼顾、公法和私法调整手段并用的与公法和私法并列的第三法域(也有人认为是属于社会法的领域)。本书同意第三种观点。

纵观人类社会劳动法的发展历史,不难发现,尽管世界上一些国家和我国在劳动法的发展上走了两条完全不同的道路,但现在对劳动法兼有公法和私法性质、必须公法和私法调整手段并用已达成共识。例如,西方国家最初将劳动关系全面债化,由民法调整。在认识到劳动关系的社会因素和人身性后,将劳动关系从民法的纯私法调整中分离出来,注入国家干预的公法调整方式,使之成为一个独立的法律部门。有人将西方国家的劳动法的运行轨迹称为"私法公法化"模式。而我国在过去长期实行的计划经济体制下,对劳动力一直实行统包统配的就业制度,不承认劳动力归劳动者个人所有,将劳动关系全面公法化。随着我国市场经济的建立,用人单位享有了用工的自主权,劳动者享有了择业的自主权,劳动合同制度得到了普遍的推行。国家对劳动关系的运行由原来的直接设立和支配转变为指导、监督和保障,从而使劳动关系的调整处于私法和公法手段并用的状态。为此,有人称我国的劳动法走了一条"公法私法化"的道路。

第二章 法律关系

按照一般法律理论,某一社会关系经过相应法律规范的调整所形成的权利和义务关系,就是法律关系。劳动法调整的社会关系包括两部分:一是劳动关系,二是与劳动关系有密切联系的其他社会关系。本书将前者经过劳动法调整后所形成的法律关系称为"劳动法律关系",将后者经过劳动法调整后所形成的法律关系称为"附随劳动法律关系"。

第一节 劳动法律关系

一、劳动法律关系的概念

劳动法律关系是指劳动者和用人单位之间依据劳动法律规范所形成的权利和义务关系,或者说劳动关系经过劳动法律规范的调整所形成的权利和义务关系。与其他法律关系一样,劳动法律关系属于意志关系的范畴,劳动法律规范是国家对劳动关系运行模式的规定,体现了国家意志;同时劳动关系本身又体现了当事人双方的意志,只有当事人的意志符合了国家法律规范的要求,当事人之间的劳动关系才上升为法律关系,其相互之间的权利和义务才得到法律强制力的保障。所以,并不是所有的劳动关系都能上升为劳动法律关系,那些客观存在但不符合劳动法律规范要求的劳动关系,可能成为其他性质的法律关系,或者不具有法律关系的性质。

二、劳动法律关系的要素

与其他法律关系一样,劳动法律关系也由主体、客体和内容三要素构成。

(一)劳动法律关系的主体

劳动法律关系的主体是指在劳动法律关系中享受权利和承担义务的当事人。根据个别劳动关系和集体劳动关系主体的构成,我国劳动法律关系的主体主要包括劳动者、用人单位和工会。

1. 劳动者

(1)劳动者的概念

劳动者的概念有广义、狭义两种理解。广义的劳动者是指具有劳动能力,能够以劳动作为主要生活来源的自然人。其可以是我国公民,也可以是外国公民;

可以是就业状态下的职工、个体劳动者和农业劳动者等(统称为"就业者",其中有些劳动者不适用《劳动法》),也可以是非就业状态下的求职者或者是劳动关系终了后享受社会保险的受益人。狭义的劳动者是与用人单位相对应的概念,是指与用人单位建立劳动关系,并在劳动法律关系中享有权利和承担义务的自然人,可以是我国公民,也可以是外国公民和无国籍人士;但狭义的劳动者既不包括个体劳动者和农业劳动者,也不包括非就业状态下的求职者。我国《劳动法》有时在广义的意义上使用劳动者的概念,例如,《劳动法》第10条规定:"国家支持劳动者自愿组织起来就业和从事个体经营实现就业。"其中的"劳动者"包括个体劳动者;第12条规定:"劳动者就业,不因民族、种族、性别、宗教信仰不同而受歧视。"其中的"劳动者"包括求职者;第70条规定:"国家发展社会保险事业,建立社会保险制度,设立社会保险基金,使劳动者在年老、患病、工伤、失业、生育等情况下获得帮助和补偿。"其中的"劳动者"指劳动关系终了后社会保险的受益人。而《劳动法》在第三章"劳动合同和集体合同"中所称的"劳动者",又是在狭义的意义上使用的,仅指与用人单位建立劳动关系的劳动者。本书认为,作为劳动法律关系的主体的劳动者,是以劳动关系主体为基础的。因此,如果没有特别说明,本书所称"劳动者"是在狭义上使用的。

(2)劳动者的资格

劳动者的资格是指自然人建立劳动法律关系所应该具备的条件。在我国法学界,对劳动者的资格是否应该沿用民法中的权利能力和行为能力的概念有着不同的观点。概括起来,有否定说和肯定说两种。否定说认为,权利能力和行为能力的规定在民法中的作用一是要维持一种抽象的权利能力的普遍性;二是要贯彻意思自治原则。而这两方面对于劳动法来说都是不适宜的。主要理由有:第一,劳动权利能力不是普遍存在的,无论是对于人的一生来说,还是对于不同的人来说,只有具有劳动能力时,法律才允许其建立劳动法律关系,当劳动权利能力不能与一种普遍的平等联系在一起时,这一范畴丧失了最起码的存在价值;第二,劳动权利能力与劳动能力在存在的条件上是相同的,在起讫时间上是一致的,在适应的范围上是重合的,民事权利能力和民事行为能力的所有差别在这里均被抹杀;第三,当民事权利能力不与民事行为能力相联系时,往往与代理制度相联系,而劳动权利能力只能由本人依法实践,不允许第三者代理,这也使劳动权利能力根本无法与劳动行为能力相分离而独立存在。[①] 肯定说认为,自然人要成为劳动法律关系主体的劳动者,必须具有劳动权利能力和劳动行为能力。肯定说是目前劳动法学界的通说。本书也持肯定说。

劳动权利能力,是指法律赋予自然人成为劳动者的资格和能力。劳动权利

---

① 参见董宝华:《劳动法论》,世界图书出版公司1999年版,第208—209页。

能力是法律赋予的,在适用范围上具有平等性,但其存续的期限具有时间的限制性。劳动权利能力的平等性,客观上要求国家在制定就业政策和法律时,应打破劳动者的工人和干部、农村和城市的身份界限,冲破地区封锁,消除条块分割,在全国范围内形成统一的劳动力市场,建立劳动者平等就业的竞争机制。按照民法的一般理论,公民的民事权利能力是始于出生终于死亡的,而自然人劳动权利能力与民事权利能力不同,它不是与生俱来的,其产生与自然人的年龄有关。我国《劳动法》规定,我国一般公民的最低就业年龄为16周岁,即一般自然人要年满16周岁才具有建立劳动法律关系的资格。至于自然人劳动权利能力的终了时间,我国法律没有明确的规定。本书认为,劳动者与用人单位建立劳动关系,意味着劳动者获得了劳动力与社会生产资料相结合的劳动岗位,而劳动岗位的存在是以一定的社会财富支撑为前提的。基于社会财富的有限性,劳动岗位必然成为一种稀缺的社会资源,社会成员对于岗位的获得与占有在某种意义上是对社会财富的获得与占有。当社会成员依法从社会保险基金中享受养老待遇时,就应失去建立受劳动法调整的劳动关系的资格。因此,本书认为,当自然人达到一定的年龄并从社会保险基金中领取基本养老金时,就丧失了再建立劳动法律关系的资格,即劳动法律关系主体的资格应随着自然人达到退休年龄并开始享受基本养老保险待遇而消失。虽然一些公民在这种情况下仍然具有劳动的行为能力,并且有些企业或单位也愿意录用退休以后的员工,但退休后的职工被返聘或者再"就业",其与劳动力使用者之间的关系不再是劳动法上所称的劳动关系,而是劳务关系,应由民法调整。而自然人虽然达到法定的退休年龄,但依法不能或者没有享受基本养老保险待遇的,只要其具有劳动的行为能力,仍然可以与用人单位建立劳动关系。

  劳动行为能力是指自然人能以自己的行为设立劳动权利和履行劳动义务的能力。任何发育正常的自然人成长到一定的年龄,并经过一定的培训后,就会在自己的肌体内形成一定的劳动能力,而每个人劳动能力的强弱取决于其生理状况,个体之间有很大的差异性。劳动行为能力是法律对公民劳动能力的一种评价和认可。劳动者要具备劳动行为能力不仅要具有一定的年龄和意识能力,还要有运用自身劳动能力所应具备的条件,因此劳动行为能力与民事行为能力相比,标准更为严格。概括起来有以下几个方面:

  第一,年龄条件。世界各国都把年龄作为推定劳动行为能力有无和大小的依据。国际劳工组织于1973年通过的第138号公约《准予就业最低年龄公约》规定,应逐步将准许就业的最低年龄提高到与幼年人体力智力充分发展相适应的水平,不应低于完成国家义务教育的年龄,并在任何情况下不应低于15周岁,发展中国家可初步定为14周岁;同时准许特定的例外情况不受此限。我国《劳动法》第15条规定:"禁止用人单位招用未满十六周岁的未成年人。文艺、体育和特种工艺单位招用未满十六周岁的未成年人,必须依照国家有关规定,履行审批手续,并保障其接受义务教育的权利。"我国一般公民就业年龄为年满16周岁。这是对一般公民具有劳动行为能力的最低年龄规定。一般而言,年满16周岁的公民已完成我国九年制义务教育的学业,具有了识别自己行为后果的意识能力,同时初步具有了参加社会劳动的身体状况。不满16周岁就业的未成年人称为童工。除法律规定的特殊单位(主要指文艺、体育和其他特种工艺单位),在履行审批手续并保障其接受义务教育的前提下可以录用未满16周岁未成年人外,其他任何用人单位不得招用童工。

第二,健康条件。劳动者要使自己的劳动力与生产资料结合,必须具备能行使和发挥自己潜在劳动能力的最起码的健康体质,这包括三个方面的要求:一为劳动者不能患有所在岗位或工种禁忌或不宜的疾病;二为残疾人只能从事与其残疾状况相适应的职业,例如盲人不具有成为汽车驾驶员的劳动行为能力;三为女职工和未成年工不能从事法律规定的禁忌劳动范围的劳动。由于妇女身体结构和生理机能的特殊性,一些高劳动强度和特殊劳动环境的作业是妇女身体无法或不宜承受的。

第三,行为自由条件。众所周知,劳动能力是人类的一种体能,与公民的身体不可分离,因而具有一定的人身性和不可替代性,即公民的劳动行为能力只能由本人亲自行使,而不能由他人代理。这就要求公民成为就业者时必须有行为自由,否则就无法行使自己的劳动权利和履行相应的劳动义务。

公民具有了劳动权利能力和劳动行为能力,就具备了参加社会劳动、成为劳动者的条件,但公民是否能真正与用人单位建立劳动法律关系,实现就业,还取决于劳动者在就业市场中的竞争地位和劳动力的供求状况。一般而言,劳动者所拥有的技术和知识越多,其就业竞争力就越强。例如,劳动者如果要想在烹调业、美容业和交通业等特殊行业、工种上就业,就要具备必要的文化和技能条件,取得国家规定的职业资格证书等。

2. 用人单位

用人单位是劳动法中特有的概念,指与劳动者建立劳动法律关系,并在劳动法律关系中享受权利和承担义务的劳动组织。所有能依法招工的企业、个体经济组织、国家机关、事业组织和社会团体都可以成为劳动法上的用人单位。另外,根据国务院于2008年9月颁布的《中华人民共和国劳动合同法实施条例》的规定,用人单位设立的分支机构,依法取得营业执照或者登记证书的,可以作为用人单位与劳动者订立劳动合同;未依法取得营业执照或者登记证书的,受用人单位委托可以与劳动者订立劳动合同。由于我国劳动法将劳动力的使用者界定在"单位"范围内,因此,在我国自然人不可能成为用人单位,即我国劳动法所称的"用人单位"与一些国家使用的"雇主"的概念在外延上不完全相同。用单位也不等同于民法上的法人,一般而言,法人可以是用人单位,但并不是所有的用人单位都具有法人的资格,例如个体经济组织是用人单位,但并不具有法人资格。

一般社会组织要成为用人单位,也要具有劳动权利能力和劳动行为能力。用人单位的劳动权利能力是指法律赋予用人单位招用、使用和保护劳动力的资格。用人单位的劳动行为能力是指用人单位招用、使用和保护劳动力的能力。用人单位的劳动权利能力和劳动行为能力与劳动者的劳动权利能力和劳动行为能力不同,只有当劳动组织具有了一定的劳动行为能力时,国家才会赋予其相应的劳动权利能力,同时当一个劳动组织失去劳动行为能力时,也就失去了劳动权利能力。因此,用人单位的劳动权利能力和劳动行为能力自劳动组织成立就具有,是同时产生和同时消失的。劳动组织在成立之前不具备与劳动者建立劳动关系的主体资格。例如,某公司甲拟投资设立公司乙,委托自然人丙为设立乙公司的筹备人,并承诺在乙公司成立后,丙将成为乙公司的管理人员。为此,丙自委托成立后三个月完成了乙公司的筹备和设立工作,并且也成为了乙公司的一名管理人员。六个月后,乙因故与丙解除劳动关系。丙对双方解除劳动关系没有异议,但认为其与乙的劳动关系应该自其接受甲的委托展开筹备工作之日开始起算。为此,双方发生争议。显然,丙的要求难获法律的支持。因为,在筹备阶段乙尚未成立,不具备招用人的资格和条件,不能与丙建立劳动关系。至于丙在筹备乙阶段与甲的关系,是基于委托而产生的劳务关系还是构成以完成一定的工作任务为期限的劳动关系,应视具体情况而定。

3. 工会

(1) 工会的概念和特征

工会是指由劳动者自愿组织起来的以维护劳动者合法利益为宗旨的永久性团体。《中华人民共和国工会法》(以下简称《工会法》)第 2 条规定:"工会是职工自愿结合的工人阶级的群众组织。"工会作为一个社团组织,具有如下特点:

① 独立性。这里的独立性是指工会是独立于政府、政党和其他组织以外的群众性组织,它具有人格、经济和组织等方面的独立性,它以维护劳动者利益为宗旨所展开的活动不受第三方的干涉。为了保证工会组织的独立性,许多国家的工会法都规定,工会不得接受雇主方的经济资助,如果有证据证明工会接受了雇主的经济资助,那么该工会就失去了代表职工团体与雇主或雇主团体谈判的资格。根据我国《工会法》第 42 条,工会经费来源于:工会会员缴纳的会费;建立工会组织的企业、事业单位、机关按每月全部职工工资总额的 2% 向工会拨缴的经费;工会所属的企业、事业单位上缴的收入;人民政府的补助;其他收入。为此,我国学说界有人提出应改革我国工会经费的来源渠道,增加会员的会费,取消用人单位的划拨和政府补助两项来源,以摘除"御用工会"和"官办工会"的

帽子。

② 纯粹性。工会不是为了存在而存在,其存在的根本意义就在于代表劳动者团体与用人单位进行抗衡和通过集体协商进行劳资协作,所以工会的会员应该纯粹。许多国家的工会法都将雇主以及代表雇主利益行使企业管理职能的员工排除在可以加入工会人员之外,例如公司经理、公司人事主管等,都不得成为工会会员。因为如果这些人员加入工会,不仅会使工会组织与雇主利益的组织难以界定,也会使这些人员在劳资双方的集体协商或集体谈判中处于左右为难或尴尬的境地。我国《工会法》第3条规定:"在中国境内的企业、事业单位、机关中以工资收入为主要生活来源的体力劳动者和脑力劳动者,不分民族、种族、性别、职业、宗教信仰、教育程度,都有依法参加和组织工会的权利。任何组织和个人不得阻挠和限制。"可见,我国法律规定的工会成员是以工资收入为主要生活来源的,根据这一规定,不仅代表雇主对劳动者劳动行使监督管理权限的企业管理人员可以参加工会,包括国有企业的厂长或经理等,只要是以工资收入为主要生活来源的人,都可以成为工会会员。本书认为,我国《工会法》的这一规定因不利于工会职能的有效开展和发挥而值得商榷。

③ 民主性。工会组织的群众性,决定了工会组织必须贯彻民主集中制的原则。我国《工会法》第9条规定:"工会各级组织按照民主集中制原则建立。各级工会委员会由会员大会或者会员代表大会民主选举产生。企业主要负责人的近亲属不得作为本企业基层工会委员会成员的人选。各级工会委员会向同级会员大会或者会员代表大会负责并报告工作,接受其监督。工会会员大会或者会员代表大会有权撤换或者罢免其所选举的代表或者工会委员会组成人员。上级工会组织领导下级工会组织。"

(2) 工会的任务

在集体劳动法律关系中,工会是必要的当事人。根据我国《工会法》的规定,工会的任务可以概括为如下几方面:

① 维权。维护职工的合法权利是工会的首要任务。我国《工会法》第6条规定:"维护职工合法权益是工会的基本职责。工会在维护全国人民总体利益的同时,代表和维护职工的合法权益。"我国现行《工会法》首次将维护职工的合法权益确定为工会的基本职责,工会维护职工合法权益的途径主要有:第一,工会通过平等协商和集体合同制度,协调劳动关系,维护企业职工劳动权益;第二,工会依照法律规定,通过职工代表大会或者其他形式,组织职工参与本单位的民主决策、民主管理和民主监督,维护职工参与企业的民主管理权;第三,工会通过密切联系职工,听取和反映职工的意见和要求,关心职工的生活,帮助职工解决困难,全心全意为职工服务,维护职工的其他合法权利。

② 教育。我国《工会法》第5条规定:"工会组织和教育职工依照宪法和法

律的规定行使民主权利,发挥国家主人翁的作用,通过各种途径和形式,参与管理国家事务、管理经济和文化事业、管理社会事务;协助人民政府开展工作,维护工人阶级领导的、以工农联盟为基础的人民民主专政的社会主义国家政权。"

③ 组织。根据我国《工会法》第7条的规定:"工会动员和组织职工积极参加经济建设,努力完成生产任务和工作任务。教育职工不断提高思想道德、技术业务和科学文化素质,建设有理想、有道德、有文化、有纪律的职工队伍。"

对于我国《工会法》规定的工会后两项任务,理论界有不同的看法。有人认为,工会的任务就是维护职工的合法权益,除此以外,不再有其他的任务。教育职工遵纪守法和发挥主人翁的作用,参与管理国家的各种事务,那是政府的任务,不应该是工会的任务;组织职工积极参加经济建设,努力完成生产任务和工作任务,那是用人单位(雇主)的任务,也不应该是工会的任务。

(3) 工会权利和义务

工会通过行使法律赋予的权利和义务,完成其承担的使命,实现其成立的宗旨。根据我国《工会法》的规定,我国工会享有的权利及应履行的义务主要有:

① 代表职工与企业进行集体协商,形成集体劳动条件。《工会法》第20条规定:"工会帮助、指导职工与企业以及实行企业化管理的事业单位签订劳动合同。工会代表职工与企业以及实行企业化管理的事业单位进行平等协商,签订集体合同。集体合同草案应当提交职工代表大会或者全体职工讨论通过。工会签订集体合同,上级工会应当给予支持和帮助。企业违反集体合同,侵犯职工劳动权益的,工会可以依法要求企业承担责任;因履行集体合同发生争议,经协商解决不成的,工会可以向劳动争议仲裁机构提请仲裁,仲裁机构不予受理或者对仲裁裁决不服的,可以向人民法院提起诉讼。"

② 要求用人单位停止和纠正侵害劳动者合法权益的行为。主要包括如下几个方面:一是保障职工的民主管理权。《工会法》第19条规定:"企业、事业单位违反职工代表大会制度和其他民主管理制度,工会有权要求纠正,保障职工依法行使民主管理的权利。法律、法规规定应当提交职工大会或者职工代表大会审议、通过、决定的事项,企业、事业单位应当依法办理。"二是保障职工不受用人单位的错误处分。《工会法》第21条第1、2款规定:"企业、事业单位处分职工,工会认为不适当的,有权提出意见。企业单方面解除职工劳动合同时,应当事先将理由通知工会,工会认为企业违反法律、法规和有关合同,要求重新研究处理时,企业应当研究工会的意见,并将处理结果书面通知工会。"三是支持职工就维护自己合法权益进行司法救济。《工会法》第21条第3款规定:"职工认为企业侵犯其劳动权益而申请劳动争议仲裁或者向人民法院提起诉讼的,工会应当给予支持和帮助。"四是对用人单位严重侵犯职工劳动权益的行为及时制止,在必要时提请人民政府处理。根据《工会法》第22条的规定,"企业、事业单

位违反劳动法律、法规规定,有下列侵犯职工劳动权益情形,工会应当代表职工与企业、事业单位交涉,要求企业、事业单位采取措施予以改正;企业、事业单位应当予以研究处理,并向工会作出答复;企业、事业单位拒不改正的,工会可以请求当地人民政府依法作出处理:(一)克扣职工工资的;(二)不提供劳动安全卫生条件的;(三)随意延长劳动时间的;(四)侵犯女职工和未成年工特殊权益的;(五)其他严重侵犯职工劳动权益的。"

③ 监督用人单位的劳动安全实施,保障劳动者在劳动过程中的人身安全和健康。主要包括:一是监督用人单位对国家规定的"三同时"方针的实施和落实。《工会法》第 23 条规定:"工会依照国家规定对新建、扩建企业和技术改造工程中的劳动条件和安全卫生设施与主体工程同时设计、同时施工、同时投产使用进行监督。对工会提出的意见,企业或者主管部门应当认真处理,并将处理结果书面通知工会。"二是制止企业违章指挥和违章作业。《工会法》第 24 条规定:"工会发现企业违章指挥、强令工人冒险作业,或者生产过程中发现明显重大事故隐患和职业危险,有权提出解决的建议,企业应当及时研究答复;发现危及职工生命安全的情况时,工会有权向企业建议组织职工撤离危险现场,企业必须及时作出处理决定。"三是参与有关职工伤亡事故的调查。《工会法》第 26 条规定:"职工因工伤亡事故和其他严重危害职工健康问题的调查处理,必须有工会参加。工会应当向有关部门提出处理意见,并有权要求追究直接负责的主管人员和有关责任人员的责任。对工会提出的意见,应当及时研究,给予答复。"

④ 参与劳动争议的协调与处理。包括对职工停工和怠工事件的处理和对劳动争议的处理。《工会法》第 27 条规定:"企业、事业单位发生停工、怠工事件,工会应当代表职工同企业、事业单位或者有关方面协商,反映职工的意见和要求并提出解决意见。对于职工的合理要求,企业、事业单位应当予以解决。工会协助企业、事业单位做好工作,尽快恢复生产、工作秩序。"同时,《工会法》第 28 条规定:"工会参加企业的劳动争议调解工作。地方劳动争议仲裁组织应当有同级工会代表参加。"

⑤ 为职工提供法律服务和咨询。《工会法》第 29 条规定:"县级以上各级总工会可以为所属工会和职工提供法律服务。"县级以上的各级总工会都设有法律工作部,专门负责为所属工会和职工提供法律服务,有的地方总工会还专门聘请有关律师做法律顾问,提供相关的法律服务。

⑥ 为国家和政府制定涉及职工切身利益的法律、法规和规章提供意见和建议。《工会法》第 33 条规定:"国家机关在组织起草或者修改直接涉及职工切身利益的法律、法规、规章时,应当听取工会意见。县级以上各级人民政府制定国民经济和社会发展计划,对涉及职工利益的重大问题,应当听取同级工会的意见。县级以上各级人民政府及其有关部门研究制定劳动就业、工资、劳动安全卫

生、社会保险等涉及职工切身利益的政策、措施时,应当吸收同级工会参加研究,听取工会意见。"

⑦ 在三方协商机制中代表职工利益,与其他有关方面共同研究解决劳动关系的重大问题。三方协商机制由各级人民政府劳动行政部门会同企业方面代表和工会(职工方面代表)组成,在该机制中,工会应反映劳动者的意见和要求,与其他两方一起,研究解决劳动关系中的重大问题。

⑧ 协助政府和企业做好其他劳动方面的工作。例如,协助企业、事业单位、机关办好职工集体福利事业,做好工资、劳动安全卫生和社会保险工作;工会会同企业、事业单位教育职工以国家主人翁态度对待劳动,爱护国家和企业的财产,组织职工开展群众性的合理化建议、技术革新活动,进行业余文化技术学习和职工培训,组织职工开展文娱、体育活动;根据政府委托,工会与有关部门共同做好劳动模范和先进生产(工作)者的评选、表彰、培养和管理工作等。

(4) 工会的设立和解散

① 工会的设立

按照我国《工会法》第10条的规定:"企业、事业单位、机关有会员二十五人以上的,应当建立基层工会委员会;不足二十五人的,可以单独建立基层工会委员会,也可以由两个以上单位的会员联合建立基层工会委员会,也可以选举组织员一人,组织会员开展活动。女职工人数较多的,可以建立工会女职工委员会,在同级工会领导下开展工作;女职工人数较少的,可以在工会委员会中设女职工委员。企业职工较多的县镇、城市街道,可以建立基层工会的联合会。县级以上地方建立地方各级总工会。同一行业或者性质相近的几个行业,可以根据需要建立全国的或者地方的产业工会。全国建立统一的中华全国总工会。"在设立程序上,应当报上一级工会批准。《工会法》第11条规定:"基层工会、地方各级总工会、全国或者地方产业工会组织的建立,必须报上一级工会批准。上级工会可以派员帮助和指导企业职工组建工会,任何单位和个人不得阻挠。"

从我国工会的组建情况看,国有企业和集体所有制企业工会的组建率很高,但在一些私营企业和外商投资企业中,工会的组建率还不到10%。

中华全国总工会、地方总工会、产业工会具有社会团体法人资格。基层工会组织具备《民法通则》规定的法人条件的,依法取得社会团体法人资格。

为了保证工会工作的正常开展,我国《工会法》对专职工会工作人员的设定和工作的开展作了规定。主要内容包括:第一,职工二百人以上的企业、事业单位的工会,可以设专职工会主席。工会专职工作人员的人数由工会与企业、事业单位协商确定。第二,基层工会委员会每届任期三年或者五年。各级地方总工会委员会和产业工会委员会每届任期五年。第三,基层工会委员会定期召开会员大会或者会员代表大会,讨论决定工会工作的重大问题;经基层工会委员会或者1/3以上的工会委员会提议,可以临时召开会员大会或者会员代表大会。第四,工会主席、副主席任期未满时,不得随意调动其工作。因工作需要调动时,应当征得本级工会委员会和上一级工会的同意。罢免工会主席、副主席必须召开会员大会或者会员代表大会讨论,非经会员大会全体会员或者会员代表大会全体代表过半数通过,不得罢免。第五,基层工会专职主席、副主席或者委员自任职之日起,其劳动合同期限自动延长,延长期限相当于其任职期间;非专职主席、副主席或者委员自任职之日起,其尚未履行的劳动合同期限短于任期的,劳动合同期限自动延长至任期期满。但是,任职期间个人严重过失或者达到法定退休年龄的除外。

② 工会的解散

我国《工会法》规定,任何组织和个人不得随意撤销、合并工会组织。基层工会所在的企业终止或者所在的事业单位、机关被撤销,该工会组织相应撤销,并报告上一级工会。依法被撤销的工会,其会员的会籍可以继续保留,具体管理办法由中华全国总工会制定。

(二)劳动法律关系的客体

按照一般法律理论,法律关系的客体是指法律关系主体的权利和义务共同指向的对象,也是权利和义务的承受载体。关于劳动法律关系的客体,理论界有不同的看法。第一种观点认为,劳动法律关系的客体是劳动力;第二种观点认为,劳动法律关系的客体是劳动行为;第三种观点认为,劳动法律关系的客体是包括但不仅限于劳动力和劳动行为的多种客体。持第三种观点的人认为,劳动法律关系的客体有基本客体和辅助客体之分,劳动法律关系的基本客体为劳动行为,辅助客体是表现为工资、保险、福利、劳动安全卫生、休息休假和培训等的劳动条件。本书赞同第二种观点。

劳动力是劳动者体内所含有的可以表现为劳动行为的脑力和体力的总和,是一种潜在的、静态的能力。这种潜在的、静态的劳动能力必须通过劳动者的劳动行为才能转化为能与生产资料结合的有效的劳动力。一般而言,高品质的劳动必须以高品质的劳动力为保障,但具有高品质的劳动力,不等于就一定能产生高品质的劳动效果。例如,两个分别具有硕士文凭和博士文凭的同专业的研究生,到某高校竞争同一个教师岗位,也许具有博士文凭的研究生所具有的专业知识要稍多于硕士研究生,但该博士研究生缺乏应有的表达能力,不能将其潜在的劳动能力较好地转化为课堂内容,相反该硕士研究生却能充分和流畅地表达自己的观点,此时,该高校就可能录用硕士研究生。所以,在现实生活中,用人单位注重的不是劳动者潜在的、静态的劳动力,而是劳动者实际的劳动行为。所以,本书不赞同第一种观点。同时,本书也不同意第三种观点,因为第三种观点中所称的"辅助客体",实际上是用人单位为获得劳动者的劳动行为而必须支付的代价。就像在一般的买卖合同中,支付价款的行为是买方履行合同的义务,价款本身不是合同的客体一样,用人单位提供劳动条件的行为以及劳动条件本身都不是劳动法律关系的客体,劳动法律关系的客体只是劳动行为。

(三) 劳动法律关系的内容

劳动法律关系的内容就是指劳动法律关系主体所享有的权利和承担的义务。一般而言,劳动者的权利和义务与用人单位的权利和义务具有对应性,即劳动者的权利就是用人单位的义务,而用人单位的权利为劳动者的义务。根据我国《劳动法》的规定,劳动者享有的权利包括:平等就业和自主择业的权利、取得劳动报酬的权利、休息休假的权利、获得劳动安全卫生保护的权利、接受职业技能培训的权利、享受社会保险和福利的权利、提请劳动争议处理的权利以及法律、法规规定的其他权利。劳动者应当履行的义务包括:完成生产任务、提高职业技能、执行劳动安全卫生规程、遵守用人单位依法制定的规章制度和遵守职业道德等。

劳动法律关系中的权利和义务与民事法律关系中的权利和义务不完全相同,在民事法律关系中,权利主体可以根据自己的意愿自由处分权利,包括放弃自己的权利。但在劳动法律关系中,如果权利和义务是完全依赖于劳动者和用人单位自由协议产生的,则具有了民事法律关系权利和义务的特点,但如果是依据国家强制性规范而产生的权利和义务,就不具有权利人可以自由处分的特性。例如,《劳动法》规定劳动者有获得劳动安全卫生保护的权利,用人单位也有向劳动者提供劳动保护的义务,劳动者就不得依据权利的特点对此进行自由处分,即劳动者不得自行放弃或通过与用人单位订立劳动合同变更自己的这一权利。

三、劳动法律事实

(一) 劳动法律事实的概念和种类

1. 劳动法律事实的概念

劳动法律事实是指劳动法律、法规规定的,能够引起劳动法律关系产生、变更和消灭的客观情况。任何法律关系都不可能自动产生,而要以一定的法律事实的存在为前提。即劳动法律关系与劳动法律事实之间存在着因果关系,劳动法律事实是引起劳动法律关系产生、变更和消灭的原因,而劳动法律关系的产生、变更和消灭是劳动法律事实的结果。

2. 劳动法律事实的种类

能够引起劳动法律关系产生、变更和消灭的劳动法律事实是多种多样的,如果按照是否以人的意志为转移进行分类,劳动法律事实可以分为行为和事件两类。

（1）行为

行为是指以行为人意志为转移的，能够引起劳动法律关系产生、变更和消灭的法律事实。它可以分为合法行为和违法行为两种。合法行为是指国家法律、法规认可的能够引起劳动法律关系产生、变更和消灭的行为，它包括劳动法律行为、劳动行政行为、劳动仲裁行为和劳动司法行为四种。劳动法律行为是指根据法律规范要求所为的行为。例如，劳动者和用人单位依法签订、变更和解除劳动合同的行为。劳动行政行为是指国家劳动行政管理机关依法行使劳动行政管理职权的行为。例如，劳动行政管理部门依法行使劳动监察权，监督和检查用人单位遵守和执行劳动法律、法规的情况。劳动仲裁行为是劳动争议仲裁机构依法仲裁劳动争议的行为。生效的仲裁裁决书或者仲裁调解书也能导致劳动关系的产生、变更和消灭。劳动司法行为是指人民法院依法审理劳动争议的行为。违法行为是指违反国家法律、法规规定，行为人需要承担相应法律后果的行为。例如，劳动者严重违反劳动纪律、用人单位违法解除劳动合同等行为。

（2）事件

事件是指不以人的意志为转移的能够引起劳动法律关系产生、变更和消灭的客观情况。例如自然灾害、疾病、死亡、战争等。

（二）劳动法律事实的后果

劳动法律事实的后果就是劳动法律关系的产生、变更和消灭。劳动法律关系的产生是指劳动法律关系当事人之间形成权利和义务关系；变更是指劳动法律关系主体之间的权利和义务得以修改和变化；消灭是指劳动法律关系主体之间原来设定的权利和义务的消灭。一般而言，劳动法律关系的产生只能因合法行为而引起，例如当事人订立劳动合同的行为；引起劳动法律关系的变更和消灭的法律事实，可以是行为，包括合法行为和违法行为，也可以是事件，还可以是行为和事件的结合。

第二节　劳动行政法律关系

一、劳动行政法律关系的概念

劳动行政法律关系是指劳动行政关系经过劳动法律、法规的调整在劳动行政主体与劳动行政相对人之间形成的权利和义务关系。正如不是所有的社会关系都能成为法律关系一样，也不是所有的劳动行政关系都能成为劳动行政法律关系，只有经过劳动法律、法规的调整并能在有关当事人之间形成权利义务关系的劳动行政关系，才能上升为劳动行政法律关系。

二、劳动行政法律关系的特征

从根本上说,劳动行政法律关系属于行政法律关系的范畴,但受劳动法调整的劳动行政关系与劳动关系具有密切的联系,所以形成的劳动行政法律关系在具有行政法律关系的一般特征以外,还具有其特有的特征,具体表现为:

(1)劳动行政法律关系的主体一方为行政主体,作为行政相对人的为劳动关系的主体一方或双方。在此法律关系中,行政主体处于管理、监督或指导者的地位,行政相对人处于被管理、被监督或接受指导的地位。行政主体主要包括专司劳动行政职能的劳动行政机构、兼有劳动行政职能的其他机构,例如国家卫生行政机构、行业主管机构、国家技术质量监督机构等,还有经授权行使一定劳动行政职能的中介机构和事业组织等,例如职业介绍机构、社会保险经办机构、劳动安全卫生检测机构等。作为行政相对人的主要是劳动者、用人单位。

(2)劳动行政法律关系的目的是建立和维护劳动关系,促使劳动关系的双方当事人实现劳动权利和义务。例如,国家劳动监察部门依法对用人单位执行劳动法的情况进行监督检查;劳动行政部门设立的职业介绍机构为劳动者或用人单位进行职业指导和用人指导、公布就业信息和用人信息等。

(3)劳动行政法律关系以劳动法律、法规为依据。劳动行政关系属于行政关系的范畴,经过相应法律、法规调整后形成的劳动行政法律关系虽仍然适用行政法的基本原则和基本制度,但主要是由劳动法律、法规对其作出调整,而不是行政法。所以,劳动行政法律关系的构成和运行规则主要是由劳动法所规定的。

第三章 劳动法的起源和发展

第一节 外国劳动法的产生和发展

一、劳动关系的产生和发展

劳动是人类社会赖以生存和发展的物质财富的唯一来源，是人类与生俱来的行为，无论处于什么时代、什么社会制度下，人类都离不开劳动。而劳动关系是一种社会关系，只有在法律上有独立人格的主体之间，才可能产生社会关系，因此劳动与劳动关系在产生的时间上并不具有历史和逻辑的一致性。一般而言，在奴隶社会里，由于奴隶在法律上属于奴隶主的所有物，没有独立的人格，奴隶为奴隶主劳动视同奴隶主所有物的劳动，所以在奴隶主和奴隶之间没有劳动关系。我国台湾地区有学者将这一时代的劳动形态称为"不自由的劳动时代"①。最早的劳动关系产生于古罗马时代。古罗马帝国的后期，虽然也拥有奴隶提供的劳动力，但同时存在大量的自由人的劳动，一个自由人将自己的劳动力出租给另一个自由人使用，在法律上产生了租赁劳动契约的思想，使劳动关系开始渗入债的因素。与此同时，与古罗马帝国的劳动思想完全不同的是欧洲其他国家对劳动关系性质的认识。早期的日耳曼法认为，一个自由人拥有另一个自由人的劳动力，则两个自由人之间形成的关系不是债的关系，而是一种主从之间具有忠勤关系的上下身份之间的关系。受日耳曼法影响，早期的英国法和德意志法将劳动关系归属于身份法中。后来，随着自由经济和货币经济的发展，古罗马的劳动租赁观念逐渐被欧洲其他国家接受。

雇佣劳动方式的产生，使劳动关系得到了全面的发展。雇佣劳动关系的一方是拥有生产资料的资本家，另一方是自由劳动者。"自由劳动者有双重意义：他们本身既不像奴隶、农奴等等那样，直接属于生产资料之列，也不像自耕农等等那样，有生产资料属于他们。相反地，他们脱离生产资料而自由了，同生产资料分离了，失去了生产资料。"②18世纪60年代，英国的产业革命取得成功，使资本主义的生产力获得空前的发展。受自然法学派契约思想的影响，资本主义国家普遍将劳动关系看成"两个全然自由地对等的人格之间的契约关系"③，是劳

---

① 黄越钦：《劳动法新论》，翰芦图书出版有限公司2000年版，第3页。
② 《马克思恩格斯全集》第23卷，人民出版社1972年版，第782页。
③ 黄越钦：《劳动法新论》，翰芦图书出版有限公司2000年版，第6页。

务和报酬之间的交换关系,归属于私法领域,国家不予干预,劳动关系从此被全面债化。

随着人类社会的发展和法律文明的进步,人们逐渐意识到劳动关系不仅含有债的关系,还含有身份关系;劳动不仅是社会成员的义务,也是一项权利;劳动关系除有个人因素外,还具有高度的社会因素。劳动者提供的劳动力与其他商品不同,劳动力与劳动者的人身不可分离,劳动者将存于体内的劳动力提供给用人单位,进入劳动过程,事实上使劳动者的人身也同时进入劳动过程。因此,在法律上必须解决劳动力与劳动者在经济上分离而在自然状态下统一的矛盾,而这不是民法所能完成的。现代意义上的劳动法是确保劳动者生存的法,它以劳动者的"人"为中心,将劳动者人格的完成、社会地位和经济地位的向上作为自己的宗旨。从此,劳动法摆脱了成为民法一个旁支的运行轨迹,成为与民法、刑法等平行的一个独立的法律学科。

二、世界劳动法的产生和发展

劳动关系的存在是劳动法产生的社会前提和基础。劳动关系产生后,就产生了调整劳动关系的"工厂法",但并不是所有调整劳动关系的法律都是现代意义上的劳动法,只有以保护劳动者权利为宗旨的劳动关系调整法才能称为劳动法。所以,早期的调整劳动关系的工厂立法因以有利于资本家的剥削为目的,不具有近代或现代劳动法的意义。

(一)劳动法的产生

1802年,英国议会通过的《学徒健康和道德法》标志着现代意义上的劳动立法的开端。资本主义的工业革命首先在英国取得成功,英国空前高涨的工业生产需要大量的劳动力,为了满足这一需要,英国出现了著名的"圈地运动",其目的就是使农村劳动力因丧失土地而成为以出卖自己劳动力为生的城市劳动者。不仅如此,资本家为了最大限度地榨取高额利润,还雇用大量的童工,令其幼小的身体承担繁重的劳动任务。童工艰难的处境受到了社会各界的普遍同情。因此,首先在英国通过了旨在保护童工劳动权益的《学徒健康和道德法》。该法规定,纺织系统不能雇用九岁以下的儿童;童工的工作时间每天不得超过十二小时,而且限定在上午六点到晚上九点之间,禁止做夜工等。后来该法的适用范围从童工扩大到女工。自英国开创了从劳动者的角度制定工厂法的先河后,欧洲其他国家也相继效仿。例如,德国于1839年颁布了《普鲁士工厂矿山条例》,规定禁止未成年工从事每天十小时以上的劳动和夜间工作;法国于1841年制定了《童工、未成年工保护法》等。美国在19世纪的工厂立法主要以州立法为主。其第一部保护劳工利益的工厂立法为康涅狄格州于1813年颁布的,规定让受雇儿童接受教育。虽然该法最终未能生效,但却是美国历史上第一部具有现代劳动法意义的立法。后来在1836年,马萨诸塞州通过了一项童工保护法,规定了十五岁以下童工的雇佣条件及童工教育问题。

总之,在产业革命后,先进的资本主义国家为了限制资本家无限制地剥削工人以及调和国内的劳资矛盾,先后都颁布了一些保护劳动者利益的工厂法。它们在一定程度上改善了劳动者的劳动条件。

(二) 劳动法的发展

资本主义劳动立法的发展与资本主义的发展阶段基本相一致,大体有如下几个阶段:

1. 自由资本主义时期的劳动立法

19世纪中叶后,西方各国相继进入自由竞争的资本主义阶段,国家对经济的发展采取不干预的政策,但在劳动关系的调整上要求国家进行干预的呼声却越来越高。由于工厂立法的产生和各国工人运动的高涨,在这一时期,大多数资本主义国家在原来工厂立法的基础上颁布了大量的劳动法律和法规。该阶段劳动立法的发展主要表现为以下几个方面:

(1) 制定工厂法的国家不断增加,工厂法的范围不断扩大,内容不断充实

在19世纪初,只有英、法、德等几个发达的西欧资本主义国家颁布了工厂法,但到了19世纪中叶后,其他资本主义国家也相继颁布了相关的工厂法。例如,挪威、瑞典、丹麦、意大利和俄国等都先后颁布了工厂法;美国也于1868年颁布了一项限制工作时间的联邦法律。一些资本主义国家的殖民地和附属国,如新西兰、印度、加拿大等,也效仿宗主国,制定和颁布了与宗主国类似的工厂法。与此同时,工厂法的适用范围也不断扩大,例如,西欧各国颁布的原适用于纺织系统的童工和女工的工厂法,后逐渐扩大到适用于各种工矿企业。工厂法的内容也从原来的工作时间扩展到安全卫生、工人教育、工资支付和防止伤亡事故及职业病的发生等。

(2) 工会立法的演变

资本主义国家对工会的发展大致经历了绝对禁止、相对禁止和完全承认三个阶段。

英国1799年—1800年的《结社法》中规定,工会是非法的团体,工人如果参加工会,就会面临被判处两个月监禁的惩罚。直到1824年,议会才颁布法令,废除《结社法》,并原则上承认工人的结社权。1871年,英国政府颁布了世界上第一部具有现代意义的《工会法》,基本上承认工会组织的合法性。1876年,议会又通过《工会法修正案》,明确承认工人的结社权。法国1801年《宪法》规定工人结社是一种犯罪行为,至1864年才解除对工会组织罢工的禁令。德国1845年的法律禁止改善劳动条件的共同运动,对同盟罢工规定了罚则,直到1899年的法律才规定废止该罚则。

2. 垄断阶段的劳动立法

19世纪末20世纪初,主要的资本主义国家已从自由竞争进入垄断阶段,资本主义社会固有的矛盾进一步尖锐化,其中包括劳资矛盾。另外,人类经过了两次世界大战,世界各国在意识形态上形成社会主义和资本主义两大阵营。当时,除资本主义国家劳动立法外,还有社会主义国家劳动立法。资本主义在垄断阶段的劳动立法,大致经历了两个阶段:

(1) 19世纪末至20世纪前半叶的劳动立法

这一阶段的劳动立法总的来说有了很大的发展,主要表现为:

① 劳动争议立法的出现

在19世纪自由资本主义之前,各国对劳动争议都按民法和刑法的有关规定处理。进入垄断资本主义时代后,劳资矛盾凸显,劳动争议日益增多,英国、新西兰、法国、美国等开始设立劳动争议调解和仲裁等专门机构处理劳动争议。德国于1890年制定了《工业裁判所法》,法国在1892年颁布《调解与仲裁法》,英国在1896年正式通过《调解法》。不过,这些国家当时都采用自愿调解和仲裁的办法,收效不明显。新西兰在1890年通过立法,成为世界上第一个对劳动争议实行强制仲裁的国家。美国国会于1898年通过了《厄尔德曼法案》,对劳动争议案件的处理采取介于强制和自愿之间的办法。

② 社会保险立法的开端

19世纪下半叶,德国受社会主义思潮的影响,国内工人运动不断兴起,无产阶级力量逐渐壮大,成为德国政府不得不正视的力量。当时出任德国宰相的俾斯麦对工人运动实行"大棒加胡萝卜"的政策,一方面颁布反社会主义的法令,另一方面积极推行改善工人劳动条件、提高工人福利的举措。1883年至1889年,帝国议会根据俾斯麦的提议,通过了《疾病保险法》、《工伤保险法》和《老年与残疾保险法》三项保险法案,从而开了社会保险立法的先例。继德国之后,丹麦于1893年建立了全国免费的养老金制度;英国于1897年通过了《工人赔偿法》;法国于1898年颁布了雇主对劳动者因工负伤、死亡和丧失劳动能力应负赔偿责任的法律;新西兰也于1898年实施免费养老金制度。由此拉开了西方国家建立社会保险制度的序幕。

③ 劳动法的适用范围进一步扩大

英国1937年新《工厂法》的适用范围由过去雇用五十人以上的工厂扩大为在制造过程中雇用体力劳动者的所有企业。法国、德国也把工厂法扩大到适用于交通、建筑、商业等行业。

④ 劳动立法内容更加充实和提高

主要有如下几个方面:第一,在19世纪末,主要资本主义国家的工作时间还为每日十小时左右,但到20世纪初,有的资本主义国家开始实行八小时工作制。

法国是第一个全面实行八小时工作制的国家,之后德国、瑞士等国家也相继颁布了类似有关工作时间的法律。第二,出现了带薪休假制度。20世纪初,有的国家开始实行带薪休假制度。例如瑞士的法律规定:职业妇女,工作满一年的,可以连续休息六天,满两年的八天,满三年的十二天,在休假期内工资照付。美国法律规定,联邦政府下属工厂工人和公用事业雇员实行每年两周带薪休假的制度。英国规定根据工龄长短每年休假两至三周等。第三,出现了最低工资保障立法。早在19世纪末,新西兰和澳大利亚就开始对工资较低的行业试行最低工资制,但到20世纪初才形成立法。英国于1909年仿效澳洲国家制定最低工资法律。继英国之后,德国、法国、瑞士、意大利和美国等国家也相继制定和颁布有关最低工资的法律,使最低工资制成为各国普遍实行的劳动制度。第四,社会保险和社会保障立法的普及。在20世纪初,许多资本主义国家继德国之后,实行了疾病、伤害、老年等社会保险。除上述保险险种外,许多国家开始实行失业保险。到20世纪30年代末,欧洲所有国家、美洲部分国家和亚洲少部分国家都建立了社会保险制度。第五,劳资关系立法取得了长足的进展。虽然在19世纪末,欧洲的一些国家制定了工会组织和劳动争议的法律,工会组织的合法性开始得到认可,但对工会的权利还是有限制。到了20世纪初期,这种情况得到了改变。例如,英国1913年通过的《工会法》,承认了工会具有从事政治活动、组织罢工和排货(抵制)的权利;美国1935年通过的《国家劳动关系法》,确认了工会的组织权和进行集体谈判的权利;法国在1936年颁布的一些劳动法律,承认工会具有与雇主进行集体谈判和缔结集体合同的权利等。

⑤ 颁布劳动法律、法规的国家更加普遍

19世纪末,进行劳动立法的国家主要集中在经济发展较快的欧洲和美洲等资本主义国家。但进入20世纪后,制定劳动法的国家越来越多,特别是以前没有颁布过任何劳动法规的亚洲、非洲、拉丁美洲等国家,也都先后颁布了自己的工厂法和其他劳动法规。许多国家还相继成立了劳工部。劳动法已成为一个独立的法律部门。

尽管在20世纪上半叶,劳动立法得到较大发展是该时期的主流,但也不可忽视,在这时期,各国劳动法的发展也遇到很多的曲折,甚至是倒退。主要是在20世纪20、30年代,由于工人运动进入低潮以及出现经济大萧条,一些资本主义国家又制定了一些倒退的劳动法律、法规。例如,德国在1921年颁布一项实际废除原来实行的八小时工作制的法律;英国在1927年通过的《劳动争议与工会法》,禁止总罢工和同情罢工。进入经济大萧条后,各资本主义国家纷纷降低最低工资、延长工作时间、压缩社会保险和限制工会权利等。

(2) 20世纪后半叶及之后的劳动立法

第二次世界大战后,资本主义国家的经济得到了进一步的发展,与此同时,各国劳动立法发展的趋势更加明显。主要表现为：

① 各国宪法纷纷对公民的劳动权作出规定

虽然在 20 世纪上半叶,德国《魏玛宪法》第一个将劳动权作为公民的一项权利写进宪法中,但各国普遍从宪法上确认劳动权是发生在二战以后。例如:法国 1946 年宪法、意大利 1947 年宪法、西班牙 1945 年宪法、瑞士 1947 年宪法和日本 1945 年宪法等。

② 劳动法体系趋于完整

20 世纪 60 年代后,资本主义国家的劳动立法侧重于改善劳动条件和规定劳动标准。例如,英国在 1961 年修订《工厂法》,进一步改善劳动条件,1971 年颁布《劳资关系法》,1974 年制定了《劳动安全与卫生法》,1975 年颁布了《雇佣保障法》,1980 年颁布了《社会保障法》和《雇佣法》等；美国在 1963 年通过了《同工同酬法》,1964 年颁布了有关就业机会均等的《公民权利法案》,1970 年颁布了《职业安全卫生法》；日本于 1976 年重新修订《劳动标准法》,之后又颁布了《最低工资法》、《雇佣保险法》、《职业训练法》等；法国也颁布了关于劳动条件、同工同酬和反歧视等方面的法律。

总的来说,在这一时期,资本主义国家的劳动立法得到了较为平稳和一致的发展,立法的内容包含了劳动法的各个方面,从而使资本主义国家的劳动法体系趋于完整。

3. 社会主义国家劳动法的发展

（1）苏联的劳动立法

1917 年俄国十月革命取得胜利后,建立了无产阶级政权,开始了社会主义的劳动立法。苏俄颁布的第一部劳动法律是 1917 年由列宁签署的关于八小时工作日的决议,这也是社会主义国家的第一个劳动法令。1918 年,在列宁的亲自领导和参与下,苏俄颁布了《苏俄劳动法典》,这又是世界上第一部社会主义国家的劳动法典。该法典共 17 章 190 条,内容包括集体合同、劳动合同、内部劳动规则、工资、工时、休息时间、女工和未成年工保护、工会、劳动保护、劳动保险和劳动争议处理等。苏维埃社会主义共和国联盟成立以后,颁布了许多劳动法令、法律和法规,其中最有影响的是 1970 年颁布的《苏联和各加盟共和国劳动立法纲要》,该纲要共 15 章 107 条,每章都专门规定了劳动法的一个方面,内容包括：劳动合同、集体合同、工作时间和休息时间、劳动报酬、劳动纪律、劳动安全和卫生、妇女劳动、未成年工劳动、职业培训、劳动争议、工会和职工的民主管理、社会保险和劳动法的监督检查等。各加盟共和国遵照该纲要,按照实际情况又制定了自己的劳动法典。为了适应经济发展的需要,该纲要于 1980 年和 1990 年分别进行了两次修订。

苏联从成立至 1991 年解体,在劳动立法上,除制定综合性的劳动法典和《苏联和各加盟共和国劳动立法纲要》外,还颁布了一系列的单行法规。例如,1971年的《工会基层委员会权利条例》,1972年的《标准内部劳动规则》,1983年的《关于劳动集体及提高其在企业、机关和组织管理中的作用》,1989年的《工会及其权利和活动保障法》等。

苏联虽然于1991年解体,苏联共产党也被解散,但苏联作为世界上第一个社会主义国家,其自二战后所进行的劳动立法,不仅内容全面、体系完整,而且也对世界其他社会主义国家的劳动立法产生了深刻的影响。

(2) 东欧及其他社会主义国家的劳动立法

在二战结束后,东欧许多国家(如匈牙利、捷克、波兰、罗马尼亚等)纷纷建立了无产阶级政权,成为社会主义国家阵营的成员。在无产阶级刚取得政权的几年里,为了改善劳动条件和减少失业现象,东欧的许多国家都颁布了一系列的调整劳动关系的法律。20世纪50年代后,东欧各国先后进入社会主义的建设时期,各国劳动立法得到进一步的发展,劳动法逐渐成为一个独立的法律部门。

各社会主义国家的劳动立法都有自己的特点,但因具有相同的社会制度,各国的劳动立法体现出一些共同的特征,主要表现为:

① 在宪法中明确规定,劳动不仅是公民的权利,也是公民的光荣义务。如在宪法中规定,一切公民有劳动的权利,有取得劳动报酬的权利,劳动者有休息权和获得物质帮助的权利等;同时规定,劳动是一切有劳动能力的公民的光荣义务。

② 制定劳动法典是社会主义国家劳动立法的基本形式。主要有两种形式,一种是内容比较详尽和全面,包括劳动关系的各个方面的法典,例如1951年制定并于1968年修改的保加利亚劳动法典,1974年的波兰劳动法典等;另一种是内容比较概括和原则性的劳动法典,例如1950年阿尔及利亚劳动法典,1978年朝鲜劳动法典等。

③ 大多承袭和借鉴苏联劳动立法的模式、原则和内容,并根据本国的国情进行调整。

第二节 我国劳动法的发展

一、旧中国的劳动立法

(一) 我国工人阶级为争取劳动立法的斗争

1840年鸦片战争后,中国开始沦为半殖民地半封建社会,外国资本家为了利用中国廉价的劳动力,在中国开设工厂。为了最大限度地榨取利润,资本家无限制地延长工作时间,工人们在极其恶劣的工作条件下劳动,生命和健康受到严重威胁。

"五四运动"前,中国工人阶级运动处于自发状态。1879年至1891年间,在上海、香港等地发生多起大规模的罢工。北洋军阀政府为了维护地主买办资产阶级的利益,进行了反劳工立法。例如,1912年颁布的《暂行新刑律》和1914年的《治安警察条例》,把同盟罢工列为犯罪,并规定对罢工的领导人处以严厉的刑罚等。"五四运动"后,工人运动不断高涨,并将争取劳动立法作为工人运动争取的目标之一。中国共产党成立后,为争取劳动立法领导工人们进行了不懈的斗争和努力。在中国共产党的领导下,1922年5月,第一次全国劳动大会在广州举行,大会通过了《八小时工作制案》。1922年6月又发表了对于时局的主张,提出"斗争十一条",其中第四条为:"保障人民结社、集会、言论、出版自由权,废止《治安警察条例》及压迫罢工的刑律。"1922年8月,中国劳动组合书记部开展了争取劳动立法的运动,制定了《劳动法大纲》,其主要立法要求为:一是承认劳动者有集会结社权、同盟罢工权、缔结团体契约权、国际联合权;二是每日工作时间不得超过八小时,不得雇用十六岁以下的男女工人;三是制定最低薪金保障法;四是一年中应有一个月、半年中应有两个星期的有薪休假;五是以法律保障劳动者享受补习教育之机会;六是应设立劳动检察局。1925年5月,第二次全国劳动大会在广州召开,成立了中华全国总工会,通过了《中华全国总工会章程》和《经济斗争的决议案》。1926年和1927年又分别在广州和汉口召开了全国第三次和第四次劳动大会,都对劳动立法方面提出了具体的要求。

(二)北洋政府和国民政府的劳动立法

1. 北洋政府的劳动立法

北洋政府在工人运动和社会各界的压力下,于1923年颁布《暂行工厂规则》,规定最低就业年龄、最高工时、对女工和童工的劳动保护等。另外还颁布了《矿工待遇规定》、《煤矿爆发预防规则》等。

2. 国民政府的劳动立法

1917年孙中山先生在广州设立军政府后,1922年2月,孙中山先生以大总统名义颁布《工会条例》,该条例共20条,是我国第一部承认和保障工会权利的法律文件。1923年11月,孙中山对国民党进行改组,确定"联俄、联共、扶助农工"的三大政策。1924年1月,有中国共产党参加的国民党第一次全国代表大会在广州召开,在该大会通过的宣言中,提出了制定劳动法、保护劳动者、改善劳动者生活状况和保障劳工团体等主张。1924年11月,孙中山又颁布了《工会条例》,其中承认工会有言论、出版及办教育事业的自由,工会有签订团体契约、组织罢工等权利。1926年1月在广州召开的国民党第二次全国代表大会上,通过了《工人运动决议案》,提出实行八小时工作制,制定最低工资标准,保护女工、童工,改善工厂卫生,进行工人教育等要求。同年还颁布了《劳工仲裁条例》、

《国民政府组织解决雇主雇工争执仲裁会条例》等法规,为当时劳动关系的调整提供了法律依据。

1927年,南京国民政府成立后,于同年7月9日成立了劳动法起草委员会,着手编纂劳动法典。后来,立法院决定不用劳动法典的方式,而采用颁布单行劳动法规的方式颁布劳动法。至抗战爆发前,国民政府颁布的主要劳动法律和法规有:《工会法》、《工厂法》、《劳动争议处理法》、《团体协约法》《劳动契约法》、《最低工资法》等。抗战爆发后,国民政府迁至重庆,颁布过《职工福利金条例》及其实施细则、《职工福利委员会组织规程》、《职工福利社设立办法》、《非常时期工会管制暂行办法》,同时修订了《工会法》,取消了工会的罢工权,加强对工会的控制。

从本质上看,南京国民政府颁布的劳动法,通过取消和限制劳动者的民主权利,加强对中国工人阶级的统治;在立法的形式上,主要是模仿欧洲国家的立法模式,并没有结合中国的实际情况,所以,即使是一些表面上维护劳动者权利的法律条款,也因不符合当时的国情而无法付诸实施。

(三) 革命根据地的劳动立法

1. 土地革命时期的劳动立法

土地革命时期,中央苏区于1931年制定了《中华苏维埃共和国劳动法》,共11章75条,主要内容为:雇用工人须经劳动介绍所介绍,禁止私人设立工作介绍所和雇佣代理处;实行集体合同和劳动合同制度;每天的工作时间不超过八小时,十六岁至十八岁的未成年工不得超过六小时;十四岁至十六岁的童工不得超过四小时;工人工作六个月以上者至少能享受两周的带薪休假;实行最低工资制,对女工、青工和童工给予特殊保护;实行全体劳动者的社会保险制度;建立劳动争议处理制度,劳动争议由人民法院或劳动法庭判决,或者由劳资双方代表组成的评判委员会及设在劳动部的仲裁委员会处理。同年12月21日,中央执行委员会作出了《关于实施劳动法的决议》,但由于该法制定的标准过高,与工业落后而且正处于武装斗争中的革命根据地的实际情况不相符,在执行上存在许多困难,为此,中央执行委员会于1933年4月组织劳动法起草委员会重新起草劳动法。新的《中华苏维埃共和国劳动法》共15章121条,虽然照顾到苏区的实际情况,但仍然存在标准过高的问题,最终难以执行。

2. 抗日战争时期的劳动立法

抗日战争时期,革命根据地的劳动立法有了新的发展。各边区政府根据毛泽东同志在《论政策》一文中确立的制定劳动法律和政策的指示,制定了自己的劳动政策和法律。例如,《陕甘宁边区施政纲领》规定,调整劳动关系,实行十小时工作制,提高劳动生产率,适当改善工人生活;《晋察冀边区施政纲领》规定,减少工作时间,工业部门实行八小时工作制,增加实际工资,实行半实物工资制,改善劳动条件和工人待遇,提高劳动生产率,安置失业工人,雇主不得违约解除合同,女工享受一定的产假,产假期间工资照发等。除此以外,陕甘宁边区和晋察冀边区分别颁布了《劳动保护条例》,规定了工人的工作时间、工资、女工、青工、学徒和工人的劳动权利等。

3. 解放战争时期的劳动立法

解放战争时期,毛泽东同志在《论联合政府》中指出:"在新民主主义的国家制度下,将采取调节劳资间利害关系的政策。一方面,保护工人利益,根据情况的不同,实行八小时到十小时的工作制以及适当的失业救济和社会保险,保障工会的权利;另一方面,保证国家企业、私人企业和合作社企业在合理经营下的正当赢利;使公私、劳资双方共同为发展工业生产而努力。"这也是我国在解放战争时期制定相关劳动政策和法规的指导思想和原则。1948年8月,在哈尔滨举行了第六次全国劳动大会,大会通过了《关于中国职工运动当前任务的决议》,其中提出了劳动立法的建议,主要内容为:

(1) 企业实行民主化管理。要在各企业和工厂中建立统一领导的企业或工厂管理委员会,由经理或厂长、工程师及生产中其他负责人、工人的代表组成企业或工厂管理委员会,在上级国家机关的领导下,作为工厂或企业的统一领导机关。

(2) 学徒最高学习期限不得超过三年,学徒待遇依其进步逐步增加,并给予适当的津贴。

(3) 在劳动保护上,要尽可能改善工厂卫生和安全设备,工人一般实行八小时工作制,除战争紧急需要外,每日连加班在内不得超过十二个小时,连续加班不得超过四天,每月加班不得超过四十八小时。

(4) 职工的最低工资连本人在内应能够维持两个人的生活。男女实行同工同酬。

(5) 在工厂集中的城市或条件具备的地方,可以创办劳动保险。职工的福利事业由工厂和工会共同负责或分别负责办理。

(6) 劳动应订立契约,并尽可能采用集体合同的形式。集体合同包括劳动条件,职工之任用、解雇与奖惩,劳动保护和职工福利,厂规等内容。

(7) 对劳动争议的处理为协商、调解、仲裁和法院处理。

以上这些劳动立法建议,不仅为各解放区劳动关系的调整提供了政策指导,也为解放后的劳动立法奠定了基础。

二、新中国的劳动立法

新中国成立后,党和国家非常重视我国的劳动立法,使我国的劳动立法取得了前所未有的进展。与我国的经济发展一样,我国的劳动立法大体上可以划分成如下两个阶段：

（一）党的十一届三中全会以前的劳动立法

1. 新中国成立初期

这一阶段大致为1949年至1953年，我国处于国民经济的恢复时期，国家颁布了一系列重要的劳动法律、法规，主要有：在保障工会的权利和法律地位方面，1950年中央人民政府颁布了《中华人民共和国工会法》；在保障职工民主管理权利方面，1950年中财委发布了《关于国营、公营工厂建立工厂管理委员会的指示》；在解决旧中国遗留下来的失业问题方面，1950年劳动部颁布了《失业技术员工登记介绍办法》、《救济失业工人暂行办法》，政务院发布了《关于失业人员统一登记办法》，1951年劳动部颁布了《关于各地招聘职工的暂行规定》，1952年政务院又颁布了《关于劳动就业问题的决定》；在处理劳动争议方面，1950年劳动部颁布了《市劳动争议仲裁委员会组织及工作规则》、《关于在私营企业中设立劳资协商会议的指示》以及《关于劳动争议解决程序的规定》；在劳动条件方面，1949年政务院颁布了《全国年节及纪念日放假办法》，1950年劳动部颁布了《工厂卫生暂行条例（草案）》，1951年政务院财政经济委员会颁布《工业交通及建筑企业职工伤亡事故报告办法》，同年劳动部颁布《关于搬运危险性物品的几项办法》，1952年劳动部颁布《关于防止沥青中毒的办法》等；在劳动保险方面，1951年政务院颁布了《中华人民共和国劳动保险条例》，并于1953年进行了修正。

2. 第一个五年计划期间

这一阶段为1953年至1958年，为"一五"计划的执行时期。1954年，国家颁布了第一部《宪法》，其中对我国公民的劳动权利和劳动关系的调整作了规定，例如第16条规定了我国劳动的性质和国家对待劳动的态度；第19条规定了公民的劳动权和国家对待职工工资待遇与改善劳动条件的原则；第92条规定了公民的休息权；第93条规定了公民的物质帮助权；第100条规定了公民有遵守劳动纪律的义务等。这些规定成为我国以后制定劳动法律、法规的根本准则。在这一阶段，颁布的主要劳动法律、法规有：1954年政务院颁布的《国营企业内部劳动规则纲要》；1956年国务院为进行工资改革颁布的《关于工资改革的决定》和《关于工资改革中若干具体问题的规定》；在劳动保护方面，于1956年颁布了"三大规程"，即《工厂安全卫生规程》、《建筑安装工程安全技术规程》和《工人职员伤亡事故报告规程》。

3. 第二个和第三个五年计划期间

这一阶段为1958年至"文革"前。颁布的劳动法律、法规主要有：1958年国务院颁布的《关于工人、职员退休处理的暂行规定》、《关于企业事业单位和国家机关中普通工和勤杂工的工资待遇的暂行规定》、《关于国营、公私合营、合作社营、个体经营的企业和事业单位的学徒的学习期限和生活补贴的暂行规定》和《关于工人职员回家探亲的假期和工资待遇的暂行规定》,1963年颁布了《关于加强企业生产中安全工作的几项规定》和《防止矽尘危害工作管理办法》等。

4. 1966年至1978年期间

在这期间,经历了十年浩劫的"文革",我国的劳动立法基本上处于停止状态,已有的劳动法律、法规也被停止执行。

(二) 党的十一届三中全会以后的劳动立法

党的十一届三中全会确立了改革开放的基本方针,并将国家的工作重心转移到经济建设上来,使我国进入了新的历史发展时期。党的十一届三中全会以后的劳动立法,大体上可以分为以下几个阶段:

1. 1978年至1985年

这一时期为改革的初期,在劳动立法上,一方面要拨乱反正,恢复"文革"之前行之有效的劳动制度,另一方面要进行劳动制度改革的试点和探索。主要的立法有:1982年《宪法》对公民的劳动权、劳动报酬权、休息权、劳动保护权、获得物质帮助权和接受教育权等作了规定;为健全职工的养老制度,国务院颁布了《关于安置老弱病残干部的暂行办法》、《关于工人退休、退职的暂行办法》;为了改革劳动用工制度,劳动人事部于1983年2月颁布了《关于积极试行劳动合同制的通知》和《关于招工考核择优录用的暂行规定》,国务院于1983年9月颁布了《关于认真整顿招收退休、退职职工子女工作的通知》等;为了加强劳动保护,1979年9月,卫生部、国家建委、国家计委、国家经委和国家劳动总局联合发布了《工业企业设计卫生标准》,国务院于1982年颁布了《矿山安全条例》、《矿山安全监察条例》、《锅炉压力容器安全监察暂行条例》,1984年颁布了《关于加强防尘防毒工作的决定》等;为了整顿劳动纪律,国务院于1982年颁布了《企业职工奖惩条例》;为了调整和改革职工的工资分配,提高职工的生活水平,国务院于1978年颁布了《关于实行奖励和计件工资制度的通知》、1979年发布了《关于职工升级的几项具体规定》和《关于制止滥发奖金和津贴的紧急通知》、1981年颁布了《关于正确实行奖励制度,坚决制止滥发奖金的几项规定》,劳动人事部、国家计委、国家经委和财政部于1982年颁布《关于加强奖金管理,严格控制奖金发放的通知》,国务院又于1985年发出了《关于国营企业工资改革问题的通知》和《关于国家机关和事业单位工作人员工资制度改革问题的通知》;在休息休假方面,国务院于1981年颁布了《关于职工探亲待遇的规定》。

2. 从1986年至1994年《劳动法》颁布前

在这一阶段,我国的劳动制度进入全面改革时期,相应的劳动立法主要也是围绕着劳动制度的改革而展开。颁布的主要劳动法律、法规有:1986年,国务院颁布了《国营企业实行劳动合同制暂行规定》、《国营企业招用工人暂行规定》、

《国营企业辞退违纪职工暂行规定》和《国营企业职工待业保险暂行规定》等,这些暂行规定的颁布和实施,标志着我国劳动制度全面改革的开始;1987年,国务院颁布了《国营企业劳动争议处理暂行规定》,被中止了几十年的劳动争议处理制度正式恢复;1988年,国务院颁布了《女职工劳动保护规定》;1989年,国务院颁布《全民所有制企业临时工管理暂行规定》,同年,劳动部颁布《私营企业劳动管理暂行规定》;1990年,全国人大通过了《残疾人保障法》,劳动部等部门颁布了《关于加强城镇集体所有制企业职工工资收入管理的意见》、《职业介绍暂行条例》、《工人考核条例》和《关于高级技师评聘的实施意见》,国家统计局发布了《关于工资总额组成的规定》;1991年,国务院颁布《全民所有制企业招用农民合同制工人的规定》、《禁止使用童工的规定》、《企业职工伤亡事故报告和处理规定》、《关于企业职工养老保险制度改革的决定》,劳动部与联合其他部门发布了《城镇集体所有制企业工资总额同经济效益挂钩办法》;1992年,全国人大制定了《工会法》、《矿山安全法》、《妇女权益保障法》,国务院发布了《关于修改〈国营企业实行劳动合同制暂行规定〉第二条、第二十六条的决定》,劳动部会同有关部门颁布《关于深化企业劳动人事、工资分配、社会保险制度改革的意见》和《股份制试点企业劳动工资管理暂行规定》、《使用童工罚款标准的规定》、《劳动合同鉴证实施办法》和《境外就业服务机构管理规定》等;1993年,国务院颁布了《国有企业富余职工安置规定》、《国有企业职工待业保险规定》、《企业劳动争议处理条例》,国务院办公厅转发了劳动部《关于加强企业职工工资总额宏观调控的实施意见》,劳动部颁布《企业最低工资规定》(已失效)、《职业技能鉴定规定》、《企业职工养老保险基金管理规定》、《劳动争议仲裁委员会办案规则》、《劳动争议仲裁委员会组织规则》、《企业劳动争议调解委员会组织及工作规则》和《劳动监察规定》(已废止)等;1994年,《劳动法》颁布前,国务院于同年2月颁布了《关于职工工作时间的规定》,并于1995年3月修订。

3. 《劳动法》颁布以后

《劳动法》的颁布,标志着我国的劳动立法进入了成熟阶段。此后,国务院、劳动部及其他有关部门为了保障《劳动法》的实施,颁布了一系列的配套法规。综合性的主要有:1994年劳动部发出的《关于〈中华人民共和国劳动法〉若干条文的说明》、《外商投资企业劳动管理规定》,1995年劳动部颁发的《关于贯彻执行〈中华人民共和国劳动法〉若干问题的意见》和《违反〈中华人民共和国劳动法〉行政处罚办法》等,人事部发出的《关于国家机关、事业单位工勤人员依照执行〈劳动法〉有关问题的复函》。在劳动合同和集体合同方面有:1994年劳动部颁布的《违反和解除劳动合同的经济补偿办法》、《集体合同规定》(已废止),1995年劳动部发布的《实施〈劳动法〉中有关劳动合同问题的解答》、《违反〈劳动法〉有关劳动合同规定的赔偿办法》,1996年劳动部发出的《关于实行劳动合同制度若干问题的通知》、《关于订立劳动合同有关问题的通知》、《关于逐步实行集体协商和集体合同制度的通知》和《关于加强集体合同审核管理工作的通知》等，2004年劳动部颁布的《集体合同规定》，2007年《劳动合同法》。在劳动力的管理方面有：1996年劳动部颁布的《关于企业职工流动若干问题的通知》，同年劳动部会同有关部门颁布的《外国人在中国就业管理规定》，1997年国家科学技术委员会发布的《关于加强科技人员流动中技术秘密管理的若干意见》，2000年劳动和社会保障部颁布《劳动力市场管理规定》等；在工时和劳动保护方面有：1994年劳动部发布的《关于企业实行不定时工作制和综合计算工时工作制的审批办法》，1999年国务院修订发布的1949年政务院颁布的《全国年节及纪念日放假办法》，2007年国务院颁布的《职工带薪年休假条例》以及由人力资源和社会保障部于2008年颁布的《企业职工带薪年休假实施办法》，劳动部发出的《矿山安全法实施条例》、《矿山建设工程安全监督实施办法》、《建设项目（工程）劳动安全卫生监察规定》、《重大事故隐患管理规定》、《企业职工劳动安全卫生教育管理规定》和《未成年工特殊保护规定》，国务院于2004年颁布的《劳动保障监察条例》等；在工资方面有：劳动部1994年颁布的《工资支付暂行规定》、1995年颁布的《对〈工资支付暂行规定〉有关问题的补充规定》、1997年颁布的《外商投资企业工资收入管理暂行办法》等；在就业促进和职业培训方面有：1994年劳动部颁布的《就业登记规定》、《职业指导办法》、《农村劳动力跨省流动就业管理暂行规定》、《就业训练规定》、《职业培训实体管理规定》及1995年颁布的《职业介绍规定》，1996年劳动部和国家经贸委发布的《企业职工培训规定》，2000年劳动和社会保障部颁布的《劳动预备制培训实施办法》，2001年劳动和社会保障部、国家工商行政管理总局颁布的《中外合资中外合作职业介绍机构设立管理暂行规定》，2007年颁布的《中华人民共和国就业促进法》以及由国家劳动和社会保障部颁布的《就业服务与就业管理规定》等；在社会保险方面有：1994年劳动部颁布的《企业职工生育保险试行办法》，1996年劳动部颁布的《企业职工工伤保险试行办法》，1997年国务院颁布的《关于建立统一的企业职工基本养老保险制度的决定》，1999年国务院颁布的《失业保险条例》，2001年全国人大常委会通过的《职业病防治法》，2003年国务院颁布的《工伤保险条例》，劳动和社会保障部颁布的《非法用工单位伤亡人员一次性赔偿办法》、《因工死亡职工供养亲属范围规定》、《工伤认定办法》、《社会保险登记管理暂行办法》、《社会保险费征缴监督检查办法》、《社会保险费征缴暂行条例》、《社会保险稽核办法》，国务院颁布的《关于建立城镇职工基本医疗保险制度的决定》《社会保险费申报缴纳管理暂行办法》等；在劳动监察方面有：劳动部1994年发布的《劳动监察员管理办法》和1995年颁布的《劳动监察程序规定》（已失效）、《劳动监察员准则》等；在工会和劳动争议方面主要有：2001年全国人大常务委员会通过的修订的《中华人民共和国工会法》,2007年全国人大常委会通过的《中华人民共和国劳动争议调解仲裁法》等。

第三节 国际劳动立法的产生和发展

一、国际劳动立法的产生

国际劳动立法的思想产生于19世纪上半叶,随着国际经济贸易的发展,一些进步的资产阶级思想家、政治家开始认识到,要改善劳动者的劳动条件和经济状况,仅靠一国的国内法是远远不够的,有必要进行国际劳动法的制定。首先提出国际劳动立法的有英国空想社会主义思想家欧文和法国社会活动家大卫·李格兰等。

19世纪下半叶,国际劳动立法的思想开始为一些工人组织和社会团体所接受,1886年召开的国际工人联合会第一次大会上,通过了由马克思起草的宣言,该宣言主张通过国际公约改善工人的地位,之后召开的由各国工会参加的国际会议上曾多次讨论劳工立法问题。在这种形势下,各国政府的态度也开始发生变化。1880年,瑞士联邦政府应联邦议会的要求提出召开制定国际劳工公约会议的倡议,此倡议虽因各种分歧而未能达成,但却开创了由国家提出召开国际会议进行国际劳工立法的先河。1889年,瑞士又建议于1890年5月在伯尔尼召开讨论国际劳动立法的会议。后应德国首相俾斯麦发出的倡议,1890年3月在柏林召开了由欧洲15国政府派代表参加的、世界上第一次国际劳动立法会议,会议主要讨论保护工人的问题。1900年,国际劳动法协会在巴黎成立。在该协会的要求下,1906年瑞士政府召开了由15国代表参加的国际劳动立法会议,会议通过了两个国际劳工公约,即《关于禁止工厂女工夜间工作的公约》和《关于禁止火柴制造中使用白(黄)磷的公约》(又称《伯尔尼公约》)。这是世界上最早的国际劳工公约。1913年,协会又组织起草了《关于禁止未成年工做夜工公约》和《关于女工和未成年工每日最多工作时间公约》。虽然因为第一次世界大战爆发,协会的工作被迫停止,但这为后来国际劳工组织的成立奠定了基础。

二、国际劳工组织

(一) 国际劳工组织的成立

国际劳工组织是在1919年第一次世界大战结束后召开的和平大会上成立的,这次和平大会首先在巴黎举行,尔后又在凡尔赛举行。在和平大会上,各国政府一致同意成立由政府、雇主和工人三方代表参加的国际劳工组织。1919年4月,和平大会通过了《国际劳工组织章程》,同年6月,国际劳工组织正式宣告成立。我国为国际劳工组织的创始会员国之一。根据《国际劳工组织章程》序言的表述,成立国际劳工组织是基于以下几个方面的原因:第一,成立国际劳工组织首先是出于人道的目的。工人的工作条件日益苛刻,大量的工人遭受剥削,雇主根本不考虑他们的身体、家庭生活和他们的个人发展。《国际劳工组织章程》在序言中反映了人们对这种情况的关注,指出:"现有的劳动条件使大量的工人遭受不公正、苦难和贫困。"第二,出于政治目的。如果不改善工人的工作条件,那么随着工业化进程的发展,工人的数量不断增加,可能因此而造成社会不安定,甚至出现革命。序言指出,不公正"造成了如此巨大的不安定,竟使世界和平与和谐遭受危害"。第三,出于经济目的。由于改善工作条件不可避免地给生产成本带来影响,任何进行社会改良的行业或国家都可能会发现自己被置于与竞争对手相比不利的地位。序言指出:"任何一国不采用合乎人道的劳动条件,会成为其他国家愿意改善其本国状况者的障碍。"

1919年10月,在华盛顿召开第一届国际劳工大会,会上制定了六个国际劳工公约和六个国际劳工公约建议书。在第二次世界大战之前,国际劳工组织一直是国际联盟的一个独立机构。二战爆发后,虽然国际联盟解体,但国际劳工组织作为一个独立的机构一直存在。1944年6月,来自41个国家的代表在美国召开了第二十六届国际劳工大会,通过了著名的《费城宣言》,其中确定了国际劳工组织活动的十项原则。1946年,国际劳工组织成为联合国负责劳动事务和社会事务的专门机构。

(二) 国际劳工组织的宗旨和职责

国际劳工组织作为联合国的一个专门机构,旨在促进社会公正和国际公认的人权和劳工权益。它以公约和建议书的形式制定国际劳工标准,确定基本劳工权益的最低标准,涵盖结社自由、组织权利、集体谈判、废除强迫劳动、机会和待遇平等以及其他规范整个工作领域工作条件的标准。国际劳工组织主要在下列领域提供技术援助:职业培训和职业康复;就业政策;劳动行政管理;劳动法和产业关系;工作条件;管理发展;合作社;社会保障;劳动统计和职业安全卫生。它倡导独立的工人和雇主组织的发展并向这些组织提供培训和咨询服务。

(三) 国际劳工组织的结构

国际劳工组织主要通过三个组织机构开展工作,这三个机构都体现了该组织的特征,即三方结构(政府、雇主和工人)。

1. 国际劳工大会。国际劳工组织的成员国于每年6月聚集在日内瓦参加国际劳工大会。每个成员国派两名政府代表、一名雇主代表和一名工人代表参会。通常由各国负责劳工事务的内阁部长担任团长,并代表其政府在大会上发言,阐述其政府的观点。国际劳工大会起着非常重要的作用,它制定和通过国际劳工标准,并作为一个论坛讨论全球重要的劳工和社会问题。大会也负责审议通过本组织的预算和选举理事会成员。

2. 理事会。理事会是国际劳工组织的执行机构,每年在日内瓦召开三次会议,讨论决定国际劳工组织的政策。理事会制订计划和预算,再提交国际劳工大会讨论通过。理事会还负责选举国际劳工局局长。理事会由28位政府理事、14位雇主理事和14位工人理事组成。其中的10个政府理事席位由主要工业国担任,其他政府理事则每三年由劳工大会在考虑区域平衡的基础上选举产生。雇主和工人分别选举自己的代表。

3. 国际劳工局。国际劳工局是国际劳工组织的常设秘书处和所有活动的联络处,它受理事会的监督并接受局长的领导,局长的任期每届为五年,可以连选连任。劳工局雇用的官员有1900多人,来自110多个国家,他们在日内瓦总部和全球40个办事处工作。此外,还有600多位专家分布在世界各地执行技术合作项目。劳工局还拥有一个研究和文献中心以及一个出版社,广泛出版专题研究论著、报告和期刊。

三、国际劳动立法的形式和内容

(一) 形式

国际劳动立法的形式是指国际劳动立法的来源。按照立法机构的不同,可以分为国际劳工组织的劳动立法和非国际劳工组织的劳动立法。

1. 国际劳工组织的劳动立法

国际劳工组织的劳动立法的形式主要表现为国际劳工公约和建议书(统称为"国际劳工标准")。国际劳工公约是国际性条约,由国际劳工局起草,然后提交国际劳工大会讨论,经出席代表的2/3多数通过,再由国际劳工组织成员国批准。如果会员国批准了相应的公约,应将正式批准书送交国际劳工局局长,并通过国内立法,保证公约的贯彻执行;如果会员国不批准相应的公约,则公约对会员国不生效,但会员国须将本国有关公约所涉及事项的法律法规、惯例和现状报告国际劳工局局长。建议书系无法律约束力的文书,仅供会员国制定相应的法律、法规时参考。建议书处理的议题通常与公约是一致的,它制定指导方针,引导各国的政策制定和行动。无论是公约还是建议书,都旨在给世界各国的工作条件和实践带来切实的影响。一年一度的国际劳工大会和国际劳工组织的其他机构还常常就其法律地位不及公约和建议书的其他文书达成共识,这类文书包括行为准则和决议。这些文书旨在产生规范性影响,但并不构成国际劳工标准体系的内容。

2. 非国际劳工组织的劳动立法

国际劳工组织的劳动立法是国际劳动立法的主要来源,除此以外,一些非国际劳工组织(例如联合国、WTO和欧盟等)制定的国际公约、文件和双边条约中,也会涉及有关劳工标准的规定。

(二) 内容

1. 国际劳工标准的主要内容

国际劳工组织通过制定公约和建议书的形式确立国际劳工标准。主要内容包括:

(1) 劳工的基本权利方面,包括结社自由、废除强迫劳动、机会均等和待遇平等等公约和建议书;

(2) 劳动关系方面,包括劳动契约、团体协约、调解仲裁、企业合作等公约和建议书;

(3) 就业方面,包括就业政策、就业促进措施、禁止就业歧视和保障残疾人就业等公约和建议书;

(4) 工资方面,包括最低工资保障和工资支付保障等公约和建议书;

(5) 工作条件方面,包括工时、休息休假、劳动安全和卫生等公约和建议书;

(6) 社会保障方面,包括疾病、养老、工伤、失业、家庭津贴、生育、残废津贴和遗属津贴等公约和建议书;

(7) 特殊劳动保护方面,主要包括女工、童工、未成年工和老年工人的特殊劳动保护的公约和建议书。

2. 核心劳工标准

在国际劳工组织制定的公约和建议书中,有八个公约是有关工作中的基本人权方面的,包括结社自由、废除强迫劳动、平等和消除童工劳动等方面。国际劳工组织认为,这八个公约对于保护劳工的基本人权至关重要,要求本组织各成员国全部予以批准和实施。这些公约成为国际劳工组织的核心公约,被称为"核心劳工标准"。另有四个对于劳动制度和政策至关重要的公约被称为"优先公约",包括三方协商、劳动监察和劳动政策等几个方面。

八个核心公约具体为:

(1) 第29号:《强迫劳动公约》(1930年)。禁止所有形式的强迫或强制劳动。但允许某些例外,如服兵役、受到适当监督的服刑人员的劳动和紧急情况下的劳动,如战争、火灾、地震。

(2) 第87号:《结社自由和保护组织权利公约》(1948年)。赋予所有工人和雇主无须经事先批准,建立和参加自己选择的组织的权利,并制定了一系列规定,确保这些组织在不受公共当局干涉的情况下自由行使其职能。

(3) 第98号:《组织和集体谈判权利公约》(1949年)。为防止发生排斥工会的歧视、防止工人组织和雇主组织之间相互干涉提供保护,并对促进集体谈判作出了规定。

(4) 第100号:《同工同酬公约》(1951年)。呼吁对男女工人同等价值的工作给予同等报酬和同等津贴。

(5) 第 105 号:《废除强迫劳动公约》(1957 年)。禁止将任何形式的强迫或强制劳动作为一种政治强制或政治教育手段,作为对发表政治或意识形态观点的惩罚,作为动员劳动力的手段,作为一种劳动纪律措施,作为参与罢工的惩罚或歧视的手段。

(6) 第 111 号:《消除就业和职业歧视公约》(1958 年)。呼吁制定一项国家政策,消除在获得就业机会、培训和工作条件方面,任何基于种族、肤色、性别、宗教、政治见解、民族血统或社会出身等的歧视,促进机会和待遇平等。

(7) 第 138 号:《最低就业年龄公约》(1973 年)。旨在消除童工,规定准予就业的最低年龄不得低于完成义务教育的年龄。

(8) 第 182 号:《最恶劣形式的童工劳动公约》(1999 年)。呼吁立即采取有效措施确保禁止和消除最恶劣形式的童工劳动,包括奴役制和类似的做法,强迫征募儿童参与武装冲突,使用儿童卖淫和从事色情服务等任何非法活动,以及可能危害儿童的健康、安全和道德的工作。

四、我国批准的国际劳工公约

1919 年的"巴黎和会"上,北洋政府代表中国在和约上签字,使得中国成为国际联盟的创始国,因而也成为国际劳工组织的创始国。1919 年至 1928 年,北洋政府都指派代表参加历届国际劳工大会。从 1929 年开始,国民政府每年也派代表团出席国际劳工大会。1930 年,国际劳工局在上海设立了分局(1952 年撤销)。1944 年,中国成为国际劳工组织的常任理事国。新中国成立后,台湾当局仍然占据着中国在国际劳工组织的席位。1971 年,联合国大会通过决议恢复我国的合法席位。1983 年 6 月,新中国代表团第一次参加国际劳工大会,正式恢复在国际劳工组织中的活动。

从 1930 年起,国民政府先后批准了 14 个国际公约。1984 年 5 月 30 日,中华人民共和国政府决定予以承认,同时宣布新中国成立后台湾当局以中国的名义批准的 23 个劳工公约是非法和无效的。国际劳工组织取消了该 23 个公约的批准效力。后来,我国政府又批准了 8 个劳工公约。这样,至目前为止,我国共批准了 22 个国际劳工公约,它们是:

(1) 1920 年第二届国际劳工大会通过的第 7 号《确定准许儿童在海上工作的最低年龄公约》。主要内容为,规定十四岁以下的儿童不得受雇或工作在船舶上。

(2) 1921 年第三届国际劳工大会通过的第 11 号《农业工人的集会结社权公约》。主要内容为,要求承认农业工人享有与工业工人同等的集会和结社的权利。

(3) 1921年第三届国际劳工大会通过的第14号《工业企业中实行每周休息公约》。主要内容为,要求工业企业中的工人能每周休息一日,每天工作八小时,每周工作四十八小时。

(4) 1921年第三届国际劳工大会通过的第15号《确定准许使用未成年人为扒炭工或司炉工的最低年龄公约》。主要内容为,规定十八岁以下的未成年人不得受雇或工作在船上充当扒炭工和司炉工。

(5) 1921年第三届国际劳工大会通过的第16号《在海上工作的儿童及未成年人的强制体格检查公约》。主要内容为,规定任何船舶在使用十八周岁以下的未成年人时,必须提供由主管机关认可的医生签字的证明其具备从事该种工作的体格证明书。

(6) 1925年第七届国际劳工大会通过的第19号《本国工人与外国工人关于事故赔偿的同等待遇公约》。主要内容为,要求规定本国工人与外国工人在事故赔偿中享有平等待遇。

(7) 1926年第九届国际劳工大会通过的第22号《海员协议条款公约》。主要内容为,规定海员协议条款的相关提议。

(8) 1926年第九届国际劳工大会通过的第23号《海员遣返公约》。主要内容为,凡海员被迫登岸者应享有被送回本国或其受雇用的港口或船舶开航的港口权利。

(9) 1928年第十一届国际劳工大会通过的第26号《制订最低工资办法公约》。主要内容为,要求成员国为那些无法用合同或其他办法规定有效工资的行业工人制订最低工资率。

(10) 1929年第十二届国际劳工大会通过的第27号《航运的重大包裹标明重量公约》。主要内容为,凡在会员国境内交付总重量在一千公斤以上的任何包裹和物件,都应当在包裹和物件的外面标明重量。

(11) 1932年第十六届国际劳工大会通过的第32号《船舶装卸工人伤害防护公约》。主要内容为,关于防护、防止船舶装卸工人发生事故的若干提议。

(12) 1935年第十九届国际劳工大会通过的第45号《各种矿场井下劳动使用妇女公约》。主要内容为,规定任何矿场井下劳动不得使用妇女。

(13) 1937年第二十三届国际劳工大会通过的第59号《确定准许使用儿童于工业工作的最低年龄公约》。主要内容为,要求成员国规定在工业企业中工作的工人最低年龄不得低于十五岁。

(14) 1946年第二十九届国际劳工大会通过的第80号《最后条款修正公约》。主要内容为,确认最初二十八届国际劳工会议通过的各种公约文本内,凡遇"国际联盟秘书长"字样的改为"国际劳工局局长","秘书处"字样的改为"国际劳工局"。

(15) 1983年第六十九届国际劳工大会通过的第159号《残疾人职业康复与就业公约》(我国于1987年批准)。主要内容为,要求为残疾人提供适当的职业康复措施,并增加残疾人就业的机会。

(16) 1951年第三十四届国际劳工大会通过的第100号《男女工人同工同酬公约》(我国于1990年批准)。主要内容为,要求在劳动报酬上实行同工同酬,消除男女性别歧视。

(17) 1976年第六十一届国际劳工大会通过的第144号《三方协商促进实施国际劳工标准公约》(我国于1990年批准)。主要内容为,要求会员国承允保证国际劳工组织的活动在政府、雇主和劳工三方代表的有效协商中进行。

(18) 1990年第七十七届国际劳工大会通过的第170号《作业场所安全使用化学品公约》(我国于1994年批准)。主要内容为,对在作业场所安全使用化学品的若干提议,旨在防止和减少化学品对作业工人的危害。

(19) 1964年第四十八届国际劳工大会通过的第122号《就业政策公约》(我国于1997年批准)。主要内容为,要求会员国采取积极的措施和政策,解决失业和不充分就业问题,并努力实现充分的、自由选择的生产性就业的目标。

(20) 1973年第五十八届国际劳工大会通过的第138号《准予就业最低年龄公约》(我国于1998年批准)。主要内容为,要求会员国制定有关法律规定,保证最低就业年龄不低于十五岁,其目的是消除童工劳动。

(21) 1978年第六十四届国际劳工大会通过的第150号《劳动行政管理公约》(我国于2001年批准)。主要内容为,规定劳动行政管理的作用和职能为从事国家劳动政策和相关法律、法规的准备、实施、协调和监督检查,对就业、失业和不充分就业问题,以及劳动者的工作和生活条件等各方面问题进行研究解决,为雇主和工人及其各自组织提供服务。

(22) 1988年第七十五届国际劳工大会通过的第167号《建筑业安全卫生公约》(我国于2001年批准)。主要内容为,规定批准国应参照国际标准制定有关建筑业安全卫生的法律和条例并使之生效,在建筑施工中应明确雇主、工程技术人员和工人为保证安全生产所应负的责任,确保建筑工地安全卫生的工作条件。该公约还对建筑施工工作场地、机械、作业方式以及工人的个人防护和急救措施等作了具体规定。

需要指出的是,除了上述我国批准的国际劳工组织制定的国际公约外,我国还在2001年批准了联合国大会通过的《经济、社会和文化权利国际公约》,其中有关对劳动者劳动权利的规定也将成为我国劳动立法必须考虑的内容。

五、WTO 和国际劳工标准

（一）国际劳工标准与国际贸易挂钩的由来

1. 美国

美国最早主张将劳工标准与国际贸易挂钩。早在 WTO 体系建立前的 1890 年，美国便禁止进口囚犯生产的产品，并于 1930 年将禁止范围扩大到所有强制性劳工生产的产品。1988 年，美国的《贸易竞争法》首次将"持续否定工人权利的行为模式"列入不合理外国贸易做法清单，这给对所谓不尊重"世界公认的雇员权利"的国家进行贸易制裁的政策披上了国家法律的外衣。1992 年底，美国、墨西哥、加拿大签署了《北美自由贸易协定》，该协定要求成员国必须在各自的国内立法中加入保障结社自由、集体谈判权等原则，强调成员国加强合作，通过技术援助和信息交换改善各国的劳工标准，从而将劳工标准列入区域性法律框架。

2. 欧盟

早在 1957 年缔结《罗马条约》时，法国因担心其他成员国雇用低薪的女工而对本国服装业造成冲击，强烈要求将男女同工同酬的规定写进条约。在欧洲一体化的进程中，针对劳工标准的问题相关国家之间曾展开激烈的斗争。如英国曾拒绝遵守《马斯特里赫特条约》关于劳工权利保护的"社会宪章"，一度使欧盟的一体化进程受阻，其他共同体国家强烈批评英国企图利用其低廉的劳动力和弱小的工会来吸引欧洲大陆劳工标准相对较高的国家的企业。欧盟在其对发展中国家的贸易政策中，也将劳工标准纳入其中。1993 年 6 月，在欧盟哥本哈根首脑会议上，杰可·狄洛斯建议在欧盟与第三世界国家的贸易关系中引入有关劳工标准问题的"社会进步条款"。在 1994 年 1 月 9 日通过的《欧盟理事会规则》中，对劳工标准作了较为详细的规定："在如下情况下，本协议可随时完全暂停或部分暂停实施：A. 存在 1926 年 9 月 25 日日内瓦公约和 1956 年 9 月 7 日日内瓦公约及国际劳工组织（ILO）第 29 号和第 105 号公约中定义的任何形式的强迫劳动的行为；B. 出口劳改产品……"条款 7(1) 中规定："从 1998 年 1 月 1 日起，如果受惠国能证明已经在国内采用并且实际实施 ILO 第 87 号《结社自由和保护组织权利公约》、第 98 号《组织和集体谈判权利公约》及第 138 号《最低就业年龄公约》，将对于受惠国应用特别激励协议，给予额外优惠。"1996 年 1 月 29 日，在欧盟与韩国签订的框架协议中，也包括了关于劳工标准的相关条款。

另外，在一系列国际商品协定中，劳工标准问题已成为正式条款。比如，1982 年第六个《国际锡矿协定》第 45 条规定："成员国宣布，为了避免生活水平的下降和在国际贸易中使用不公平的竞争手段，将努力保证在锡工业中的公平的劳工标准。"1987 年《国际糖协定》第 28 条规定："成员国必须在各自的工业生产中维持公正的劳工标准,并尽可能地努力改善糖业生产过程中各个农业、工业部门工人和甘蔗、甜菜种植工人的生活水平。"1987年《国际天然橡胶协定》第53条和1993年《国际可可协定》第49条也有类似的规定。

(二) 在 WTO 内部发生的国际贸易与劳工标准挂钩的争议

1. 美国为在 WTO 体系内实现国际贸易与劳工标准挂钩所作的努力

尽管欧美等发达国家早已将劳工标准与对外贸易挂起了钩,但它们的目标绝不会仅停留在双边贸易和地区贸易的范围内,也不会满足于特定商品领域,而是要在 WTO 体系内的国际贸易多边谈判中确立劳工标准的地位。

美国早在二战结束后就开始了在国际贸易体系中建立一套劳工标准制度的努力。1946年,美国特别提议召开一个全球性的贸易与就业的国际会议,并成立一个国际贸易组织。在1947年至1948年于古巴哈瓦那召开的联合国贸易与就业大会上,与会各方曾草拟了一项哈瓦那《国际贸易组织宪章》,在美国政府的极力鼓吹下,该宪章第7条明确将劳工标准写进了国际贸易规则之中:"所有国家在获得和维持与生产率相关的公平劳工标准上有共同的利益。因此,应在生产率允许的范围内改善工资和工作环境及不公正的劳工状况,特别是在生产出口产品的部门中的劳工状况,会给国家贸易制造障碍。因此,每一成员国应采取一切适宜的行动在国内减少这种状况。"然而,美国参议院却拒绝通过该宪章,使国际贸易组织胎死腹中,劳工标准问题在后来的多边贸易领域也暂告平息。在1947年缔结的关贸总协定(GATT)中,并没特别重视公平劳动标准与国际贸易的关系,仅在前言提到应以"提高生活水平"、"保证充分就业"、"保证实际收入"等为目的,但这只不过是一个仅具宣言性质的声明而已。唯一与劳工标准有关的条款是在一般例外条款中,特别允许会员国采取行动,禁止劳改产品。1953年,美国向 GATT 签约方建议,总协定应采取更一般的手段处理包括囚犯劳动在内的不公平的工作条件问题,这种不公平的工作条件被界定为"低于生产力水平允许的水准"。但由于其他成员国对美国提案中所谓的"不公平工作条件"一词无法达成共识,最终未获通过。

在肯尼迪回合的国际多边贸易谈判中,美国政府旧话重提,要求在国际贸易关系中建立国际劳工标准,但也因没受到谈判各国的重视而归于失败。在尼克松总统执政期间,美国的国际贸易及投资政策委员会曾特别建议美国当局,应该通过多边谈判的努力,建立一套国际通用的劳工标准制度。此项建议后为1974年美国贸易法所采纳,该法特别规定美国总统应要求 GATT 作若干修正,其中一项即是在全球的国际贸易体系中,建立一套完整的、公平的国际劳工标准制度。此项规定使得通过国际多边谈判建立一套国际公平的劳工标准成为美国政府的既定政策。在之后的时间里,美国政府一直矢志不渝地在国际事务中贯彻执行此项政策。在1978年的东京回合国际多边贸易谈判中,美国政府主张设立四项最低国际劳工标准:(1)禁止奴隶或强迫性劳工;(2)禁止童工;(3)劳动卫生与安全措施;(4)对出口商品采用差别性标准。但这种主张遭到发展中国家的普遍抵制,它们认为这不过是变相的贸易保护主义而已,它们主张,这类问题应交由联合国贸易发展会议处理。东京回合后,美国政府又正式提出一项建议,主张在1991年进行乌拉圭回合多边贸易谈判时,应该考虑两项基本国际劳动标准:一项是禁止某国的出口工业采取较其他经济部门过低的劳工标准,另一项则是对危及生命及安全的有毒物质,应建立一个全面性最严格的公开标准,而这些标准,所有国家、部门、企业均应该一体适用。然而,美国政府的此项建议仍未获得GATT 18个咨询小组成员国的采纳。

自1985年10月起,GATT又开始筹备乌拉圭回合的谈判。1986年1月,在乌拉圭召开部长级会议,讨论谈判议程的筹备事宜。会议期间,美国政府代表重申希望在新一回合的国际多边贸易谈判中,能将劳工权利条款正式列入谈判议程,同时还特别强调美国政府并无意以其本国采用的劳工标准强行要求其他各国,并且也承认发展中国家在这方面确实具有相对竞争优势,美国政府只是希望迅速发展的国际贸易活动能使所有国家的劳工普遍受惠,并有助于GATT本身目标的实现。同年6月25日,美国政府正式提案,要求在该部长会议结束时的声明中,能特别将劳工条款列入,并同时敦促检讨、修正该总协定的条文、目标及其他相关文件与劳工权利的关系。美国还建议成立一个特别小组,在国际多边贸易谈判时专门负责研讨劳工权利事项。在这项正式提案中,美国政府虽没对劳工权利的具体范围作明确的界定,但特别提及有关劳工组织工会、从事谈判交涉的政治性权力以及工作场所的劳动标准,诸如最低工资和劳动卫生安全条件等,均应包括在内,而且还进一步强调,GATT可以引用ILO历年所通过的各项公约及建议书作为研究评估的法律基础。但是,由于与会大多数国家的强烈反对,部长级会议未采纳美国的提议,在同年9月所公布的正式会议声明中,也没提及美国政府的这一提案。美国关于劳工标准与国际贸易挂钩的努力又一次受挫。

1994年2月,美国在法国、奥地利、比利时、葡萄牙、西班牙等国的支持下,以"社会条款"为名,要求把劳工标准问题写进马拉喀什部长级会议宣言。在这次部长级会议上,发达国家与发展中国家对这一问题争论十分激烈。美国和欧盟一些发达国家主张将劳工标准与贸易挂钩,即以劳工标准为由实施贸易制裁,以贸易制裁促进劳工标准的提高。这一企图遭到巴西、秘鲁、阿根廷、巴基斯坦等发展中国家的坚决反对,它们认为这样会剥夺发展中国家所拥有的比较优势。此外,一些发达国家如荷兰、丹麦等国认为解决这一问题还为时过早。最后,各方达成折中协议,即在马拉喀什部长级会议宣言中不涉及任何有关劳工标准的问题,把此问题放到将取代GATT的WTO去讨论。

马拉喀什会议后,以挪威为首的斯堪的纳维亚岛国的一些原来持反对意见的 WTO 成员的态度发生了变化,它们提出了"第三条路",主张在 WTO 中展开有关贸易与劳工标准关系的讨论,但不涉及贸易制裁,也就是开展理论上的探讨,而不与实际贸易制裁挂钩。1996 年 2 月初在瑞士达沃斯召开的世界经济论坛年会上,不少西方国家的政界和经济界要人提出,为实现"公平竞争",必须在国际贸易中引入"社会标准条款"(核心就是劳工标准)作为"游戏规则"。在 6 月底的法国里昂西方七国首脑会议上,西方国家领导人明确地强调了这一主张。1995 年,美国《总统经济报告》中宣称,本届政府要在从国际贸易方面推动劳工标准上有所建树。

1995 年初,社会发展首脑会议在哥本哈根召开。会议宣言明确提出了各国应遵守结社自由和集体谈判、平等和反歧视、反童工等原则,从而正式确立了国际劳工组织制定的第 87 号《结社自由和保护组织权利公约》、第 98 号《组织和集体谈判权利公约》、第 100 号《同工同酬公约》、第 111 号《消除就业和职业歧视公约》和第 138 号《最低就业年龄公约》"核心劳工标准"的地位。

1996 年 12 月,WTO 成立以来的首次部长级会议在新加坡召开,在大会筹备和召开过程中,以美国和欧盟为首的西方发达国家执意要将劳工标准问题作为 WTO 今后的工作日程之一写入部长宣言,同时还进一步提出:为了保证国际贸易的公平竞争,为了保护发达国家工人利益,应在工资、工时、社会保障、福利待遇等方面制定一些各个成员国均应遵守的标准,作为国际贸易"游戏规则"的统一标准。发达国家的这些要求,遭到以印度、巴基斯坦和埃及为首的发展中国家的坚决反对。双方矛盾的焦点集中在下列三个问题上:第一,WTO 是否是解决劳工标准的场所? 从分工看,劳工标准属于国际劳工组织管辖的范畴,发达国家提出直接由 WTO 管辖是否合适? 第二,统一的国际劳工标准与各国具体国情的关系如何? 即使撇开各国具体历史、文化背景不谈,纯粹从经济的角度看,由于南北方国家的经济处于不同的发展阶段,各国的劳工立法、社会福利标准纷繁复杂,在现阶段讨论制定一个统一的劳工标准的问题是否现实? 第三,统一的劳工标准与变相的贸易保护主义有何关系? 工业化国家拥有资金、技术等优势,而发展中国家以初级产品和劳动密集型产品为主,劳动力价格低廉正是其在国际竞争中的优势所在。如果各国实行统一的劳工标准,势必提高发展中国家产品的生产成本,结果必然削弱发展中国家特有的优势并进而使其出口受到限制。因此,发展中国家批评发达国家是以"劳工标准"为借口,推行变相的贸易保护主义政策,其实质是一种非关税壁垒。

在新加坡会议上,经过几天的激烈争论,发展中国家作了让步,同意在部长宣言中列入有关劳工标准的声明,发达国家则在文字表达上作出让步。新加坡部长会议宣言对劳工标准问题的基本态度是:"我们重申遵守国际公认的核心劳工标准。ILO 是制定和处理这些标准的权力机构,我们明确表示支持该组织为提高劳动标准所做的工作。我们认为,贸易增长和进一步自由化促进了经济增长和发展,经济增长和发展有利于这些标准的提高。我们反对为贸易保护的目的而使用劳工标准,并承认一些国家,尤其是低工资发展中国家在这方面的相对优势。在此,我们注意到,WTO 和 ILO 秘书处将继续现有的合作。"

1998 年 5 月,在庆祝多边贸易体制建立 50 周年大会和 WTO 第二届部长级会议上,美国总统克林顿发表了旨在奠定新一轮谈判框架和 21 世纪多边贸易体制发展方向的演讲。美国政府强调,新一轮多边贸易谈判不仅要涉及固定议程的内容,而且要包括许多"新议题",其中就包括贸易与劳工标准。

1999 年 11 月 30 日至 12 月 3 日,WTO 第三届部长会议在美国西北部城市西雅图召开。会议期间,以美国为首的发达国家拼命想将劳工标准塞进千年回合谈判中。美国总统克林顿在会议期间公开提出要把劳工标准问题纳入新一轮谈判议程,要建立一个劳工标准问题工作小组,同时还首次表示要对那些违背劳工标准的成员国实施经济制裁。广大发展中国家强烈反对这一建议,它们指出,劳动力便宜是发展中国家的唯一优势,所谓的劳工标准不过是贸易保护主义的变相表现而已。它们强调,根据 WTO 1996 年新加坡部长级会议的规定,劳工标准只能由劳工组织制定,根本不应列入新一轮谈判议题之中。然而,美国迫于国内政治需要和劳工、人权组织的压力,不愿作任何让步,导致原定揭开全球多边贸易体系千年回合谈判序幕的西雅图会议彻底失败。

2001 年底,WTO 第四次部长会议在多哈举行,在其宣言中再次提到劳工标准问题:"我们重申我们在新加坡部长会议发表的关于国际认同的核心劳工标准的宣言,我们注意到 ILO 对全球化社会问题正在进行的工作。"

(三)发达国家与发展中国家对国际贸易与劳工标准挂钩的态度差异

发达国家与发展中国家对劳工标准的态度有很大不同,争议的焦点主要体现在两个方面:人道主义和经济问题。在人道主义方面,发达国家认为,劳工标准是基本人权,是人类所应该追求和享受的权利,应得到保护和受到尊重,所以,制定一个在全球加以推广的、在任何时候对任何国家都适用的全球性劳工标准理所当然;把各国人道主义问题通过国际贸易方式加以解决,即在国际贸易协定或条约中加入劳工标准等社会条款也是可行的。在这种理论的指导下,西方一些发达国家如美国动辄以人权问题为借口对发展中国家实行贸易制裁,迫使这些国家采取各种措施,如通过立法等手段提高劳工标准,以改善本国的人权状况。而广大发展中国家则持相反观点,认为最基本的人权首先是生存权和发展权,通过在国际贸易条约中加入劳工标准等社会条款来解决人权问题是不合理的。同时,它们对贸易制裁的效果也深表怀疑。因为,如果劳工标准被运用到出口产品的行业,对出口行业的人权问题可能会起到改善作用,但广大发展中国家出口行业的人口所占比例较小，其他非出口行业的从业人员的人权问题并没有因此而得到改善，这样容易造成贫富差距的扩大，引起社会矛盾，导致社会动荡。其次，解决人权问题的方法很多，并非一定要将人权与国际贸易相联系。如果发达国家真正是为了帮助发展中国家改善人权问题，就应该首先帮助发展中国家发展经济，如提供经济援助、技术和资金支持、扩大国际市场、增加贸易机会，而不应对发展中国家进行贸易制裁。最后，发展中国家还存在比人权更重要的社会问题，如雏妓、饥荒、疾病、战争等，难道还有比生命健康更重要的问题吗？所以，发达国家应首先重视这些问题。总之，不同国家在不同发展阶段应有不同的劳工标准，更何况各国由于不同的文化和宗教信仰，对劳工标准也有不同的社会偏好。在经济问题方面，发达国家认为发展中国家劳动力工资比较低，特别是童工产品和劳改产品，其成本远远低于其价格，在国际市场上有很强的竞争力，对发达国家有很大威胁，使发达国家劳动密集型产品处于不公平的竞争地位。发展中国家这种劳动力的倾销，阻碍了世界贸易的自由发展和国际公平竞争，所以，劳工标准应理所当然地被纳入世界多边贸易体系的谈判框架内，制定出一个全球性的劳工标准，阻止劳动力倾销，实现国际公平竞争。发达国家还认为，将劳工标准与国际贸易相联系，不是贸易保护，而是为了抵消发展中国家实行低工资标准所造成的国际贸易扭曲。广大发展中国家则认为，劳动力成本的国际差异是个历史范畴，它受到社会生产力、科学技术、文化、宗教等方面的综合影响，是各国经济在不同发展阶段的必然结果，劳动力成本同各国自然禀赋一样，是个外在变量，所以，发展中国家劳动力工资较低是一种自然现象，它所形成的比较优势是国际分工的国际贸易的基础。发达国家将劳工标准与国际贸易联系在一起，实质是为了抵消发展中国家的劳动力成本优势，借促进"国际公平竞争"之名达到贸易保护主义的目的。同时，发展中国家实行低工资，出口劳动密集型产品，不仅不会对发达国家造成威胁，反而会使发达国家能够享受按照比较优势原则进行国际分工所带来的利益，促使发达国家进行产业结构调整，充分利用本国的资本优势和技术优势，发展资本密集型和技术密集型产品，获取对新行业的垄断。所以，在全球人为地制定统一的劳工标准来消除劳动力成本的国际差异，不仅没有必要，而且不符合各国的实际情况。各个国家应该根据本国的经济发展和文化、宗教信仰等社会背景的不同，制定适合自己的劳工标准，实现本国福利最大化，而不应像西方发达国家所提倡的那样制定全球统一的劳工标准。

（四）完善我国劳工标准，应对加入WTO带来的挑战

尽管在劳工标准与贸易关系的问题上，发达国家与发展中国家分歧很大，并且在我国这个发展中国家听到的观点多数是支持发展中国家的，但本书认为，在发达国家的压力和操纵下，将劳工标准问题引入WTO规则，还是具有相当的可能性。事实上，在发展中国家与发达国家激烈争论的同时，劳工标准正一步步地

走进贸易领域。1994年6月,在日内瓦举行的第八十一届国际劳工大会最终同意在ILO内成立一个工作组,以讨论"与贸易自由化相关的所有社会范畴的问题"。1997年,ILO制定的《工作中基本原则和权利宣言》中指出:不管成员国是否批准了"核心劳动标准",都有义务遵守"核心劳动标准"。为了达到这样的目的,劳工组织认为应加强与包括WTO在内的国际组织间的联系和合作。而1996年12月新加坡部长会议宣言中则明确表示:"WTO和ILO秘书处将继续现有的合作。"在接受我国为成员国的多哈会议上,劳工标准问题在宣言中再次被提及。在社会实践方面,一些在国际上具有重大影响的跨国公司利用其在全球生产链中的优势地位,通过将劳工标准与供应商获得订单相联系,客观上已经将劳工标准与贸易挂钩,前一阶段在我国南方闹得沸沸扬扬的SA8000就是一个例子。① 为此,我国应该加强对国际劳工标准与贸易挂钩对我国产生影响的研究,完善我国的劳动标准立法,未雨绸缪,以应对可能的国际劳工标准与贸易挂钩对我国经济、政治和文化等方面带来的挑战。

---

① SA8000即"社会责任标准",是Social Accountability 8000 International Standard的英文简称。它是一种基于《国际劳工组织宪章》、联合国《儿童权利公约》、《世界人权宣言》制定的,以保护劳动环境和条件、劳工权利等为主要内容的管理标准体系。自1997年SA8000问世以来,美国、欧盟等的一些跨国公司开始强制推广该标准认证,将劳工权利与订单挂钩。受SA8000标准约束的主要是劳动密集型产品,如服装、制鞋、化工原料、纺织等,而我国特别是珠三角出口的优势一直是劳动密集型产品。"据初步估计,自1997年以来,我国沿海地区至少已有8000多家企业接受过跨国公司的社会责任审核,一些企业则因为没有达到SA8000标准而被取消了供应商资格。另一方面,全球已获得SA8000认证证书的259家企业组织中,我国只有42家,主要集中在珠三角。'这样的数量对于珠三角庞大的出口企业群来说,还是太少了。'广东质检局的谭先生对记者说。"参见《SA80000认证标准为珠三角企业带来"烦恼"》,http://www.tnc.com.cn/news/detail/3/5/d35061.html,2009年9月18日访问。

第二篇　劳动制度和劳动标准

第四章　劳动合同

改革开放以来,我国的劳动关系发生了翻天覆地的变化。传统的、典型的和正规的劳动关系正面临着新型的、非典型的和非正规的劳动关系的挑战,劳动关系呈现出主体多元化、内容复杂化、形式多样化的发展趋势。社会和经济条件的变迁,使得1995年1月1日起实施的《中华人民共和国劳动法》中关于劳动合同的规定已经难以满足我国经济发展对劳动关系调整的需要。为此,旨在构建和谐稳定劳动关系、保护劳动者合法权益的《中华人民共和国劳动合同法》(以下简称《劳动合同法》)于2007年6月29日由中华人民共和国第十届全国人民代表大会常务委员会第二十八次会议通过,并自2008年1月1日起施行。为了配合《劳动合同法》的贯彻实施,国务院于2008年9月3日经国务院第二十五次常务会议通过了《中华人民共和国劳动合同法实施条例》(以下简称《劳动合同法实施条例》),对《劳动合同法》的相关条款作了进一步的细化和补充。《劳动合同法》的颁布,标志着我国的劳动立法进入一个新阶段。

第一节　劳动合同概述

一、劳动合同的概念

劳动合同又称"劳动契约"或"劳动协议",是指劳动者和用人单位确立劳动关系,明确双方权利和义务的协议。根据该协议,劳动者加入用人单位并成为其成员之一,遵守用人单位内部的规章制度,完成规定的生产任务或者工作任务;用人单位按照劳动合同的约定,支付劳动者劳动报酬,并提供劳动法规定和双方约定的劳动条件。

劳动合同是双方当事人建立劳动关系的依据,也是劳动者实现劳动就业权的具体形式。

二、劳动合同的特征

劳动合同作为合同的一种,在具有合同的一般特征的同时,还具有其特有的特征:

(一)劳动合同的从属性

劳动合同的从属性是由劳动关系的从属性决定的。劳动者和用人单位构成劳动合同的主体双方,劳动者要加入用人单位成为其一个成员,并且负有按照用人单位指示完成劳动任务的义务。劳动合同与其他合同不同。就一般合同而言,合同当事人不仅在订立合同时法律地位是独立和平等的,而且在合同的履行过程中,仍然保持这一平等和独立性;而劳动合同不然,劳动合同双方当事人虽然在订立合同时法律地位是平等的,但在合同的履行过程中,双方当事人形成一定的隶属关系。

(二)劳动合同的继续性

劳动合同的继续性是指劳动合同所处的一种存续状态。劳动法律关系的建立与否,从劳动者个人方面看,涉及劳动者能否实现自己的就业权,从社会的角度看,它不仅涉及社会劳动力资源的充分和合理利用,还在一定程度上影响到社会的和谐和稳定。如果说一般法律关系因交易的需要和完成而建立和消灭,重在交易的活跃,那么,劳动法律关系则更注重其保持存续和和谐的状态。因此,在劳动合同中存在无固定期限的劳动合同的形式,即使是有固定期限的劳动合同,一般也因合同的续签而使劳动法律关系得以延续。

(三)劳动合同内容的受限制性

根据合同的一般法律理论,合同当事人一致的意思表示就是合同的内容,即合同的内容是由当事人协商确定的,当事人以外的个人或组织一般不能影响合同的内容。受劳动力严重供大于求的就业压力和劳动合同从属性特点的影响,劳动者很难在劳动合同订立时充分地、自主地进行意思表示,即劳动合同的内容主要体现了用人单位的真实意思。为了保证劳动合同确定的劳动条件的客观化,各国劳动法都采取"劳动条件基准法定"原则,即通过法律对最低工资、最高工时等劳动标准的规定,限制用人单位意思表示的范围。另外,通过赋予集体合同的效力,使个人与用人单位订立的劳动合同的内容受集体合同的内容的影响和渗透。总之,劳动合同的内容不完全取决于合同当事人的意思表示,它要受到法律规定和工会等团体意志的影响和限制。

三、劳动合同的种类

我国劳动合同按照不同的标准可以进行不同的分类。

（一）以劳动合同的期限为标准

这也是我国劳动立法采用的分类方法。我国《劳动合同法》第12条规定："劳动合同分为固定期限劳动合同、无固定期限劳动合同和以完成一定工作任务为期限的劳动合同。"

1. 固定期限的劳动合同

指劳动者与用人单位约定合同终止时间的劳动合同。在合同有效期届满时，当事人的劳动法律关系即行终止，如果双方同意，也可以续订。这种劳动合同具有使劳动力资源在相对稳定的基础上及时流动，并在流动中寻求与生产资料的最佳配置的优势。

2. 无固定期限的劳动合同

指劳动者和用人单位约定无确定终止时间的劳动合同。无固定期限劳动合同和固定期限劳动合同的解除条件完全相同，但通常情况下，如果劳动者不具备法律规定的用人单位可以单方解除劳动合同的情形，用人单位不得随意解雇无固定期限劳动合同的劳动者，因此，无固定期限的劳动合同也被称为"长期劳动合同"。一般而言，劳动者和用人单位双方签订何种期限的劳动合同，是由双方当事人根据自己的意愿通过协商进行确定，因此我国《劳动法》和《劳动合同法》均规定："用人单位与劳动者协商一致，可以订立无固定期限劳动合同。"基于用人单位在劳动关系中所处的强势地位以及在我国现实生活中存在的劳动合同短期化的现象，我国《劳动法》和《劳动合同法》均对用人单位在特定条件下就劳动合同期限的意思表示的自由作了限制。《劳动法》第20条第2款规定："劳动者在同一用人单位连续工作满十年以上，当事人双方同意续延劳动合同的，如果劳动者提出订立无固定期限的劳动合同，应当订立无固定期限的劳动合同。"《劳动合同法》不仅保留了《劳动法》中关于特定情形下用人单位应当与劳动者签订无固定期限劳动合同的规定，而且放宽和扩大了具体签订无固定期限劳动合同的条件和范围。《劳动合同法》第14条第2款、第3款规定："有下列情形之一，劳动者提出或者同意续订、订立劳动合同的，除劳动者提出订立固定期限劳动合同外，应当订立无固定期限劳动合同：（一）劳动者在该用人单位连续工作满十年的；（二）用人单位初次实行劳动合同制度或者国有企业改制重新订立劳动合同时，劳动者在该用人单位连续工作满十年且距法定退休年龄不足十年的；（三）连续订立二次固定期限劳动合同，且劳动者没有本法第三十九条和第四十条第一项、第二项规定的情形，续订劳动合同的。用人单位自用工之日起满一年不与劳动者订立书面劳动合同的，视为用人单位与劳动者已订立无固定期限劳动合同。"

是否所有符合《劳动合同法》第14条第2款和第3款规定的情形的，用人单位都必须与劳动者签订无固定期限劳动合同呢？《劳动合同法实施条例》第12

条对不使用强制签订无固定期限劳动合同的情形作了补充规定,"地方各级人民政府及县级以上地方人民政府有关部门为安置就业困难人员提供的给予岗位补贴和社会保险补贴的公益性岗位,其劳动合同不适用劳动合同法有关无固定期限劳动合同的规定"。

3. 以完成一定的工作任务为期限的劳动合同

指劳动者与用人单位约定以某项工作的完成为期限的劳动合同,一旦该工作任务完成,劳动合同即行终止,具有临时性的特点。它一般适用于铁路、公路、桥梁、建筑等工程项目。

(二) 以劳动合同产生的方式为标准

1. 录用合同

是指用人单位通过面向社会、公开招工、全面考核和择优录用等程序而与劳动者签订的劳动合同。就一般劳动者而言,均是通过这种方式与用人单位建立劳动法律关系的,因此,这种劳动合同在我国具有普遍的适用性。

2. 聘任合同

是指用人单位因生产经营需要,与具有特定技术或者经验的劳动者订立的劳动合同。例如,用人单位与有关专家、顾问所订立的劳动合同。聘任合同与录用合同的主要区别在于对劳动者的适用对象不同,前者适用于符合用人单位需要的具有特殊专业技术或知识的劳动者,后者适用于一般的劳动者。因此,聘任合同实际上是录用合同的一种特殊情形。

3. 借调合同

是指由借调单位、被借调单位与劳动者三者之间,为确立借调关系,明确相互之间劳动权利和劳动义务所订立的劳动合同。劳动者在借调期内属于借调单位的职工,由借调单位对其承担用人单位的义务,当然,借调合同另有约定的除外。同时,劳动者与被借调单位的劳动关系处于中止状态,待借调期满或者出现合同约定的终止借调的法律事实,借调合同终止,劳动者仍然回原单位。借调合同一般适用于借调单位急需使用的技术工人或者职员。

4. 委派合同

是指委派单位、接受委派单位和被委派的劳动者之间,就委派劳动者到接受委派单位工作而订立的明确相互之间权利和义务的协议。按照委派单位和接受委派单位之间关系的不同,又可以将委派分为内部委派和外部委派两种。内部委派是指委派单位因工作需要将劳动者委派到自己的子公司或分公司或与自己有业务联系的其他单位履行劳动义务的行为。外部委派是指专门从事劳务派遣业务的劳务派遣公司,根据与接受劳务派遣单位订立的劳务派遣协议,将与自己建立劳动关系的劳动者派遣到接受派遣单位工作的行为。一般而言,委派单位与被委派的劳动者之间存在劳动关系,相互间的权利和义务按照双方订立的劳动合同确定;接受委派单位与被委派的劳动者之间以及委派单位和接受委派单位之间的权利和义务由三方订立的委派协议确定。

(三)以劳动合同确定的劳动者工作的时间长短为标准

1. 全日制劳动合同

全日制劳动合同,即基于全日制用工而建立的劳动合同,也称"典型劳动合同"或"标准劳动合同",是相对于非全日制劳动合同而言的。全日制用工是指劳动者在同一用人单位每日和每周工作时间的平均数超过一定小时的用工形式。根据我国《劳动合同法》关于非全日制用工工作时间长度的规定,全日制用工的工作时间长度为在同一用人单位一般平均日工作时间超过四小时,每周工作时间累计超过二十四小时。我国《劳动合同法》的一般规定都是以全日制劳动合同为对象的。

2. 非全日制劳动合同

非全日制劳动合同也称"非典型劳动合同"或"非标准劳动合同",是基于非全日制用工而建立的劳动合同。我国《劳动合同法》第68条规定:"非全日制用工,是指以小时计酬为主,劳动者在同一用人单位一般平均每日工作时间不超过四小时,每周工作时间累计不超过二十四小时的用工形式。"

与全日制劳动合同相比,非全日制劳动合同具有如下几个方面的特点:

第一,非全日制劳动合同的形式比较灵活,可以是书面协议,也可以是口头协议;而全日制劳动合同要求以书面形式订立。

第二,非全日制用工的劳动者可以与一个或一个以上的用人单位订立劳动合同,但是后订立的劳动合同不得影响先订立的劳动合同的履行;而全日制的劳动者一般只能与一个用人单位建立劳动关系。全日制用工的劳动者同时与其他用人单位建立劳动关系,对完成本单位的工作任务造成严重影响,或者经用人单位提出,拒不改正的,用人单位可以经随时通知后解除与其签订的劳动合同。另外,我国《劳动合同法》第91条规定:"用人单位招用与其他用人单位尚未解除或者终止劳动合同的劳动者,给其他用人单位造成损失的,应当承担连带赔偿责任。"

第三,基于全日制用工而订立的劳动合同,在劳动合同双方当事人协商一致时,可以约定试用期;而非全日制劳动合同不得约定试用期。

第四,用人单位必须依法解除或终止与全日制用工劳动者签订的劳动合同,并且在解除或终止劳动合同时,应依法向劳动者支付经济补偿金;而非全日制用工双方当事人任何一方都可以随时通知对方终止用工,且在终止用工时,用人单位不向劳动者支付经济补偿。

第五,全日制用工的劳动报酬的结算周期最长不得超过一个月;而非全日制用工劳动报酬结算支付周期最长不得超过十五日。

第二节 劳动合同的订立和履行

一、劳动合同的订立

劳动合同的订立是指劳动者与用人单位之间依法就双方的权利义务协商一致,设立劳动法律关系的法律行为。

(一)劳动合同订立的原则

根据我国《劳动合同法》的有关规定,订立劳动合同应当遵循以下原则:

1. 平等自愿、协商一致的原则

平等是指双方当事人的法律地位平等,任何一方不享有优于另一方的特权;自愿是指订立劳动合同建立劳动法律关系应完全出自当事人双方的意愿,任何一方不得将自己的意志强加于另一方;协商一致是指劳动合同的内容应是双方当事人真实意思一致的表示。"平等自愿、协商一致"是任何合同订立都必须遵守的共同原则,但因劳动合同双方当事人关系的特殊性,如前所述,劳动合同内容协商的自由度要受到国家劳动基准法律规定和集体合同内容的限制。

2. 合法原则

合法原则是指双方当事人订立的劳动合同,不得违反国家法律和行政法规的规定。具体应包括如下几方面的内容:

(1)劳动合同的双方当事人必须具备合法的资格。作为劳动者,必须具备法律规定的劳动权利能力和劳动行为能力,即我国公民必须年满16周岁,在我国就业的外国公民要年满18周岁。作为用人单位,应是依法成立的企业、个体经济组织、国家机关、事业组织和社会团体等。

(2)劳动合同的内容必须合法。劳动合同的各条款必须符合国家法律、行政法规的规定,同时不得违反国家和社会的公共利益。

3. 公平原则

公平原则,是指用人单位和劳动者在签订劳动合同时,应本着公正的观念从事合同活动。针对劳动者与用人单位在劳动关系中地位不平等的现实,公平原则尤其强调,在劳动合同订立中处于强势地位的用人单位应该遵守给予全体劳动者公平公正的劳动待遇,不得因民族、种族、年龄、性别的不同而差别对待。这包含两层含义:一是企业提供给劳动者的整体劳动条件应与社会经济发展水平基本一致,即符合一般人的公正公平的价值判断标准;二是就用人单位内部而言,用人单位应保证给予劳动者公正公平的劳动条件,其中包括同工同酬、公平的提升机会和条件等,不得歧视。

4. 诚实信用原则

诚实信用原则,简称"诚信原则",它是市场经济活动中形成的道德规则,要求用人单位和劳动者在订立劳动合同时,诚实不欺,恪守诺言,讲究信用,用善意的心理和方式取得权利和履行义务,对对方询问或需要了解的信息如实告知,不得故意隐瞒、错告、漏告或不告。

(二) 劳动合同双方当事人在合同订立时的权利和义务

1. 如实告知义务

如前所述,劳动关系是用人单位和劳动者在劳动力和生产资料结合过程中所产生的社会关系。在市场经济体制下,用人单位拥有用人自主权,劳动者也拥有择业权,劳动力和生产资料两大生产要素通过市场机制的自由选择和公平竞争进行配置。在此过程中,用人单位和劳动者均需要在比较充分了解另一方基本情况的基础上就是否与对方建立劳动关系作出抉择,这就需要双方当事人在订立劳动合同时,本着诚实信用的原则,就另一方要求了解的与劳动合同有关的情况作如实的回答或说明。为此,我国《劳动合同法》第 8 条就劳动合同双方当事人在订立合同时的如实告知义务作了规定。用人单位在招用劳动者时应该主动如实告知劳动者工作内容、工作条件、工作地点、职业危害、安全生产状况、劳动报酬,以及劳动者要求了解的其他情况;同时劳动者也应当就用人单位有权了解的劳动者与劳动合同直接相关的基本情况作如实的说明。由于一方的虚假陈述导致另一方订立劳动合同的,另一方可以依法行使随时通知解除劳动合同的权利。

2. 用人单位不得扣押劳动者的有效证件或要求劳动者提供担保

在社会主义初级阶段,劳动仍然是人们谋生的手段。劳动者通过让渡自己的劳动力以及提供劳务,换取用人单位支付的劳动报酬,以维持自己及家人的生存。作为劳动合同客体的劳动力与作为劳动合同主体的劳动者在自然状态下须臾不可分离,劳动力进入劳动过程实际上使劳动者也进入劳动过程。基于法律对劳动者人身自由权保护的绝对性,劳动者即使与用人单位签订劳动合同,仍然享有依法辞职的权利,用人单位不得通过限制人身自由的手段强迫劳动者履行劳动义务,也不得利用自己在劳动关系中所处的优势地位,在订立劳动合同时通过扣押劳动者的居民身份证和其他证件、要求劳动者提供担保或者以其他名义向劳动者收取财物,变相强迫劳动者履行劳动义务。我国《劳动合同法》第 9 条规定:"用人单位招用劳动者,不得扣押劳动者的居民身份证和其他证件,不得要求劳动者提供担保或者以其他名义向劳动者收取财物。"同时,《劳动合同法》第 84 条对用人单位违反这一禁止行为的罚则作了规定:"用人单位违反本法规定,扣押劳动者居民身份证等证件的,由劳动行政部门责令限期退还劳动者本人,并依照有关法律规定给予处罚。用人单位违反本法规定,以担保或者其他名义向劳动者收取财物的,由劳动行政部门责令限期退还劳动者本人,并以每人五百元以上二千元以下的标准处以罚款;给劳动者造成损害的,应当承担赔偿责任。劳动者依法解除或者终止劳动合同,用人单位扣押劳动者档案或者其他物品的,依照前款规定处罚。"

(三)劳动合同的内容

劳动合同的内容是指合同当事人对有关权利和义务约定的具体条款。以是否影响合同完整性为标准,可以将劳动合同的内容分成必要内容和商定内容两种。

1. 必要内容

必要内容也称"必备条款",是指法律规定的劳动合同必须具备的条款,是每一个劳动合同不可缺少的条款,如果缺少,合同的内容就会不完整。按照我国《劳动合同法》第17条的规定,劳动合同的必要内容具体包括:

(1)劳动合同双方当事人的基本情况和信息

包括用人单位的名称、住所和法定代表人或者主要负责人的姓名;劳动者的姓名、住址和居民身份证或者其他有效身份证件号码。

(2)劳动合同期限

劳动合同期限是指劳动合同的有效期限。根据我国《劳动合同法》的有关规定,除法律规定的用人单位应当与劳动者签订无固定期限劳动合同外,合同当事人可以根据需要,在协商一致的基础上选择确定无固定期限的劳动合同、固定期限的劳动合同和以完成一定工作任务为期限的劳动合同。

需要注意的是,劳动合同的期限与劳动合同的服务期和试用期是三个既有联系又有区别的概念。劳动合同的服务期是指用人单位与劳动者约定的用人单位为劳动者出资进行专业技术培训后劳动者应该为用人单位服务的年限。在劳动合同的有效期内,如果不具有法律规定的用人单位可以单方解除劳动合同的事由或情形,用人单位不得与劳动者解除劳动合同;劳动者可以通过预告后解除劳动合同。但在劳动合同的服务期内,如果不具有法律规定的劳动者可以随时通知解除劳动合同的情形,劳动者不得单方解除劳动合同,否则劳动者应该依约承担违约责任。劳动合同的服务期与劳动合同的期限可以是重叠的,也可以是衔接的。而劳动合同的试用期与劳动合同的期限只能是重叠的关系,试用期是劳动合同期限的一个组成部分,试用期不能离开劳动合同的期限而单独存在。劳动合同只约定试用期,没有劳动合同期限的,该期限即为劳动合同的期限,试用期不成立。

(3)工作内容和工作地点

工作内容,指劳动者承担的工作任务。包括劳动者所从事的工种、岗位、完成工作任务的具体要求等。工作地点,指劳动者履行劳动合同约定义务的地点。

显然,工作地点与用人单位的住址不是同一概念,工作地点可以是用人单位的住址,也可以与用人单位的住址相分离。

(4) 工作时间和休息休假

工作时间是指在劳动合同的存续期间,劳动者在履行劳动义务时所实行的工时制度。包括标准工作时间、计件工作时间、不定时工作时间、综合计算工作时间和缩短工作时间等。

(5) 劳动报酬

劳动者给付劳务,用人单位支付报酬是劳动合同最基本的条款。劳动报酬一般包括工资、奖金、津贴和补贴等。按照《劳动合同法》第11条的规定,用人单位"与劳动者约定的劳动报酬不明确的,新招用的劳动者的劳动报酬按照集体合同规定的标准执行;没有集体合同或者集体合同未规定的,实行同工同酬"。

(6) 社会保险

我国《劳动法》规定,用人单位应当为建立劳动关系的劳动者建立包括养老、失业、疾病、工伤和生育在内的社会保险。社会保险是一种强制性的保险,其险种和交费费率由国家法律、法规直接规定。用人单位一旦与劳动者建立劳动关系,就应该为劳动者办理社会保险。《劳动合同法》将社会保险确定为劳动合同的必备内容,同时,在其第38条中规定,用人单位未依法为劳动者缴纳社会保险费的,劳动者可以解除劳动合同。这种使社会保险与劳动关系挂钩的立法方法,将有力地保障社会保险的事实和推行。

(7) 劳动保护、劳动条件和职业危害防护

劳动保护是指为保障劳动者在劳动过程中的安全和健康所采取的各项保护措施。劳动条件是指为劳动者提供符合国家规定的劳动安全卫生标准的工作环境。劳动保护和劳动条件都属于强制性的法律规范,其内容是合同当事人必须执行的最低标准,当事人可以在法律规定的下限标准的基础上进行协商,但不得通过协商放弃执行国家的有关规定或者执行的标准低于国家规定的标准。

2. 商定内容

劳动合同的商定内容是指由合同双方当事人协商确定的、并非劳动合同必不可少的条款,没有这样的条款,不影响劳动合同内容的完整性。即只要当事人认为有必要明确的与双方权利义务有关的所有事项,经双方协商一致后,都可以成为合同的商定内容。当然,该内容不得违反法律、行政法规的规定。我国《劳动合同法》第17条第2款规定:"劳动合同除前款规定的必备条款外,用人单位与劳动者可以约定试用期、培训、保守秘密、补充保险和福利待遇等其他事项。"

(1) 试用期

试用期是指劳动合同双方当事人约定的在劳动合同的有效期内用于相互考

察、适应的期限。在这个期限内,用人单位可以考察劳动者是否符合录用条件;劳动者可以考察自己是否适合用人单位提供的工作任务和工作环境。一旦发现不合适,双方当事人都享有提出解除劳动合同的权利。我国《劳动合同法》第19条、第20条、第21条、第37条和第39条等,对试用期的期限、试用期内劳动者的工资和试用期内劳动合同的解除等内容分别作了规定。《劳动合同法》第37条规定,"劳动者在试用期内提前三日通知用人单位,可以解除劳动合同";同时第39条规定,在试用期间劳动者"被证明不符合录用条件的",用人单位可以解除合同。由此可见,试用期内的劳动关系具有一定的不稳定性。试用期是劳动合同有效期的一个构成部分,法律禁止将劳动合同期限完全约定为试用期,且试用期的长短与劳动合同期限的长短成正比关系。根据《劳动合同法》第19条的规定:"劳动合同期限三个月以上不满一年的,试用期不得超过一个月;劳动合同期限一年以上不满三年的,试用期不得超过二个月;三年以上固定期限和无固定期限的劳动合同,试用期不得超过六个月。同一用人单位与同一劳动者只能约定一次试用期。"

由于试用期具有不稳定性和考察性的特点,所以法律允许在劳动合同中约定劳动者在试用期间的工资可以低于转正后的工资,但劳动者在试用期的工资不得低于本单位相同岗位最低档工资或者劳动合同约定工资的80%,并不得低于用人单位所在地的最低工资标准。

在实践中,一些用人单位为了最大限度地降低用工成本,经常在试用期问题上耍花样。主要表现为以下几种:一是对新入企业的劳动者先试用后签劳动合同,即将试用期排除在劳动合同期以外;二是试用期的期限超出法律规定的限度;三是试用期内工资低于法律规定的下限。为此,我国《劳动合同法》第83条规定:"用人单位违反本法规定与劳动者约定试用期的,由劳动行政部门责令改正;违法约定的试用期已经履行的,由用人单位以劳动者试用期满月工资为标准,按已经履行的超过法定试用期的期间向劳动者支付赔偿金。"

(2) 培训

对劳动者进行就业中的培训是提高劳动者职业技术能力和进行劳动力资源开发的重要手段,为此,国家鼓励用人单位为劳动者提供专项培训费用,对其进行专业技术培训。用人单位可以在劳动合同中对接受专业技术培训的劳动者约定服务期,同时可以对劳动者违反服务期所应承担的违约金作出约定。我国《劳动合同法》第22条规定:"用人单位为劳动者提供专项培训费用,对其进行专业技术培训的,可以与该劳动者订立协议,约定服务期。劳动者违反服务期约定的,应当按照约定向用人单位支付违约金。违约金的数额不得超过用人单位提供的培训费用。用人单位要求劳动者支付的违约金不得超过服务期尚未履行部分所应分摊的培训费用。用人单位与劳动者约定服务期的,不影响按照正常的工资调整机制提高劳动者在服务期期间的劳动报酬。"

服务期是指在法定条件下劳动者承诺的为用人单位服务的期限。在此期限中,劳动者负有不得随意辞职的义务,否则将承担支付违约金的责任。服务期与劳动合同期限是两个既有区别又有联系的概念。具体可以概括如下:

第一,两者产生的条件不同。劳动合同期限是劳动合同双方当事人约定的劳动关系存续的有效期间,可以表现为一定的固定期限,例如一年、三年或五年等,也可以表现为无固定期限或者以完成一定的工作任务为期限,具体选择何种期限主要根据双方当事人的意愿确定。它是劳动合同的必备内容之一,即任何劳动合同都必须具备劳动合同期限的条款。而服务期则不是每一劳动关系所必须具备的内容,只有当用人单位为劳动者提供了法律认可的条件时才可以与劳动者约定服务期条款。在《劳动合同法》颁布和实施之前,许多省、自治区和直辖市制定的劳动合同条例一般将服务期产生的条件规定为三种:一是用人单位出资招用的;二是用人单位对劳动者出资培训的;三是用人单位为劳动者提供其他特殊待遇。《劳动合同法》在总结地方立法实践经验和教训的基础上,将服务期条款产生的条件规定为"用人单位为劳动者提供专项培训费用,对其进行专业技术培训的",其中的培训费用包括用人单位为了对劳动者进行专业技术培训而支付的有凭证的培训费用、培训期间的差旅费用以及因培训产生的用于该劳动者的其他直接费用。

第二,两者的效力对象不同。一方面,劳动合同期限作为劳动合同的必备内容,从理论上讲,一旦确定,劳动合同双方当事人都应当信守承诺,认真履行合同约定的期限。但另一方面,由于劳动者的人身与劳动力客体在自然状态下的不可分离性,使得劳动者的人身随劳动力一起进入劳动过程。基于对劳动者人身自由权保护的绝对性,各国劳动法都确定了不得强迫劳动的原则,规定劳动者在劳动关系的存续期间有辞职权。我国《劳动合同法》第37条规定:"劳动者提前三十日以书面形式通知用人单位,可以解除劳动合同。"无论劳动合同约定的合同期限为固定期限还是无固定期限,劳动者只要提前三十日以书面形式通知用人单位就可以解除劳动合同,这客观上使劳动合同的期限对劳动者并不具有实质上的约束力。而服务期条款则不然,其效力的约束对象主要为劳动者,即劳动者一旦与用人单位依法约定了服务期条款,在服务期限内,无论双方约定的劳动合同期限是否届满,劳动者都负有不得提前解除劳动合同的义务,否则,劳动者将承担向用人单位支付违约金的责任。例如,劳动者乙与用人单位甲签订的劳动合同约定,合同的有效期为2008年9月1日至2010年8月31日,其间甲对乙出资进行了专业技术培训,并签订服务期协议约定,乙在完成专业技术培训后须为甲服务满五年,具体时间为2009年6月1日至2014年5月31日,如果乙违反服务期约定提前解除劳动关系,须向甲支付违约金人民币五万元。假设甲和乙均不具有法律规定的可以使对方随时通知解除劳动合同的情形,那么,自2009年6月1日起,乙就应受到服务期条款效力的约束。基于服务期条款和劳动合同期限条款效力对象的特定性,在服务期协议中,劳动者和用人单位可以约定,在劳动合同期限届满后服务期届满前,用人单位可以根据实际需要免除劳动者遵守服务期约定的义务。

第三,两者效力的混同。劳动合同期限条款和服务期条款效力发生混同主要有两种情况:一是劳动合同期限与服务期期限发生重叠,在此重叠期间,两者的效力发生混同;二是在劳动合同期限短于服务期期限,即劳动合同期限届满时服务期期限尚未届满,且双方对劳动合同的期限与服务期期限的关系又没有特殊约定,那么,按照我国《劳动合同法实施条例》第17条规定:"劳动合同期满,但是用人单位与劳动者依照劳动合同法第二十二条的规定约定的服务期尚未到期的,劳动合同应当续延至服务期满;双方另有约定的,从其约定。"当劳动合同续延至服务期满时,同样会发生劳动合同期限和服务期效力的混同。

(3) 保密和竞业限制

保密是指劳动者按照约定保守用人单位的商业秘密和与知识产权有关的信息。按照我国《反不正当竞争法》的规定,商业秘密是指不为公众所知悉,能为权利人带来经济利益,具有适用性并经权利人采取保密措施的技术信息和经营信息。人类科学技术进入日新月异的发展时代,作为市场主体的企业能否在激烈的竞争中保持不败之地,在一定程度上取决于它是否拥有和保持具有竞争优势的商业秘密。商业秘密最终的表现形式为一种信息,它可以储存在有形的文件和电脑中,也可以储存在人的大脑中,并随人的流动而流动。在实践中,因劳动者的流动或跳槽而导致原用人单位商业秘密泄漏的事件并不少见。为此,我国《劳动合同法》第23条第1款规定:"用人单位与劳动者可以在劳动合同中约定保守用人单位的商业秘密和与知识产权相关的保密事项。"

劳动者守密不仅是用人单位市场竞争的需要,也是劳动者作为员工应尽的忠勤义务体现。为此,有人认为,劳动者忠勤义务的履行以劳动关系存续为前提的,即劳动者的忠勤义务是随着劳动关系的产生而产生,随着劳动的关系的消灭而消灭;如果用人单位要求劳动者在劳动关系消灭后仍然要履行保密义务,就应当向劳动者支付保密费。本书认为此种观点有失偏颇。虽然劳动者的忠勤义务是伴随着劳动关系的产生而产生的,但商业秘密和与知识产权有关的信息是用人单位拥有的与知识产权有关的财产,其所有权属于用人单位,且这种所有权并不因与劳动者劳动关系的消灭而消灭。劳动者和用人单位通过合意约定劳动者无论在职还是离职后都要守密,只是体现了劳动者已作出不侵犯用人单位相关财产权的承诺和劳动者对用人单位财产权的尊重,用人单位对此无须支付相应的对价。当然,法律也没有禁止用人单位向劳动者支付保密费,即如果用人单位为了强化劳动者守密义务的履行,在协议中约定向劳动者支付一定的保密费,此约定也是合法有效的。

竞业限制是指负有保守用人单位商业秘密义务的劳动者在解除或者终止劳动合同后的一定期限内,不得到与本单位生产或者经营同类产品、从事同类业务的有竞争关系的其他用人单位就职,也不得自己开业生产或者经营与原用人单位有竞争关系的同类产品或从事同类业务。竞业限制和保密是有关联的,一般而言,保密是竞业限制的上位概念,保密包括竞业限制,竞业限制是保密的一种手段和方法。竞业限制是通过对劳动者就业权的适当限制达到保护用人单位商业秘密的目的,因此我国《劳动合同法》对竞业限制的适用对象、地域范围、期限以及支付的对价都作了规定。其中,第23条第2款规定:"对负有保密义务的劳动者,用人单位可以在劳动合同或者保密协议中与劳动者约定竞业限制条款,并约定在解除或者终止劳动合同后,在竞业限制期限内按月给予劳动者经济补偿。劳动者违反竞业限制约定的,应当按照约定向用人单位支付违约金。"第24条规定:"竞业限制的人员限于用人单位的高级管理人员、高级技术人员和其他负有保密义务的人员。竞业限制的范围、地域、期限由用人单位与劳动者约定,竞业限制的约定不得违反法律、法规的规定。在解除或者终止劳动合同后,前款规定的人员到与本单位生产或者经营同类产品、从事同类业务的有竞争关系的其他用人单位,或者自己开业生产或者经营同类产品、从事同类业务的竞业限制期限,不得超过二年。"按照法律规定,用人单位与劳动者约定竞业限制协议时,应注意如下几个方面:

第一,竞业限制的人员仅限于用人单位的高级管理人员、高级技术人员和其他负有保密义务的人员;

第二,用人单位应该对竞业限制期限内的劳动者按月给予经济补偿;

第三,竞业限制的期限不得超过二年。

(4) 补充保险和福利待遇

国家鼓励用人单位和劳动者在劳动合同中就职工的补充保险和福利待遇作出约定。

(四) 劳动合同订立的程序和形式

1. 劳动合同订立的程序

劳动合同订立的程序是指当事人在订立劳动合同时应遵守的方式和步骤。目前我国《劳动法》和《劳动合同法》对劳动合同订立应遵循的程序没有明确的规定,理论界对此也颇有争议。有人认为,劳动合同与其他合同的订立程序一样,为要约与承诺两个阶段;也有人认为,劳动合同与其他合同订立的程序不同,它要比其他合同订立的程序复杂,先由用人单位按招工程序确定受约人,然后才进入要约与承诺程序。本书持第二种观点。

(1) 确定受约人阶段

用人单位作为市场经济主体,在组织劳动的过程中,享有自主用人的权利,即用人单位有权利按照自己生产经营的需要确定招工和录用的劳动者。但由于用人单位是社会劳动岗位的提供者,代表着社会成员就业权实现的不可或缺的社会物质基础,在社会劳动岗位稀缺和劳动力供大于求的背景下,用人单位也承担着向社会成员公平地提供就业机会的义务。我国《就业促进法》第26条规定:"用人单位招用人员、职业中介机构从事职业中介活动,应当向劳动者提供平等的就业机会和公平的就业条件,不得实施就业歧视。"这客观上要求用人单位向社会公示其招人的岗位,并面向社会公开招工。在实践中的通常做法为:由用人单位或委托职业中介机构公布招工简章(也可通过报刊、广播、电视等媒体公布),明确用人单位所需人员的工种或专业、人数、男女比例、应招人员的条件、报名的时间和地点以及被录用后的工资福利待遇等;应聘者自愿报名;用人单位经过一定考核后择优录用。用人单位通过招工程序确定受约人的过程,使被录用者和用人单位之间从原来完全没有关系的陌生人关系转变为进入磋商欲缔结劳动合同的关联人之间的关系,一般以用人单位向特定劳动者发出录用通知为该阶段的结束标志。

(2) 要约

要约是指当事人一方向特定的他方提出订立劳动合同的意思表示。提出要约的一方称为"要约人",被要约的一方称"受要约人"(简称"受约人")。根据合同法的一般理论,要约的内容必须具体和确定,使受要约人足以了解将来可能成立的合同的主要内容。用人单位向劳动者发出的录用通知是否具有要约的效力,应该视具体情况而定。如果录用通知中涵盖了《劳动合同法》规定的劳动合同必备条款的主要内容,则该录用通知是一种要约;反之,则不是一种要约,获得录用通知的劳动者可以就劳动合同必备条款的相关内容向用人单位发出要约。因此,劳动合同的要约人可以是用人单位,也可以是劳动者。

要约人提出要约后,应受要约内容的约束。即当受要约人符合要约人在要约中提出的条件,并在有效的期限内承诺,要约人就负有了与承诺方订立劳动合同的义务,否则,应承担相应的法律责任。例如,作为受要约人的劳动者接到符合要约条件的用人单位的录用通知,同时在规定的期限内作了承诺表示,为此,劳动者辞去了原工作,准备与要约人订立劳动合同,最后却由于要约人的原因使劳动合同未能成立。对此,劳动者有权要求要约人承担缔约过失的责任。

(3) 承诺

承诺是指受要约人完全接受要约内容的意思表示。承诺内容应当与要约内容一致,否则视为新要约。如果受约人对要约的内容进行实质性的扩张、限制或变更,应视为对原要约的拒绝,由此构成新要约。在这种情况下,原要约人转为新的受约人,而原受约人转为新的要约人。因此,在劳动合同的订立中,劳动者和用人单位都可能是要约人和承诺人。

2. 劳动合同订立的形式

劳动合同的形式是指劳动合同存在的方式。劳动合同存在的方式主要有书面和口头两种。一般而言,采用书面形式订立的劳动合同,当事人之间的权利义务明确,便于履行,一旦发生纠纷,也有据可查,使纠纷得到公正的处理;采用口头形式订立的劳动合同,虽然灵活、简便,但容易发生纠纷,且易因口头合同口述无凭而增加争议处理的难度,也不利于对劳动者合法权益的保护。为此,我国《劳动法》第 19 条和《劳动合同法》第 10 条规定以书面形式订立劳动合同。为了确保劳动合同书面形式的推行,我国《劳动合同法》第 10 条对书面劳动合同订立的时间、订立方式和不以书面形式确立劳动关系的法律后果作了明确的规定:"建立劳动关系,应当订立书面劳动合同。已建立劳动关系,未同时订立书面劳动合同的,应当自用工之日起一个月内订立书面劳动合同。用人单位与劳动者在用工前订立劳动合同的,劳动关系自用工之日起建立。"

(1) 书面劳动合同订立的时间

在实践中,用人单位与劳动者订立书面劳动合同的时间有三种:一是先订合同后用工;二是用工的同时订合同;三是先用工后订合同。对于什么是"用工",我国法律没有作明确的规定。本书认为,"用"是"使用"之意,"工"含有"劳工"、"务工"、"做工"等意思,"用工之日"是指用人单位实际使用劳动力或者劳动者按照用人单位的指示实际向用人单位给付劳务之日。按照《劳动合同法》的规定,"用工"与否是判定劳动关系是否建立的标准:按照用人单位与劳动者订立劳动合同的时间与用工时间的关系,如果是先订合同后用工的,则劳动关系自用工之日起建立;如果是在用工的同时订立劳动合同,则劳动关系与用工之日同时建立;如果是先用工后订立劳动合同的,则劳动关系也应当自用工之日起建立,并自用工之日起一个月内要订立书面劳动合同。如果自用工之日起一个月内,经用人单位书面通知后,劳动者不与用人单位订立书面劳动合同的,用人单位应当书面通知劳动者终止劳动关系,无须向劳动者支付经济补偿,但是应当依法向劳动者支付其实际工作时间的劳动报酬。

(2) 书面劳动合同订立的方式

劳动合同由用人单位与劳动者协商一致,并经用人单位与劳动者在劳动合同文本上签字或者盖章生效或双方约定的生效条件的出现而生效。劳动合同文本由用人单位和劳动者各执一份。由于劳动关系的建立是以用工为标志,所以劳动合同的生效与劳动关系的建立可以不是同一时间。例如,劳动者与用人单位订立书面合同的生效时间为 2009 年 5 月 4 日,合同约定劳动者到用人单位报到并提供劳务的时间为 2009 年 6 月 5 日,但当双方约定的劳动者的报到时间来到时,劳动者因急事需要推迟一天报到,即实际报到的时间为2009年6月6日,则双方劳动关系的建立时间既不是2009年5月4日,也不是6月5日,而是6月6日。如果劳动者向用人单位报到并提供劳务的时间为2009年5月4日,书面劳动合同订立的时间为2009年6月2日,则双方劳动关系建立的时间为2009年5月4日,而非6月2日。在后种情况下,自用工之日至订立书面劳动合同之日劳动者与用人单位之间建立的是事实劳动关系。

(3) 违反书面形式的法律后果

按照《劳动合同法》的规定,违反书面形式的法律后果分两种情况:第一,用人单位自用工之日起超过一个月不满一年未与劳动者订立书面劳动合同的,应当向劳动者每月支付两倍的工资,并与劳动者补订书面劳动合同;两倍工资的起算时间为用工之日起满一个月的次日,截止时间为补订书面劳动合同的前一日;如果劳动者不与用人单位订立书面劳动合同的,用人单位应当书面通知劳动者终止劳动关系,并依照《劳动合同法》的规定向劳动者支付经济补偿。第二,用人单位自用工之日起满一年不与劳动者订立书面劳动合同的,视为用人单位与劳动者已订立无固定期限劳动合同,并应当立即与劳动者补订书面劳动合同。

3. 劳动合同订立中的缔约过失责任

缔约过失责任是指当事人于缔结劳动合同之际具有过失,从而导致合同不成立、被确认无效时,使对方当事人遭受损害而应承担的法律责任。缔约过失责任理论为德国学者耶林所创造,后被世界许多国家的民事立法和审判实践吸收利用。我国《民法通则》和《合同法》对此均有规定。我国《劳动合同法》中虽然没有确立劳动合同的可撤销制度,但其第86条规定:"劳动合同依照本法第二十六条规定被确认无效,给对方造成损害的,有过错的一方应当承担赔偿责任。"这是该法对缔约过失责任的确认。

缔约过失责任是存在于违约责任与侵权责任之间的责任形态。若将其归入违约责任,则由于当时的合同尚未成立或者已经被撤销或宣告无效,违约责任无从谈起;若将其归入侵权责任,则缔约过失责任对当事人的注意义务的要求较之侵权领域的注意义务为高,且侵权行为发生在两个毫无关联的主体之间,显然区别于正在缔约的双方。缔约责任的产生是因为合同法和侵权法的调整范围存在漏洞,此种漏洞存在于缔约之际,从而对当事人的信赖利益造成了危害。为了弥补漏洞,基于法律对民事主体诚实善意行事、信守诺言的基本要求,法律为当事人设定前契约义务,具体内容为当事人相互之间的协力、保护、告知、保密等义务,并以违反此义务作为承担缔约过失责任的条件。我国《劳动合同法》第8条规定的用人单位在招用劳动者时相互之间承担的如实告知和如实说明的义务,就可被视为前契约义务。例如,劳动者向用人单位提供虚假学历证书或其他资格证书,使用人单位信以为真,并与其签订劳动合同,最终导致劳动合同无效,如果因此给用人单位造成经济损失,则劳动者应该承担赔偿责任。

二、劳动合同的履行

(一) 劳动合同履行的原则

劳动合同的履行是指合同双方当事人依约完成自己所应承担义务的行为。根据《劳动法》、《劳动合同法》的有关规定和劳动合同的特点,劳动合同的履行应遵循如下原则:

1. 全面履行原则

全面履行原则是债履行的通用原则,其基本含义是指,合同一经依法订立,合同当事人就应按照合同约定的标的、数量、质量、时间、地点和方式全面履行自己的义务。在劳动合同中,劳动者依约完成劳动任务,用人单位按约支付劳动报酬,这使劳动合同具有了债的一般特征,其履行无疑应遵守债履行的全面履行原则。

2. 亲自履行原则

亲自履行原则是指劳动合同的双方当事人必须亲自履行合同约定的义务,未经对方同意,合同的一方当事人不得让他人代替履行自己的义务。一般而言,其他合同的履行强调的是成果的给付,至于成果的形成是否由当事人亲自完成不影响合同的履行,例如买卖合同的履行等。而劳动合同的履行强调的是劳动过程,不是成果的给付。由于劳动者的劳动力与用人单位的工作条件和环境都存在很大的个体差异性,同时基于劳动力与劳动者人身的不可分离性,使得每一个劳动合同的当事人成为该合同特定的履行人和履行对象,他人无法替代。例如,某职工因身体原因无法上班,他只能请假,而不能请其家人或他人代替其上班。

3. 不得强迫劳动原则

劳动关系具有人身性的特点决定了劳动合同的履行必须贯彻不得强迫劳动的原则。如果允许用人单位采取强制的方式要求劳动者履行劳动义务,必然会导致对劳动者人身权的侵犯。基于人身权保护的绝对性,各国法律均在劳动合同的履行中确立不得强迫劳动的履行原则。我国《劳动法》和《劳动合同法》除赋予劳动者辞职权以体现不得强迫劳动原则外,还对强迫劳动的行为以及应承担的法律责任作了规定。《劳动合同法》第38条第2款规定:"用人单位以暴力、威胁或者非法限制人身自由的手段强迫劳动者劳动的,或者用人单位违章指挥、强令冒险作业危及劳动者人身安全的,劳动者可以立即解除劳动合同,不需事先告知用人单位。"第88条规定:"用人单位有下列情形之一的,依法给予行政处罚;构成犯罪的,依法追究刑事责任;给劳动者造成损害的,应当承担赔偿责任:(一)以暴力、威胁或者非法限制人身自由的手段强迫劳动的;(二)违章指挥或者强令冒险作业危及劳动者人身安全的;(三)侮辱、体罚、殴打、非法搜查或者拘禁劳动者的;(四)劳动条件恶劣、环境污染严重,给劳动者身心健康造成严重损害的。"

4. 情势变更原则

情势变更原则是指构成合同基础的情势发生根本的变化,且这一变化是由于不可归责于当事人的客观原因引起的,如果仍然要求当事人按原合同的约定履行,会给一方当事人造成显失公平的结果,法律允许当事人变更或者解除合同而免除违约责任的承担。这种处理合同履行过程中情势发生变化的法律规则,理论上称为"情势变更规则"。情势变更原则实质上是诚实信用原则在合同履行中的具体运用,其目的在于消除合同因情势变更所产生的不公平后果。

劳动合同继续性的特点决定了情势变更原则是劳动合同履行中必须贯彻的重要原则。基于市场的多变性和不可预知性,用人单位在订立劳动合同时不可能对企业在几年、十几年甚至是几十年后的生产经营状况作出准确的预测,而劳动合同的有效期限则必须在合同订立时就加以明确,这就要求法律赋予用人单位拥有因客观情况的变化导致劳动合同无法履行时可以解除劳动合同的权利。否则,不仅会影响合同履行的公正性,而且会导致劳动力资源的大量浪费。用人单位经书面预告后,可以与劳动者解除劳动合同。

(二) 劳动合同的履行中止

1. 劳动合同履行中止的概念

劳动合同的履行中止是指在劳动合同的履行中,出现了法定或者当事人商定的合同履行中止的事由,当事人双方暂停履行各自承担的义务,待暂停事由消失后继续履行。劳动合同的履行中止与劳动合同的履行终止不同,前者是使合同双方约定的权利和义务暂停履行,且在暂停事由消失后,仍然要恢复合同的履行;后者是使合同双方约定的权利和义务归于消灭,不存在恢复履行的可能。

2. 劳动合同履行中止的情形

根据劳动法律、法规的规定和司法实践经验,劳动合同的履行中止有如下几种情况:

(1) 由于劳动者的原因引起劳动合同的履行中止。具体包括:第一,劳动者涉嫌违法犯罪。国家劳动部在劳部发[1995]309号《关于贯彻执行〈中华人民共和国劳动法〉若干问题的意见》第28条规定:"劳动者涉嫌违法犯罪被有关机关收容审查、拘留或逮捕的,用人单位在劳动者被限制人身自由期间,可与其暂时停止劳动合同的履行。暂时停止履行劳动合同期间,用人单位不承担劳动合同规定的相应义务。劳动者经证明被错误限制人身自由的,暂时停止履行劳动合同期间劳动者的损失,可由其依据《国家赔偿法》要求有关部门赔偿。"第二,劳动者因健康或其他个人原因引起劳动合同履行中止。在劳动合同的履行中,如果出现劳动者因病或负伤不能给付劳务必须进行医疗的情形,用人单位就应按照劳动法的有关规定给予劳动者医疗期,并支付相应的医疗救济费,但不再支付劳动合同约定的工资。"其他个人原因"主要指劳动者请事假。事假是指根据劳动者的申请,用人单位给予劳动者一定的不上班以处理个人事务的时间。在实践中,一般都由用人单位制定内部规章制度,对职工请事假的手续和待遇加以规定。

(2) 由于用人单位的原因引起劳动合同的履行中止。具体包括:第一,职工下岗。下岗是指因用人单位生产经营困难,劳动者虽然与用人单位保持劳动关系,但与劳动岗位剥离,在离岗期间,无须向用人单位给付劳务,用人单位停止向劳动者支付工资,仅按国家的有关规定向下岗劳动者支付生活补助费。如用人单位生产经营状况好转,仍然可以与下岗劳动者恢复劳动合同的履行。第二,用人单位由于其他原因造成劳动合同的履行中止。例如企业拆迁、搬场、停工待料超过一定的时间等。

(3) 由于劳动者和用人单位双方的原因引起劳动合同的履行中止。例如,职工留职停薪等。

(三) 劳动合同履行的特殊规则

劳动合同履行的特殊规则,是指劳动合同双方当事人在劳动合同履行出现障碍或变化时所遵循的规则。我国《劳动合同法》对如下几种特殊情形下的履行规则作了规定:

1. 用人单位拖欠或者未足额支付劳动报酬的,劳动者可以依法向当地人民法院申请支付令,人民法院应当依法发出支付令。

2. 用人单位管理人员违章指挥、强令冒险作业的,劳动者有权拒绝执行,且该行为不视为违反劳动合同。劳动者对危害生命安全和身体健康的劳动条件,有权对用人单位提出批评、检举和控告。

3. 用人单位变更名称、法定代表人、主要负责人或者投资人等事项,不影响劳动合同的履行。

4. 用人单位发生合并或者分立等情况,原劳动合同继续有效,劳动合同由承继其权利和义务的用人单位继续履行。

5. 劳动合同履行地与用人单位注册地不一致的,有关劳动者的最低工资标准、劳动保护、劳动条件、职业危害防护和本地区上年度职工月平均工资标准等事项,按照劳动合同履行地的有关规定执行;用人单位注册地的有关标准高于劳动合同履行地的有关标准,且用人单位与劳动者约定按照用人单位注册地的有关规定执行的,从其约定。

(四) 劳动合同的无效

1. 无效劳动合同的概念

无效劳动合同是指不具备合同的有效条件,从而不能产生法律效力的劳动合同。无效劳动合同从订立的时候起,就没有法律约束力。

无效劳动合同按照无效的程度不同,可分为全部无效的劳动合同和部分无效的劳动合同。全部无效的劳动合同是指合同的全部内容都不能发生法律效力的劳动合同。部分无效的劳动合同是指合同的部分条款不能发生法律效力的劳动合同。无效部分的条款如果不影响合同其他条款的效力,其他条款继续有效。

2. 无效劳动合同的确认

(1) 确认无效劳动合同的法律依据。按照我国《劳动法》第18条和《劳动合同法》第26条的规定,无效劳动合同有下列三种:一是违反法律、行政法规强制性规定的劳动合同。这是劳动合同订立所应遵守的"合法原则"在劳动合同效力上的体现。二是采取欺诈、威胁或者乘人之危,使对方在违背真实意思的情况下订立或者变更的劳动合同。欺诈,是指一方当事人故意捏造虚假情况,或者歪曲、掩盖事实真相,致使另一方当事人陷于错误认识,并基于错误认识而签订了劳动合同;威胁,是指一方当事人以给对方造成人身或财产上的损害为要挟,迫使对方作出违反真实意思表示的行为,并与之签订了劳动合同。采取欺诈、威胁等手段订立的劳动合同,因其违反了平等自愿、协商一致的原则而无效。三是用人单位免除自己的法定责任、排除劳动者权利的劳动合同。毋庸置疑,在当下劳动力与资本相比处于弱势的地位,这种实际地位的不平等很容易使处优势地位的一方在合同订立时,利用自己的强势地位,将免除自己法定责任和排除对方权利的条款塞进合同中,以达到规避法律责任的目的。为此,我国《劳动合同法》将此种情形纳入无效条款中。

(2) 确认无效劳动合同的机构。劳动争议仲裁委员会和人民法院是确认劳动合同效力的法定机构,其他任何部门或者个人都无权确认劳动合同的效力。

3. 无效劳动合同的处理

按照一般合同法理论,无效合同从订立的时候起就不具备法律效力,对无效合同的处理就是要消除因订立和履行无效合同而产生的影响,尽可能恢复到合同订立之前的状态。因此,对无效合同的处理,首先应适用"返还"原则,即合同当事人依据无效合同所取得的财产应返还给对方,不能返还的才适用"作价补偿"。基于劳动力不同于其他的物,它一经与生产资料结合进入劳动过程就无法返还到原来的状态的现实,我国《劳动合同法》第28条规定:"劳动合同被确认无效,劳动者已付出劳动的,用人单位应当向劳动者支付劳动报酬。劳动报酬的数额,参照本单位相同或者相近岗位劳动者的劳动报酬确定。"

(五) 违反劳动合同的责任

1. 劳动合同违约责任的概念

违反劳动合同的责任又称"劳动合同违约责任",是指劳动合同的当事人不履行合同义务或者履行合同义务不符合同约定时所承担的法律后果。如前所述,劳动合同是当事人双方合意的结果。一般而言,一个守信用的当事人,一定会自觉履行合同约定的义务,恪守合同。但是,受各种因素的影响,难免会发生合同当事人违反合同约定义务的情形,如果允许当事人任意地违反合同约定的义务,无疑是对合同"合意"的否定。因此,设立劳动合同的违约责任制度,是保障劳动合同有效、全面履行的需要,也是劳动合同法律强制力的具体表现。

2. 劳动合同违约行为的具体表现

劳动合同违约行为按其违反劳动合同约定义务的情形的不同,可分为劳动合同的完全不履行、不完全履行以及不适当履行三种。第一,劳动合同的完全不履行主要指预期违约。预期违约是指在合同履行期限到来之前,当事人一方明确表示或者以自己的行为表明不履行合同。例如,用人单位甲与正在乙单位工作的丙劳动者订立一份劳动合同(乙、丙之间的劳动合同的有效期再有两个月就将期满),合同约定:自乙、丙之间的劳动合同有效期届满之日起七日内丙到甲用人单位到岗上班。可是在合同约定的丙到岗上班时间来临之前,丙以书面形式通知甲用人单位,明确表示自己不履行该劳动合同约定的义务。第二,劳动合同的不完全履行,指劳动合同的当事人部分不履行合同约定的义务。例如,劳动合同的当事人违反合同的约定提前解除劳动合同等。第三,劳动合同的不适当履行,指劳动合同的当事人未按照合同约定的时间、地点和方式等履行合同约定的义务,主要包括迟延履行、不适当履行和履行有瑕疵等。例如,劳动者不到用人单位指定的岗位上班、用人单位迟延支付劳动者的工资、劳动者违反有关操作规程的规定生产废品等。

3. 劳动合同违约责任的承担方式

(1) 继续履行

继续履行是指人民法院和劳动争议仲裁机构按照当事人的请求,作出的要求另一方当事人继续履行合同约定义务的判决,从而实现强迫义务人履行义务的目的。继续履行是合同当事人承担违约责任的传统方式,但在劳动合同中,继续履行违约责任方式的运用要受到较大的限制。因为,如果强制劳动者继续履行劳务给付义务,势必会限制劳动者的人身自由,与"不得强迫劳动"的劳动合同履行原则相悖。因此,继续履行这一违约责任承担方式,在劳动合同中只能适用于用人单位,而不能适用于劳动者。

(2) 违约金

违约金是指当事人一方不履行劳动合同时依合同的约定向对方支付一定数额的金钱。违约金按照不同的标准有不同的分类,以违约金的约定是否受法律规定的限制为标准,违约金可以分为任意性约定违约金和限制性约定违约金两种。任意约定违约金是指合同双方当事人可以在合同中任意约定违约金的数额和适用条件,法律、法规对此不作任何限制;限制性约定违约金是指法律、法规关于合同违约金的适用条件和最高数额作出明确的规定,合同双方当事人只能在法律、法规规定的范围内作出约定。以违约金与赔偿金的关系为标准,违约金可以分为惩罚性违约金和补偿性违约金两种。惩罚性违约金是指违约一方当事人向对方支付的违约金,不以经济损失为基础,而是作为对违约方的一种惩戒;补偿性违约金实质上是双方当事人预先估算的因一方违约给对方造成的经济损失的总额。这一区分的意义在于,如果是惩罚性违约金,违约方在支付了违约金后,仍然要承担经济赔偿和继续履行合同的违约责任;如果是补偿性违约金,则违约方在承担了违约金后,就无须承担损失赔偿和继续履行合同的违约责任。违约金是合同当事人承担违约责任的传统方式,体现了法律对违背诚实信用原则当事人的惩罚。劳动合同具有合同的本质属性,具有违约金适用的内在要求和条件,因此,劳动合同双方当事人可以在劳动合同中就有关的违约行为约定违约金。但劳动合同毕竟不同于一般民事合同,结合劳动合同的特点和性质,我国《劳动合同法》对用人单位要求劳动者承担违约金的情形作了限制性规定。用人单位可以与劳动者约定由劳动者承担违约金的情形仅限于两种:一是劳动者违反服务期约定的;二是劳动者违反竞业限制约定的。除此以外,用人单位不得与劳动者约定由劳动者承担违约金。

  至于劳动合同约定的违约金的性质,我国《劳动合同法》对两种情形中的违约金的性质作了不同的规定。一是关于劳动者违反服务期约定的违约金的性质。根据《劳动合同法》第 22 条的规定,此种情形下约定"违约金的数额不得超过用人单位提供的培训费用。用人单位要求劳动者支付的违约金不得超过服务期尚未履行部分所应分摊的培训费用"。显然,针对服务期约定的违约金是补偿性质的违约金。但需要注意的是,我国《劳动合同法》对劳动者违反竞业限制约定的违约金的性质作了不同的规定。《劳动合同法》第 23 条第 2 款规定:"劳动者违反竞业限制约定的,应当按照约定向用人单位支付违约金。"同时,《劳动合同法》第 90 条规定:"劳动者违反本法规定解除劳动合同,或者违反劳动合同中约定的保密义务或者竞业限制,给用人单位造成损失的,应当承担赔偿责任。"从上述规定中可以看出:一,劳动者违反竞业限制的违约金的数额由劳动者和用人单位协商确定;二,如果劳动者违反竞业限制的违约行为,给用人单位造成了损失,劳动者在依约支付了违约金后,还要承担赔偿金的责任。显然,此种情形下的违约金是惩罚性违约金。本书认为,劳动关系的特点和劳动者在劳动关系中所处的地位,决定了用人单位与劳动者约定的由劳动者承担的违约金应该以补偿性为主要特征,不应该强调其惩罚性。只有这样,才符合"效率与公平兼顾"的立法原则。我国《劳动合同法》确认劳动合同中可以约定惩罚性违约金的规定值得商榷。

(3) 赔偿损失

赔偿损失是指违约方不履行合同约定的义务给对方造成损失时,依法承担的赔偿责任。我国《劳动法》和《劳动合同法》对劳动合同的违约者承担的赔偿责任作了明确的规定。

第三节 劳动合同的变更、解除和终止

一、劳动合同的变更

(一) 劳动合同变更的概念

劳动合同的变更是指劳动合同在成立以后、尚未履行完毕之前,当事人双方依法对合同条款进行修改、补充等法律行为。劳动合同的变更仅限于合同内容的变更,不包括合同当事人的变更。

(二) 劳动合同变更的种类和原则

劳动合同的变更按照是否以双方当事人的合意为标准,可以分为法定变更和约定变更两种。法定变更是指出现了法律规定的事由,当事人一方无须征得对方当事人的同意就可变更的情形。纵观我国《劳动合同法》的规定,法定变更的情形主要是因不可归责于劳动者的主观过错出现了劳动者无法从事原来合同约定的岗位工作时,法律赋予用人单位可单方变更劳动者的工作岗位的权利,旨在要求用人单位再次向劳动者提供岗位机会,以维护劳动关系的稳定。具体有两种情形:一是劳动者患病或者非因工负伤,在规定的医疗期满后不能从事原工作,用人单位可以根据劳动者的身体情况另行安排其工作,从而变更其工作岗位;二是劳动者不能胜任工作,用人单位可以对劳动者进行培训也可以调整工作岗位,从而变更其工作岗位。在这两种情况下变更劳动者的工作岗位时,无须征得劳动者的同意。约定变更是相对于法定变更而言的,除法定变更外,劳动合同的变更均应遵循平等自愿、协商一致的原则。

劳动合同与其他合同一样,一经依法订立,就具有法律的约束力,任何一方都不得擅自变更合同的内容。合同是因当事人的合意而成立,同样合同也可依当事人的合意而变更。因此,劳动合同当事人变更合同所应遵守的原则与订立合同的原则相同,都必须遵循"平等自愿、协商一致"和"合法"的原则。通常情况下,劳动合同的变更是指约定变更,本书如果没有特殊说明,以下所提及的变更也是在这一意义上使用的。

(三) 劳动合同变更的条件

劳动合同变更的条件即为劳动合同变更的原因。我国《劳动法》和《劳动合同法》仅对劳动合同变更的原则作了规定,未列举合同变更的条件。《劳动合同

法》第35条第1款规定:"用人单位与劳动者协商一致,可以变更劳动合同约定的内容。变更劳动合同,应当采用书面形式。"即只要劳动合同双方当事人遵循"平等自愿、协商一致"和"合法"的原则,法律就确认变更的效力。根据劳动合同的司法实践,劳动合同变更的具体条件有以下几方面:

1. 因用人单位方面的原因引起劳动合同的变更。例如:用人单位因调整生产任务、转产等需要变更劳动合同相关内容的。

2. 因劳动者方面的原因引起劳动合同的变更。例如:劳动者不能胜任原岗位工作,需要企业调整工作岗位而变更劳动合同相关内容的。

3. 不可归责于合同双方当事人的客观原因引起劳动合同的变更。例如:由于自然灾害、国家经济政策的调整等需要变更劳动合同相关内容的。

(四)劳动合同变更的形式

与订立劳动合同一样,变更劳动合同,应当采用书面形式。变更后的劳动合同文本由用人单位和劳动者各执一份。

二、劳动合同的解除

(一)劳动合同解除的概念和种类

1. 劳动合同解除的概念

劳动合同解除是指在劳动合同订立以后、合同的有效期届满或者履行完毕之前,当事人双方提前终止劳动合同效力的法律行为。劳动合同的解除与劳动合同的终止都导致劳动法律关系的消灭,其区别主要表现为两者发生的时间不同:合同的解除必须是在劳动合同有效期届满或者履行完毕之前,而劳动合同的终止是发生在合同有效期届满或者履行完毕之时。因此,许多国家的劳动法将劳动合同的解除作为劳动合同终止的一种特殊情形加以规定。

2. 劳动合同解除的种类

劳动合同的解除按照不同的标准可以作不同的分类:

(1)以是否需要当事人意思表示一致为标准,劳动合同的解除可以分为双方协商解除和单方解除两种。双方协商解除又称"约定解除",是指以劳动合同双方当事人意思表示一致为条件的解除;单方解除又称"法定解除",是指出现了法律规定的可以解除劳动合同的条件,只要劳动合同当事人一方意思表示就能产生法律效力的解除,即一方解除劳动合同无须他方同意为前提的解除。其中按解除是否以当事人预告为标准,单方解除又可以分为预告解除和随时通知解除两种。预告解除是指需要解除合同的一方当事人必须提前一定时间以书面形式通知对方,当事人要求解除合同的意思表示必须经过一定时间的等待才能发生法律效力。我国《劳动法》和《劳动合同法》规定,劳动者预告解除劳动合同的,应提前30日通知对方。随时通知解除是指当事人解除劳动合同的意思表示一经告知对方,就发生法律效力。

(2) 以是否可以归责于当事人主观过错为标准,劳动合同的解除可以分为过错解除和无过错解除两种。过错解除是指一方解除劳动合同是因另一方的过错而导致的;无过错解除是指因不可归责于合同当事人主观过错的客观事由而导致的劳动合同的解除。这种分类的法律意义在于:过错解除一般为随时通知解除甚至无须通知就可以立即解除,无过错解除一般为协商解除或预告解除。

(二) 劳动合同解除的条件

1. 双方协商解除的条件

合同可以经当事人的"合意"而成立,当然也可以由当事人的"合意"而解除。即当事人协商一致既是双方协商解除的程序,又是协商解除的条件。

2. 单方解除的条件

(1) 随时通知解除。劳动者有下列情况之一的,用人单位可以解除劳动合同:第一,在试用期间被证明不符合录用条件的;第二,严重违反劳动纪律或者用人单位规章制度的;第三,严重失职,营私舞弊,对用人单位利益造成重大损害的;第四,劳动者同时与其他用人单位建立劳动关系,对完成本单位的工作任务造成严重影响,或者经用人单位提出,拒不改正的;第五,以欺诈、胁迫的手段或者乘人之危,使用人单位在违背真实意思的情况下订立或者变更劳动合同致使劳动合同无效的;第六,被依法追究刑事责任的。另外,劳动者在试用期内提前三日通知用人单位,可以解除劳动合同。

用人单位有下列情形之一的,劳动者可以解除劳动合同:第一,未按照劳动合同约定提供劳动保护或者劳动条件的;第二,未及时足额支付劳动报酬的;第三,未依法为劳动者缴纳社会保险费的;第四,用人单位的规章制度违反法律法规的规定,损害劳动者权益的;第五,以欺诈、胁迫的手段或者乘人之危,使劳动者在违背真实意思的情况下订立或者变更劳动合同致使劳动合同无效的;第六,法律、行政法规规定劳动者可以解除劳动合同的其他情形。需要注意的是,如果用人单位以暴力、威胁或者非法限制人身自由的手段强迫劳动者劳动的,或者用人单位违章指挥、强令冒险作业危及劳动者人身安全的,劳动者可以立即解除劳动合同,不需事先告知用人单位。

(2) 预告解除。劳动者具有下列情形之一的,用人单位可以解除劳动合同,但应提前30日以书面形式通知劳动者本人:第一,劳动者患病或者非因工负伤,医疗期满后,不能从事原工作也不能从事由用人单位另行安排的工作的;第二,劳动者不能胜任工作,经过培训或者调整工作岗位,仍不能胜任工作的;第三,劳动合同订立时所依据的客观情况发生重大变化,致使原劳动合同无法履行,经当事人协商不能就变更劳动合同达成协议的。另外,劳动者提前30日以书面形式通知用人单位,可以解除劳动合同。

(3)裁员。裁员是指用人单位基于法定的事由与达到或超过法定规定人数的劳动者在一定时间内解除劳动合同的行为。按照我国《劳动合同法》第41条规定:"有下列情形之一,需要裁减人员二十人以上或者裁减不足二十人但占企业职工总数百分之十以上的,用人单位提前三十日向工会或者全体职工说明情况,听取工会或者职工的意见后,裁减人员方案经向劳动行政部门报告,可以裁减人员:(一)依照企业破产法规定进行重整的;(二)生产经营发生严重困难的;(三)企业转产、重大技术革新或者经营方式调整,经变更劳动合同后,仍需裁减人员的;(四)其他因劳动合同订立时所依据的客观经济情况发生重大变化,致使劳动合同无法履行的。裁减人员时,应当优先留用下列人员:(一)与本单位订立较长期限的固定期限劳动合同的;(二)与本单位订立无固定期限劳动合同的;(三)家庭无其他就业人员,有需要扶养的老人或者未成年人的。用人单位依照本条第一款规定裁减人员,在六个月内重新招用人员的,应当通知被裁减的人员,并在同等条件下优先招用被裁减的人员。"

3. 用人单位不得解除劳动合同的条件

为了防止用人单位滥用劳动合同解除权,侵害劳动者的合法权利,我国《劳动合同法》第42条对用人单位不得解除劳动合同的条件作了规定:"劳动者有下列情形之一的,用人单位不得依照《劳动合同法》第四十条、第四十一条的规定解除劳动合同:(一)从事接触职业病危害作业的劳动者未进行离岗前职业健康检查,或者疑似职业病病人在诊断或者医学观察期间的;(二)在本单位患职业病或者因工负伤并被确认丧失或者部分丧失劳动能力的;(三)患病或者非因工负伤,在规定的医疗期内的;(四)女职工在孕期、产期、哺乳期的;(五)在本单位连续工作满十五年,且距法定退休年龄不足五年的;(六)法律、行政法规规定的其他情形。"

三、劳动合同的终止

劳动合同终止是指劳动合同因期满或出现法律规定的其他劳动合同终止的条件而导致其法律效力的消失。我国《劳动合同法》第44条规定:"有下列情形之一的,劳动合同终止:(一)劳动合同期满的;(二)劳动者开始依法享受基本养老保险待遇的;(三)劳动者死亡,或者被人民法院宣告死亡或者宣告失踪的;(四)用人单位被依法宣告破产的;(五)用人单位被吊销营业执照、责令关闭、撤销或者用人单位决定提前解散的;(六)法律、行政法规规定的其他情形。"在劳动合同期满时,如果同时出现法律规定的用人单位不得解除劳动合同的情形,劳动合同应当续延至相应的情形消失时终止。其中,丧失或者部分丧失劳动能力劳动者的劳动合同的终止,按照国家有关工伤保险的规定执行。

四、劳动合同解除和终止的程序

（1）通知。无论是随时通知解除还是预告解除，都需要解除劳动合同的一方当事人依法向对方发出解除合同的书面通知。用人单位以暴力、威胁或者非法限制人身自由的手段强迫劳动者劳动的，或者用人单位违章指挥、强令冒险作业危及劳动者人身安全的，劳动者被迫解除劳动合同的除外。用人单位单方面解除劳动合同，还应当事先将理由通知工会。用人单位违反法律、行政法规规定或者劳动合同约定的，工会有权要求用人单位纠正。用人单位应当研究工会的意见，并将处理结果书面通知工会。合同终止的，提出终止的一方当事人，应该在劳动合同期限届满前或者法律规定的其他终止情形出现后通知对方。

（2）办理工作交接。

（3）出具解除（终止）劳动合同的证明。用人单位应当在解除或者终止劳动合同时出具解除或者终止劳动合同的证明。内容应当写明劳动合同期限、解除或者终止劳动合同的日期、工作岗位、在本单位的工作年限。用人单位未依法向劳动者出具解除或终止劳动合同证明的，按照《劳动合同法》第89条规定，"由劳动行政部门责令改正；给劳动者造成损害的，应当承担赔偿责任"。

（4）转移档案和社会保险关系手续。用人单位应该在解除或者终止劳动合同后15日内为劳动者办理档案和社会保险关系转移手续。

五、经济补偿金

（一）经济补偿金的概念

经济补偿金，有的国家或地区称为"资遣费"、"离职补贴"或"解雇费"，是指国家规定的，因不可归责于劳动者主观过错的原因解除或终止劳动关系时，用人单位依法一次性地支付给劳动者的生活补助费。对于设定经济补偿金的正当性，存在着"贡献补偿说"和"照顾义务说"两种不同的学说。贡献补偿说认为，用人单位在劳动者离开用人单位时给予其一定金钱，是基于劳动者在职期间对用人单位所作出的贡献，是对其贡献的一种补偿；照顾义务说认为，是用人单位对劳动者承担的保护和照顾义务的延伸。持不同的学说，会导致法律对员工获得经济补偿金的条件的规定不同，如果持贡献补偿说，那么劳动者获得经济补偿金的条件只与其工作的年限有关，与劳动关系消灭时劳动者是否存在主观过错无关；如果持照顾义务说，则经济补偿金的支付标准不仅与劳动者在用人单位工作的年限有关，而且还与劳动关系消灭时劳动者是否存在主观过错有关。从我国《劳动合同法》对经济补偿金的规定看，我国法律采纳的是照顾义务说。

(二) 劳动者获得经济补偿金的条件

1. 具有符合法律规定的劳动关系消灭的事实

劳动关系可以基于劳动合同的解除或者终止而消灭。总括我国法律的规定,基于下列原因导致劳动关系消灭的劳动者,享有经济补偿金:第一,劳动者依法随时通知解除劳动合同的;第二,由用人单位提出解除动议并与劳动者协商一致解除劳动合同的;第三,用人单位依法预告解除劳动合同的;第四,因用人单位裁员而解除劳动合同的;第五,因符合劳动合同终止条件而终止的,但用人单位维持或者提高劳动合同约定条件续订劳动合同,劳动者不同意续订而终止的情形除外。

2. 劳动者对劳动关系的消灭主观上无过错

劳动合同与其他合同一样,一旦依法订立,就具有法律的约束力,当事人双方理应履行合同约定的义务。如果因可归责于劳动者主观过错的原因而导致用人单位解除劳动合同或者劳动者自愿解除或终止劳动关系的,劳动者本应对合同解除所可能带来的后果负责。因此,将劳动者对合同解除主观上无过错作为获得经济补偿金的条件之一是世界各国法律的普遍规定,我国也不例外。我国《劳动合同法》第46条对用人单位支付经济补偿金的情形作了规定,具体包括:① 劳动者依照《劳动合同法》第38条规定解除劳动合同的,即因用人单位的原因导致劳动者被迫解除劳动合同的;② 用人单位依照《劳动合同法》第36条规定向劳动者提出解除劳动合同并与劳动者协商一致解除劳动合同的;③ 用人单位依照《劳动合同法》第40条规定解除劳动合同的,即因劳动者的健康原因、不能胜任和情势变更的原因,导致用人单位解除劳动合同的;④ 用人单位依照《劳动合同法》第41条第1款规定解除劳动合同的,即因用人单位裁员而解除劳动合同的;⑤ 除用人单位维持或者提高劳动合同约定条件续订劳动合同,劳动者不同意续订的情形外,依照《劳动合同法》第44条第1项规定终止固定期限劳动合同的;⑥ 依照《劳动合同法》第44条第4项、第5项规定终止劳动合同的;⑦ 法律、行政法规规定的其他情形。例如,《劳动合同法实施条例》第22条规定:"以完成一定工作任务为期限的劳动合同因任务完成而终止的,用人单位应当依照劳动合同法第四十七条的规定向劳动者支付经济补偿。"

(三) 经济补偿金的支付标准

按照我国《劳动合同法》第47条规定:"经济补偿按劳动者在本单位工作的年限,每满一年支付一个月工资的标准向劳动者支付。六个月以上不满一年的,按一年计算;不满六个月的,向劳动者支付半个月工资的经济补偿。劳动者月工资高于用人单位所在直辖市、设区的市级人民政府公布的本地区上年度职工月平均工资三倍的,向其支付经济补偿的标准按职工月平均工资三倍的数额支付,向其支付经济补偿的年限最高不超过十二年。本条所称月工资是指劳动者在劳动合同解除或者终止前十二个月的平均工资。"包括计时工资或者计件工资,以及奖金、津贴和补贴等货币性收入。劳动者在劳动合同解除或者终止前十二个月的平均工资低于当地最低工资标准的,按照当地最低工资标准计算。劳动者工作不满十二个月的,按照实际工作的月数计算平均工资。

第四节 劳务派遣

一、劳务派遣的概念和特征

劳务派遣在理论界和实务界有着许多不同的称谓。劳动法学界经常使用的有"劳动力派遣"、"人力派遣"、"劳动派遣"、"工人派遣"、"人事派遣"、"人才派遣"或"人才租赁"、"临时劳动"(temporary work)、"代理劳动"(agency work)及"租赁劳动"(leased work)等。劳务派遣是指依法设立的劳务派遣机构(派遣单位)和劳动者订立劳动合同后,依据与接受派遣单位(用工单位)订立的劳务派遣协议,将劳动者派遣到用工单位工作的用工和就业形式。劳务派遣之所以引起人们的关注,就是因为其具有传统的、正规的用工方式所不具有的特点。

(一)劳务派遣法律关系涉及三方主体

与传统的劳动法律关系只有劳动者与用人单位两方主体不同,劳务派遣中涉及劳务派遣单位、用工单位和派遣员工三方,形成三角形法律关系。在这三角关系中,劳务派遣单位与被派遣劳动者订立劳动合同,明确双方的权利和义务。在法律上,劳务派遣单位就是用人单位,应该对被派遣的劳动者承担用人单位的义务。劳务派遣单位与被派遣劳动者之间的劳动合同,除了应该具备一般劳动合同的必备内容外,还应当载明被派遣劳动者的用工单位以及派遣期限、工作岗位等情况。劳务派遣单位还应当与用工单位订立劳务派遣协议。劳务派遣协议应当约定派遣岗位和人员数量、派遣期限、劳动报酬和社会保险费的数额与支付方式以及违反协议的责任等。一般而言,劳动法学界对劳务派遣单位与被派遣劳动者之间是劳动关系以及劳务派遣单位与用工单位之间是民事劳务派遣关系没有异议,但对于被派遣员工与用工单位之间是什么性质的法律关系有不同的观点。一种观点认为是劳动关系,另一种观点认为是民事劳务关系。本书同意第一种观点。

(二)劳动力的雇用与劳动力的使用相分离

在传统的或典型的劳动关系中,往往表现为劳动者和用人单位直接签订劳动合同确定相互之间的劳动权利和劳动义务,即用人单位既是雇佣者又是使用者。但在劳务派遣关系中,劳动者并不是与实际用工的单位直接签订劳动合同,而是通过与劳务派遣单位签订劳动合同,成为劳务派遣单位的员工,再由劳务派遣单位将其派至用工单位工作,在这过程中产生了"三方两地"的主体结构,并且实现了"招工"和"用工"的分离,形成"有关系、没劳动"和"有劳动、没关系"的格局。在劳务派遣关系中,作为被派遣劳动者用人单位的劳务派遣单位必须将对员工劳动力的支配和管理权转移给用工单位,被派遣的劳动者在用工单位提供劳务,遵守用工单位的工作规则、规章制度等,并接受其监督管理。

二、劳务派遣法律规制的必要性

有人认为劳务派遣最早产生于美国,也有人认为产生于欧洲,也许劳务派遣最早产生于哪一个国家已经无法考证,但这种用工和就业方式首先在欧美国家创设是一个不争的事实。这种就业方式主要是满足临时用工、短期用工和不愿长期被雇用的劳动者就业的需求,所以在相当长的一段时间里,劳动力派遣的适用范围相当有限。经济的全球化和信息产业的发展,以及后工业化时代的到来,催生了新形态工作方式的产生。劳务派遣在灵活就业和劳动关系非标准化大发展的背景下,在全球迅速蔓延。我国的劳务派遣,始于1979年北京外企人力资源服务公司向一家日本公司的驻华代表处派遣中方员工。在全球经济一体化的浪潮席卷下,新的工作方式也随资本在全球的快速流动而流动。进入20世纪90年代后期,我国的劳务派遣用工数量迅速增长,劳务派遣成为了社会上炙手可热的行业。劳务派遣具有的"雇用"和"使用"分离的特性,非常适合灵活就业的特点,在促进就业中具有减少摩擦性失业、调解劳动力供需错位的功能。但不可否认的是,正是因为劳务派遣具有"雇用"和"使用"分离的特性,从法律关系主体的层面看,真正使用劳动者的用工单位没有与劳动者签订劳动合同,不是雇主。而与劳动者签订劳动合同具有劳动关系的劳务派遣单位又不是实际的用工者,使劳动关系中的"用人单位"或"雇主"主体的确认产生了模糊,这就为一些用人单位逃避或推诿劳动法规定的雇主责任提供了可能。即劳务派遣单位和用工单位可能利用劳务派遣形成的三角法律关系,通过模糊与派遣员工法律关系的性质,转移或推诿用工风险,规避劳动法规定的雇主责任,从而损害劳动者的合法权益。因此,对劳务派遣法律规制的目标不应该是为了禁止劳务派遣的发展,而是为了保障被派遣员工与企业自雇员工平等地享受法律的保护,防止被派遣员工沦为企业的"二等劳工"。

三、我国《劳动合同法》对劳务派遣进行法律规制的主要内容

(一)劳务派遣单位和用工单位在维护被派遣员工合法权利中的地位

《劳动合同法》第58条明确规定:"劳务派遣单位是本法所称用人单位,应当履行用人单位对劳动者的义务。"同时规定,劳务派遣单位违反法律规定,给被派遣劳动者造成损害的,劳务派遣单位与用工单位承担连带赔偿责任,从而有效地防止了劳务派遣单位和用工单位对雇主责任的推诿或逃避,保障了劳动者的合法权益。

（二）劳务派遣单位的注册资本

注册资本的高低意味着承担法律责任能力的强弱。劳务派遣单位作为被派遣员工的用人单位,必须具备对被派遣员工承担雇主责任的民事责任的能力。为此,我国《劳动合同法》第57条规定:"劳务派遣单位应当依照公司法的有关规定设立,注册资本不得少于五十万元。"

（三）可以实施劳务派遣的岗位和禁止派遣的情形

《劳动合同法》第66条规定:"劳务派遣一般在临时性、辅助性或者替代性的工作岗位上实施。"同时,第62条第2款和第67条对禁止派遣的情形作了规定,包括:用工单位不得将被派遣劳动者再派遣到其他用人单位;用人单位不得设立劳务派遣单位向本单位或者所属单位派遣劳动者。其中,用人单位或者其所属单位出资或者合伙设立的劳务派遣单位向本单位或者所属单位派遣劳动者的,也属于禁止之列。

（四）劳务派遣中书面合同的内容

在劳务派遣法律关系中,至少存在两个合同:一是劳务派遣单位与被派遣员工之间的劳动合同;二是劳务派遣单位与用工单位之间订立的派遣协议。我国《劳动合同法》对两个合同的书面形式作了规定,并且还对其应该具备的内容作了规定。劳务派遣单位与被派遣劳动者订立的劳动合同,除应当载明法律规定的一般劳动合同应该具备的事项外,还应当载明被派遣劳动者的用工单位以及派遣期限、工作岗位等情况。其中,劳动合同的期限必须是两年以上的固定期限。劳务派遣协议应当约定派遣岗位和人员数量、派遣期限、劳动报酬和社会保险费的数额与支付方式以及违反协议的责任。用工单位应当根据工作岗位的实际需要与劳务派遣单位确定派遣期限,不得将连续用工期限分割订立数个短期劳务派遣协议。劳务派遣单位应当将劳务派遣协议的内容告知被派遣劳动者。

（五）劳务派遣单位的义务

1. 在劳动合同的有效期内,劳务派遣单位要按月向被派遣员工支付劳动报酬;不得克扣用工单位按照劳务派遣协议支付给被派遣劳动者的劳动报酬。被派遣劳动者在无工作期间,劳务派遣单位应当按照所在地人民政府规定的最低工资标准,向其按月支付报酬。跨地区派遣劳动者的,被派遣劳动者享有的劳动报酬和劳动条件,要按照用工单位所在地的标准执行。

2. 劳务派遣单位和用工单位不得向被派遣劳动者收取费用。

（六）用工单位的义务

用工单位是被派遣劳动者的实际使用者,也是劳动过程的组织者。因此,用工单位应该对被派遣劳动者承担与劳动过程相关的雇主责任。根据我国《劳动

合同法》规定,用工单位应当对被派遣劳动者履行下列义务:

1. 执行国家劳动标准,提供相应的劳动条件和劳动保护;

2. 告知被派遣劳动者的工作要求和劳动报酬;

3. 支付加班费、绩效奖金,提供与工作岗位相关的福利待遇,连续用工的,实行正常的工资调整机制;

4. 对在岗被派遣劳动者进行工作岗位所必需的培训;

5. 不得将被派遣劳动者再派遣到其他用人单位。

另外,无论是劳务派遣单位,还是用工单位,都不得设立劳务派遣单位向本单位或者所属单位派遣劳动者。

(七)被派遣员工的权利

被派遣劳动者与企业自雇员工一样,享有劳动法上规定的劳动者享有的所有合法权利。针对劳务派遣的特点,我国《劳动合同法》对被派遣劳动者的下列权利作了特别的规定:

1. 同工同酬的权利。《劳动合同法》规定,被派遣劳动者享有与用工单位的劳动者同工同酬的权利。用工单位无同类岗位劳动者的,参照用工单位所在地相同或者相近岗位劳动者的劳动报酬确定。

2. 参加或者组织工会的权利。被派遣劳动者有权在劳务派遣单位或者用工单位依法参加或者组织工会,维护自身的合法权益。

(八)被派遣劳动者劳动合同的解除

根据劳务派遣的特点,我国《劳动合同法》对被派遣劳动者劳动关系的解除作出如下规定:

1. 被派遣劳动者与非派遣劳动者一样,可以依法行使与用人单位协商解除和随时通知(包括无须通知直接)解除劳动合同的权利;

2. 劳务派遣单位作为被派遣劳动者的用人单位,应该与其他用人单位一样,遵守我国《劳动合同法》关于用人单位解除劳动合同的规定;

3. 用工单位只有在被派遣劳动者有《劳动合同法》第39条和第40条第1项、第2项规定情形时,才可以将劳动者退回劳务派遣单位。

(九)违反相关规定的法律后果

根据《劳动合同法》第92条的规定,劳务派遣单位如果违反法律的相关规定开展劳务派遣活动,则要视情况承担行政责任和民事赔偿责任。

1. 行政责任。包括责令改正、罚款和吊销营业执照。劳务派遣单位违反法律规定的,由劳动行政部门和其他有关主管部门责令改正;情节严重的,以每人一千元以上五千元以下的标准处以罚款,并由工商行政管理部门吊销营业执照。

2. 民事赔偿责任。劳务派遣单位违反法律规定,给被派遣劳动者造成损害的,劳务派遣单位与用工单位承担连带赔偿责任。

第五章 集体合同

第一节 集体合同概述

一、集体合同的概念和种类

集体合同又称"团体协约"或"团体协议"。国际劳工组织在《关于团体协约的建议书》中,对团体协约的含义作了如下界定:"团体协约系指个别或多数雇主或雇主团体,与代表工人的团体或由工人依照国家法令选举并授权的代表所缔结的关于规定工作条件及雇佣条件的书面契约。"欧美国家的团体协议的概念基本上与国际劳工组织的解释是一致的。在我国,集体合同是指由代表职工的工会或职工推举的代表与企业就劳动报酬、工作时间、休息休假、劳动安全卫生、保险福利等事项缔结的书面协议。我国《劳动法》第33条规定:"企业职工一方与企业可以就劳动报酬、工作时间、休息休假、劳动安全卫生、保险福利等事项,签定集体合同。集体合同草案应当提交职工代表大会或者全体职工讨论通过。集体合同由工会代表职工与企业签订;没有建立工会的企业,由职工推举的代表与企业签订。"如果将我国《劳动法》对集体合同含义的规定与国际劳工组织对团体协约概念的界定进行比较,可以发现,从总体上看,我国的集体合同属于国际通行的团体协约的范畴,是劳动者团体和雇主(用人单位)两大劳动利益团体之间的协议,其目的是规范劳动者团体的劳动条件。但两者之间仍有两个方面的不同:一是在合同的主体上,我国将集体合同的主体限定在一个企业内,即一方为代表劳动者团体利益的工会(没有工会的为职工推举的代表),另一方为企业;而国际通行的团体协约的主体,一方也是代表工人的团体或工人推举的代表,但另一方可以是单个的雇主,也可以是多个雇主或雇主团体。第二,在合同的内容上,我国集体合同的内容主要是规定劳动者团体的劳动条件,例如劳动报酬、工作时间、休息休假、劳动安全卫生、保险福利等事项;而国际通行的团体协约的内容除规定劳动待遇和劳动条件外,还包括雇佣条件。自《劳动法》颁布实施至今,我国的劳动关系发生了翻天覆地的变化,劳动关系中劳资利益的明晰化趋势越来越明显,特别是在劳动密集型的产业和行业中,群体性劳动争议呈上升趋势。为此,我国《劳动合同法》设专节对集体合同作了规定,并将集体合同的主体从原来限定在一个企业内扩大到行业和区域范围内。《劳动合同法》第53条规定:"在县级以下区域内,建筑业、采矿业、餐饮服务业等行业可以由工会与企业方面代表订立行业性集体合同,或者订立区域性集体合同。"

集体合同按照其内容是否多样性为标准,可以分为综合性集体合同和专项性集体合同两种。综合性集体合同是指包含劳动报酬、休息休假、劳动保护、保险福利等多项内容的合同;专项性集体合同是指劳资双方就劳动关系的某一方面内容经过协商而达成的协议。我国《劳动合同法》第52条规定:"企业职工一方与用人单位可以订立劳动安全卫生、女职工权益保护、工资调整机制等专项集体合同。"

二、集体合同与劳动合同的区别

作为调整劳动关系的两大合同,集体合同和劳动合同存在许多方面的区别,具体表现为:

(一)两者产生的背景不同

劳动合同作为确定受雇人与雇主之间权利和义务的协议,是伴随着劳动关系的产生而产生的。而集体合同的产生却比劳动合同的产生要晚得多,是劳动者行使结社权的结果。我们知道,劳动者相对于拥有大量生产资料和庞大组织结构的用人单位而言总是处于弱者的地位,再加上工人对职业需求的迫切性远超过雇主对特定劳动力需求的迫切性,必将导致单个劳动者在订立个人的劳动合同时无法与用人单位抗衡的状态。"团结就是力量"是弱者生存的一条准则,工人如果要在劳动关系中取得能与用人单位相抗衡的地位,就必须团结起来,组成代表自己利益的组织——工会。为此,有人说代表劳动者团体利益就改善劳动者的劳动条件与雇主进行集体谈判,是工会存在的基础。用人单位可以无视单个劳动者的要求,但不可能无视代表劳动者利益的团体组织的要求,工会通过与雇主进行集体协商或谈判,与雇主达成的有关劳动者团体劳动条件的协议就是集体合同。因此,可以说集体合同是为了平衡劳动者和用人单位的力量对比而产生的。

(二)两者的当事人不同

劳动合同的当事人,一方为劳动者个人,另一方是用人单位;集体合同的当事人,虽然有一方也为用人单位,但另一方却为代表职工团体利益的工会或职工推举的代表。

(三)两者的内容不同

虽然劳动合同与集体合同均为调整劳动关系的协议,但劳动合同确定的是劳动者个人与用人单位的劳动权利和劳动义务,而集体合同确定的是一个企业或一个行业甚至是几个行业的劳动者团体的劳动条件,其内容具有整体性,目的是为了提升劳动者整体的劳动条件和改善劳动者的经济地位。

(四)两者的效力不同

劳动合同是劳动者个人与用人单位之间的协议,只对劳动者个人和用人单位具有约束力,对当事人以外的第三人不具有法律的约束力;而依法签订的集体合同,除对当事人有一定的约束力外,对被代表的劳动者个人也具有约束力,尽管各国对该约束力的效力来源有不同的看法,但集体合同的劳动条件可以成为个人劳动合同的内容是各国法律的共识。

三、集体合同的产生和发展

(一) 世界先进工业化国家集体合同的产生和发展

英国的工业革命不仅催生了资本主义的生产方式,也使大量的无产阶级在与资产阶级的斗争中找到了改善自己劳动条件的有效手段,那就是组织工会,通过工会领导罢工,迫使资本家坐到谈判桌上来,听取和吸收劳动者改善劳动条件的要求和呼声,并以签订协议的形式要求资方履行承诺。与工业革命一样,世界最早的集体合同也产生在英国。由于集体合同具有调整和稳定劳资关系、促进劳动关系和谐发展的作用,在集体合同自发地存在一定时间后,资本主义国家开始承认集体合同的合法性,并通过立法规范劳资双方集体谈判的行为。英国最早在其1871年颁布的《工会法案》中对集体合同进行了规定。20世纪后,世界主要的工业化国家都纷纷通过了有关集体合同的立法。例如,德国在1918年颁布了《劳动协约、劳动者及使用人委员会暨劳动争议调停令》,对集体合同作了较详尽的规定,法国于1919年颁布了《劳动协约法》,美国于1935年颁布了《国家劳动关系法》。与之相对应,国际劳工组织也对集体合同给予了极大关注,颁布了有关的建议书等。集体合同在二战后曾一度成为世界工业化国家调整劳动关系的主要方式。

随着信息时代的到来,过去一些先进的工业化国家陆续进入了后工业时代,产业工人的减少以及大量制造业的海外转移,使得这些国家加入工会的工人人数和集体合同的覆盖面急剧下降。以英国为例,1979年,英国的工会会员为1333万人,到1990年下降到少于900万人,2001年为750万人;工会会员在工人中所占的比例也从1984年的接近一半下降到2001年的不到30%(见下表):

年份	工会会员所占比例(%)			集体协商的比例(%)		
	全部	私人企业中	公共企业中	全部	私人企业中	公共企业中
1984年	47	42	80	71	52	95
1990年	38	35	72	54	41	78
1993年	32	23	63	49	34	76
2001年	29	19	59	36	22	73

资料来源:Brian Towers (ed.), *The Handbook of Employment Relations, Law & Practice*, Kogan Page Ltd., 2003, p.8.

业内人士普遍认为,造成英国工会会员比例下降和集体谈判覆盖面缩小的主要原因有三个方面:一是信息技术的发展改变了社会的生产方式,劳动者以原来的在生产性企业中工作为主转变为在办公室工作为主,劳动强度和劳动条件发生了根本性的改变,以改善劳动条件为目标的集体谈判的迫切性大为降低;二是大量制造业向海外转移;三是在撒切尔夫人执政时期,实施了一系列的以削弱工会力量为目标的劳动政策和法律,例如,允许同一企业的工人可以自由选择不同的工会,以削减同一工会在特定企业的影响力,以及颁布大量的劳动标准,鼓励劳动者以劳动标准为底线直接与雇主签订个人劳动合同等。与之相对应,欧洲工会维护劳动者权益的方式也在发生根本性的变化,由过去的代表劳动者与用人单位进行集体谈判(以组织罢工作为保证)转变为现在的"社会对话"(social dialogue)和"社会伙伴"(social partners),共同参与欧盟雇佣法律和社会政策的制定。1985年,欧洲工业和雇主联盟(Union of Industrial and Employers' Confederations of Europe,UNICE)、欧洲工会联盟(European Trade Union Confederation,ETUC)和欧洲公共企业中心(European Centre of Employers and Enterprises Providing Public Service,CEEP)同意在这一规则的基础上一起工作。1992年,欧盟的社会政策协定使得工会组织和雇主组织成为了欧洲机构制定社会政策的特殊顾问,1997年的《阿姆斯特丹条约》又将工会和雇主组织从顾问的身份转变为政策的参与制订者,现在它们可以通过这样的参与,将自己的意见转变为欧盟的法律,当欧洲经济和社会变化遇到挑战的时候,工会和雇主组织就成为社会的合作伙伴。

(二)我国集体合同的发展前景

在我国,新中国成立后,先后在1949年颁布的《中国人民政治协商会议共同纲领》、1950年颁布的《工会法》中规定,工会可以代表职工与企事业单位行政签订集体合同,但自1957年以后,受极"左"思潮和计划经济体制的影响,集体合同制度的作用被淡化,以至于在各行业中都不再签订集体合同。

随着我国市场经济体制的建立和非国有经济的发展,特别是国有企业的产权制度改革的完成,劳动者和资方两大利益团体的界线越来越明显,这为集体谈判和集体合同的发展创立了客观的社会基础。根据劳动关系发展的实际需要,我国在1994年颁布的《劳动法》中,将集体合同置于和劳动合同相并列的地位,同时劳动部还颁布了《集体合同规定》,就集体合同的订立、履行审查和争议的处理作了规定。与之相适应,我国2001年修订的《中华人民共和国工会法》第6条明确规定,"维护职工合法权益是工会的基本职责",同时明确工会有权"代表职工与企业以及实行企业化管理的事业单位进行平等协商,签订集体合同"。2007年颁布的《劳动合同法》对集体合同设专节进行规定,并根据我国劳动关系的发展状况,对集体合同的适用范围作了适当的扩大。所有这些规定,都为我国集体合同的发展作了法律上的准备和保证。

需要指出的是,目前我国的生产力发展水平在全国的分布极不平衡,既有代表信息时代特征的高新技术产业,也有代表资本主义初期的劳动密集型产业。但随着越来越多的外资企业落户我国,我国的制造业得到了空前的发展,"中国已成为世界最大的制造业国"已成为不争的事实。从先进国家集体谈判和集体合同发展的历程看,我国现在处于劳资关系最敏感的时期,应该是劳资双方订立集体合同和进行集体谈判最活跃的时期,工会维护职工合法权益的使命将会在这一时期得到最充分的体现。

第二节 集体合同的订立

一、集体合同订立的原则

根据《集体合同规定》第 5 条的规定,签订集体合同或专项集体合同应当遵循下列原则:

(一) 遵守国家法律、法规的原则

合法原则,是任何合同订立以及当事人实施任何行为都必须遵守的原则,集体合同双方当事人在进行协商时也不例外。这里的法律、法规不仅包括劳动法律和法规,还包括国家颁布的其他方面的法律和法规。

(二) 相互尊重、平等、合作、诚信的原则

工会和用人单位就劳动者团体的劳动条件进行集体协商,无论从协商的内容还是协商的程序看,均比个人劳动合同复杂。同时,因集体合同涉及企业和企业全体职工的利益,双方应本着平等、合作的原则,对集体合同的内容作出实事求是的意思表示,努力促成集体合同的达成。例如,在确定协商的时间、地点以及会议主持人等协商细节上,双方均应积极、主动、及时地与对方交换意见;当协商未达成一致或出现事先未预料的问题时,可以暂时中止,协商双方应对具体中止期限及下次协商的具体时间、地点、内容进行共同商定等。

(三) 照顾双方合法权益的原则

合同最本质的特征是双方或多方当事人意思表示一致。一般而言,只有当各方的合法权利都得到尊重、体现互利互惠时,各方当事人才能就相关内容达成一致协议。照顾双方合法权益的原则要求劳动者和用人单位双方在集体协商和集体合同的订立过程中,都应该尊重并照顾对方的合法权益,不得滥用自己在合同订立中的优势地位,也不得采取不正当的手段将自己的意思强加于对方,达到通过挤压对方在劳动关系中的合法权益而扩大自己利益的目的。

(四) 不得采取过激行为的原则

我国《集体合同规定》第 5 条在规定了以上原则的同时,还要求双方"不得

采取过激行为"。国家有关部门虽然未对什么是"过激行为"作出解释和说明,但按照人们通常的理解,这里的过激行为包括了罢工和闭厂等传统的促成集体协议达成的手段。而从世界许多国家对集体协商的法律规定看,都规定工会在集体协商中可以依法行使组织罢工的权利,甚至规定不得在集体合同中出现禁止罢工的条款。罢工也是劳动者作为弱者迫使用人单位进行集体协商以及接受某些劳动条件的行之有效的手段。应该说,劳资双方在劳动过程中存在的利益矛盾和差异以及劳动者相对于用人单位的弱势地位是罢工存在的客观社会基础,只要这种社会基础存在,就不可能杜绝和消除罢工,即罢工的存在是不以人的意志为转移的。就我国而言,虽然1982年《宪法》取消了公民的罢工权,但罢工的事实并未因此而消失,相反,大量的自发式的罢工已经对社会产生了相当程度的消极作用。2008年,出租车罢运事件在全国相继上演:2008年11月3日,重庆主城区八千多辆出租车全体罢工;7日,湖北省荆州市数百辆的士集体停驶;10日,上百辆海南省三亚市出租车司机停止营运,同一天,甘肃省兰州市永登县上百辆出租汽车集体罢运;18日,部分"挂靠"在云南大理交通运输集团的个体客车司机集体罢运,造成大量乘客滞留,全州的县际客运秩序一度濒临瘫痪;20日,广州汕头一千多辆出租车罢运。① 因此,我国法律对罢工不应采取回避态度,不仅应该在法律上确立罢工权,还应尽快制定《罢工法》,对罢工的合法性标准作出规定,以消除因自发罢工给社会带来的负面影响。借鉴国外的罢工立法经验,可以从下列四个方面界定合法罢工的范围:一是从主体上规定,罢工必须由工会组织,职工自发的罢工不受法律保护;二是从目的上规定,罢工必须出于经济目的,即为了提高工资待遇和劳动条件等,禁止政治性罢工和声援性罢工;三是从时间上规定,集体协商破裂之前不得罢工;四是从规模和方式上规定,罢工只能是不作为,而不得采取破坏财产和侵害人身权利的行为,否则要承担相应的法律责任。

二、集体合同订立的程序

集体合同的订立程序与普通合同不同,一般要经过集体协商、签订协议和政府认可、生效三个阶段。

(一)集体协商

1. 集体协商的概念

集体协商又称"集体谈判"或"团体交涉",是指工会或职工代表与相应的企业代表为签订集体合同进行商谈的行为。集体协商主要采取协商会议的形式。《劳动合同法》第51条第2款规定:"集体合同由工会代表企业职工一方与用人

---

① 参见《2008群体性事件:一个绕不开的话题》,载《党的生活》2009年第5期。

单位订立;尚未建立工会的用人单位,由上级工会指导劳动者推举的代表与用人单位订立。"

2. 集体协商的提出

任何一方均可以提出进行集体协商的要求。《集体合同规定》第 32 条规定:"集体协商任何一方均可就签订集体合同或专项集体合同以及相关事宜,以书面形式向对方提出进行集体协商的要求。一方提出进行集体协商要求的,另一方应当在收到集体协商要求之日起二十日内以书面形式给以回应,无正当理由不得拒绝进行集体协商。"

3. 集体协商的准备

(1) 协商代表的产生

协商代表是指按照法定程序产生并有权代表本方利益进行集体协商的人员。集体协商代表由职工方代表和用人单位方代表组成。根据《集体合同规定》第 19 条第 2 款的规定,集体协商双方的代表人数应当对等,每方至少三人,并各确定一名首席代表。

① 职工方代表的产生

在我国,一个企业只可能成立一个工会,工会就成为职工与用人单位进行集体协商的当然代表,具体人选由本单位工会选派;没有工会的企业,由职工民主推举代表,被推举的代表必须得到半数以上职工的同意,上级工会可以指导职工代表与企业进行集体协商;进行区域性或者行业性集体协商的职工方代表只能是相应的工会代表。职工一方的首席代表由本单位工会主席担任。工会主席可以书面委托其他协商代表代理首席代表。工会主席空缺的,首席代表由工会主要负责人担任。未建立工会的,职工一方的首席代表从协商代表中由民主推举产生。

在一些实行自由工会政策的国家里,集体协商职工方代表的产生与我国相比要复杂得多。在有些国家里允许成立多个工会,职工可以根据自己的意愿自主选择所要参加的工会,这样就可能产生在一个企业中有多个工会组织的现象。如果该企业要进行集体协商,就会涉及两个方面的问题:一是哪个或哪几个工会具有代表职工与企业进行集体协商的资格。例如,英国规定,必须有 10% 以上的职工是工会会员,该工会才可能具有协商代表的资格。二是雇主对工会协商资格的认可问题。一旦雇主认可工会具有了协商的资格,雇主就必须承担接受协商并公开有关企业信息的义务。如果雇主没有正当理由对应该认可具有协商资格的工会拒绝认可,就可能构成不法劳动行为,工会可以依法向国家有关部门申请裁定。

② 用人单位方代表的产生

用人单位的代表因集体协商的范围的不同而不同。如果是一个企业的集体协商,集体企业方的代表由其法定代表人担任或指派,首席代表由单位法定代表人担任或由其书面委托的其他管理人员担任;如果是一个行业或者一个区域的集体协商,那么用人单位的代表可以是相应行业或区域的雇主协会的代表或者相应行业或者区域内的企业推举的代表。在其他国家,集体合同的雇主方可以是单个的雇主,也可以是多个雇主或雇主的联合,当雇主方不只是单个企业时,雇主方的代表就由雇主进行协商确定。

外国普遍实行专职工会工作人员制度,专职人员的工资来源于会员的会费和工会的其他收入。而我国的企业工会工作人员均为企业的职工,与用人单位具有劳动关系,工会的活动经费主要由企业划拨,工会工作人员的工资也由企业支付。为了防止企业通过解除与职工方谈判代表劳动合同的手段阻挠集体协商的进行或打击报复职工代表,我国《集体合同规定》第27条和第28条对职工方的协商代表作了保护性的规定,"企业内部的协商代表参加集体协商视为提供了正常劳动";"职工一方协商代表在其履行协商代表职责期间劳动合同期满的,劳动合同期限自动延长至完成履行协商代表职责之时,除出现下列情形之一的,用人单位不得与其解除劳动合同:(一)严重违反劳动纪律或用人单位依法制定的规章制度的;(二)严重失职、营私舞弊,对用人单位利益造成重大损害的;(三)被依法追究刑事责任的。职工一方协商代表履行协商代表职责期间,用人单位无正当理由不得调整其工作岗位"。

另外,用人单位协商代表与职工协商代表不得相互兼任。

③ 协商代表的职责和义务

根据《集体合同规定》第25条和第26条的规定,协商代表应履行的职责为:参加集体协商;接受本方人员质询,及时向本方人员公布协商情况并征求意见;提供与集体协商有关的情况和资料;代表本方参加集体协商争议的处理;监督集体合同或专项集体合同的履行;维护本单位正常的生产、工作秩序,不得采取威胁、收买、欺骗等行为;保守在集体协商过程中知悉的用人单位的商业秘密;法律、法规和规章规定的其他职责。

(2) 信息、资料和文件的准备

为了集体协商能够顺利有效地进行,双方协商代表在协商前应该就协商所涉及的信息、资料和文件等作充分的准备,具体包括:熟悉与集体协商内容有关的法律、法规、规章和制度;了解与集体协商内容有关的情况和资料,收集用人单位和职工对协商意向所持的意见;拟定集体协商议题等。

(3) 确定集体协商的时间、地点等事项

(4) 共同确定一名非协商代表担任集体协商记录员

记录员应保持中立、公正,并为集体协商双方保密。

4. 集体协商的进行

根据《集体合同规定》第 34 条规定,集体协商会议由双方首席代表轮流主持,并按下列程序进行:

(1) 宣布议程和会议纪律。

(2) 一方首席代表提出协商的具体内容和要求,另一方首席代表就对方的要求作出回应。

(3) 协商双方就商谈事项发表各自意见,开展充分讨论。

(4) 双方首席代表归纳意见。达成一致的,应当形成集体合同草案或专项集体合同草案,由双方首席代表签字。

在协商或谈判中,可能会发生几种情况。一是谈判双方对集体合同的内容意思表示一致,顺利地形成由双方首席代表签字的集体合同草案或专项集体合同草案;二是在协商未达成一致意见或者出现事先未预料的问题时,经双方协商中止协商并确定下次协商的时间、地点和内容;三是双方对集体合同的条款各执己见,谈判陷入僵局,调解无效,双方采用罢工或闭厂等激烈手段,迫使另一方让步,最终双方达成协议。按我国《劳动法》第 84 条的规定,在集体协商中,如果双方当事人对集体合同的内容不能达成协议的,当地人民政府劳动行政部门可以组织有关方面协调处理。

(二) 签订协议

无论经过多少周折,只要双方就集体合同的内容意思表示一致,就要签订书面的协议(草案)。按照我国《劳动法》第 33 条和《劳动合同法》第 51 条的规定:"集体合同草案应当提交职工代表大会或者全体职工讨论通过。"职工代表大会或者全体职工讨论集体合同草案或专项集体合同草案,应当有 2/3 以上职工代表或者职工出席,且须经全体职工代表半数以上或者全体职工半数以上同意,集体合同草案或专项集体合同草案方获通过。集体合同草案或专项集体合同草案经职工代表大会或者职工大会通过后,由集体协商双方首席代表签字。

(三) 政府认可

为了保证集体合同内容合法、公正、公平,许多国家的法律都规定集体合同在当事人订立后要提交国家有关部门审查,接受国家有关部门的监督。目前,我国也对集体合同的订立设立了审查监督制度。

1. 审查机构和审查的职责划分

按照《集体合同规定》的有关规定,集体合同或专项集体合同审查实行属地管辖,具体管辖范围由省级劳动保障行政部门规定。中央管辖的企业以及跨省、自治区、直辖市的用人单位的集体合同应当报送劳动保障部或劳动保障部指定的省级劳动保障行政部门。

2. 企业报送集体合同的时间

按照规定,用人单位在集体合同或专项集体合同签订或变更后,应当自双方首席代表签字之日起十日内,将文本一式三份报送劳动保障行政部门审查。

3. 审查的内容

劳动保障行政部门要对集体合同的合法性进行审查,审查包括:集体协商双方的主体资格是否符合法律、法规和规章规定;集体协商程序是否违反法律、法规和规章规定;集体合同或专项集体合同内容是否与国家规定相抵触。

4. 集体合同的审查程序和期限

集体合同审查按以下程序进行:

(1) 登记、编号。对企业提交的集体合同文本应及时进行登记编号,告知企业收到集体合同文本的时间和材料清单。

(2) 审查。主要审查集体合同的订立程序和内容是否合法。

(3) 制作审查意见书。审查意见书应当载明的内容主要有:集体合同或专项集体合同当事人双方的名称、地址;劳动保障行政部门收到集体合同或专项集体合同的时间;审查意见;作出审查意见的时间。审查意见书应当加盖劳动保障行政部门印章。

(4) 备案、存档。经审查后的集体合同文本及企业报送的其他材料一并存档。

按照我国的规定,劳动保障行政部门对集体合同或专项集体合同有异议的,应当自收到文本之日起十五日内将审查意见书送达双方协商代表。用人单位与本单位职工就劳动保障行政部门提出异议的事项经集体协商重新签订集体合同或专项集体合同的,用人单位一方应当根据相关规定将文本报送劳动保障行政部门审查。

(四) 合同生效

劳动保障行政部门自收到集体合同文本之日起十五日内未提出异议的,集体合同或者专项集体合同即行生效,集体合同的双方当事人应及时以适当的形式向各自代表的全体成员公布。

三、集体合同的内容和期限

在我国,集体合同的内容主要包括三个部分:

(一) 劳动标准条件规范部分

集体合同的核心内容,对个人劳动合同起制约作用。主要有以下内容:

1. 劳动报酬

具体包括:用人单位工资水平、工资分配制度、工资标准和工资分配形式;工资支付办法;加班、加点工资及津贴、补贴标准和奖金分配办法;工资调整办法;

试用期及病、事假等期间的工资待遇；特殊情况下职工工资（生活费）支付办法；其他劳动报酬分配办法。

2. 工作时间

具体包括：工时制度；加班加点办法；特殊工种的工作时间；劳动定额标准。

3. 休息与休假

具体包括：日休息时间、周休息日安排、年休假办法；不能实行标准工时职工的休息休假；其他假期。

4. 劳动安全卫生

主要包括：劳动安全卫生责任制；劳动条件和安全技术措施；安全操作规程；劳保用品发放标准；定期健康检查和职业健康体检。

5. 补充保险和福利

主要包括：补充保险的种类、范围；基本福利制度和福利设施；医疗期延长及其待遇；职工亲属福利制度。

6. 女职工和未成年工的特殊保护

主要包括：女职工和未成年工禁忌从事的劳动；女职工的经期、孕期、产期和哺乳期的劳动保护；女职工、未成年工定期健康检查；未成年工的使用和登记制度。

7. 职业技能培训

主要包括：职业技能培训项目规划及年度计划；职业技能培训费用的提取和使用；保障和改善职业技能培训的措施。

（二）劳动力使用规范部分

主要包括劳动合同管理、裁员和对职工的奖惩等。

1. 劳动合同管理

主要包括：劳动合同签订时间；确定劳动合同期限的条件；劳动合同变更、解除、续订的一般原则及无固定期限劳动合同的终止条件；试用期的条件和期限。

2. 裁员

主要包括：裁员的方案；裁员的程序；裁员的实施办法和补偿标准。

3. 奖惩

主要包括：劳动纪律；考核奖惩制度；奖惩程序。

（三）过渡性规定

主要包括因签订或履行集体合同发生争议的解决措施，以及集体合同的监督检查办法等。

（四）集体合同文本本身的规定

包括集体合同的有效期限、变更解除条件、违约责任等。

在实行自由工会制度的国家，集体合同的内容除上述部分外，一般还包括：

雇佣环境和条件；招工和解雇条件；规章制度；工会会员和非会员；工会工作设施和机构；企业对工会谈判资格的认可问题等。

集体合同的期限各国规定不一致，我国《集体合同规定》第38条规定，集体合同期限一般为一至三年。日本有每年在4月或5月劳资双方进行工资谈判的传统，日本人称为"春斗"。一般而言，集体合同的期限不宜过长，以能适应社会经济发展的需要为原则。如果需要，经双方协商，还可以续签。我国《集体合同规定》第38条第2款规定："集体合同或专项集体合同期满前三个月内，任何一方均可向对方提出重新签订或续订的要求。"

四、集体合同订立的形式

由于集体合同内容涉及企业员工的整体劳动条件，签订的程序也远比个人劳动合同复杂，所以各国法律都规定，集体合同要以书面形式订立，口头合同不受法律保护，我国也不例外。根据我国《劳动法》第33条的规定，经过集体协商达成的集体合同草案"应当提交职工代表大会或者全体职工讨论通过"。《集体合同规定》第37条规定，集体合同"由集体协商双方首席代表签字"。集体合同签订后，应在十日内由企业一方将集体合同一式三份报送劳动行政部门审查。劳动行政部门自收到集体合同文本之日起十五日内未提出异议的，集体合同即行生效。

第三节 集体合同的履行、变更、解除和终止

一、集体合同的履行

集体合同只有完全履行后才能实现订立集体合同的目的，达到当事人设立集体合同的预期目标。所以，许多国家的法律对集体合同的履行非常重视，例如法国《劳动法典》在集体合同中设定了"合同执行"的专章，要求受合同约束的当事人，应避免做任何可能有损于双方忠实履行合同的事情。与其他合同的履行一样，集体合同的履行也要遵守全面履行和协作履行的原则。

（一）全面履行原则

全面履行原则，要求合同的当事人按照合同约定的时间、地点和方式全面履行合同约定的义务。全面履行原则是指集体合同具有法律约束力要求。我国《集体合同规定》第6条规定，依法订立的集体合同或专项集体合同，对用人单位和本单位的全体职工具有法律约束力；同时第7条规定，县级以上劳动保障行政部门对本行政区域内的集体合同履行情况进行监督。

（二）协作履行原则

协作履行原则，要求集体合同的双方当事人应本着合作、诚实的态度履行双

方约定的义务。在劳动关系中,劳资双方虽然存在着利益的差异和冲突,但同时两者在根本利益上又有一致性,劳动者在劳动过程中的利益能否得到保证或提高,在一定程度上依赖于企业经济效益的好坏。例如,如果企业因经营管理不善或因市场变化出现经营萎缩、效益下降,就可能导致企业无力履行集体合同约定义务的局面,甚至可能引起企业裁员程序的启动;同样,劳动者是否积极、有效地劳动,直接影响到企业的经济效益以及在市场竞争中的地位。所以,协作履行原则是集体合同履行的一个重要原则。

按照协作履行原则的要求,签订集体合同的一方就集体合同的执行情况和变更提出商谈时,另一方应给予答复。

二、集体合同的变更和解除

集体合同是当事人双方的合意行为,任何合同可以因当事人的合意而成立,当然也能因当事人的合意而变更或解除。除当事人合意变更和解除外,按照我国《集体合同规定》第 40 条的规定,由于签订集体合同的环境和条件发生变化,致使集体合同无法履行时,可以变更或解除集体合同。

(一) 用人单位因被兼并、解散、破产等原因,致使集体合同或专项集体合同无法履行

企业处于被兼并、解散、破产等状态,势必要引起企业生产任务和工作计划等方面的变化,使原集体合同当事人丧失或部分丧失了履行集体合同的能力和条件,在此情况下,法律应允许当事人变更或解除集体合同。企业发生分立和合并,或者集体合同另一方当事人——工会发生解散或者合并,是否导致集体合同的解除或终止,目前我国法律对此没有规定。本书认为,除当事人在集体合同中有特殊约定外,应按下列情况分别处理:

1. 订立集体合同的企业一分为两个或多个新企业,则因原集体合同的当事人一方不再存在,集体合同终止;

2. 订立集体合同的企业在保留原企业独立法人资格的条件下,另立一个新企业,则原企业的集体合同继续有效,该集体合同对与新企业订立劳动合同的职工没有约束力;

3. 两个分别签订集体合同的企业合并成一个新企业,则原集体合同终止;

4. 一个订立集体合同的企业吞并另一个订立集体合同的企业,则被吞并企业的集体合同终止,执行并入企业的集体合同;

5. 集体合同当事人的另一方——工会发生解散或合并,根据国外集体合同实施的经验,除集体合同本身有特殊约定外,并不当然导致集体合同的解除或者终止,仅终止集体合同约定的工会应承担义务的履行,而企业和职工仍应继续履行集体合同约定的其他义务。如果工会解散后被并入另一个工会,则应由并入

工会继续承担原工会在集体合同中的权利和义务。

（二）因不可抗力等原因致使集体合同或专项集体合同无法履行或部分无法履行

不可抗力是指无法预料或虽能预料但无法避免的情形,例如战争、地震、瘟疫、水灾、旱灾等。如果在集体合同的履行中,出现上述不可抗力的情形,导致合同一方或双方当事人难以履行集体合同约定义务的,可以变更或解除集体合同。

（三）集体合同或专项集体合同约定的变更或解除条件出现

集体合同或专项集体合同可以就合同变更或解除的条件进行约定,例如将集体合同所依据的国家法律、法规和政策发生变化约定为集体合同变更或者解除的条件。

三、集体合同的终止

集体合同终止的条件通常为:
1. 集体合同期满;
2. 双方约定的终止条件出现,集体合同即行终止;

第四节　集体合同的效力

一、集体合同效力的概念

广义的集体合同效力,是指集体合同的法律约束力,包括集体合同的效力范围和违反集体合同的法律责任。狭义的集体合同效力仅指效力范围,即集体合同对什么人、于什么时间、在什么地方、对什么事或物具有法律约束力,以及是否具溯及既往的效力。这里指的集体合同的效力是在广义上使用这一概念的。

二、集体合同对当事人的效力

集体合同的当事人指订立集体合同的主体,具体指工会（没有工会的为职工推举的代表）和企业（或雇主团体）。按照一般的合同理论,合同是当事人设立权利和义务的协议,对双方当事人具有法律约束力,这是理所当然的,无须赘述。但因集体合同中合同的当事人一方（工会）本身并不是合同权利或义务的承担者,而是代表他人的利益而订立合同的,这就带来了集体合同是否对代表人具有法律约束力的理论问题。各国法律理论界对此众说纷纭,至今未有定论。

英国是世界上最早产生集体合同的国家,集体合同对工会和雇主均没有约束力一直是英国理论界和司法界的主流观点。其理由为:第一,集体合同对工会和企业无强制效力是历史传统,英国1871年的《工会法案》禁止两个社会组织之间签订的合同具有强制力,工会作为一个社会组织与单个的雇主签订的集体合同不具有强制力是合乎道德的。第二,集体合同不是一种合同,因为当事人的任何一方都无意于与对方建立一种法律关系,无论是工会还是雇主,其订立集体合同都是为了提高受雇人的利益,而不是为了给自己设立权利。因此,工会和雇主任何一方违反约定,只承担道义上的责任,而不承担法律上的违约责任。即任何一方违约,不信守诺言,就会因此失去其未来的信誉。英国理论界和司法界认为,对于保证集体合同的履行这比追究违约责任更有效。

还有一种观点认为,集体合同有法律约束力。理由是:集体合同也是一种债的发生依据,按照"契约必须严守"原则,集体合同的双方当事人都应当履行合同约定的义务,如果一方违约,另一方可以追究其违约责任。例如,瑞士法律中就有关于集体合同中可以约定违约金的规定。

我国的劳动法对集体合同是否具有法律约束力未作明确规定,理论界一般按照合同法的一般理论,认为集体合同对双方当事人具有法律约束力,至于具有什么样的法律约束力,则缺乏研究和探讨。本书认为,集体合同是否对当事人具有法律约束力,应视条款的性质而定。

1. 有关劳动条件部分的条款对当事人不具有法律强制力,即如果企业未按集体合同的约定向劳动者提供劳动条件,工会并不具有当然的可以追究企业违约责任的权利。需要说明的是,这里指的是集体合同对当事人的约束力,即工会作为集体合同的当事人不具有向企业追究违约责任的权利,并不意味着劳动者不可以通过集体合同对劳动合同的效力影响,向企业追究违约责任。理由为:根据合同法的一般理论,合同条款之所以对当事人具有约束力,是因为如果一方不履行合同约定的义务,另一方可以依法追究其违约责任,例如要求其承担赔偿责任或违约金责任,被违约的一方通过对方对违约责任的承担从经济上得到补偿。而在集体合同中,作为合同重要内容的劳动条件,是为企业的劳动者而设立的。即集体合同约定的劳动条件,虽然是企业一方当事人的义务,却不是另一方当事人工会的权利,而真正的权利主体——劳动者又不是集体合同的当事人,一旦企业未按集体合同的约定提供劳动条件或劳动报酬,受损害方为员工而非工会,向企业行使追偿的权利主体也只能是员工,而非工会,工会不能因为劳动者的受损而自己受益(例如获得违约金等)。因此,就劳动条件部分而言,即使法律规定,集体合同对双方当事人具有法律约束力,也不具有可操作性。

2. 有关集体合同本身的规定和过渡性条款的约定对双方当事人具有约束力。因为过渡性条款和关于集体合同本身的约定所确定的权利和义务,是针对集体合同双方当事人而设定的,是双方当事人可以直接行使和履行的权利和义务,如果一方未按约定履行,另一方可以追究其违约责任。主要表现为遵守集体合同的运行规则,敦促其成员保持和平劳动,实现集体合同设定目标等。例如,如果一方依约就变更或解除集体合同提出协商的要求,另一方未按规定给予答复或进行协商;一方未按合同约定履行集体合同执行的监督义务等。

三、集体合同对关系人的效力

(一) 集体合同关系人的概念

集体合同关系人是指没有订立、变更和解除集体合同的权利,却受集体合同效力约束的人。在我国,集体合同的关系人具体就是指工会所代表的职工,包括:企业的工会会员和非工会会员;在集体合同成立之前进入企业的员工和在集体合同签订后进入企业的员工;赞同订立集体合同的职工和对订立集体合同持异议的职工。一旦工会与企业签订了集体合同,企业的全体员工就自动成为集体合同的关系人。

(二) 集体合同对关系人的效力

集体合同对关系人的效力集中表现为接受并遵守集体合同为其设定的劳动条件,协助集体合同当事人履行集体合同约定的义务。例如,集体合同当事人双方约定了彼此保持和平劳动的义务,作为集体合同的关系人就应遵守这一规定,在未经团体同意的情况下,不得自发地进行罢工等。集体合同对关系人效力的范围是由集体合同的适用范围决定的,如果是属于一个企业的集体合同,那么该集体合同只对该企业和企业的劳动者具有效力;如果是一个行业性或者区域性的集体合同,那么该集体合同就对该行业或者区域的企业和劳动者都有效力。正如我国《劳动合同法》第54条第2款规定的那样:"依法订立的集体合同对用人单位和劳动者具有约束力。行业性、区域性集体合同对当地本行业、本区域的用人单位和劳动者具有约束力。"

(三) 集体合同对关系人具有效力的来源

根据合同法的一般理论,合同双方当事人只能就双方当事人的权利和义务作出约定,不得为合同当事人以外的第三人设定义务,即合同如果为合同当事人以外的第三人设定了义务,则该义务对第三人无效,即使是为第三人设定的权利,第三人也不可以接受。显然,合同法的这一基本原理无法用来诠释集体合同对关系人的效力,于是产生了各种关于集体合同对关系人具有效力的来源的理论。概括起来,有如下几种:

1. 代理说

持代理说观点的人认为,工会是其会员的社会监护人,当劳动者在劳动关系中相对于用人单位处于弱者地位时,工会以组织的形式与雇主签订集体合同,为劳动者争取较好的劳动条件,就是一种监护行为,工会与会员之间是一种代理关系。根据代理理论,代理人为被代理人利益与他人订立的合同,其法律后果由被代理人承担。因此集体合同的效力可以波及当事人以外的第三人。但这一观点明显存在以下不足：

（1）无法说明集体合同为什么对非工会会员具有约束力。如前所述，集体合同一旦订立，不仅对企业中成为工会会员的员工具有约束力，也对非工会会员的员工具有约束力。按照代理理论，工会的代理权来源于其成员的授权，显然，工会未得到非工会会员的授权。那么，集体合同怎么可以对企业中的非工会会员产生效力呢？

（2）按照代理理论，代理人的代理权来源于被代理人的授权。如果在集体合同签订前，某一工会会员因为不愿意成为集体合同关系人的一个成员而退出工会，他是否可以不受集体合同的约束？

（3）如果工会因组织罢工而违反了法律规定，该后果是否也由其成员承担？

2. 自治规章说

持自治规章说观点的人认为，集体合同是劳动者团体和用人单位就劳动者团体的劳动条件通过合同的形式确定下来，实际上是劳资双方共同制定的作为双方共同遵守的集体劳动关系的自治规章。因此，集体合同的效力不能依合同债的效力加以解释，而应按规章效力进行解释，它具有了要求制定者以外的第三人遵守的效力。

3. 法律赋予说

持法律赋予说观点的人认为，集体合同之所以对当事人以外的关系人具有约束力，其效力来源在于法律的赋予。例如，我国《劳动法》第35条规定："依法签订的集体合同对企业和企业全体职工具有约束力。职工个人与企业订立的劳动合同中劳动条件和劳动报酬等标准不得低于集体合同的规定。"本书也赞同这一观点。从集体合同的起源看，集体合同是劳资双方力量对比的产物，早期的集体合同，在未得到法律认可之前，企业的所有员工都可以享受集体合同确定的劳动条件，但并不具有所有员工必须遵守的效力。当集体合同得到各国法律认可后，法律就规定企业的全体员工遵守集体合同的约定，以此保证集体合同的严肃性，维护企业劳动条件的整体提高。

四、集体合同对劳动合同的效力

集体合同对劳动合同的效力主要表现为如下两个方面：

（一）不可贬低效力

不可贬低效力是指集体合同中规定的劳动条件和劳动报酬是个人劳动合同约定的最低劳动标准，劳动合同的相关约定不得低于集体合同约定的标准。如果劳动合同约定的劳动条件和劳动标准低于集体合同约定的标准，则劳动合同的约定无效。

(二)自动替代效力

自动替代效力是指当劳动合同约定的劳动条件和劳动报酬低于集体合同的约定,或劳动合同对有关的劳动条件或劳动报酬未作约定的,集体合同的有关约定就自动成为劳动合同的内容。例如,如果集体合同约定企业的最低工资标准为每月530元,而某职工与企业签订的个人劳动合同约定的劳动报酬为每月500元,该报酬标准也许符合当地政府规定的最低工资标准,但因低于集体合同的约定,故不具有法律效力。集体合同约定的每月530元的最低工资标准就自动成为该员工劳动合同中有关劳动报酬的约定内容,职工拥有直接向企业要求每月支付530元劳动报酬的请求权。

五、集体合同的时间效力

集体合同的时间效力是指集体合同的生效时间和效力消灭时间。

(一)集体合同的生效时间

根据各国法律对集体合同生效时间的规定,大体上有两种情况。一种是国家对集体合同的文本不实行审查制度的,集体合同的生效时间与合同的成立时间相同,当集体合同的双方当事人协商一致订立书面协议后,就具有法律约束力;另一种情况下集体合同的成立时间与生效时间是分离的,集体合同依法订立后,还要经过国家有关部门审查合格后,才发生法律效力。我国就属于后者。我国《劳动法》第34条规定:"集体合同签订后应当报送劳动行政部门;劳动行政部门自收到集体合同文本之日起十五日内未提出异议的,集体合同即行生效。"

(二)集体合同的失效时间

对于集体合同的失效时间,由于本章第三节中关于"集体合同的终止"内容中已有详细介绍,本处不再赘述。

第六章 劳动纪律

第一节 劳动纪律概述

一、劳动纪律的概念

劳动纪律是指劳动者在共同劳动过程中所应遵守的劳动规则和秩序。它要求每一个劳动者在履行劳动义务的过程中,必须按照用人单位预先规定的时间、地点、方式和方法按质按量地完成劳动义务。劳动纪律的主要内容包括时间纪律、岗位纪律、安全和卫生纪律等。时间纪律是指劳动者应遵守的工作时间、考勤和请假等方面的规则;岗位纪律是指劳动者到用人单位指定的地点和场所,按照岗位职责的要求履行劳动义务;安全和卫生纪律是对劳动者遵守劳动安全和卫生规程方面的要求。

二、劳动纪律的作用

(一) 劳动纪律是用人单位组织劳动、维护正常生产和工作秩序的需要

众所周知,劳动者在用人单位组织下所进行的劳动是一种共同或者集体劳动。用人单位要实现组织劳动的预期目标,必然要求参加集体劳动的每一位劳动者服从用人单位的劳动指示,遵守用人单位制定的劳动规则,按时、保质、保量地完成用人单位分配的工作任务和生产任务,从而满足现代化大生产所要求的分工合作需要。由此可见,劳动者遵守劳动纪律是用人单位组织劳动、实现劳动过程的客观要求。

(二) 劳动纪律是提高社会劳动生产率的重要保证

劳动纪律的实施,可以使用人单位充分利用现有的人、财、物资源,合理地组织劳动,促进劳动生产率和工作效率的提高,增强企业的市场竞争能力,从而带动整个社会劳动生产率的提高。

(三) 劳动纪律是实现文明劳动、减少和防止职业危害事故发生的重要保证

劳动纪律要求劳动者严格执行劳动安全卫生规程,按照规定的工艺制度、生产程序和操作方法进行生产和劳动,这正是安全生产、文明生产和防止职业危害事故发生、保障劳动者在劳动过程中的安全健康的需要。

三、我国劳动纪律的立法概况

纵观新中国成立以来的劳动纪律立法情况,大致可以分成三个阶段:

(一) 1949 年—1965 年新中国成立初期的劳动纪律立法

早在新中国成立前夕,中国人民政治协商会议通过的起临时宪法作用的《共同纲领》就明确规定,国民有遵守劳动纪律的义务。1950 年 6 月中央人民政府颁布的《中华人民共和国工会法》,要求工会教育并组织工人,树立新的劳动态度,遵守劳动纪律。另外,1954 年我国颁布的第一部《宪法》,也规定了公民有遵守劳动纪律的义务。同时,为了保证职工遵守劳动纪律义务的履行,我国还专门制定了《国营企业内部劳动规则纲要》,将劳动纪律的内容首次以法规的形式固定下来。通过这一系列法律、法规的颁布和执行,我国职工树立起了遵守劳动纪律的新观念,一个良好的遵纪守法的氛围在全国初步形成。

(二) 1966 年—1976 年"文化大革命"期间的劳动纪律立法

"文化大革命"期间,在极"左"思潮的影响下,无政府主义充斥全国的各行各业,企业合理的规章制度被看成是对工人的"管、卡、压",提出要"砸烂一切规章制度"。在这一特殊时期,不仅我国的劳动纪律立法停止不前,就连已经制定和颁布的劳动纪律法律、法规也被废除,致使企业劳动纪律松弛,生产和经营秩序遭到严重破坏。

(三) 1977 年以后的劳动纪律立法

经历了十年"文革"后,国家采取了一系列的立法措施改善各方面纪律涣散、无政府主义现象严重的状况。1978 年 4 月,中共中央公布了《关于加快工业发展若干问题的决定(草案)》,要求广大职工要自觉地遵守劳动纪律,加强组织性和纪律性,与一切违反劳动纪律的行为作斗争。尽管如此,有些地方或行业中劳动纪律松散的现象仍很严重。为此,1981 年第五届全国人民代表大会第四次会议通过的《政府工作报告》中,进一步强调要整顿和加强劳动纪律,严格执行奖惩制度。为了贯彻《政府工作报告》中有关加强劳动纪律的精神,国务院于 1982 年 4 月颁布了《企业职工奖惩条例》,该条例适用于全民所有制企业和城镇集体所有制企业的全体职工,是当时企业实施奖惩和加强劳动纪律的主要法律依据。80 年代初,我国在劳动用工上开始进行劳动合同制的改革。为了适应当时的合同制和原固定工制并存条件下对职工奖惩的需要,我国又于 1986 年 7 月颁布了《国营企业辞退违纪职工暂行规定》,它是当时国营企业辞退违纪固定工的主要法律依据。1994 年 7 月,第八届全国人民代表大会常务委员会第八次会议通过的《中华人民共和国劳动法》第 3 条在明确劳动者享有的劳动权利和应承担的劳动义务时规定:"劳动者应当完成劳动任务,提高职业技能,执行劳动安全卫生规程,遵守劳动纪律和职业道德。"同时第 25 条规定,劳动者严重违反劳动纪律或者用人单位规章制度的,用人单位可以解除劳动合同。2007 年颁布的《劳动合同法》重申了员工遵守用人单位规章制度的重要性,同样将劳动者严重违反企业规章制度作为用人单位单方解除劳动合同的法定事由。《劳动法》

和《劳动合同法》将劳动合同的解除与员工遵守劳动纪律和规章制度的情况进行挂钩，即用人单位对严重违纪的劳动者通过解除劳动合同的方式处理，而不再需要采用带有行政措施色彩的"开除处分"切断用人单位与劳动者的劳动关系。这表明我国在立法上已完全确立了用市场机制的手段配置劳动力和生产资料两大要素，在此领域中与计划经济体制相匹配的行政手段将退出历史的舞台。为此，原来带有计划经济烙印的《企业职工奖惩条例》、《国营企业辞退违纪职工暂行规定》等行政法规和部门规章至 2008 年均被宣布废止。

第二节　用人单位规章制度

一、用人单位规章制度的含义及与相关概念的区别

用人单位规章制度（以下简称"规章制度"）是指由用人单位制定的旨在保证劳动者享有劳动权利和履行劳动义务的劳动规则和制度。

规章制度与用人单位内部劳动规则（以下简称"劳动规则"）不同。劳动规则又称"工作规则"，1959 年国际劳工组织（ILO）特别委员会报告书将此表述为：供企业之全体从业人员或大部分从业人员适用，专对或主要对就业中之从业人员行动有关的各种规则。在理论界一般将劳动规则理解为由用人单位制定的适用于全体劳动者的劳动管理规则，其内容"无非系雇主基于债权人之地位，对受雇人履行债务时的指示而已"[①]。即劳动规则是劳动者在履行劳动义务时应当遵守的行为规则，例如由用人单位制定的作息时间规则、劳动安全和卫生规则等。而规章制度不仅包括保障劳动者履行劳动义务的工作规则，还包括保障劳动者享有劳动权利的规则和制度。我国《劳动法》第 4 条和《劳动合同法》第 4 条第 1 款均规定，用人单位应当依法建立和完善规章制度，保障劳动者享有劳动权利和履行劳动义务。显然，劳动规则的外延要小于规章制度，即劳动规则在性质上属于规章制度，但它仅是规章制度的一部分。

规章制度与劳动合同、集体合同的关系，是既有区别又有联系。其区别主要表现为：第一，主体不同。规章制度是用人单位的单方法律行为，是用人单位单方的意思表示；而劳动合同和集体合同是一种双方法律行为，是合同主体双方意思表示一致的产物。虽然我国《劳动合同法》第 4 条第 2 款规定，用人单位在制定、修改或者决定直接涉及劳动者切身利益的规章制度或者重大事项时，应当经职工代表大会或者全体职工讨论，与工会或者职工代表平等协商确定，但这仍然没有改变用人单位是规章制度制定者的事实。因为经职工代表大会或者全体职

[①] 黄越钦：《劳动法新论》，翰芦图书出版有限公司 2000 年版，第 191 页。

工讨论或者与工会或者职工代表平等协商仅是用人单位在制定规章制度时应遵循的程序,在此过程中,职工代表或者工会代表认为不适当的,有权向用人单位提出,但不具有最终的决定或否决权。第二,内容不同。规章制度规定的是保障全体劳动者劳动权利和劳动义务履行的规则,而劳动合同规定的是单个职工的劳动权利和劳动义务;虽然集体合同的内容也适用于全体劳动者,但它与规章制度内容的侧重点不同,规章制度侧重于规定劳动者享有劳动权利或履行劳动义务的规则,而集体合同侧重于对职工最低劳动条件的规定。规章制度与劳动合同和集体合同的联系表现为,在一定条件下规章制度可以成为劳动合同或集体合同内容的一部分。即当劳动合同或集体合同将某一具体的规章制度约定为合同内容时,则该规章制度就成为合同不可分割的一部分。但如果劳动合同或者集体合同未作如此约定时,规章制度并不当然成为该合同的一部分。

二、规章制度的内容

(一) 一些国家和地区法律对规章制度内容的规定

许多国家和地区的法律对规章制度的内容采用了列举式的规定,例如日本《劳动标准法》规定,工作规则应当为以下十个方面的内容:上下班时间、休息时间、休假日、休假以及两组以上轮班时有关换班的事项;工资的规定、计算及支付办法、工资的发放日期及截止计算日期以及有关增加工资的事项;有关退职的事项;与规定退职津贴及其他津贴、分红、最低工资等有关事项;与规定工人负担膳食费、工作用品以及其他开支有关的事项;与规定安全以及卫生规则有关的事项;与规定职业训练有关的事项;与规定事故补偿非因工负伤和疾病救济有关的事项;与规定奖惩的办法、种类及程序有关的事项;与适用于企业全体工人的规定有关的事项。我国台湾地区的"劳动基准法"第70条将雇主制定工作规则的内容规定为十二项:工作时间、休息休假、法定纪念日、特别休假及继续性工作之轮班方法;工资之标准、计算方法及发放日期;延长工作时间;津贴及奖金;应遵守之纪律;考勤、请假、奖惩及升迁;受雇、解雇、资遣、离职及退休;灾害伤病补偿及抚恤;福利措施,劳雇双方沟通意见加强合作之方法和其他。

另外,许多国家和地区的立法还对负有制定规章制度或工作规则义务的用人单位(雇主)的条件作了规定。例如:法国《劳动法典》规定,正常情况下至少雇用二十个雇工的工商企业、律师事务所、机关办事处、协会等雇主必须制定雇佣规则;一个企业对其各部门或各方面的人员都要制定出特别的规则,在没有宏观层次集体合同可以适用的企业,还应当制定关于集体解雇之手续的一般细则。日本《劳动标准法》规定,经常雇用十人以上的雇主,应当就适用于企业全体工人之规定有关的各种事项,制定雇佣规则。我国台湾地区的"劳动基准法"也规定,雇主雇用劳工人数三十人以上者,应当依据其事业性质,就规定的有关事项制定工作规则。

（二）我国劳动法对规章制度内容的规定

我国《劳动法》第4条和《劳动合同法》第4条第1款均规定：用人单位应当依法建立和完善规章制度，保障劳动者享有劳动权利和履行劳动义务。从中可以看出：第一，我国劳动法不仅将制定和完善规章制度规定为用人单位的权利，同时还规定为用人单位的义务，而且未把用人单位拥有职工的人数作为用人单位承担制定规章制度义务的条件；第二，我国法律未采用列举式方法规定规章制度的内容，凡是与保障劳动者享有劳动权利和履行劳动义务有关的事项都可以成为规章制度的内容。从理论上讲，我国劳动法对用人单位制定规章制度的内容采用概括式的规定，可以避免列举式立法模式产生的无法穷尽的弊端，为用人单位根据自身生产经营特点和需要，制定适合于本单位的内部规章制度提供广阔的自由发挥空间。但我们必须注意到，我国劳动法在规定用人单位可以且应当制定内部规章制度的同时，也规定了职工严重违反内部规章制度所承担的法律后果。《劳动法》第25条和《劳动合同法》第39条规定，劳动者严重违反劳动纪律或用人单位规章制度的，用人单位可以直接解除与其的劳动合同，即用人单位可以通过对内部规章制度内容的规定而行使对劳动者的解雇权。

三、规章制度的法律效力

（一）规章制度法律效力的含义

规章制度的法律效力是指规章制度被他人遵守或对他人具有的约束力。规章制度是由用人单位制定并颁布，并要求其职工遵守和执行。从劳动合同的角度看，即由劳动合同当事人一方制定的规章制度，对合同的另一方当事人有约束力。如果劳动者违反规章制度，就可能要受到相应的惩罚。

（二）规章制度具有法律效力的理论依据

国内外理论界虽然对内部规章制度是否具有法律效力有着不同的看法，但承认或认为规章制度应当具有法律效力的观点正成为一种得到普遍认同的观点。至于规章制度为什么具有法律效力，世界各国的观点不尽相同，形成了多种学说，分述如下：

1. 西方国家存在的学说

（1）私法说。私法说认为，劳动合同既然成立，内部规章制度作为劳动合同的附合合同，只要具有合法性，就应与劳动合同一样具有法律效力。

（2）公法说。公法说认为，用人单位是一种社会集团，劳动者既然已加入其中，就表示他们已承认雇主作为企业的权利者，享有为企业发展而在本单位范围内的立法权。用人单位因此而制定的规章制度对职工应当具有约束力。

（3）折中说。折中说认为，规章制度之所以发生法律效力，应当是基于劳动关系双方当事人一致的意思表示,即规章制度的内容不违法,且征得职工的同意。私法说将规章制度看成是劳动合同的附合合同,不论职工是否同意,而公法说则以雇主具有一定范围内的立法权为依据,两者均有失偏颇。

2. 我国存在的学说

(1) 我国台湾地区存在的学说

① 法规范说。法规范说认为,规章制度产生效力的根据,在于规章制度具有法规范的性质,而与劳工主观意志无关。其理论大致分为经营权说、习惯法说和授权法说三种。

② 契约说。契约说认为,就规章制度的整体内容看,属于雇主以其经济、社会地位的优势,采纳各个劳动合同的共同内容,使之具体化和定型化而成。所以,规章制度与劳动合同的条款在本质上没有区别。

③ 根据二分说。根据二分说将规章制度的内容分为两部分:其一为属于工资、劳动时间等狭义的劳动条件部分,此部分的规章制度,必须获得劳动者的同意方能生效;其二为劳动者就业时必须遵守的行为规则,此部分是雇主依其指挥命令权制定,只要履行告知手续就可以生效,无须征得劳动者同意。

④ 集体合意说。集体合意说是介于契约说和法规范说之间的折中说。其基本内容为:劳动条件应以劳资双方合意为基本原则,鉴于规章制度能统一规范劳动条件的实现,个别劳动者对规章制度制定、变更的承诺确有必要,但可由劳动者团体意思予以同意,未经劳动者团体意见的同意,规章制度不产生效力。

(2) 我国大陆学者的观点

用人单位依法制定的规章制度具有法律效力已成为我国大陆学者的共识。但有些学者认为,规章制度是由用人单位制定的,无论从何种角度将其定位,都不可能具有法律法规的属性,因此以法规说来诠释规章制度产生法律效力的理论依据难以成立。规章制度本身不是法律法规,其之所以具有法律效力,是因为来自于法律的赋予。我国《宪法》第53条规定:"中华人民共和国公民必须遵守宪法和法律,保守国家秘密,爱护公共财产,遵守劳动纪律,遵守公共秩序,尊重社会公德。"劳动者遵守用人单位依法制定的规章制度是遵守劳动纪律的重要表现。我国《劳动法》根据《宪法》的这一规定,在确定劳动者在劳动过程中应享有的权利和应履行的义务时,进一步明确,劳动者应当"遵守劳动纪律",并且规定,劳动者严重违反劳动纪律或用人单位规章制度的,用人单位可以直接解除与其订立的劳动合同。《宪法》和《劳动法》的上述规定,使得用人单位依法制定的规章制度具有了对劳动者普遍的约束效力。

(三) 规章制度产生法律效力的条件

用人单位规章制度不仅涉及劳动者劳动义务的履行,也涉及劳动者劳动权利的享有。为了防止用人单位在其制定的规章制度中排除劳动者的权利或者免除自己的义务,损害劳动者的合法权益,我国《劳动合同法》第4条对用人单位规章制度对劳动者产生普遍约束力的条件作了规定。用人单位规章制度的生效条件有如下几方面:

1. 规章制度的内容不得违反法律和行政法规的规定,即内容必须具有合法性。例如,用人单位利用在规章制度制定中的优势地位,不加区别地规定所有管理人员的加班都不能获得加班工资,这就可能导致该规定因违反劳动法关于加班工资支付的规定而不能发生效力。

2. 规章制度的制定要经过一定的民主程序。我国《劳动合同法》第4条第2款规定:"用人单位在制定、修改或者决定有关劳动报酬、工作时间、休息休假、劳动安全卫生、保险福利、职工培训、劳动纪律以及劳动定额管理等直接涉及劳动者切身利益的规章制度或者重大事项时,应当经职工代表大会或者全体职工讨论,提出方案和意见,与工会或者职工代表平等协商确定。"用人单位制定的规章制度,如果不能得到员工的认同,其实施的难度也是可想而知的。一项规章制度不能得到员工普遍认同的情况主要有两种:一是规章制度过度扩张了用人单位在劳动管理中的权利,加重了劳动者的义务,或者扣减了劳动者应该享受的权利;二是制定的相关规定脱离了实际,不具有操作性。例如,有的用人单位的规章制度规定员工享受年休假必须提前一个月申请。事实上员工很难在一个月之前就对自己的休假时间进行规划,这样的规章制度在实施中很容易会遭到员工的非议甚至抵制,争议也就在所难免了。规章制度制定的民主程序,是通过规定员工对规章制度制定的参与,将权力制衡理论引进到了劳动关系中,这不仅是防止违法内容进入规章制度的一道屏障,也是规章制度的内容具有合理性和可操作性的有效保证。

3. 公示或告知劳动者。用人单位依法制定的规章制度,应该向劳动者公示或直接告知劳动者。劳动者了解规章制度的内容是其遵守规章制度的前提,用人单位不能要求劳动者遵守一个其不知晓或无法知晓内容的规章制度。

四、规章制度制定的原则

由于法律规定了用人单位可以惩戒、解雇严重违反用人单位规章制度的劳动者,这使得用人单位制定的规章制度在司法实践中可以成为裁判适用的依据。目前,我国劳动法对用人单位制定规章制度的规定过分原则,为用人单位规章制度的制定提供了过大的操作空间,难免有些用人单位利用在规章制度制定上的优势地位,通过制定规章制度的形式,达到扩大对员工的解雇权、变更劳动合同的相关约定或其他非法目的。为此,有必要探讨用人单位制定规章制度应该遵循的原则,用以划定用人单位在制定规章制度方面的界限。

（一）正当性原则

用人单位制定规章制度的目的是保障劳动者享有劳动权利和履行劳动义务。所以，只有当用人单位规章制度的制定和运作与该制度目的的落实存有客观合理的关联性，该规章制度才具有正当性。这一原则对于一些能否作为用人单位规章制度内容而发生的争议裁判具有重要意义。例如，用人单位因依照其制定的规章制度对陷入婚外情纠葛的员工作出解除合同的处罚而引发纠纷，虽然该规章制度在制定上也符合法律规定的民主程序的要求，但因其以劳动者的私生活作为处罚的依据而使其内容的正当性受到质疑。除非用人单位能够证明劳动者不检点的私生活行为与用人单位的业务活动有直接关联，有损用人单位的社会声誉和评价，为了维护用人单位的正常秩序必须解雇劳动者。

（二）合法原则

合法原则是指用人单位在制定规章制度时在内容和程序上都不得违反法律、行政法规的规定。例如，我国法律明文规定，用人单位对劳动者承担劳动保护的义务，用人单位不得在规章制度中规定在员工自愿承诺的前提下，用人单位可以对劳动者在工作中遭受的伤害不承担赔偿责任等。另外，合法原则还包含规章制度制定的程序须符合法律的规定。

（三）劳动合同保留原则

如前所述，劳动合同和规章制度是两个既有联系又有区别的概念，劳动合同是劳动者和用人单位通过合意明确双方劳动权利和劳动义务的协议，而规章制度是由用人单位制定的保障劳动者享有劳动权利和履行劳动义务的规范和规则，两者的功能是不同的。劳动合同保留原则，意味着在制定规章制度时，应该厘清劳动合同和规章制度之间的分工关系，属于劳动合同约定的范畴不能由规章制度越俎代庖进行规定。例如，工资属于劳动合同约定的事项，如果用人单位在规章制度中规定，用人单位有权视劳动者的工作表现提高或者降低劳动者的工资（降低工资的以不低于当地政府规定的最低工资为限），则该规章制度就是将由劳动合同协商的内容纳入规章制度中。如果因用人单位依据该规章的规定单方降低劳动者的工资而引发纠纷，则该规章的这一规定很可能因与劳动合同的约定不符而无效。

（四）明确性原则

规章制度存在的作用在于通过为劳动者提供行为规范，保障劳动者享有劳动权利和履行劳动义务。规章制度的表述应该是明确的，至少达到受规范者能够理解的程度。尤其在制定惩戒性规章时，更应使劳动者知晓何种作为或者不作为构成义务的违反以及可能承担的后果。

第三节 惩戒制度

众所周知,劳动者遵守劳动纪律是用人单位组织劳动、实现劳动过程所必不可少的条件之一,一旦出现劳动者违纪现象,必然造成用人单位生产和经营秩序的混乱,甚至造成用人单位严重的经济损失。因此,加强劳动纪律、提高劳动者自觉遵守劳动纪律的观念,是用人单位劳动管理的一个不可或缺的课题。我国《劳动法》和《劳动合同法》都赋予了用人单位对严重违纪或者严重违反规章制度的员工解除劳动合同的权利。这里指的"惩戒",是指在劳动关系存续期间,用人单位基于劳动者的违纪行为所作出的惩罚或者训诫,旨在督促劳动者劳动义务的正当履行和劳动秩序的恢复。

一、国内关于惩戒制度的存废之争

随着我国《企业职工奖惩条例》的废除,企业是否拥有对劳动者的惩戒权以及拥有什么样的惩戒权备受关注,也引发了不同观点的争论。概括不同的观点,大致可以分为否定说和肯定说两种。持否定说的人认为,用人单位是劳动关系的一方主体,不是国家的行政机构或者受委托行使国家职能的中介机构,在法律地位上与劳动关系的另一方主体——劳动者是平等的,即使劳动者在劳动合同的履行中存在着履约的瑕疵,但作为劳动合同主体的用人单位也不具有资格行使带有行政色彩的惩戒权。持肯定说的人认为,用人单位应该拥有对员工的惩戒权,但对惩戒权产生和行使的正当性又有不同的观点,我国台湾地区的学者将其分为固有权说、契约说和维护企业秩序说三种。固有权说认为,雇主基于维持生产工作规律、经营秩序的实际需要,当然拥有对员工的惩戒权。在这种学说下,即使在没有明文规定的情况下,雇主仍然拥有对雇员的惩戒权。契约说认为,企业拥有对员工的惩戒权来源于员工履行劳动合同上的责任,员工履行合同的瑕疵是企业惩戒事由发生的原因,将惩戒界定为雇主劳动合同的权利行使。这样可以使企业惩戒局限于涉及劳动合同义务的、在企业内的行为,而防止雇主惩戒权的过度扩张与滥用。这要求以劳动者的意思参与作为惩戒制度正当存在的依据。维护企业秩序说认为,雇主系企业所有者,享有将构成企业要素的人和物加以合并作合理配置组织的权限,所以雇主可以就维持企业秩序之必要事项制定一般性的规则,调查违反企业秩序行为的内容、方式及程度,作出恢复企业秩序所必需的指示,从而依所定规则对违反者加以惩戒为制裁。[①]

[①] 参见台湾劳动法学汇编:《劳动基准法释义——施行二十年之回顾与展望》,新学林出版股份有限公司2005年版,第351—353页。

本书持肯定说，在企业享有惩戒权的来源上本书赞同维护企业秩序说。显然，企业不是行使国家职权的行政机构，不能行使与行政职能相适应的行政处罚权。但现代企业的劳动为集体劳动，单个劳动者劳动给付义务的履行只有在符合经营组织事先设定的要求时，才能形成有效的劳动给付。因此，劳动者遵守劳动纪律和用人单位依法制定的规章制度是用人单位有效组织劳动和维护生产、经营或工作秩序不可或缺的条件。废止《企业职工奖惩条例》并不意味着取消用人单位对违纪员工必要的惩戒权，而是因为《企业职工奖惩条例》的内容已经被《劳动法》和《劳动合同法》的相关规定所替代。例如，《企业职工奖惩条例》中规定的开除、除名等处罚方式，在市场经济条件下已经被劳动合同解除所替代。我国《劳动法》和《劳动合同法》均规定了用人单位可以单方解除严重违纪或严重违反规章制度的员工的劳动合同。解雇使劳动者丧失了已有的工作，是后果最严重的惩罚手段。因此，法律在确认用人单位能够行使该惩戒权的同时，对其适用的条件作了限制，即用人单位只能对严重违纪或者严重违反用人单位规章制度的劳动者解除合同，对一般性违纪的员工，用人单位是不能以违纪为由实行惩戒解雇的。而只有当劳动者的违纪行为使用人单位的劳动秩序受到了严重干扰，用人单位采用其他的惩戒方式无法维护正常的经营秩序，双方的劳动关系已经到了难以继续的程度，法律才允许用人单位行使惩戒解雇权。

二、惩戒的种类及其运用

按照惩戒所涉及的内容不同，可以将惩戒分为：精神上的惩戒，包括训诫、警告、记过等；经济上的惩戒，包括停薪、赔偿、罚款等；工作上的惩戒，包括停职、调职、解雇等。

（一）精神上的惩戒

精神上的惩戒是针对劳动者较轻情节违纪的事实，给予违纪者精神上不利益的评价，以期起警示作用，避免类似行为的再次发生。通常包括：训诫、警告、记过、通报批评等。

（二）经济上的惩戒

经济上的惩戒是用人单位针对劳动者的违纪事实，通过给予经济上的制裁，促使劳动者改进遵守劳动纪律的状况，以恢复用人单位的生产经营秩序。经济上的惩戒方式一般包括：降薪、停薪、罚款和赔偿等。

1. 降薪

是指降低劳动者的工资级别或工资水平。降薪是传统的经济处罚方式，我国《企业职工奖惩条例》将降薪规定在降级中。降薪涉及对员工劳动报酬的变更，而劳动报酬属于劳动合同规范的事项，用人单位如果将降薪规定为惩戒的措施，有违规章制度制定应该遵守的劳动合同保留原则。因此，本书认为，在劳动合同制度下,降薪不应成为用人单位可以使用的经济惩戒措施。

2. 停薪

是指停发工资。停薪的使用一般与劳动者的缺勤违纪行为有关。缺勤包括两种情况:一种是劳动者履行请假手续后缺勤,例如劳动者请事假、病假或年休假等,这些缺勤因为履行了请假手续而不属于违纪行为,用人单位应按照法律规定和用人单位规章制度的规定发放员工事假、病假或年休假期间的工资;另一种是违纪性质的缺勤,常见的有旷工、无正当理由不到指定岗位上班等。在此种情况下,用人单位可以停发劳动者的工资。

需要指出的是,在司法实践中存在着将停薪和罚款混同的现象。例如,甲是企业乙的职工,工作岗位为仓库保管员。一天,甲认为自己的视力无法胜任仓库保管员工作的需要,在未向乙说明和申请变更工作岗位的前提下,擅自离开保管员工作岗位做起清洁工的工作。乙得知后派人告知甲,要求其履行变更工作岗位的程序,并告知甲不到指定的岗位上班,不能算出勤,按缺勤记。甲对乙的劝告置若罔闻,此种违纪行为的状态持续了十五天,甲才向乙提出变更工作岗位的要求和理由。为此,乙扣发了甲当月擅自做清洁工的十五天的工资。甲不服,向有关部门提起申诉。当地的劳动争议处理机构和人民法院均认为,甲不到指定岗位工作而擅自做清洁工作的行为属于违反劳动纪律的行为,乙扣发其工资的行为应认定为是对违纪职工的罚款。根据《企业职工奖惩条例》的规定,企业对职工罚款的数额不得超过其本人工资的20%,为此判定乙应补发甲扣发的超过其工资的20%的部分。本书认为,劳动争议处理机构与人民法院的判决结果和依据值得商榷。所谓上班,是指劳动者应在规定的时间在用人单位指定或劳动合同约定的岗位上工作,如果劳动者未在相应的岗位上工作,用人单位将其视为未出勤并无不当。在本案中,乙仅是按甲实际出勤的天数支付劳动报酬,没有对其进行经济处罚。即本书认为,针对甲的这种没有正当理由缺勤的违纪行为,乙除了可以不发甲未出勤期间的工资外,另外可以给予甲一定的罚款处分,而罚款的数额需要遵守不超过其本人工资20%的规定。如果按照处理该案的劳动争议处理机构和人民法院的观点,只要是用人单位对劳动者违纪行为的经济处理就是一种罚款性质的处理,其数额就不得超过违纪者工资的20%,那么就会得出一个企业每月必须要给一个连续旷工或缺勤一个月的员工至少发80%工资的荒唐结论。这不仅混淆了罚款和正常的经济处理之间的界限,而且在法律上产生了矛盾。例如,按照我国现行劳动法律法规的有关规定,用人单位发给长期病假中的劳动者的工资数额不仅可以低于其本人工资的80%,而且可能低于当地最低工资标准;而对长期旷工或无正当理由缺勤的劳动者却要每月至少发给其本人80%的工资。

3. 罚款

是指用人单位针对劳动者的违纪事实作出的要求劳动者一次性支付一定数量金钱的经济处罚方式。根据我国《企业职工奖惩条例》的规定，在对职工给予行政处分的同时，可以给予一次性罚款。考虑到保障职工基本生活的需要，该条例规定罚款的数额由企业决定，但一般不要超过职工本人月标准工资的20%。随着《企业职工奖惩条例》的废止，要求取消用人单位罚款处罚方式的呼声也越来越高。理由是认为罚款是一种行政处罚方式，用人单位不是国家行政机关，无权对员工进行罚款处罚。本书赞同这一观点。

4. 赔偿

这里的赔偿是指劳动者因为自己的违纪行为给用人单位造成经济损失所应承担的赔偿责任。在《企业职工奖惩条例》实施的背景下，经济赔偿是用人单位常用的经济惩戒手段。《企业职工奖惩条例》第17条规定，对于员工的违纪行为，如果造成企业的损失，企业"应责令其赔偿经济损失。赔偿经济损失的金额，由企业根据具体情况确定，从职工本人的工资中扣除，但每月扣除的金额一般不要超过本人月标准工资的百分之二十。如果能够迅速改正错误，表现良好的，赔偿金额可以酌情减少"。随着《企业职工奖惩条例》的废止，赔偿是否应该继续成为用人单位惩戒员工的经济手段值得商榷。本书认为，用人单位要求劳动者承担赔偿责任应该实行"法定原则"，即只有法律明确规定劳动者承担赔偿责任的，用人单位才可以要求劳动者给予济赔偿，否则，即使劳动者的违纪行为给用人单位造成经济损失，劳动者也不应该承担赔偿责任，这是由劳动关系的性质决定的。一方面，在社会主义初级阶段，劳动仍然是人们谋生的手段，在劳动关系中，劳动者通过让渡自己的劳动力给用人单位，按照用人单位的指示提供劳务，用以换取维持自己生活的劳动报酬。劳动者从劳动关系中获取的劳动报酬在数量上是有限的，在功能上仅是满足劳动者自己及其供养人的生存需要。这决定了劳动者的经济赔偿能力的局限性。另一方面，在劳动关系中，用人单位是劳动过程的组织者、劳动产品的所有者，也是劳动风险的承担者，在劳动过程中，劳动力与生产资料一样作为劳动要素进入劳动过程，接受用人单位的管理和指挥。受劳动者主观因素的影响，劳动违纪或者违章给用人单位带来一定的经济损失，意味着劳动力这一生产要素在劳动过程中会出现与预期结果相偏离的效果，就像机器在生产过程中出现故障给用人单位造成经济损失一样，属于劳动风险，本应由用人单位承担，不应将该损失转嫁给劳动者。例如，劳动者利用工作职务的便利，将公司的资产为其亲戚提供担保，造成公司重大经济损失。这种情况下，用人单位可以按照《劳动法》或者《劳动合同法》的规定，以劳动者"严重失职，营私舞弊，给用人单位造成重大损害"为由，解除与该劳动者的劳动合同，但不能要求劳动者承担因该失职行为或营私舞弊行为给用人单位造成经济损失的赔偿责任。为此，本书认为，劳动者承担经济赔偿责任，应该符合如下条件：

（1）劳动者具有法律规定的应该承担经济赔偿责任的违纪或者违章行为。综观我国《劳动法》和《劳动合同法》对劳动者承担赔偿责任的规定，劳动者需要承担经济赔偿的情形有四种：一是劳动者违法解除劳动合同；二是劳动者违反劳动合同约定的保密事项；三是劳动者违反劳动合同约定的竞业限制；四是劳动者在没有与原用人单位依法解除劳动合同的情况下又与其他用人单位建立劳动关系。在上述法律规定的四种情形中，除第三种表现为后合同义务外，其他三种情形均可以表现为违反用人单位规章制度的行为。

（2）用人单位有经济损失的存在。损失就是财产利益的减少。劳动者在劳动关系的存续期间，有法律规定的需要承担赔偿责任的违纪或违章行为的存在，用人单位因此而受到损失，劳动者才承担赔偿责任。如果劳动者特定的违纪或违章行为没有造成用人单位的损失，劳动者仍然无须承担赔偿责任。例如，按照法律规定，劳动者辞职应该提前三十日书面通知用人单位，可劳动者在预告期未届满时就离开用人单位，虽然劳动者行为构成了违法解除劳动合同，但此行为未造成用人单位的实际经济损失，劳动者也无须承担经济赔偿责任。

（3）劳动者的违纪或违章行为与经济损失之间有因果关系。只有劳动者的特定的违纪或违章事实与用人单位的经济损失之间有因果关系，劳动者承担经济赔偿责任才有合理的逻辑基础。违纪或者违章行为是因，经济损失是果，即用人单位遭受的经济损失须是由劳动者违纪或者违章的行为造成的。

（4）劳动者主观上有过错。此为对责任方主观违法性的要求。这里的过错包括故意和过失。

只有同时具备上述四个条件，劳动者才应该承担赔偿责任。

第七章 工作时间和休息休假

第一节 工作时间概述

一、工作时间的概念

工作时间又称"劳动时间",是指劳动者在用人单位从事工作或生产的时间,在法律上表现为劳动者在用人单位指示下"受拘束"的时间。

工作时间是劳动者的劳动能力与生产资料直接结合的时间,也是实现劳动过程的时间,它是劳动的自然尺度。充分合理地利用工作时间是增加社会财富、提高社会生产率的重要手段。因此,我国《劳动法》不仅对劳动者的工作时间和休息休假作了专章规定,还明确了工作时间条款执行的监督检查和法律责任。这为我国劳动者和用人单位在工作时间上规范自己的行为提供了法律依据。

二、工作时间的法律范围

工作时间的法律范围是指劳动者在劳动关系存续期间属于工作时间的范围,它包括劳动者实际从事生产或工作的时间和部分没有进行生产和工作的时间。劳动者实际用于完成工作和生产的时间应属于工作时间,这是毋庸置疑的,但哪些没有实际从事工作或生产的时间也应计算为工作时间,目前我国劳动法没有明确的规定,在实践中也很容易产生争议。

通常情况下,工作时间是劳动者为用人单位提供劳务的时间,在工作时间内,劳动者必须保持随时为用人单位提供劳务的状态,这种提供劳务给付状态的成立时间为工作时间开始的起算点,而提供劳务给付状态的消灭时间为工作时间的终了点。我国台湾有些学者认为:"工作开始前之着装、朝会乃至工作终了后之整理整顿、淋浴等时间是否纳入工作时间计算,就必须视该事件是否属于劳工'以债务本旨应提供之清偿'范围,或属于雇主受领劳务应该协助之范围而定。"[1]本书认为,判定劳动者所做的非劳务给付行为所花费的时间是否属于用人单位应该计付工资的工作时间,应该视劳动者所做行为与用人单位的业务是否具有高度的关联性而定,如果具有高度的关联性,则应该为工作时间,反之则与工作时间无关。据此,可以认为以下的虽未实际用于工作或生产的时间也应

---

[1] 台湾劳动法学会编:《劳动基准法释义——施行二十年之回顾与展望》,新学林出版股份有限公司2005年版,第298页。

属于工作时间的范畴。

(一)劳动者从事生产或工作所需要进行准备和结束工作的时间

指劳动者在工作日(班),为完成生产任务或工作任务需要进行准备和结束工作所消耗的时间。目前,用人单位不将这一时间视为工作时间的现象非常普遍。例如,有的用人单位计算员工工作时间从上午8:00开始,但要求员工实际到岗的时间为上午7:45,其中提前的15分钟就要求员工进行工作的准备。

(二)劳动者在工作过程中因自身的生理需要而中断工作的时间

例如,劳动者因口渴喝水的时间和上厕所的时间等。

(三)工艺中断时间

指劳动者在工作时间中,因工艺技术特点或工作特点的需要使工作必须中断的时间。例如,公交运输公司的驾驶员在完成一次指定运输线路的驾驶后所需的间歇时间。

(四)连续从事有害健康工作需要的间歇时间

例如,对在化工行业中连续从事接触有毒有害气体、粉尘作业的劳动者,用人单位给予的脱离有害环境的间歇时间。

值得探讨的是,劳动者在一个工作日内的用餐时间是否应该计算为工作时间?在司法实践中曾有这样的案例:某外商独资企业规定员工的工作时间为每日上午8:00—11:30,下午12:30—4:00,中间11:30至12:30为员工午餐时间。每周工作五天,具体为星期一至星期五。该企业因工作需要,安排职工在每周六加班,时间为上午8:00—12:00,下午1:00—4:00。但企业在结算职工的加班工资时,只结算周六3小时的加班工资,其理由为:职工每周一至周五的工作时间只有7个小时,中间1个小时的吃饭时间没有进行工作,按照国家劳动法的规定,劳动者每天可以工作8小时。因此,在结算周六加班工资时可以扣除一周中每天不足8小时的工作时间,这样职工一周的加班时间实际只有3小时。职工对企业的这一做法表示不满,纷纷向有关部门举报。本案提出了一个问题,即员工在一个工作日内的用餐时间是否应该计算为工作时间?目前,我国的劳动法律、法规对此没有明确的规定。本书认为,工作时间是与休息时间相对应的概念,两者的根本界限在于时间的支配者不同,如果属于由用人单位(雇主)支配的时间,就应归于工作时间,反之,劳动者能自由支配的时间就是休息时间。劳动者在用人单位所给予的1个小时的用餐时间内,可以自由决定做什么、如何做,即在该1个小时内劳动者可以不受用人单位的约束。所以,用餐时间不属于工作时间,应视为休息时间。

三、工时立法的意义和作用

（一）为劳动者完成生产和工作任务、增加和丰富社会财富提供法律保证

劳动是人类社会赖以生存和发展的物质基础的源泉，没有劳动就没有社会生产。而工作时间是人类社会进行生产的必要条件，因此，国家必须通过法律形式确立劳动者在一定时间内应该用于劳动的时间长度，以确保生产任务或工作任务的完成，不断增加和丰富社会物质产品，从而满足人们对不断增长的物质生活的需要。

（二）为劳动者身体健康和实现休息权提供法律保证

工作时间和休息时间是两个相辅相成的法律概念。确定了工作时间的长度及范围，在一定意义上讲就明确了休息时间的范围。

早在资本主义的初期，资本主义国家对国内经济发展采取"放任"和"不干预"的政策，资本家为了最大限度地追求剩余利润，千方百计地延长劳动者的工作时间。"不仅突破了工作日的道德极限，而且突破了工作日的纯粹身体的极限。它侵占了人体成长、发育和维持健康所需要的时间。"[①]延长工作时间成了早期资本家增加利润的主要手段。然而劳动者工作时间的长度与劳动生产率提高的关系不是简单的直线型，它受到人的生理特点的限制。资本家无限延长劳动者工作时间的结果，就是严重影响和损害了劳动者的身体健康和生命安全，工伤事故连续不断发生。工人阶级为了保卫自身的生存权，为争取工作时间立法进行了不屈不挠的斗争。在强大的工人运动的压力下，英国议会首先通过了一项限制童工工作时间的法律，这就是著名的《学徒健康和道德法》，规定纺织工厂童工的工作时间每天不得超过12小时。其后，各国工人阶级又为争取8小时工作制和缩短工时进行了一次又一次的大罢工。其中最著名的就是1886年5月1日，美国芝加哥工人为了争取8小时工作制进行的总罢工，经过流血斗争，工人们获得了8小时工作制的权利。1989年7月，在巴黎召开的第二国际成立大会上决定将象征工人阶级团结、斗争、胜利的5月1日规定为"国际劳动节"。作为工人阶级运动的成果，国际劳工组织于1919年通过第1号公约，规定和要求批准该公约的成员国实行每天8小时、每周48小时的工时制度。1935年，国际劳工组织的第47号公约，又把工时缩短为每周40小时。

从工时立法的进程可以看出，早期的工时立法的目的，是基于劳动者健康的需要，让工人休息的目的只是为了使工人恢复体力，第二天能继续工作。随着人类文明的发展和法律的进步，各国对工时的立法开始从人性化的角度探讨，均根据本国的经济发展，在法律上尽可能地缩短工时，延长劳动者的休息时间。这样

---

① 《马克思恩格斯全集》第23卷，人民出版社1972年版，第295页。

一方面可以使劳动者有更多的时间用于家庭、学习和娱乐,提高劳动者的生活质量;另一方面从合理安置社会劳动力和就业岗位关系考量,缩短工作时间,客观上可以增加劳动力的就业人次。我国《劳动法》第36条规定:"国家实行劳动者每日工作时间不超过八小时、平均每周工作时间不超过四十四小时的工时制度。"这是对我国工时制度的最基本的概括性规定,它一方面通过确定工作时间的最长界限,明确劳动者的休息时间范围,保障劳动者休息权的实现;另一方面又为我国有关部门根据社会经济的发展情况,进行不断缩短工时、扩大劳动者休息时间的相关立法提供了法律依据。

第二节 工作时间的种类

工时立法的宗旨就是确保职工的休息休假权的实现和生产、工作任务的完成。因此,各国劳动法都允许用人单位在确保职工休息权的前提下,可根据自身的生产特点,实行与之相适应的工时形式。我国《劳动法》第39条对此也作了相应的规定:"企业因生产特点不能实行本法第三十六条、第三十七条规定的,经劳动行政部门批准,可以实行其他工作和休息办法。"目前,我国的工作时间种类有:

一、标准工作时间

标准工作时间是指由国家法律规定的,在正常情况下,一般职工从事工作或劳动的时间。根据1994年2月国务院令第146号发布、1995年3月修订的《国务院关于职工工作时间的规定》(以下简称《规定》)第3条,目前我国实行的标准工作时间为"职工每日工作8小时,每周工作40小时"。其中,把劳动者在一昼夜内工作8小时称为"标准工作日";把劳动者在一周内工作40小时,即每周工作五天、休息二天,称为"标准工作周"。上述规定完全符合我国《劳动法》第36条"国家实行劳动者每日工作时间不超过八小时、平均每周工作时间不超过四十四小时的工时制度"这一对我国工时制度概括性和原则性的规定。

标准工作时间是最常见、适用范围最广泛的一种工时形式。它通常随国家经济发展水平的变化而变化。因此,标准工作时间的长短,往往标志着一国经济实力的强弱和文明程度的高低。自新中国成立后,标准工作时间随着我国生产力的不断提高而呈现出不断缩短的趋势。首先是1949年,我国在具有临时宪法性质的《共同纲领》中规定,我国实行8至10小时工作制。在相当长时期内,我国一直实行每日工作8小时、每周工作48小时,即每周工作六天的标准工作时间。然后,1994年3月1日起,根据修改前的《规定》第3条,我国开始实行职工每日工作8小时、平均每周工作44小时,即每周工作五天半的标准工作时间。

平均每周标准工作时间比原来缩短了4个小时。随着我国经济的飞速发展,根据广大劳动者对缩短工作时间的需要,国家在对实行五天工作周进行试点和可行性研究后,国务院于1995年3月25日发布了《国务院关于修改〈国务院关于职工工作时间的规定〉的决定》,修改后的《规定》第3条规定:"职工每日工作8小时,每周工作40小时。"即从1995年5月1日起,我国的标准工作时间为每日工作8小时、每周工作40小时的五日工作周。同时,考虑到我国企业生产率水平的不平衡性及多层次性,修改后的《规定》第9条规定:"本规定自1995年5月1日起施行,1995年5月1日施行有困难的企业、事业单位,可以适当延期;但是,事业单位最迟应当自1996年1月1日起施行,企业最迟应当自1997年5月1日起施行。"

二、缩短工作时间

缩短工作时间是指特殊情况下劳动者实行的少于标准工作时间长度的工时形式。《规定》第4条规定:"在特殊条件下从事劳动和有特殊情况,需要适当缩短工作时间的,按照国家有关规定执行。"目前,我国实行缩短工作时间的劳动者有以下几种:

1. 从事矿山、井下、高山、高温、低温、有毒有害,特别繁重或过度紧张的劳动的职工,实行每日工作少于8小时的工作时间。根据1979年10月《纺织工业部、国家劳动总局关于纺织企业实行"四班三运转"的意见》,纺织部门实行"四班三运转"工时制度。根据1981年6月发布的《化学工业部和国家劳动总局关于在化工有毒有害作业工人中改革工时制度的意见》,化工行业从事有毒有害作业的工人实行"三工一休"制、每日工作6至7小时的工时制和"定期轮流脱离接触"的工时制度。煤矿井下实行四班每班6至7小时工时制。此外,实行缩短工作时间的还有从事冶炼、森林采伐和装卸搬运等行业的繁重体力劳动者,根据其本行业的特点,实行了各种形式的缩短工时制。

2. 从事夜班工作的劳动者,实行缩短工作时间。夜班工作时间一般是指从本日22时至次日6时的时间。夜班工作改变了劳动者正常的生活规律,增加了神经系统的紧张状态,容易产生疲劳。因此,从事夜班工作的劳动者,其日工作时间比标准工作时间缩短1小时。

3. 在哺乳期工作的女职工,实行缩短工作时间。根据1988年国务院颁布的《女职工劳动保护规定》第9条规定,正在哺乳不满一周岁婴儿的女职工,在每日工作时间内有两次哺乳时间,每次30分钟。多胞胎生育的,每多哺乳一个婴儿,每次哺乳时间增加30分钟。女职工的哺乳时间和在本单位内哺乳往返途中的时间,算作劳动时间。即在哺乳期内的女职工实行日工作时间少于8小时的工时制度。

4. 其他依法可以实行缩短工作日工作制的职工。根据原劳动部、人事部于 1994 年 2 月 8 日联合发布的劳部发[1994]66 号《〈国务院关于职工工作时间的规定〉的实施办法》第 4 条第 2 款和第 3 款的规定:"国家机关、事业单位需缩短工时的,由各省、自治区、直辖市和各主管部门按隶属关系提出意见,报国务院人事行政主管部门批准。企业需缩短工时的,属于中央直属企业的,经主管部门审核,报国务院劳动行政主管部门批准。属于地方企业的,经当地主管部门审核,报当地劳动部门批准。"即除上述法定的因在特殊条件下从事劳动和特殊情况的职工可以实行缩短工作时间工作制外,其他需要缩短工时的用人单位,在依法履行审批手续后,也可以实行缩短工作时间工作制。

三、计件工作时间

计件工作时间是指以劳动者完成一定劳动定额为标准的工作时间。《劳动法》第 37 条规定:"对实行计件工作的劳动者,用人单位应当根据本法第三十六条规定的工时制度合理确定其劳动定额和计件报酬标准。"即实行计件工作的用人单位,必须以劳动者在一个标准工作日和一个标准工作周的工作时间内能够完成的计件数量为标准,确定劳动者日或周的劳动定额。超过这个标准就等于延长了职工的工作时间,侵犯了职工的休息权。因此,计件工作时间实际上是标准工作时间的特殊转化形式,但又比标准工作时间具有更大的灵活性。实行计件工作时间的劳动者,在 8 小时工作时间内完成了当日劳动定额,则可以把剩余时间作为休息时间,也可以多做定额以取得相应的延长工作时间的劳动报酬;相反,如果劳动者未能在 8 小时内完成定额,则可以在 8 小时外加点用以完成规定的劳动定额。

四、综合计算工作时间

综合计算工作时间是指因用人单位生产或工作的特点,劳动者的工作时间不宜以日计算,需要分别以周、月、季、年等为周期综合计算工作时间长度(小时数)的一种工时形式。劳动部于 1994 年 12 月 14 日颁布了《关于企业实行不定时工作制和综合计算工时工作制的审批办法》(以下简称《审批办法》),对我国综合计算工时工作制的实行条件、方式和审批办法都作了明确的规定。

综合计算工作时间是劳动者在特殊情况下适用的一种工时形式,它与标准工作时间相比,有以下几方面的区别:

(一)计算工时长度的周期不同

标准工作时间是以一昼夜为周期计算工时长度,即每日工作 8 小时,每周工作五天。而综合计算工作时间是分别以周、月、季、年等为周期,综合计算。具体选用何种周期,应由企业根据自身的生产特点和需要而定。例如,受季节条件限制的制盐业的部分职工,可选用以年为周期综合计算工时,在制盐旺季时,职工日工作时间可超过 8 小时,而在淡季时则日工作时间可少于 8 小时。

(二) 选用的条件不同

标准工作时间适用于在正常情况下工作的劳动者,包括各种类型(企业、事业单位和国家机关等)用人单位的职工。而根据《审批办法》第 5 条的规定,综合计算工作时间工作制只适用于符合下列条件之一的企业职工,国家机关和事业单位则不适用这一工时形式。

1. 交通、铁路、邮电、水运、航空、渔业等行业中因工作性质特殊,需连续作业的职工;

2. 地质及资源勘探、建筑、制盐、制糖、旅游等受季节和自然条件限制的行业的部分职工;

3. 其他适合实行综合计算工时工作制的职工。

(三) 实行的方式不同

标准工作时间的具体实施方式为:职工每日工作 8 小时,每周在工作五日后给予二日休息,即每周工作 40 小时。而综合计算工作时间的实施方式,根据《审批办法》第 6 条的有关规定,在确保职工的休息休假权利和生产、工作任务完成的前提下,在保障职工身体健康并充分听取职工意见的基础上,采用集中工作、集中休息、轮休调休、弹性工作时间等适当方式进行。

(四) 审批手续不同

根据《审批办法》第 7 条的规定,企业需实行综合计算工时工作制的,应履行一定的审批手续。其中,中央直属企业实行综合计算工时工作制的,要经国务院行业主管部门审核,报国务院劳动行政部门批准;地方企业实行综合计算工时工作制的审批办法,由省、自治区、直辖市人民政府劳动行政部门制定,报国务院劳动行政部门备案。而实行标准工作时间工作制的无须履行上述手续。

应当注意的是,综合计算工时工作制仅是我国工时法律制度中的一种工时形式,实行这一工时形式的企业,无论选用周、月为周期,还是以季、年为周期综合计算工作时间,职工的平均月工作时间和周工作时间应与法定标准工作时间基本相同,超过法定标准工作时间部分,应视为延长工作时间,应按规定支付职工延长工作时间的工资。另外,实行综合计算工时工作制的职工,在法定休假节日、休息日轮班工作的,应视为正常工作,企业无须履行《劳动法》第 41 条所规定的延长工作时间的手续。但在劳动报酬上,法定休假节日轮班的应按加班处理。

五、不定时工作时间

不定时工作时间是指每日有固定工作时数的工时形式。由于企业的生产特点、职责范围关系等原因,有许多岗位上的劳动者的日工作时间无法以固定的时数确定,对这些劳动者应适用不定时工作时间工作制。《审批办法》第4条规定:"企业对符合下列条件之一的职工,可以实行不定时工作制。(一)企业中的高级管理人员、外勤人员、推销人员、部分值班人员和其他因工作无法按标准工作时间衡量的职工;(二)企业中的长途运输人员、出租汽车司机和铁路、港口、仓库的部分装卸人员以及因工作性质特殊,需机动作业的职工;(三)其他因生产特点、工作特殊需要或职责范围的关系,适合实行不定时工作制的职工。"

与综合计算工时工作制一样,实行不定时工作制的企业在履行了法定的审批手续(具体审批办法与综合计算工时工作制相同)后,可选用集中工作、集中休息、轮休调休、弹性工作时间等适当方式进行,确保职工的休息、休假权利和生产、工作任务的完成。

需要注意的是,不定时工作制并非对工作时间毫无限制,而是基本上按照标准工作时间执行,在特别需要的情况下,其工作时间超过标准工作时间长度,可以不受限制,且超过部分不算延长工作时间,也不给予报酬。

六、其他形式的工作时间

根据《劳动法》第39条的规定:"企业因生产特点不能实行本法第三十六条、第三十八条规定的,经劳动行政部门批准,可以实行其他工作和休息办法。"修改后的《规定》第5条规定:"因工作性质或者生产特点的限制,不能实行每日工作8小时,每周工作40小时标准工时制度的,按照国家有关规定,可以实行其他工作和休息办法。"即企业在无法实行标准工作时间工作制时,只要依法履行有关审批手续,即可采用与自身生产特点相一致的其他形式的工作时间工作办法。例如,目前我国部分企业在吸收国外工作时间方式的经验基础上试行的弹性工作时间。

弹性工作时间起源于20世纪50年代的联邦德国,目的是为了吸收更多的家庭妇女就业。其特点为:把一个工作日分为定额时间和弹性时间两部分,在定额时间内,所有的职工必须同时按岗上班,其余的弹性时间则由劳动者自由选定上岗工作,只要补足每天规定的标准工作时数即可。近年来,我国有些企业试行弹性工作制,收到了较好的效果。

第三节 延长工作时间

一、延长工作时间的概念

延长工作时间是指超过正常工作时间长度的工作时间,包括加班和加点。

劳动者根据法律、法规和行政命令的要求,在法定节日和公休假日进行工作的时间叫"加班";超过日正常工作时间以外延长工作的时间叫"加点"。

二、允许延长工作时间的法定条件

在正常情况下,用人单位应在规定的工作时间内完成生产和工作任务,不得任意安排加班加点。但当出现了危及国家、集体财产安全及人民生命健康的紧急事件时,从保护国家利益、集体利益和劳动者的整体利益出发,《劳动法》对允许延长工作时间的情形作了规定。根据《劳动法》第42条的规定,有下列情形之一的,允许延长工作时间:

(1)发生自然灾害、事故或者其他原因,威胁劳动者生命健康和财产安全,需要紧急处理的。例如,发生了地震、洪水、抢险、交通事故等情况。

(2)生产设备、交通运输线路、公共设施发生故障,影响生产和公众利益,必须及时抢修的。例如,发生了自来水管道、煤气管道、下水管道泄漏或堵塞,需要及时处理等情况。

(3)法律、行政法规规定的其他情形。

国务院《〈关于职工工作时间的规定〉的实施办法》(以下简称《实施办法》)第6条对延长工作时间的情形作了进一步的规定:"各单位在正常情况下不得安排职工加班加点。下列情况除外:(一)在法定节日和公休假日内工作不能间断的;(二)必须利用法定节日或公休假日的停产期间进行设备检修、保养的;(三)由于生产设备、交通运输线路、公共设施等临时发生故障,必须进行抢修的;(四)由于发生严重自然灾害或其他灾害,使人民的安全健康和国家资财遭到严重威胁,需进行抢修的;(五)为了完成国防紧急生产任务,或完成上级在国家计划外安排的其他紧急生产任务,以及商业、供销企业在旺季完成收购、运输、加工农副产品紧急任务的。"

《实施办法》的上述规定是对我国《劳动法》允许延长工作时间情形规定的补充,更便于用人单位对延长工作时间的法律规定的执行。

只要具备了《劳动法》规定的上述三种情形之一的,用人单位就可以直接决定延长工作时间,无须与工会和劳动者协商,延长工作时间的幅度也可视实际需要而定,不受限制。而在其他情况下延长工作时间,要受到各种限制。

三、限制延长工作时间的措施

用人单位进行加班加点,延长职工工作时间,必然占用劳动者的休息时间,侵犯劳动者的休息权。因此,我国《劳动法》第43条规定:"用人单位不得违反本法规定延长劳动者的工作时间。"为了规范和限制用人单位延长工作时间,我国劳动法律、法规规定了如下几方面的限制延长工作时间的措施:

(一) 规定延长工作时间的条件

《劳动法》第 41 条规定:"用人单位由于生产经营需要,经与工会和劳动者协商后可以延长工作时间。"即用人单位延长工作时间不是随意的,必须符合一定的条件和手续。一是由于生产经营需要,如果不实行加班加点,延长工作时间,就不能如期完成生产或工作任务。只有在这种情况下,用人单位才可以提出延长工作时间的要求。二是必须与工会协商。用人单位认为需要延长工作时间的,必须把延长工作时间的理由、人数、时间长短等向工会说明,以征得工会的同意。三是必须与劳动者协商。延长工作时间直接影响劳动者的休息时间,因此用人单位需要延长工作时间的,还必须与劳动者本人协商,只有在劳动者同意的情况下,才可以进行,用人单位不得强迫劳动者加班加点。即除法律规定的用人单位在紧急情况下允许延长工作时间不受限制外,用人单位在其他情况下延长工作时间必须以劳动者本人自愿为前提。

(二) 规定延长工作时间的限度

《劳动法》第 41 条还对用人单位延长工作时间的限度作了规定:用人单位延长工作时间,"一般每日不得超过一小时;因特殊原因需要延长工作时间的,在保障劳动者身体健康的条件下延长工作时间每日不得超过三小时,但是每月不得超过三十六小时"。如果超过这一限度,即为违法,用人单位应承担相应的法律责任。《劳动法》第 90 条规定:"用人单位违反本法规定,延长劳动者工作时间的,由劳动行政部门给予警告,责令改正,并可以处以罚款。"

(三) 规定延长工作时间的工资标准

用人单位延长工作时间,职工在正常工作时间以外付出劳动,相应地,法律要求用人单位必须以高于劳动者正常工作时间的工资标准支付劳动者延长工作时间的劳动报酬。这一方面要求用人单位给劳动者额外付出的劳动予以补偿,另一方面可以迫使用人单位尽量减少加班加点,以减少工资成本的支出,从而达到限制用人单位延长工作时间、保障劳动者休息权的目的。

根据《劳动法》第 44 条及劳动部于 1994 年 12 月 6 日颁布的《工资支付暂行规定》第 13 条的规定,用人单位应按下列标准支付高于劳动者正常工作时间的工资报酬:

(1) 用人单位依法安排劳动者在日法定标准工作时间以外延长工作时间的,按照不低于劳动合同规定的劳动者本人小时工资标准的 150% 支付劳动者工资;

(2) 用人单位依法安排劳动者在休息日工作,而又不能安排补休的,按照不低于劳动合同规定的劳动者本人日或小时工资标准的 200% 支付劳动者工资;

(3) 用人单位依法安排劳动者在法定休假日工作的,按照不低于劳动合同规定的劳动者本人日或小时工资标准的 300% 支付劳动者工资。

实行计件工资的劳动者,在完成计件定额任务后,由用人单位安排延长工作时间的,或经劳动行政部门批准实行综合计算工时工作制的,其综合计算工作时间超过法定标准工作时间的部分,应视为延长工作时间,均按上述原则支付劳动者延长工作时间的工资。

（四）禁止安排在特殊情况下的女职工延长工作时间

由于自然分工的不同,女职工肩负着社会再生产和人口再生产的双重任务。为了保证下一代劳动力的顺利成长,我国《劳动法》第61条、第63条,国务院于1988年7月颁布的《女职工劳动保护规定》和1992年4月3日第七届全国人民代表大会第五次会议通过并于2005年8月28日第十届全国人民代表大会常务委员会第十七次会议修改的《中华人民共和国妇女权益保障法》都对女职工在怀孕期和哺乳期的特殊保护作了规定。根据上述法律、法规的有关规定,用人单位对怀孕七个月以上和哺乳未满一周岁婴儿期间的女职工,不得安排其延长工作时间。

第四节 休息休假的概念和种类

一、休息休假的概念

休息休假又称"休息时间",是指按照法律规定,劳动者在劳动关系存续期间不必从事工作或生产,可以自行安排和支配的时间。

休息时间与工作时间是紧密相连的,没有工作时间,就没有休息时间,没有休息时间,就不可能有效地利用工作时间。随着社会生产力的发展,劳动者对休息时间的需要也不断增加,在物质文明发展到一定高度的现代社会里,休息时间除了具有保障劳动者有充分的睡眠和休息用以消除疲劳,保持足够的精力继续投入生产和工作这一基本功能外,还起着保障劳动者有一定的休闲时间参加各种娱乐活动和学习文化知识,不断提高自己的文化水平和生活质量的作用。因此,逐步缩短工时,不断扩大和延长劳动者的休息时间,已成为世界各国劳动立法的必然趋势,也是人类社会走向文明和进步的一大标志。

在我国,党和政府一贯重视保障劳动者的休息权。早在1949年,政务院就公布了《全国年节及纪念日放假办法》（于1999年9月修订）。1954年《宪法》也对劳动者的休息权予以规定。1982年《宪法》在总结之前立法经验的基础上进一步规定:"中华人民共和国劳动者有休息的权利。国家发展劳动者休息和休养的设施,规定职工的工作时间和休假制度。"我国《劳动法》第38条、第39条、第40条、第45条的规定,都直接涉及劳动者的休息休假。国务院2007年12月颁布并于2008年1月1日实施的《职工带薪年休假条例》,填补了我国职工带薪休假规定的空白。

二、休息时间的种类

根据我国劳动法律、法规的有关规定,目前我国的休息时间的种类有以下几种:

(一) 一个工作日内的间歇时间

工作日内的间歇时间是指职工在每日的生产和工作中的休息和用膳时间。间歇时间的长短因工作岗位和工作性质的不同而不同。一般休息1至2小时,最少不得低于半小时,且一般安排在每个工作日的中间进行,有利于劳动者通过暂时休息而恢复体力。

(二) 两个工作日之间的休息时间

两个工作日之间的休息时间是指劳动者在一个工作日结束至下一个工作日开始之间所享有的休息时间。其长度应以保证职工体力的恢复为标准,一般为15至16小时,无特殊情况,应保障劳动者正常连续使用,不得间断。实行轮班工作制的,其班次必须平均调换,一般应在休息日之后调换,不得让劳动者连续工作两班。

(三) 每周的公休假日

每周公休假日是指劳动者工作满一个工作周后的休息时间。公休假日的长度由法律直接规定。我国《劳动法》第38条规定:"用人单位应当保证劳动者每周至少休息一日。"自1997年5月1日起,我国劳动者享受每周至少有两日的公休假日休息制度。

劳动者对公休假日的具体享受时间可根据工作性质及生产特点而定。例如,为居民服务的电报、电话、电视等行业,或者由于供电、供水的原因以及为了减少交通的拥挤及能源供应的紧张,不能在每周六和周日休息的,可安排劳动者在一周内的其他日子轮流休息。对那些不能执行正常工时和休息制度的企业,可依《劳动法》第39条的规定,实行其他工作和休息办法。但劳动者平均每周的公休假日时间不得低于国家法律的规定。

(四) 法定节假日

法定节假日又称"法定节日"或"法定假日",是指由国家法律、法规统一规定的用以开展纪念、庆祝活动的休息时间。它是劳动者休息时间的一种。

根据《劳动法》第40条及国务院颁布的《全国年节及纪念日放假办法》的规定,用人单位在下列节日期间应当依法安排劳动者休假:

1. 新年,放假1天(1月1日);
2. 春节,放假3天(农历除夕、正月初一、初二);
3. 清明节,放假1天(农历清明当日);

4. 劳动节,放假 1 天(5 月 1 日);

5. 端午节,放假 1 天(农历端午当日);

6. 中秋节,放假 1 天(农历中秋当日);

7. 国庆节,放假 3 天(10 月 1 日、2 日、3 日);

8. 法律、法规规定的其他休假节日。主要有:

(1) 妇女节,放假半天(3 月 8 日,限于妇女);

(2) 人民解放军建军纪念日,放假半天(8 月 1 日,限于现役军人);

(3) 青年节,放假半天(5 月 4 日,限于 14 周岁以上的青年);

(4) 儿童节,放假 1 天(6 月 1 日,限于不满 14 周岁的少年儿童);

(5) 其他。凡属少数民族习惯的节日,由各少数民族集居地区的地方人民政府,按照各民族习惯,规定放假日期。

以上节假日凡属于全体人民的假日,如果适逢星期六、星期日,应当在工作日补假。部分公民放假的假日,如果适逢星期六、星期日,则不补假。

(五) 探亲假

探亲假是指劳动者按照法律规定,探望两地分居的配偶和父母而享受的休息时间。我国于 1958 年开始实行探亲假制度。1981 年 3 月,国务院颁布了《关于职工探亲待遇的规定》,其中明确了享受探亲待遇的劳动者的条件及探亲假期的具体期限。

1. 享受探亲假的条件

国务院《关于职工探亲待遇的规定》第 2 条规定:"凡在国家机关、人民团体和全民所有制企业、事业单位工作满一年的固定职工,与配偶不住在一起,又不能在公休假日团聚的,可以享受本规定探望配偶的待遇;与父亲、母亲都不住在一起,又不能在公休假日团聚的,可以享受本规定探望父母的待遇。但是,职工与父亲或母亲一方能够在公休假日团聚的,不能享受探望父母的待遇。"其中"不能在公休假日团聚"是指不能利用公休假日在家居住一夜和休息半个白天;其中所称的"父母",包括自幼抚养职工长大现在由职工供养的亲属,不包括岳父母、公婆。

2. 探亲假期

探亲假期是指职工与配偶、父母团聚的时间。具体为:

(1) 职工探望配偶的,每年给予一方探亲假一次,假期为 30 天。

(2) 未婚职工探望父母,原则上每年给假一次,假期为 20 天。如果因为工作需要,本单位当年不能给予假期,或者职工自愿两年探亲一次的,可以两年给假一次,假期为 45 天。

(3) 已婚职工探望父母的,第四年给假一次,假期为 20 天。

(4) 凡实行休假制度的职工(例如学校的教职工),应该在休假期间探亲;

如果休假期较短,可由本单位适当安排,补足其探亲假的天数。

上述假期均包括公休假日和法定节日在内,用人单位可根据实际需要给予路程假。

(六)年休假

年休假是指劳动者依照法律规定,在工作满一定期限后每年所享有的保留工作和带薪休息的时间。

年休假制度在世界各国已普遍实行。年休假的时间长度取决于国家经济发展水平。如美国休假为一至四周,通过集体协议确定。加拿大的年休假时间为至少两周。20世纪50年代初期,我国曾在部分职工中试行过年休假制度,因国家经济条件的限制,未能坚持执行。自80年代中期开始,有关省、市、自治区又恢复了对这一制度的试行。《劳动法》第45条规定:"国家实行带薪年休假制度。劳动者连续工作一年以上的,享受带薪年休假。具体办法由国务院规定。"为此,国务院于2007年12月发布了《职工带薪年休假条例》,国家人力资源和社会保障部于2008年7月颁布了《企业职工带薪年休假实施办法》,对劳动者享受年休假的条件、方式、待遇以及企业违反法律相关规定要承担的法律责任等作了明确规定,为劳动者实际享有劳动法规定的年休假提供了法律保障。

1. 享受年休假的条件

《职工带薪年休假条例》第2条规定:"机关、团体、企业、事业单位、民办非企业单位、有雇工的个体工商户等单位的职工连续工作1年以上的,享受带薪年休假。"《企业职工带薪年休假实施办法》将"连续工作1年以上"解释为"连续工作满12个月以上"。即劳动者只要连续工作满12个月以上,就具有了享受年休假的资格和条件。但如果劳动者具有如下情形之一的,就不能享受当年的年休假:

(1)职工依法享受寒暑假,其休假天数多于年休假天数的;

(2)职工请事假累计20天以上且单位按照规定不扣工资的;

(3)累计工作满1年不满10年的职工,请病假累计2个月以上的;

(4)累计工作满10年不满20年的职工,请病假累计3个月以上的;

(5)累计工作满20年以上的职工,请病假累计4个月以上的。

被派遣职工在劳动合同期限内无工作期间由劳务派遣单位依法支付劳动报酬的天数多于其全年应当享受的年休假天数的,不享受当年的年休假;少于其全年应当享受的年休假天数的,劳务派遣单位、用工单位应当协商安排补足被派遣职工年休假天数。

2. 年休假的待遇

年休假是一种带薪休息假期,且在该假期中,用人单位负有了不得与劳动者解除劳动合同的义务。年休假的待遇包括休息待遇和工资待遇两个方面。

(1) 休息时间待遇。职工享受年休假时间的长短与职工工作年限的长短成正比。《职工带薪年休假条例》第3条规定："职工累计工作已满1年不满10年的,年休假5天;已满10年不满20年的,年休假10天;已满20年的,年休假15天。"国家法定休假日、休息日不计入年休假的假期,职工依法享受的探亲假、婚丧假、产假等国家规定的假期以及因工伤停工留薪期间也不计入年休假假期。

(2) 工资待遇。职工在年休假期间享受与正常工作期间相同的工资收入。

3. 享受方式

《职工带薪年休假条例》第5条规定："单位根据生产、工作的具体情况,并考虑职工本人意愿,统筹安排职工年休假。年休假在1个年度内可以集中安排,也可以分段安排,一般不跨年度安排。单位因生产、工作特点确有必要跨年度安排职工年休假的,可以跨1个年度安排。单位确因工作需要不能安排职工休年休假的,经职工本人同意,可以不安排职工休年休假。对职工应休未休的年休假天数,单位应当按照该职工日工资收入的300%支付年休假工资报酬。"其中包含用人单位支付职工正常工作期间的工资收入。

4. 用人单位侵犯职工年休假权利所应承担的法律责任

《职工带薪年休假条例》第7条规定："单位不安排职工休年休假又不依照本条例规定给予年休假工资报酬的,由县级以上地方人民政府人事部门或者劳动保障部门依据职权责令限期改正;对逾期不改正的,除责令该单位支付年休假工资报酬外,单位还应当按照年休假工资报酬的数额向职工加付赔偿金;对拒不支付年休假工资报酬、赔偿金的,属于公务员和参照公务员法管理的人员所在单位的,对直接负责的主管人员以及其他直接责任人员依法给予处分;属于其他单位的,由劳动保障部门、人事部门或者职工申请人民法院强制执行。"

(七) 婚丧假

婚丧假是婚假和丧假的简称。指职工本人结婚或其直系亲属死亡时,其所在用人单位给予的一种假期。

根据国家劳动总局、财政部于1980年2月20日颁布的《关于国营企业职工请婚丧假和路程假问题的通知》的规定："职工本人结婚或职工直系亲属(父母、配偶和子女)死亡时,可以根据具体情况,由本单位行政领导批准,酌情给予一至三天的婚丧假。职工结婚时双方不在一地工作的,职工在外地的直系亲属死亡时需要职工本人去外地料理丧事的,都可以根据路程远近,另给予路程假。在批准的婚丧假和路程假期间,职工的工资照发,途中的车船费等,全部由职工自理。"

目前,我国的一部分省、自治区和直辖市根据国家的上述规定,结合本地区的实际情况,一般都在国家统一规定的天数之上适当放宽。例如,江苏省规定,在本省范围内符合晚婚年龄依法登记结婚的初婚夫妻另增加婚假7天。即晚婚的初婚夫妻可享受10天婚假。

第八章 劳动保护

第一节 劳动保护概述

一、劳动保护的含义

劳动保护有广义和狭义两种理解。广义的劳动保护是指旨在保护劳动者在劳动过程中的安全和健康的所有措施的总和,包括对劳动者安全和卫生的保护、休息时间的保护以及对女职工和未成年工的特殊劳动保护等。狭义的劳动保护仅指对劳动者在劳动过程中的安全和卫生的保护。本书所指的劳动保护是在狭义上使用的。我国《劳动法》第3条确认了劳动者有"获得劳动安全卫生保护的权利"。同时第52条规定:"用人单位必须建立、健全劳动安全卫生制度,严格执行国家劳动安全卫生规程和标准,对劳动者进行劳动安全卫生教育,防止劳动过程中的事故,减少职业危害。"

我国现行的劳动保护的法律、法规主要有:由第九届全国人民代表大会常务委员会第二十八次会议于2002年6月29日通过并于2002年11月1日生效的《中华人民共和国安全生产法》(以下简称《安全生产法》),第九届全国人民代表大会常务委员会第二十四次会议于2001年10月27日通过的《中华人民共和国职业病防治法》(以下简称《职业病防治法》),国务院于1991年2月颁布并于同年5月1日开始实施的《企业职工伤亡事故报告和处理规定》以及有关劳动安全技术和卫生技术等方面的规定。

二、劳动保护法律、法规的特点

劳动保护法是以保护劳动者在劳动过程中的安全和健康为内容的,劳动者的生命和健康无疑是劳动者在劳动过程中需要保障的最重要的利益,因此劳动保护法在劳动法体系中有非常重要的地位。它与劳动法的其他部分相比,具有以下几个特征:

(一)是一种强制性法律规范

在劳动法中,有任意性法律规范,又有强制性法律规范,即双方当事人不得通过合意对该规范作选择或变动,它具有必须严格遵守的效力。劳动保护法属于强制性的法律规范,即对劳动者进行劳动保护是用人单位的法定义务,用人单位不得通过合同约定或其他方式改变或逃避这一义务。因为:

1. 劳动者与用人单位订立劳动合同,建立劳动关系,让渡的是劳动力的使用权,即用人单位在合同的有效期内有使用劳动力的权利,但必须是合理使用,不得损害劳动者的身体健康,必须保证劳动者的人身安全。

2. 在劳动关系中,用人单位是劳动过程的组织者和指挥者,劳动者在与生产资料的结合上是作为劳动力这一生产要素进入劳动过程的。这就决定了劳动者在劳动过程中有三个不能:一是不能自行安排工作场所;二是不能自行决定是否要从事某项具体工作;三是当发现有危险时不能自行排除。而用人单位对这三方面有绝对的控制和指挥权。因此,减少和防止工伤事故及职业危害,只能是用人单位应承担的责任。

我国《安全生产法》第 4 条规定:"生产经营单位必须遵守本法和其他有关安全生产的法律、法规,加强安全生产管理,建立、健全安全生产责任制度,完善安全生产条件,确保安全生产。"该法第 44 条第 2 款规定:"生产经营单位不得以任何形式与从业人员订立协议,免除或者减轻其对从业人员因生产安全事故伤亡依法应承担的责任。"据此,如果用人单位在劳动合同中约定"用人单位对职工工伤概不负责"的内容,则该条款为无效条款。

(二) 内容具有较强的技术性

劳动过程中有许多职业危害因素均是受自然规律支配的,遵循符合客观规律的技术规程是劳动保护的一个基本保护手段。这就决定了劳动保护法的规范中包含了大量的技术性规范,例如电工工作应遵循的相应技术规范等。因此,劳动保护法就其内容而言具有自然科学和社会科学相结合的特点。

(三) 适用范围具有广泛性

正因为劳动保护法是保护劳动者"人"在劳动过程中的安全和卫生,因此它也是国家对公民"人权"保护的一个重要内容。哪里有劳动,哪里就应遵守劳动保护法,它不因用人单位性质或公民地位、政治身份等的不同而不同。例如,有关单位或机构对劳动中的劳教人员也要进行劳动保护。

第二节 劳动安全保障制度

随着我国工业化进程的加快,工业事故的发生也日益增多。因此,加强安全生产监督管理,防止和减少生产安全事故,保障人民群众生命和财产安全显得尤为重要。2002 年 6 月,我国颁布了《安全生产法》,对在中华人民共和国领域内从事生产经营的单位的安全生产作了规定。另外,针对不同行业和不同机器设备安全要求的特点,我国还颁布了特定行业和特定设备的安全技术规程。主要有:《建筑安装工程安全技术规程》、《矿山安全条例》、《矿山安全法》及其实施条例等。这些法律和法规主要通过界定和落实生产经营单位(用人单位)、从业

者(劳动者)以及国家(政府)在劳动安全保障中的权利和义务,以确保劳动安全的贯彻执行。主要内容有:

一、生产经营单位在劳动安全保障中的职责和义务

(一)严格执行国家对安全生产设施规定的要求

根据《安全生产法》的规定,生产经营单位必须执行依法制定的保障安全生产的国家标准或者行业标准;应当具备有关法律、行政法规和国家标准或者行业标准规定的安全生产条件;不具备安全生产条件的,不得从事生产经营活动。生产经营单位新建、改建、扩建工程项目(以下统称"建设项目")的安全设施,必须与主体工程同时设计、同时施工、同时投入生产和使用。安全设施投资应当纳入建设项目概算。矿山建设项目和用于生产、储存危险物品的建设项目,应当分别按照国家有关规定进行安全条件论证和安全评价。

生产经营单位对安全设备的设计、制造、安装、使用、检测、维修、改造和报废,应当符合国家标准或者行业标准;在有较大危险因素的生产经营场所和有关设施、设备上,设置明显的安全警示标志;对安全设备要进行经常性维护、保养,并定期检测,保证其正常运转;维护、保养、检测应当作好记录,并由有关人员签字;生产经营单位使用的涉及生命安全、危险性较大的特种设备,以及危险物品的容器、运输工具,必须按照国家有关规定,由专业生产单位生产,并经取得专业资质的检测、检验机构检测、检验合格,取得安全使用证或者安全标志后,方可投入使用;不得使用国家明令淘汰、禁止使用的危及生产安全的工艺、设备;生产、经营、运输、储存、使用危险物品或者处置废弃危险物品,必须执行有关法律、法规和国家标准或者行业标准。

生产经营场所和员工宿舍应当设有符合紧急疏散要求、标志明显、保持畅通的出口;禁止封闭、堵塞生产经营场所或者员工宿舍的出口。

(二)建立、健全安全生产的管理制度

根据《安全生产法》的规定,生产经营单位必须遵守本法和其他有关安全生产的法律、法规,加强安全生产管理,建立、健全安全生产责任制度,完善安全生产条件,确保安全生产。生产经营单位的主要负责人对本单位的安全生产工作全面负责;矿山、建筑施工单位和危险物品的生产、经营、储存单位,应当设置安全生产管理机构或者配备专职安全生产管理人员;其他生产经营单位,从业人员超过300人的,应当设置安全生产管理机构或者配备专职安全生产管理人员;从业人员在300人以下的,应当配备专职或者兼职的安全生产管理人员,或者委托具有国家规定的相关专业技术资格的工程技术人员提供安全生产管理服务。

生产经营单位对重大危险源应当登记建档,进行定期检测、评估、监控,并制定应急预案,告知从业人员和相关人员在紧急情况下应当采取的应急措施。生产经营单位进行爆破、吊装等危险作业,应当安排专门人员进行现场安全管理,确保对操作规程的遵守和安全措施的落实。生产经营单位的安全生产管理人员应当根据本单位的生产经营特点,对安全生产状况进行经常性检查;对检查中发现的安全问题,应当立即处理;不能处理的,应当及时报告本单位有关负责人。检查及处理情况应当记录在案。

两个以上生产经营单位在同一作业区域内进行生产经营活动,可能危及对方生产安全的,应当签订安全生产管理协议,明确各自的安全生产管理职责和应当采取的安全措施,并指定专职安全生产管理人员进行安全检查与协调。不得将生产经营项目、场所、设备发包或者出租给不具备安全生产条件或者相应资质的单位或者个人。生产经营项目、场所有多个承包单位或承租单位的,生产经营单位应当与承包单位或承租单位签订专门的安全生产管理协议,或者在承包合同或租赁合同中约定各自的安全生产管理职责;生产经营单位对承包单位或承租单位的安全生产工作统一协调、管理。

(三) 加强对从业人员安全生产的培训

生产经营单位应当对从业人员进行安全生产教育和培训,保证从业人员具备必要的安全生产知识,熟悉有关的安全生产规章制度和安全操作规程,掌握本岗位的安全操作技能。未经安全生产教育和培训合格的从业人员,不得上岗作业。

生产经营单位对采用新工艺、新技术、新材料或者使用新设备的从业人员要进行专门的安全生产教育和培训。对特种作业人员,必须按照国家有关规定进行专门的安全作业培训,在其取得特种作业操作资格证书后,方可允许上岗作业。

生产经营单位应当教育和督促从业人员严格执行本单位的安全生产规章制度和安全操作规程;并向从业人员如实告知作业场所和工作岗位存在的危险因素、防范措施以及事故应急措施。

生产经营单位应当安排用于配备劳动防护用品、进行安全生产培训的经费。

二、从业者在劳动安全保障中的权利和义务

(一) 知情权和建议权

生产经营单位的从业人员有权了解其作业场所和工作岗位存在的危险因素、防范措施及事故应急措施,有权对本单位的安全生产工作提出建议。

(二) 检举、控告权和拒绝执行权

从业人员有权对本单位安全生产工作中存在的问题提出批评、检举、控告;有权拒绝违章指挥和强令冒险作业。生产经营单位不得因从业人员对本单位安全生产工作提出批评、检举、控告或者拒绝违章指挥、强令冒险作业而降低其工

资、福利等待遇或者解除与其订立的劳动合同。从业人员发现直接危及人身安全的紧急情况时,有权停止作业或者在采取可能的应急措施后撤离作业场所。生产经营单位不得因从业人员在前款紧急情况下停止作业或者采取紧急撤离措施而降低其工资、福利等待遇或者解除与其订立的劳动合同。

(三)索赔权

因生产安全事故受到损害的从业人员,除依法享有工伤社会保险外,依照有关民事法律尚有获得赔偿的权利的,有权向本单位提出赔偿要求。

(四)遵章守法的义务

从业人员在作业过程中,应当严格遵守本单位的安全生产规章制度和操作规程,服从管理,正确佩戴和使用劳动防护用品;接受安全生产教育和培训,掌握本职工作所需的安全生产知识,提高安全生产技能,增强事故预防和应急处理能力。

(五)报告义务

从业人员发现事故隐患或者其他不安全因素,应当立即向现场安全生产管理人员或者本单位负责人报告;接到报告的人员应当及时予以处理。

三、国家在劳动安全保障中的职责和义务

(一)制定保障安全生产的国家标准和行业标准

根据《安全生产法》的规定,国务院有关部门应当按照保障安全生产的要求,依法及时制定有关的国家标准或者行业标准,并根据科技进步和经济发展适时修订。

(二)进行安全生产的宣传和教育

各级人民政府及其有关部门应当采取多种形式,加强对有关安全生产的法律、法规和安全生产知识的宣传,提高职工的安全生产意识。

(三)加强对安全生产的监督和管理

国务院负责安全生产监督管理的部门,依法对全国安全生产工作实施综合监督管理;县级以上地方各级人民政府负责安全生产监督管理的部门,依法对本行政区域内安全生产工作实施综合监督管理。国务院和地方各级人民政府应当加强对安全生产工作的领导,支持、督促各有关部门依法履行安全生产监督管理职责;县级以上人民政府对安全生产监督管理中存在的重大问题应当及时予以协调、解决。

四、劳动安全责任制度

我国《安全生产法》对违反劳动安全制度的法律责任作了详细的规定,包括生产经营单位的责任、生产经营单位主要负责人的责任、从业人员的责任和政府

主管部门及其工作人员的责任。

（一）生产经营单位的责任

1. 一般违反安全生产法规的责任

生产经营单位有下列行为之一的，责令限期改正；逾期未改正的，责令停产停业整顿，可以并处一定数额的罚款：

（1）未按照规定设立安全生产管理机构或者配备安全生产管理人员的；

（2）危险物品的生产、经营、储存单位以及矿山、建筑施工单位的主要负责人和安全生产管理人员未按照规定经考核合格的；

（3）未按照《安全生产法》的规定对从业人员进行安全生产教育和培训，或者未依法如实告知从业人员有关的安全生产事项的；

（4）特种作业人员未按照规定经专门的安全作业培训并取得特种作业操作资格证书就上岗作业的。

2. 较重违反安全生产法规的责任

生产经营单位有下列行为之一的，责令限期改正；逾期未改正的，责令停止建设或者停产停业整顿，可以并处一定数额的罚款；造成严重后果，构成犯罪的，依照刑法有关规定追究刑事责任：

（1）矿山建设项目或者用于生产、储存危险物品的建设项目没有安全设施设计或者安全设施设计未按照规定报经有关部门审查同意的；

（2）矿山建设项目或者用于生产、储存危险物品的建设项目的施工单位未按照批准的安全设施设计施工的；

（3）矿山建设项目或者用于生产、储存危险物品的建设项目竣工投入生产或者使用前，安全设施未经验收合格的；

（4）未在有较大危险因素的生产经营场所和有关设施、设备上设置明显的安全警示标志的；

（5）安全设备的安装、使用、检测、改造和报废不符合国家标准或者行业标准的；

（6）未对安全设备进行经常性维护、保养和定期检测的；

（7）未为从业人员提供符合国家标准或者行业标准的劳动防护用品的；

（8）特种设备以及危险物品的容器、运输工具未经取得专业资质的机构检测、检验合格，取得安全使用证或者安全标志，投入使用的；

（9）使用国家明令淘汰、禁止使用的危及生产安全的工艺、设备的；

（10）未经依法批准，擅自生产、经营、储存危险物品的；

（11）生产、经营、储存、使用危险物品，未建立专门的安全管理制度、未采取可靠的安全措施或者不接受有关主管部门依法实施的监督管理的；

（12）对重大危险源未登记建档，或者未进行评估、监控，或者未制定应急预案的；

（13）进行爆破、吊装等危险作业，未安排专门管理人员进行现场安全管理的；

（14）生产、经营、储存、使用危险物品的车间、商店、仓库与员工宿舍在同一座建筑内，或者与员工宿舍的距离不符合安全要求的；

（15）生产经营场所和员工宿舍未设有符合紧急疏散需要、标志明显、保持畅通的出口，或者封闭、堵塞生产经营场所或者员工宿舍出口的。

另外，法律还规定，生产经营单位将生产经营项目、场所、设备发包或者出租给不具备安全生产条件或者相应资质的单位或者个人的，责令限期改正，没收违法所得；违法所得五万元以上的，并处违法所得一倍以上五倍以下的罚款；没有违法所得或者违法所得不足五万元的，单处或者并处一万元以上五万元以下的罚款；导致发生生产安全事故给他人造成损害的，与承包方、承租方承担连带赔偿责任。

生产经营单位未与承包单位、承租单位签订专门的安全生产管理协议或者未在承包合同、租赁合同中明确各自的安全生产管理职责，或者未对承包单位、承租单位的安全生产统一协调、管理的，责令限期改正；逾期未改正的，责令停产停业整顿。

两个以上生产经营单位在同一作业区域内进行可能危及对方安全生产的生产经营活动，未签订安全生产管理协议或者未指定专职安全生产管理人员进行安全检查与协调的，责令限期改正；逾期未改正的，责令停产停业。

（二）生产经营单位主要负责人的责任

1. 生产经营单位与从业人员订立协议，免除或者减轻其对从业人员因生产安全事故伤亡依法应承担的责任的，该协议无效；对生产经营单位的主要负责人、个人经营的投资人处两万元以上十万元以下的罚款。

2. 生产经营单位主要负责人在本单位发生重大生产安全事故时，不立即组织抢救或者在事故调查处理期间擅离职守或者逃匿的；或者生产经营单位主要负责人对生产安全事故隐瞒不报、谎报或者拖延不报，给予降职、撤职的处分，对逃匿的处十五日以下拘留；构成犯罪的，依照刑法有关规定追究刑事责任。

（三）从业人员的责任

生产经营单位的从业人员不服从管理，违反安全生产规章制度或者操作规程的，由生产经营单位对其进行批评教育，依照有关规章制度给予处分；造成重大事故，构成犯罪的，依照刑法有关规定追究刑事责任。

（四）政府主管部门及其工作人员的责任

有关地方人民政府、负有安全生产监督管理职责的部门，对生产安全事故隐瞒不报、谎报或者拖延不报的，对直接负责的主管人员和其他直接责任人员依法给予行政处分;构成犯罪的,依照刑法有关规定追究刑事责任。

第三节 劳动卫生和职业病防治制度

劳动卫生是指生产经营单位(用人单位)的生产场所应当符合一定的卫生标准,以保护劳动者的身体健康,防止产生职业病。职业病是指用人单位的劳动者在职业活动中,因接触粉尘、放射性物质和其他有毒、有害物质等因素而引起的疾病。职业病不同于一般的工伤事故,工伤事故一般是因突发性外力造成的对劳动者身体的损伤,职业病是由于受不卫生的工作环境和工作条件的长期影响,劳动者的身体发生的一种慢性疾病。职业病的发生与有害的工作环境和工作条件有直接的因果关系,因此职业病也属于工伤保险的范围。

我国政府对劳动卫生工作非常重视,早在20世纪50年代就颁布了《工厂安全卫生规程》,对工厂安全卫生的要求作了一般性的规定。另外,还针对某些领域的劳动卫生问题作了专门性的规定,主要有:《工业企业噪声标准》、《关于防止厂矿企业中矽尘危害的决定》、《关于防止沥青中毒办法》和《关于加强防尘防毒工作的决定》等。为了加强对职业病的防治,我国于2001年10月颁布了《职业病防治法》,确定了我国职业病防治的方针为"坚持预防为主、防治结合","实行分类管理、综合治理",对职业病的预防和治疗作了全面的规定。其基本内容可以概括为以下几方面:

一、前期预防

前期预防,是指在劳动者进入劳动过程之前,用人单位为预防职业病发生所应采取的法律措施。根据《职业病防治法》、《劳动法》和《劳动合同法》的相关规定,产生职业病危害的用人单位应采取的前期预防措施主要包括:

(一)工作场所的卫生条件符合法律规定

具体为:

1. 职业病危害因素的强度或者浓度符合国家职业卫生标准;
2. 有与职业病危害防护相适应的设施;
3. 生产布局合理,符合有害与无害作业分开的原则;
4. 有配套的更衣间、洗浴间、孕妇休息间等卫生设施;
5. 设备、工具、用具等设施符合保护劳动者生理、心理健康的要求;
6. 符合法律、行政法规和国务院卫生行政部门关于保护劳动者健康的其他要求。

(二)建立职业病危害预评价报告制度

职业病危害的预评价报告是指项目建设单位对建设项目可能产生的职业病

危害因素及其对工作场所和劳动者健康的影响作出评价,确定危害类别和职业病防护措施并向国家有关部门报告的制度。根据我国法律的规定,新建、扩建、改建建设项目和技术改造、技术引进项目(以下统称"建设项目")可能产生职业病危害的,建设单位在可行性论证阶段应当向卫生行政部门提交职业病危害预评价报告。卫生行政部门应当自收到职业病危害预评价报告之日起 30 日内,作出审核决定并书面通知建设单位。未提交预评价报告或者预评价报告未经卫生行政部门审核同意的,有关部门不得批准该建设项目。建设项目的职业病防护设施所需费用应当纳入建设项目工程预算,并与主体工程同时设计、同时施工、同时投入生产和使用。

职业病危害严重的建设项目的防护设施设计,应当经卫生行政部门进行卫生审查,符合国家职业卫生标准和卫生要求的,方可施工。

建设项目在竣工验收前,建设单位应当进行职业病危害控制效果评价。建设项目竣工验收时,其职业病防护设施经卫生行政部门验收合格后,方可投入正式生产和使用。

(三) 履行如实告知义务

用人单位与劳动者订立劳动合同时,应当将工作过程中可能产生的职业病危害及其后果、职业病防护措施和待遇等如实告知劳动者,并在劳动合同中写明,不得隐瞒或者欺骗。劳动者在已订立劳动合同期间因工作岗位或者工作内容变更,从事所订立劳动合同中未告知的存在职业病危害的作业时,用人单位应当依照前款规定,向劳动者履行如实告知的义务,并协商变更原劳动合同相关条款。用人单位违反前两款规定的,劳动者有权拒绝从事存在职业病危害的作业,用人单位不得因此解除或者终止与劳动者所订立的劳动合同。

(四) 对劳动者进行职业病防治的培训

用人单位应当对劳动者进行上岗前的职业卫生培训和在岗期间的定期职业卫生培训,普及职业卫生知识,督促劳动者遵守职业病防治法律、法规、规章和操作规程,指导劳动者正确使用职业病防护设备和个人使用的职业病防护用品。

二、劳动过程中职业病的防护和管理

用人单位在组织劳动的过程中应当采取下列职业病防治管理措施:

(一) 设置或者指定职业卫生管理机构或者组织,配备专职或者兼职的职业卫生专业人员,负责本单位的职业病防治工作

(二) 制订职业病防治计划和实施方案

包括:采用有效的职业病防护设施,为劳动者提供个人使用的职业病防护用品;优先采用有利于防治职业病和保护劳动者健康的新技术、新工艺、新材料,逐步替代职业病危害严重的技术、工艺、材料;发现工作场所职业病危害因素不符

合国家职业卫生标准和卫生要求时,用人单位应当立即采取相应治理措施,仍然达不到国家职业卫生标准和卫生要求的,必须停止存在职业病危害因素的作业;职业病危害因素经治理后,符合国家职业卫生标准和卫生要求的,方可重新作业。

(三) 建立、健全职业卫生管理制度和操作规程

包括:在醒目位置设置公告栏,公布有关职业病防治的规章制度、操作规程、职业病危害事故应急救援措施和工作场所职业病危害因素检测结果;对产生严重职业病危害的作业岗位,应当在其醒目位置,设置警示标志和中文警示说明,警示说明应当载明产生职业病危害的种类、后果、预防以及应急救治措施等内容;对可能发生急性职业损伤的有毒、有害工作场所,用人单位应当设置报警装置,配置现场急救用品、冲洗设备、应急撤离通道和必要的泄险区;对放射工作场所和放射性同位素的运输、贮存,用人单位必须配置防护设备和报警装置,保证接触放射线的工作人员佩戴个人剂量计等。

用人单位应当建立劳动者职业卫生培训制度,对劳动者进行上岗前的职业卫生培训和在岗期间的定期职业卫生培训,普及职业卫生知识,督促劳动者遵守职业病防治法律、法规、规章和操作规程,指导劳动者正确使用职业病防护设备和个人使用的职业病防护用品。

(四) 建立、健全职业卫生档案和劳动者健康监护档案

对从事接触职业病危害作业的劳动者,用人单位应当按照国务院卫生行政部门的规定组织上岗前、在岗期间和离岗时的职业健康检查,并将检查结果如实告知劳动者。职业健康检查费用由用人单位承担。用人单位不得安排未经上岗前职业健康检查的劳动者从事接触职业病危害的作业;不得安排有职业禁忌的劳动者从事其所禁忌的作业;对在职业健康检查中发现有与所从事的职业相关的健康损害的劳动者,应当调离原工作岗位,并妥善安置;对未进行离岗前职业健康检查的劳动者不得解除或者终止与其订立的劳动合同。

用人单位应当为劳动者建立职业健康监护档案,并按照规定的期限妥善保存。职业健康监护档案应当包括劳动者的职业史、职业病危害接触史、职业健康检查结果和职业病诊疗等有关个人健康资料。劳动者离开用人单位时,有权索取本人职业健康监护档案复印件,用人单位应当如实、无偿提供,并在所提供的复印件上签章。

(五) 建立、健全工作场所职业病危害因素监测及评价制度

用人单位应当实施由专人负责的职业病危害因素日常监测,并确保监测系统处于正常运行状态。用人单位应当按照国务院卫生行政部门的规定,定期对工作场所进行职业病危害因素检测、评价。检测、评价结果存入用人单位职业卫生档案,定期向所在地卫生行政部门报告并向劳动者公布。

（六）建立、健全职业病危害事故应急救援预案

用人单位在发生或者可能发生急性职业病危害事故时，应当立即采取应急救援和控制措施，并及时报告所在地卫生行政部门和有关部门。对遭受或者可能遭受急性职业病危害的劳动者，用人单位应当及时组织救治、进行健康检查和医学观察，所需费用由用人单位承担。

第四节 伤亡事故统计报告和处理制度

伤亡事故统计报告和处理制度是指企业对职工在劳动过程中的伤亡进行报告、调查、处理和统计的制度。其主要的法律依据是1991年5月1日开始实施的《企业职工伤亡事故报告和处理规定》。伤亡事故是指职工在劳动过程中发生的人身伤害、急性中毒事故。伤亡事故按不同的标准可以作不同的分类。按伤害程度分类：轻伤是指损失工作日为1个以上105个以下的失能伤害；重伤是指损失工作日在105个以上的失能伤害。按事故严重程度分类：轻伤事故是指只有轻伤的事故；重伤事故是指有重伤没有死亡的事故；死亡事故是指一次死亡1—2人的事故；重大伤亡事故是指一次死亡3—9人的事故；特大伤亡事故是指一次死亡10人以上（含10人）的事故。

伤亡事故统计报告和处理要经过如下几个环节：

一、事故报告

伤亡事故发生后，负伤者或者事故现场有关人员应当立即直接或者逐级报告企业负责人。企业负责人接到重伤、死亡、重大死亡事故报告后，应当立即报告企业主管部门和企业所在地劳动部门、公安部门、人民检察院、工会。企业主管部门和劳动部门接到死亡、重大死亡事故报告后，应当立即按系统逐级上报；死亡事故报至省、自治区、直辖市企业主管部门和劳动部门；重大死亡事故报至国务院有关主管部门、劳动部门。发生死亡、重大死亡事故的企业应当保护事故现场，并迅速采取必要措施抢救人员和财产，防止事故扩大。

二、事故调查

根据事故的不同性质，由不同的组织负责调查。具体为：轻伤、重伤事故，由企业负责人或其指定人员组织生产、技术、安全等有关人员以及工会成员参加的事故调查组，进行调查；死亡事故，由企业主管部门会同企业所在地设区的市（或者相当于设区的市一级）劳动部门、公安部门、工会组成事故调查组，进行调查；重大死亡事故，按照企业的隶属关系，由省、自治区、直辖市企业主管部门或者国务院有关主管部门会同同级劳动部门、公安部门、监察部门、工会组成事故

调查组,进行调查。死亡事故和重大死亡事故调查组应当邀请人民检察院派员参加,还可邀请其他部门的人员和有关专家参加。事故调查组的职责是:查明事故发生原因、过程和人员伤亡、经济损失情况;确定事故责任者;提出事故处理意见和防范措施的建议;写出事故调查报告。

三、事故处理

事故调查组提出的事故处理意见和防范措施建议,由发生事故的企业及其主管部门负责处理。因忽视安全生产、违章指挥、违章作业、玩忽职守或者发现事故隐患、危害情况而不采取有效措施以致造成伤亡事故的,由企业主管部门或者企业按照国家有关规定,对企业负责人和直接责任人员给予行政处分;构成犯罪的,由司法机关依法追究刑事责任。伤亡事故处理工作应当在90日内结案,特殊情况不得超过180日。伤亡事故处理结案后,应当公开宣布处理结果。

第九章 女职工和未成年工特殊劳动保护

第一节 女职工和未成年工特殊劳动保护概述

一、女职工和未成年工特殊劳动保护的概念

女职工的特殊劳动保护又称"母性保护",是指根据女职工身体结构、生理特点和哺育子女的需要,对其在劳动过程中的安全健康所采取的有别于男性的保护。

未成年工特殊劳动保护是指根据未成年工身体成长发育的特点以及接受义务教育的需要,国家法律规定的用人单位在组织劳动过程中对未成年工采取的有别于成年工的特殊劳动保护措施。根据我国劳动部1994年颁布的《未成年工特殊保护规定》第2条的规定:"未成年工是指年满十六周岁,未满十八周岁的劳动者。"而本书认为,未成年工的范围不仅包括十六至十八周岁之间的未成年人,还应包括依法被用人单位招用的未满十六周岁的未成年人。

二、对女职工和未成年工特殊劳动保护的意义

（一）有利于女职工和未成年工的身体健康

对女职工和未成年工进行特殊劳动保护,是由女职工和未成年工的身体结构、生理机能以及身体成长发育的需要所决定的。众所周知,女性在身体结构和生理机能方面与男性有明显的区别,这些区别导致女性在各种劳动环境中所受到的职业危害程度要高于男性。例如,女性有月经、妊娠、分娩、哺乳等生理机能的变化,在与男子同样的作业环境下,职业危害将会对女性的身体健康产生特殊的影响。同样,未成年工因其身体发育尚未成熟和健全,在劳动过程中必须对其承担不影响其身体成长发育的保护。

（二）关系到我国劳动者健康体质的延续

由于男女自然分工的不同,女职工担负着孕育下一代的特殊使命,对女职工的特殊劳动保护也是对下一代安全和健康的保护;而今天的未成年工的身体健康程度将直接决定明天的职工身体素质。因此,对女职工和未成年工进行特殊劳动保护不仅关系到我国职工的身体素质,而且影响到中华民族优秀体质的延续。

（三）标志着社会和法律的文明程度

不可否认,在劳动过程中,就身体所能承受的劳动压力而言,女职工和未成

年工与成年的男职工相比,处于较弱的地位。对弱者的尊重和保护是人类社会进步和文明的标志。因此,对女职工和未成年工进行特殊劳动保护也是社会文明和法律文明的必然。

第二节 女职工特殊劳动保护的立法

一、女职工特殊劳动保护的立法概况

19世纪初以工厂法开始的劳动立法,其主要内容是对女职工和未成年工的劳动保护。学理界公认的标志着近代劳动立法开端的由英国议会颁布的《学徒健康与道德法》,其内容就是规定纺织系统童工的工作时间每天不得超过12个小时,后来将其适用范围扩大到女工。国际劳工组织也非常重视对妇女的特殊劳动保护的立法,多次颁布了有关方面的国际公约和建议书。如对妇女禁忌从事工作范围的规定有:1921年第13号《(油漆)白铅公约》,提出禁止在使用含有白铅和铅的硫酸盐作颜料的油漆涂装作业中使用女工;1935年第45号《(妇女)井下作业公约》,规定各类矿山井下作业中,不得使用任何年龄的女工;1919年第4号《保护妇女与儿童免受铅毒建议书》,规定为保护妇女和儿童不发生铅中毒,根据铅对生殖功能的危害,建议应禁止妇女从事接触铅和锌的作业,但能够遵守安全防护和保健措施的除外;1960年第114号《保护工人免受离子辐射建议书》,规定对从事放射性工作的育龄妇女,应采取各种措施保证其不受强烈电离辐射的影响;1973年第136号《防苯中毒危害公约》,规定经医生证明已经怀孕的妇女和哺乳期间的母亲不得从事含苯产品的工作程序。对妇女工作负重量的规定有:1964年在日内瓦召开的关于工人单人搬运时的最大容许量的专家会议上,一致认为成年妇女单人搬运时,最大容许量应为15 kg~20 kg,十六至十八岁女工为12 kg~15 kg。对妇女生育保护的规定有:1919年第3号和1952年第103号《保护生育公约》,以及1952年《保护生育建议书》,其中规定,女工有权享受一定时间的产假和哺乳假,并可以享受有关的津贴等。

我国一贯重视对女职工的特殊劳动保护。早在1925年召开的第二次全国劳动大会的决议中,就将对女职工的生活改善作为当时革命工作的重点内容之一。新中国成立后,我国历次颁布和修订的宪法都明确规定,国家保护妇女的权利和利益,妇女在各方面享有与男子平等的权利,即从根本大法上保护妇女的合法权利。根据我国宪法的规定,我国颁布了一系列妇女特殊劳动保护的法律、法规、部门规章和文件。纵观我国妇女特殊劳动保护的立法,大体上可以分为两个阶段:

(一)从新中国成立以后至20世纪80年代以前

这一阶段的立法特点为:在立法形式上我国主要表现为文件和部门规章;在

立法的内容上,主要是保障妇女的就业平等权和对女工的四期保护。例如,1952年政务院颁布的《关于劳动就业问题的决定》规定,对在旧社会受歧视而找不到工作的妇女,要根据需要尽可能地吸收她们就业;1963年劳动部颁布的《关于城市需要就业的劳动力的安置意见》也规定,企事业单位招收人员,凡是既可以由男的、也可以由女的担负的工作,都应当尽量录用妇女;1960年中共中央批准的《关于女工劳动保护工作的报告》中规定,要加强妇幼保健工作,建立、健全女工四期保护制度等;另外,在1951年制定、1953年修订的《中华人民共和国劳动保险条例》中,也包含了部分女工特殊劳动保护的内容。

(二) 20世纪80年代以后

20世纪80年代后,我国迎来了立法的春天,与此同时,妇女特殊劳动保护的立法也进入了一个新的阶段。这一阶段的立法特点为:立法的档次高,内容较全面。主要的法律、法规和规章有:1994年由全国人大常委会通过并于1995年1月1日开始实施的《劳动法》、1992年由全国人大通过并于2005年修订的《妇女权益保障法》、1988年7月国务院发布的《女职工劳动保护规定》、1990年劳动部颁布的劳安字[1990]2号《女职工禁忌劳动范围的规定》等。

二、女职工特殊劳动保护立法的内容

综合我国有关女职工特殊劳动保护法律、法规及规章的规定,国家对女职工特殊劳动保护的内容可以概括为以下几个方面:

(一) 女职工禁忌从事的劳动范围

《劳动法》第59条规定:"禁止安排女职工从事矿山井下、国家规定的第四级体力劳动强度的劳动和其他禁忌从事的劳动。"《女职工禁忌劳动范围的规定》第3条规定,下列劳动属于女职工禁忌从事的劳动范围:

1. 矿山井下作业;
2. 森林业伐木、归楞及流放作业;
3. 《体力劳动强度分级》标准中第四级体力劳动强度的作业;
4. 建筑业脚手架的组装和拆除作业,以及电力、电信行业的高处架线作业;
5. 连续负重(每小时负重次数在六次以上)每次负重超过20千克,间断负重每次负重超过25千克的作业。

(二) 女职工四期的劳动保护

1. 经期保护

《劳动法》第60条规定:"不得安排女职工在经期从事高处、低温、冷水作业和国家规定的第三级体力劳动强度的劳动。"

按照国家劳动部的有关规定,"高处作业"是指二级高处作业,即凡是在坠落高度基准面5米以上(含5米)有可能坠落的高处进行的作业;"低温作业"是

指在劳动生产过程中,其工作地点平均气温等于或低于5℃的作业;"冷水作业"是指在劳动生产过程中,操作人员接触的冷水温度等于或低于12℃的作业。

2. 孕期保护

根据《劳动法》第61条和《女职工禁忌劳动范围的规定》第6条的规定,女职工在孕期的劳动保护包括:

(1) 对怀孕满七个月以上的女职工,不得安排其延长工作时间和夜班劳动;

(2) 禁忌在有害胎儿成长发育的场所工作,例如空气中含铅、汞、苯等及其化合物的工作场所;

(3) 禁忌从事《体力劳动强度分级》标准中第三级体力劳动强度的作业;

(4) 禁忌从事伴有全身强烈振动的作业;

(5) 禁忌从事工作中需要频繁弯腰、攀高、下蹲的作业;

(6) 禁忌从事《高处作业分级》标准所规定的高处作业。

3. 生育期保护

根据《劳动法》第62条及《女职工劳动保护规定》的规定,女职工在生育期的劳动保护包括:

(1) 用人单位给予不少于90天的产假;难产的,增加产假15天;多胞胎生育的,每多生一个,增加产假15天。

(2) 在产期中不得降低其基本工资。

4. 哺乳期保护

哺乳期是指哺育一岁以内的婴儿的时间。对哺乳期内的女职工,用人单位必须:

(1) 每天给予两次哺乳时间,每次为30分钟。

(2) 不得安排女职工在有害婴儿成长发育的场所工作。

(3) 不得安排女工从事《体力劳动强度分级》标准中第三级体力劳动强度的作业。

(4) 不得安排女职工延长工作时间和夜班劳动。

(三) 违反女职工特殊劳动保护规定应承担的法律责任

我国《劳动法》第95条对用人单位违反女职工特殊劳动保护应承担的法律责任作了规定:"用人单位违反本法对女职工和未成年工的保护规定,侵害其合法权益的,由劳动行政部门责令改正,处以罚款;对女职工或者未成年工造成损害的,应当承担赔偿责任。"

值得注意的是,对于因女职工特殊劳动保护所发生的争议的处理程序,国务院在《女职工劳动保护规定》第12条中曾作规定:"女职工劳动保护的权益受到侵害时,有权向所在单位的主管部门或者当地劳动部门提出申诉。受理申诉的部门应当自收到申诉书之日起三十日内作出处理决定;女职工对处理决定不服的,可以在收到处理决定书之日起十五日内向人民法院起诉。"显然,这一规定与我国《劳动法》规定的劳动争议处理程序不完全一致。由于《劳动法》是由全国人大常委会通过和颁布的,而《女职工劳动保护规定》由国务院制定和颁布,属于行政法规,根据法律适用的一般原则,《劳动法》的效力应高于《女职工劳动保护规定》的效力。因此,本书认为,因女职工特殊劳动保护所发生的争议应遵循《劳动法》规定的救济途径和程序进行处理,不能再适用《女职工劳动保护规定》的相关规定。

第三节 未成年工特殊劳动保护的立法

我国对未成年工特殊保护的立法主要有:《未成年人保护法》、《劳动法》、《未成年工特殊保护规定》和《禁止使用童工的规定》等。其主要内容为:

一、对就业年龄的规定

我国劳动法在充分考虑国际劳工组织制定的最低就业年龄的基础上,根据我国的实际情况,规定我国法定的最低就业年龄为十六周岁。《劳动法》第15条第1款规定:"禁止用人单位招用未满十六周岁的未成年人。"《禁止使用童工规定》不仅规定用人单位不得招用童工,并且对职业介绍机构、不满十六岁未成年人的监护人等在禁止使用童工中的义务作了明确的规定:"禁止任何单位或个人为不满16周岁的未成年人介绍就业。禁止不满16周岁的未成年人开业从事个体经营活动。""不满16周岁的未成年人的父母或者其他监护人应当保护其身心健康,保障其接受义务教育的权利,不得允许其被用人单位非法招用。不满16周岁的未成年人的父母或者其他监护人允许其被用人单位非法招用的,所在地的乡(镇)人民政府、城市街道办事处以及村民委员会、居民委员会应当给予批评教育。"特殊行业,具体指文艺、体育和特种工艺单位,确需招用未满十六周岁的未成年人的,按照《劳动法》第15条第2款的规定,"必须依照国家有关规定,履行审批手续,并保障其接受义务教育的权利"。其中,对文艺、体育和特种工艺单位概念的界定,由国务院劳动行政部门会同国务院文化、体育主管部门作出具体的规定。

二、对用人单位不得安排未成年工从事劳动范围的规定

未成年工由于其身体发育尚不成熟,骨骼稚嫩,对职业危害的抵御能力较差。因此,《劳动法》第64条规定:"不得安排未成年工从事矿山井下、有毒有害、国家规定的第四级体力劳动强度的劳动和其他禁忌从事的劳动。"《未成年工特殊保护规定》根据《劳动法》的这一规定,依照未成年工的身体状况,对相关

的禁忌劳动范围作了进一步的明确规定：

（一）身体健康的未成年工禁忌从事的劳动范围

1. 《生产性粉尘作业危害程度分级》国家标准中第一级以上的接尘作业；
2. 《有毒作业分级》国家标准中第一级以上的有毒作业；
3. 《高处作业分级》国家标准中第二级以上的高处作业；
4. 《冷水作业分级》国家标准中第二级以上的冷水作业；
5. 《高温作业分级》国家标准中第三级以上的高温作业；
6. 《低温作业分级》国家标准中第三级以上的低温作业；
7. 《体力劳动强度分级》国家标准中第四级体力劳动强度的作业；
8. 矿山井下及矿山地面采石作业；
9. 森林业中的伐木、流放及守林作业；
10. 工作场所接触放射性物质的作业；
11. 有易燃易爆、化学性烧伤和热烧伤等危险性大的作业；
12. 地质勘探和资源勘探的野外作业；
13. 潜水、涵洞、涵道作业和海拔3000米以上的高原作业（不包括世居高原者）；
14. 连续负重每小时在六次以上并每次超过20千克，间断负重每次超过25千克的作业；
15. 使用凿岩机、捣固机、气镐、气铲、铆钉机、电锤的作业；
16. 工作中需要长时间保持低头、弯腰、上举、下蹲等强迫体位和动作频率每分钟大于50次的流水线作业；
17. 锅炉司炉。

（二）未成年工患有某种疾病或具有某些生理缺陷（非残疾型）时禁忌从事的劳动范围

1. 《高处作业分级》国家标准中第一级以上的高处作业；
2. 《低温作业分级》国家标准中第二级以上的低温作业；
3. 《高温作业分级》国家标准中第二级以上的高温作业；
4. 《体力劳动强度分级》国家标准中第三级以上体力劳动强度的作业；
5. 接触铅、苯、汞、甲醛、二硫化碳等易引起过敏反应的作业。

三、对未成年工定期进行健康检查的规定

为了保证未成年工身体的正常成长和发育，及时了解未成年工的健康状况，我国《劳动法》第65条规定："用人单位应当对未成年工定期进行健康检查。"

（一）健康检查的时间

根据《未成年工特殊保护规定》的要求，用人单位在下列时间应该组织对未

成年工进行健康检查：

1. 安排工作岗位之前；
2. 工作满一年；
3. 年满十八周岁，距前一次的体检时间已超过半年。

（二）健康检查的项目

未成年工的健康检查，应按国家制定的《未成年工健康检查表》列出的项目进行。在检查结果明确后，用人单位应根据未成年工的健康检查结果安排其从事适合的劳动，对不能胜任原劳动岗位的，应根据医务部门的证明，予以减轻劳动量或安排其他劳动。

四、对未成年工的使用和特殊保护实行登记制度的规定

为了规范用人单位使用未成年工的用工行为，维护未成年工的合法权利，《未成年工特殊保护规定》确定了未成年工使用和特殊保护的登记制度，具体要求为：

1. 用人单位招收使用未成年工，除符合一般用工要求外，还须向所在地的县级以上劳动行政部门办理登记。劳动行政部门根据未成年工健康检查表、未成年工登记表，核发未成年工登记证。
2. 各级劳动行政部门应按《劳动法》和《未成年工特殊保护规定》的有关规定，审核体检情况和拟安排的劳动范围。
3. 未成年工须持未成年工登记证上岗。
4. 未成年工登记证由国务院劳动行政部门统一印制。

另外规定，未成年工上岗前，用人单位应对其进行有关的职业安全卫生教育、培训；未成年工体检和登记，由用人单位统一办理和承担费用。

五、违反未成年工特殊劳动保护规定应承担的法律责任

国家各级劳动行政部门和各级工会组织都有权对用人单位执行未成年工特殊保护法律、法规的情况进行监督，劳动行政部门有权对违反有关规定的用人单位依法进行处罚。处罚的方式有：

1. 由劳动行政部门责令改正，处以罚款；情节严重的，由工商行政管理部门吊销营业执照。
2. 如果对未成年工造成损害的，应当承担赔偿责任。

第十章 工　　资

第一节　工资概述

一、工资的概念和法律特征

（一）工资的概念

工资有广义和狭义两种理解。

1. 广义的工资

广义的工资是指用人单位依据国家有关规定或劳动合同的约定，以货币形式直接支付给本单位劳动者的劳动报酬，一般包括计时工资、计件工资、奖金、津贴和补贴、延长工作时间的工资报酬以及特殊情况下支付的工资等。劳动者的以下劳动收入不属于工资范围：

（1）单位支付给劳动者个人的社会保险福利费用，如丧葬抚恤救济费、生活困难补助费、计划生育补贴等；

（2）劳动保护方面的费用，如用人单位支付给劳动者的工作服、解毒剂、清凉饮料费用；

（3）按规定未列入工资总额的各种劳动报酬及其他劳动收入，如根据国家规定发放的创造发明奖、国家星火奖、自然科学奖、科学技术进步奖、合理化建议和技术改进奖、中华技能大奖等，以及稿费、讲课费、翻译费等。

2. 狭义的工资

狭义的工资即为基本工资，不包括奖金、津贴等。劳动法通常所指的工资是指广义的工资，但有时也在狭义上使用工资的概念。例如，劳动法中规定的用人单位计发延长工作时间基数的"工资"，即为狭义的工资。

（二）工资的法律特征

工资与其他劳动报酬相比，具有以下法律特征：

1. 工资必须是基于劳动关系所领取的劳动报酬

这是工资与其他收入形式之间的本质区别。例如，个体劳动者的劳动收入、作者的稿酬等，虽然也是劳动报酬，但它们不是基于劳动关系而取得的，所以不是工资。同时，劳动关系的存在是职工领取工资的前提，即工资的有无以是否建立劳动关系为依据，与劳动数量的多少和质量的好坏无直接联系，劳动的质和量仅是发放工资多少的标准。例如，职工因病不参加劳动时享受的不满六个月的病假工资和职工依照《最低工资保障法》所领取的工资等。

2. 工资具有法律的保障性

工资是职工的主要生活来源,在很大程度上决定着职工的生活水平。为此,我国《宪法》规定"国家保护公民的合法收入",同时还通过劳动立法规定最低工资标准以及工资支付保障等。

3. 工资只能以货币形式支付

职工的福利既可以货币形式支付,也可以实物支付,但工资只能以货币形式支付,而且只能以法定的货币形式(在我国为人民币)支付,不得以有价证券或实物支付。在实践中,有些用人单位在经济效益不佳时以自己生产的产品折价发给职工以冲抵工资的做法是非法的。

二、工资分配的原则

我国《劳动法》第46条规定:"工资分配应当遵循按劳分配原则,实行同工同酬。工资水平在经济发展的基础上逐步提高。国家对工资总量实行宏观调控。"由此可见,我国工资分配应当遵循如下三个方面的原则:

1. 按劳分配原则

按劳分配是我国工资分配应遵循的基本原则,其基本含义是指按照劳动者提供劳动的数量和质量分配个人的消费品。它包括两个方面的内容:一是等量劳动换取等量报酬,同工同酬。按照按劳分配的原则,用人单位用以确定劳动者劳动报酬的尺度只能是劳动者劳动的数量和质量,同工同酬,不得因劳动者的性别、年龄、民族、种族、宗教信仰等不同而不同。例如,在实行计时工资制的用人单位,从事相同或相类似岗位工作的劳动者,应获得相同的工资报酬。在国外,有些国家称之为"工资支付的反歧视原则"。二是反对平均主义。按照按劳分配原则的要求,不同量和质的劳动,就应获得不同的劳动报酬,在劳动报酬上应区别脑力劳动和体力劳动、复杂劳动和简单劳动、熟练劳动和非熟练劳动的报酬标准,使劳动报酬能真正反映劳动者劳动的数量和质量。

2. 在经济发展的基础上逐步提高工资水平的原则

这一原则反映了工资水平与经济发展的关系,目的是使生产积累与社会消费同步增长和协调发展。其基本含义包括两个方面:一是劳动者工资水平的提高必须以经济发展为基础,即经济发展是提高工资水平的前提和基础,没有经济的发展就不可能有工资水平的提高,同时工资水平的提高不得超过经济发展水平。二是劳动者的工资水平应随着经济的发展而提高。社会主义生产的目的就是为了提高人们的物质生活水平。进行生产积累的目的是为了发展和扩大生产,最终也是为了提高人们的生活水平。如果只发展生产而不提高劳动者的工资水平,无疑是本末倒置。

3. 工资总量宏观调控原则

工资总量又称"工资总额",是指各单位在一定时期内直接支付给本单位全部职工的劳动报酬总额。根据1990年国家统计局颁布的《关于工资总额组成的规定》,工资总额由计时工资、计件工资、奖金、津贴与补贴、加班加点的工资和特殊情况下支付的工资六个部分组成。下列各项不列入工资总额的范围:根据国务院发布的有关规定颁发的发明创造奖、自然科学奖、科学技术进步奖和支付的合理化建议和技术改进奖以及支付给运动员、教练员的奖金;有关劳动保险和职工福利方面的各项费用;有关离休、退休、退职人员待遇的各项支出;劳动保护的各项支出;稿费、讲课费及其他专门工作报酬;出差伙食补助费、误餐补助、调动工作的旅费和安家费;对自带工具、牲畜来企业工作职工所支付的工具、牲畜等的补偿费用;实行租赁经营单位的承租人的风险性补偿收入;对购买本企业股票和债券的职工所支付的股息(包括股金分红)和利息;劳动合同制职工解除劳动合同时由企业支付的医疗补助费、生活补助费等;因录用临时工而在工资以外向提供劳动力单位支付的手续费或管理费;支付给家庭工人的加工费和按加工订货办法支付给承包单位的发包费用;支付给参加企业劳动的在校学生的补贴;计划生育独生子女补贴。

由于我国处于经济体制的转型时期,劳动力市场、价格管理体系等都尚未发育健全,国家对全社会的工资总量有必要进行宏观控制,以保持国家金融物价体制和社会的稳定。国家对工资总量的调控一般来说体现在三个方面:一是对全社会工资分配的一般管理。例如制定工资法律、法规政策,控制工资分配总量等。二是对企业工资分配的间接管理。政府通过"分级管理、分类调控",在工资总量的决定上,对企业分别实行工效挂钩、工资总额包干以及在"两低于"前提下自主确定工资总额等调控办法。随着企业工资制度改革的深入,国家对企业工资分配的宏观调控将逐步由直接调控向间接调控过渡,由调控工资总量向调控工资水平转变,在部分地区进行工资指导线制度试点,在非国有企业探索工资集体协商试点,并在部分中心城市开展建立劳动力市场工资指导价位和人工成本预测预警制度试点。三是对国家机关、事业单位和社会团体工资分配的直接管理。对于工资由国家财政直接划拨的国家机关、事业单位和社会团体,其工资分配形式和工资分配方式均由国家直接确定。

三、在工资法律关系中,劳动关系当事人享有的权利

(一) 劳动者的工资权

在社会主义的初级阶段,劳动仍是人们谋生的手段。毫无疑问,取得工资是一般劳动者就业、建立劳动关系最根本和最直接的目的。工资权是劳动者劳动权的重要构成部分。为此,国际劳工组织对劳动者的工资权予以高度重视,先后

通过了一系列的公约和建议书,要求世界各国充分保护劳动者的工资权。例如,1949 年于日内瓦通过了《保护工资公约》和《保护工资建议书》。各国的劳动立法对此也作出了相应的规定。概括起来,劳动者的工资权应包括以下内容:

1. 工资取得权

劳动者在履行劳动给付义务后或基于不可归责于劳动者本人的原因未履行劳动给付义务(例如病假)或依法可以免除给付劳动义务时(例如履行社会公务),均有向用人单位要求工资给付并受领工资的权利。

2. 工资支配权

即劳动者有对自己的工资处分的权利,用人单位和其他任何个人或组织均无权干预。

3. 工资保障权

劳动者有权获得法律规定的最低工资保障权、实际工资保障权和工资支付保障权等。

4. 工资分配的参与和了解权

根据我国《全民所有制工业企业法》第 52 条的规定,全民所有制企业的职工代表大会对企业的工资调整方案、奖金分配方案有审查同意或者否决权。《外商投资企业劳动管理规定》第 14 条规定:"企业职工的工资水平由企业根据当地人民政府或劳动行政部门发布的工资指导线,通过集体谈判确定。"而国际劳工组织 1949 年通过的《保护工资建议书》(第 85 号建议书)第 6 条规定:"应让工人了解的工资条件细节,应包括以下内容:(a) 应付工资标准;(b) 工资计算方法;(c) 工资发放周期;(d) 发放地点和(e) 可能进行扣除的条件。"

(二) 用人单位工资分配自主权

我国《劳动法》第 47 条规定:"用人单位根据本单位的生产经营特点和经济效益,依法自主确定本单位的工资分配方式和工资水平。"用人单位工资分配自主权是企业经营自主权的表现之一,也是企业作为商品生产和经营者的必要条件之一。但需指出的是,用人单位享有工资分配自主权,并不意味着用人单位可以随心所欲地决定工资分配,而必须是在法定范围内的自主分配。这主要指两种情况:一是用人单位必须遵循国家规定的强制性法律规范规定的工资分配规则。例如,用人单位在确定工资分配时必须遵守《劳动法》第 46 条规定的"应当遵循按劳分配原则,实行同工同酬"及最低工资保障等规定。二是法律已对用人单位工资分配自主权作限制的,用人单位必须遵守。例如,全民所有制企业的工资分配方案必须得到职工代表大会的认可,外商投资企业的工资分配受集体合同的制约。

第二节 工资的形式和构成

一、工资的形式

工资的形式是指工资计算和支付的方式。目前,我国的工资形式主要有计时工资和计件工资两种,另外在一定范围内进行年薪制的试点。

(一) 计时工资

计时工资是指按计时工资标准(包括地区生活费补贴)和工作时间支付给个人的劳动报酬。从工资的结构看,计时工资包括:对已做工作按计时工资标准支付的工资;实行结构工资制的单位支付给职工的基础工资和职务(岗位)工资;新参加工作职工的见习工资(学徒的生活费);运动员体育津贴。从工资发放的周期看,计时工资标准一般分为月工资标准、日工资标准和小时工资标准。其中,月工资标准由劳动者和用人单位在劳动合同中约定,它是日工资标准和小时工资标准计算的基础。根据国家有关规定,实行计时工资制的劳动者的日工资,按其本人月工资标准除以平均每月法定计薪天数(实行每周40小时工作制的为21.75天)进行计算。那么,小时工资标准则为日工资标准除以8小时进行计算。

计时工资是最常见、最普遍的工资形式,任何用人单位和劳动者均可实行。

(二) 计件工资

计件工资是指按照劳动者生产的合格产品的数量或完成的一定作业量,根据预先规定的计件单价计算劳动报酬的一种工资形式。它包括实行超额累进计件、直接无限计件、限额计件、超定额计件等工资制,按劳动部门或主管部门批准的定额和计件单价支付给个人的工资;按工作任务包干方法支付给个人的工资;按营业额提成或利润提成办法支付给个人的工资三种。计件工资是以劳动者在一定时间完成的劳动量来确定工资标准的。因此,它是计时工资的转化形式。与计时工资相比,计件工资具有以下特点:

(1) 计件工资制是在既定的国家与企业工资分配关系条件下,按照企业自定的劳动定额和计件单价,根据职工生产合格产品的数量支付工资的一种形式。因此,它是以凝结劳动形态为唯一标准来确定个人工资的一种分配形式,具有简单易行的特点。

(2) 职工工资能否增长既取决于本企业经济效益的好坏,也与本人的劳动成果紧密联系,它易被职工接受,较好地体现了按劳分配的原则。

(3) 计件工资是指对已做工作按计件单价支付的劳动报酬。

由于计件工资具有上述特点,它的适用受到一定条件的限制,即实行计件工资制的企业或车间、工种应具备下列条件：

（1）生产的连续性、协作性以及机械化程度要求不太高；

（2）产品的数量能够准确计算，并能正确地反映工人所支付的劳动量；

（3）产品的数量和质量主要取决于工人的主观努力；

（4）具有先进合理的劳动定额和比较健全的统计制度，有严格的计量标准；

（5）具有明确的产品质量标准，有较严格的检查和验收制度；

（6）生产任务饱满，产、供、销较正常。

（三）年薪

年薪是指对符合一定条件的劳动者实行的以企业财务年度为计发劳动报酬周期的工资形式。我国《劳动法》对年薪制未作规定，但它在许多工业化国家中已得到普遍承认和推行。年薪制主要适用于企业或公司的经营者或高级管理人员，例如经理、董事等。年薪制与计件工资和计时工资不同，其收入中除了含有劳动报酬外，还具有与其职责相对应的利润风险收入。所以，年薪制这一工资形式并不是对所有劳动者都适用。目前我国《劳动法》对年薪尚无明文规定，但在劳动部、国家经贸委颁的《现代企业制度试点企业劳动工资社会保险制度改革办法》（劳部发[1995]258号）第12条作了较原则的规定："企业经营者试行年薪制。经营者年薪与职工工资收入分离，与企业生产经营成果（主要依据利润或减亏指标）、责任、风险和资产保值增值相联系。实行公司制的企业，经营者年薪由企业董事会确定，劳动行政部门应对经营者年薪水平提出指导意见；未实行公司制的企业，经营者年薪由劳动行政部门会同经贸、财政部门确定。"

二、工资的构成

工资的构成是指用人单位设计的工资结构。随着我国企业经营自主权的确立，工资的构成已成为用人单位自主确定的范围。《劳动法》第47条规定："用人单位根据本单位的生产经营特点和经济效益，依法自主确定本单位的工资分配方式和工资水平。"据此，各用人单位可以依照自己生产经营的特点，自主确定本单位员工的工资结构。例如，有的企业实行结构工资制，有的实行基本工资加浮动工资制，有的实行岗位工资或技能工资制等。但无论实行何种工资制度，其工资都由不同单元构成。在实践中，最常见的工资构成单元有如下几种：

（一）基本工资

基本工资（又称"标准工资"）是指企业与劳动者在劳动合同中约定的劳动者所在岗位（职务）相对应的工资标准。基本工资与奖金、津贴、补贴等其他工资构成相比，具有以下几个方面的特征：

1. 固定性。即只要劳动者按照劳动合同的约定提供了正常的劳动，用人单位就必须按此标准支付报酬，它不像奖金可随企业经济效益的变动而变动。这里的不变,是指在一定时期内具有相对的稳定性,而不是指永恒不变,如果经双方当事人协商同意,完全可以变更基本工资的标准。

2. 主要性。即基本工资在劳动者的劳动收入中占主要比例。它是劳动者基本生活来源的主要保障,而奖金、津贴、补贴等仅是一种辅助性的工资收入。

3. 基准性。即基本工资往往是计算和确定其他工资收入和待遇的标准。例如,根据我国劳动法的有关规定的精神,延长工作时间的工资计发标准,以及在社会统筹之前的养老、失业等社会保险费的计算标准等均以基本工资为基础,而不包括奖金。

4. 等级性。工资作为劳动者让渡劳动力并给付劳动的一种代价,其数额的大小与劳动者本身凝结的劳动力的质量高低以及岗位条件的差异直接相关,不同素质的劳动力在相同时间所给付的劳动的质和量不完全相同,用人单位在与劳动者订立劳动合同时,对不同的劳动者约定的基本工资也不同。因此,基本工资体现着劳动者劳动质量和技术水平等诸多方面的差别,具有等级性。

(二) 奖金

奖金是指支付给职工的超额劳动报酬和增收节支的劳动报酬。根据国家统计局《〈关于工资总额组成的规定〉若干具体范围的解释》的规定,奖金的范围包括:

1. 生产(业务)奖。包括超产奖、质量奖、安全(无事故)奖、考核各项经济指标的综合奖、提前竣工奖、外轮速遣奖、年终奖(劳动分红)等。

2. 节约奖。包括各种动力、燃料、原材料等节约奖。

3. 劳动竞赛奖。包括发给劳动模范、先进个人的各种奖金和实物奖励。

4. 其他奖金。包括从兼课酬金和业余医疗卫生服务收入提成中支付的奖金等。

(三) 津贴和补贴

津贴是指为补偿职工特殊或额外劳动消耗和改善劳动者生活待遇而支付的劳动报酬。具体有:

1. 为补偿职工在特殊工作环境的额外消耗而支付的津贴。包括:高空津贴、井下津贴、流动施工津贴、野外工作津贴、林区津贴、高温作业临时补贴、海岛津贴、艰苦气象台(站)津贴、微波站津贴、高原地区临时补贴、冷库低温津贴、基层审计人员外勤工作补贴、邮电人员外勤津贴、夜班津贴、中班津贴、班(组)长津贴、学校班主任津贴、三种艺术(舞蹈、武功、管乐)人员工种补贴、运动班(队)干部驻队补贴、公安干警值勤岗位津贴、环卫人员岗位津贴、广播电视天线工岗位津贴、盐业岗位津贴、废品回收人员岗位津贴、殡葬特殊行业津贴、城市社会福利事业单位岗位津贴、环境监测津贴、收容遣送岗位津贴等。

2. 保健性津贴。具体有:卫生防疫津贴、医疗卫生津贴、科技保健津贴、各种社会福利院职工特殊保健津贴等。

3. 技术性津贴。具体有：特级教师补贴、科研津贴、工人技师津贴、中药老药工技术津贴、特殊教育津贴等。

4. 年功性津贴。具体有：工龄津贴、教龄津贴和护士工龄津贴等。

5. 其他津贴。具体有：直接支付给个人的伙食津贴（火车司机和乘务员的乘务津贴、航行和空勤人员伙食津贴、水产捕捞人员伙食津贴、专业车队汽车司机行车津贴、体育运动员和教练员伙食补助费、少数民族伙食津贴、小伙食单位补贴等）、合同制职工的工资性补贴以及书报费等。

补贴是指为保证职工工资水平不受物价上涨或变动影响而支付的各种劳动报酬，如肉类等价格补贴、副食品价格补贴、粮价补贴、煤价补贴、房贴、水电贴等。

正由于津贴和补贴与劳动者劳动的环境或物价变动等因素有关，即使是从事不同岗位工作的劳动者，如果在同一高温环境下工作，他们所得的高温津贴就应该相同，这与劳动者的职级或企业的经济效益没有关系。所以，津贴和补贴一旦确立后，就具有一定的稳定性，不像奖金可以随企业经济效益或劳动者劳动的数量和质量变动而变动。

第三节 工资的法律保障

一、工资的法律保障的概念

工资的法律保障是指法律规定的保障职工取得工资以及工资足以成为其生活主要来源的一系列措施。我国劳动法规定的工资保障包括工资支付保障、最低工资保障和实际工资保障三部分。

二、工资支付保障

（一）工资支付和工资支付保障的概念

工资支付是指用人单位依照法律规定或劳动合同约定使劳动者应得的工资转变成实际所有工资的过程，其中包括工资支付项目、工资支付水平、工资支付形式、工资支付对象、工资支付时间以及特殊情况下的工资支付。工资支付保障是指保障劳动者获得全部应得工资的法律措施，它包括法律规定的工资支付的一般规则、特殊情况下的工资支付及对非法扣除工资的禁止三部分。

工资支付是劳动者使法律赋予的劳动报酬成为现实的重要环节，也是劳动者实际支配和处分工资的前提。为此，国际劳动组织在1949年第95号《保护工资公约》和第85号同名建议书中，对工资的支付保障作了规定。我国涉及工资支付保障的规定主要有:《劳动法》、劳部发[1994]489号《工资支付暂行规定》(以下简称《支付规定》)。

(二) 工资支付规则

工资支付规则是指用人单位在支付劳动者工资时必须遵守的准则。概括我国现有法律、法规的规定,用人单位在进行工资支付时应遵循以下规则:

1. 在支付形式上应遵守货币支付规则

我国《劳动法》第50条规定:"工资应当以货币形式按月支付给劳动者本人。"《支付规定》第5条进一步规定:"工资应当以法定货币支付。不得以实物及有价证券替代货币支付。"因此,有些用人单位在效益不佳的情况下,将库存货物作价发给劳动者充抵当月工资的做法是违法的。

2. 在支付对象上应遵守直接向本人支付的规则

《劳动法》第50条规定,用人单位支付工资应支付给劳动者本人。《支付规定》第6条规定:"用人单位应将工资支付给劳动者本人。劳动者本人因故不能领取工资时,可由其亲属或委托他人代领。用人单位可委托银行代发工资。"这表明,任何人(包括劳动者本人的家属)如果没有得到劳动者本人的授权,不得代领劳动者的工资。同时,用人单位也负有不得向无授权的任何他人支付劳动者工资的义务,否则,即使用人单位已实际支出该项工资,劳动者仍有要求用人单位给付工资的请求权,如果因此造成劳动者损失,用人单位还应承担赔偿责任。

在具体操作上,用人单位必须书面记录支付劳动者工资的数额、时间、领取者的姓名以及签字,并保存两年以上备查。用人单位在支付工资时应向劳动者提供一份个人的工资清单。

3. 在支付时间上应遵守定期支付规则

定期支付包括两个方面的含义:一是指必须按《劳动法》的规定"按月支付"。劳办发[1994]289号《劳动部关于〈中华人民共和国劳动法〉若干条文的说明》将"按月支付"解释为"每月至少发放一次工资,实行月薪制的单位,工资必须每月发放,超过企业与职工约定或劳动合同规定的每月支付工资的时间发放工资即为不按月支付。实行小时工资制、日工资制、周工资制的单位工资也可以按日或按周发放"。二是指必须按劳动合同约定的日期支付。《支付规定》第7条规定:"工资必须在用人单位与劳动者约定的日期支付。如遇节假日或休息日,则应提前在最近的工作日支付。"同时,该规定第8条对以完成一定工作任务为劳动合同期限的劳动者的工资支付时间规定为:"对完成一次性临时劳动或某项具体工作的劳动者,用人单位应按有关协议或合同规定在其完成劳动任务后即支付工资。"

另外,如果劳动者辞职或用人单位依法解除合同或经双方协商解除合同的,用人单位应在解除或终止劳动合同的同时一次性付清劳动者的工资。

4. 在支付项目上应遵守足额支付规则

用人单位依法或劳动合同约定应当支付给劳动者工资的项目及数额必须全部支付给劳动者,不得克扣或者无故拖欠劳动者的工资。

所谓"克扣",系指用人单位无正当理由扣减劳动者应得工资(即在劳动者已提供正常劳动的前提下,用人单位按劳动合同规定的标准应当支付给劳动者的全部劳动报酬)。不包括以下减发工资的情况:

(1) 国家的法律、法规中有明确规定的;

(2) 依法签订的劳动合同中有明确规定的;

(3) 用人单位依法制定并经职代会批准的厂规、厂纪中有明确规定的;

(4) 企业工资总额与经济效益相联系,经济效益下浮时,工资必须下浮的(但支付给劳动者的工资不得低于当地的最低工资标准);

(5) 因劳动者请事假等相应减发工资等。

所谓"无故拖欠",系指用人单位无正当理由在超过规定付出时间未支付劳动者工资。不包括:

(1) 用人单位遇到非人力所能抗拒的自然灾害、战争等原因,无法按时支付工资;

(2) 用人单位确因生产经营困难、资金周转受到影响,在征得本单位工会同意后,可暂时延期支付劳动者工资,延期时间的最长限制可由各省、自治区、直辖市劳动行政部门根据各地情况确定。

其他情况下拖欠工资均属无故拖欠。

5. 在特殊情况下应遵守优先支付规则

《支付规定》第14条规定:"用人单位依法破产时,劳动者有权获得其工资。在破产清偿中用人单位应按《中华人民共和国企业破产法》规定的清偿顺序,首先支付欠付本单位劳动者的工资。"

我国劳动法对工资支付地点的规则未作规定,但根据国际劳工组织的《保护工资公约》第13条第2款的规定:"禁止在酒店或其他类似地方发放工资,并在有必要防止乱花钱时,也应禁止在零售商店和娱乐场所发放工资,但那里的雇员除外。"我国的有些地方性法规对此作了规定,例如江苏省苏劳薪[1995]10号《关于贯彻劳动部〈工资支付暂行规定〉的实施意见》第4条规定:"用人单位应当在劳动者工作所在地将工资支付给劳动者本人。"

6. 计件工资的支付规则

如前所述,计件工资是计时工资的一种转化形式。劳动者所享有的劳动权并不因工资形式或工作方式的不同而不同。有些用人单位利用计件工资形式,不限定劳动者每天或每周的工作量,只要劳动者完成一件劳动产品,就按照预先确定的计件单位价计发工资报酬,这表面看来是体现"按劳分配",多劳多得,实际上其中涉及用人单位规避劳动法规定的延长工作时间的工资支付问题。为此,法律上要求实行计件工资制的用人单位,必须按标准工作时间确定劳动者每日劳动的计件定额任务,如果由用人单位安排延长工作时间的,仍应按规定支付工资。《支付规定》第13条第2款对此作了规定:"实行计件工资的劳动者,在完成计件定额任务后,由用人单位安排延长工作时间的,应根据上述规定的原则,分别按照不低于其本人法定工作时间计件单价的150%、200%、300%支付其工资。"

实行计件工资制的用人单位,如果劳动者在一个月中未完成计件定额任务,且按其完成的工作量计发的工资报酬的总额低于当地政府规定的最低工资水平的,用人单位应按照最低工资标准支付劳动者工资。劳部发[1995]309号《关于贯彻执行〈中华人民共和国劳动法〉若干问题的意见》第56条规定:"在劳动合同中,双方当事人约定的劳动者在未完成劳动定额或承包任务的情况下,用人单位可低于最低工资标准支付劳动者工资的条款不具法律效力。"由此可见,最低工资标准是国家规定的劳动者工资水平的最低限度,这是一种强制性的法律规定,任何用人单位不得以任何方式在最低工资标准以下支付劳动者的正常工资报酬。但是,如果劳动者因其本人主观原因未完成工作定额,用人单位可视具体情况,根据企业内部劳动规则或劳动法的有关规定,对劳动者作出适当的处理。

(三)特殊情况下的工资支付

1. 特殊情况下的工资支付的概念

特殊情况下的工资支付是指法律规定的在非正常情况下用人单位对劳动者的工资支付。一般认为,因劳动者在用人单位施行的正常工作时间内履行劳动给付义务而进行的工资支付为正常的工资支付。如果是劳动者未能履行正常的劳动而给付劳动者工资的,即为特殊情况下的工资支付。

2. 特殊情况下的工资支付的条件及工资支付标准

(1)劳动者在法定工作时间内依法参加社会活动期间的工资支付。《支付规定》第10条对此作了规定:"劳动者在法定工作时间内依法参加社会活动期间,用人单位应视同其提供了正常劳动而支付工资。社会活动包括:依法行使选举权或被选举权;当选代表出席乡(镇)、区以上政府、党派、工会、青年团、妇女联合会等组织召开的会议;出任人民法庭证明人;出席劳动模范、先进工作者大会;《工会法》规定的不脱产工会基层委员会委员因工会活动占用的生产或工作时间;其他依法参加的社会活动。"

(2)劳动者在依法享受法定休假期间的工资支付。《支付规定》第11条规定:"劳动者依法享受年休假、探亲假、婚假、丧假期间,用人单位应按劳动合同规定的标准支付劳动者工资。"

(3) 劳动者在用人单位停工停产期间的工资支付。《支付规定》第12条规定:"非因劳动者原因造成单位停工、停产在一个工资支付周期内的,用人单位应按劳动合同规定的标准支付劳动者工资。超过一个工资支付周期的,若劳动者提供了正常劳动,则支付给劳动者的劳动报酬不得低于当低的最低工资标准;若劳动者没有提供正常劳动,应按国家有关规定办理。"

(4) 劳动者在延长工作时间内的工资支付。(具体支付标准在"工作时间和休息休假"一章中已阐述)

(5) 劳动者受处分后的工资支付。根据劳部发[1995]226号《对〈工资支付暂行规定〉有关问题的补充规定》的规定:"劳动者受处分后的工资支付:(1)劳动者受行政处分后仍在原单位工作(如留用察看、降级等)或受刑事处分后重新就业的,应主要由用人单位根据具体情况自主确定其工资报酬;(2)劳动者受刑事处分期间,如收容审查、拘留(羁押)、缓刑、监外执行或劳动教养期间,其待遇按国家有关规定执行。"

(6) 劳动者(学徒工、熟练工、大中专毕业生)在学徒期、熟练期、见习期、试用期及转正定级后的工资待遇以及新就业复员军人的工资待遇由用人单位自主确定。

(7) 分配到企业的军队转业干部的工资待遇。按照国发[1995]19号《关于确定军队转业干部工资待遇问题的通知》第3条规定:"分配到企业的军队转业干部,其工资按照本人原在军队职务(技术等级)工资、军衔(文职级别)工资、基础工资和军龄工资四项之和80%的数额,就近就高套入所在企业相当职务的工资标准(不含奖金和各种补贴)。"另外,该通知第4条规定:"军队转业干部的津贴、补贴、奖金及其他生活福利待遇,均按照国家有关规定执行。"

(8) 劳动者被公派到国(境)外工作、学习期间的工资支付。按照有关规定,劳动者在国内的工资,用人单位应按国家规定的标准支付。

(9) 劳动者在脱产学习期间及被错误羁押期间、被错判服刑期间的工资支付。用人单位应按劳动合同的约定或国家规定支付。

(10) 劳动者患病或非因工负伤治疗期间的工资支付。根据劳部发[1995]309号《意见》第59条的规定:"职工患病或非因工负伤治疗期间,在规定的医疗期间内由企业按有关规定支付其病假工资或疾病救济费,病假工资或疾病救济费可以低于当地最低工资标准支付,但不能低于最低工资标准的80%。"

(11) 劳动者下岗待业期间的工资支付。劳动者下岗期间,由企业根据当地政府的有关规定支付其生活费,生活费可以低于最低工资标准;下岗待业人员中重新就业的,企业应停发其生活费。女职工因生育、哺乳请长假而下岗的,在其享受法定产假期间,依法领取生育津贴;没有参加生育保险的企业,由企业照发原工资。

(四) 禁止非法扣除工资

工资是劳动者维持基本生活的主要来源,许多国家的法律对工资扣除作了禁止性的规定。例如,有的国家规定,雇主除法律另有规定外,不得以自己对受雇人有债权为由,在未经受雇人同意的情况下直接从受雇人的工资中扣除冲抵债务;也不得未经受雇人同意,以为受雇人利益为由扣存部分工资等。我国对工资非法扣除的禁止采用的是排除式的规定,即将不得克扣员工工资作为一般性规定,同时列举了允许在职工工资中扣除的项目,除此以外,就不得在工资中扣除。另外,即使是法律允许在工资中可以扣除的项目,其每次扣除的数额也不得超过法律规定的幅度。

根据《支付规定》第15条的规定:"用人单位不得克扣劳动者工资。有下列情况之一的,用人单位可以代扣劳动者工资:(1)用人单位代扣代缴的个人所得税;(2)用人单位代扣代缴的应由劳动者个人负担的各项社会保险费用;(3)法院判决、裁定中要求代扣的抚养费、赡养费;(4)法律、法规规定可以从劳动者工资扣除的其他费用。"

同时,《支付规定》第16条规定:"因劳动者本人原因给用人单位造成经济损失的,用人单位可按照劳动合同的约定要求其赔偿经济损失。经济损失的赔偿,可从劳动者本人的工资中扣除。但每月扣除的部分不得超过劳动者当月工资的20%。若扣除后的剩余工资部分低于当地月最低工资标准,则按最低工资标准支付。"以保证该扣除不影响劳动者本人的基本生活。

(五) 对解决用人单位拖欠劳动者工资法律措施之探索

在劳动纠纷中,因用人单位拖欠劳动者工资而引起的争议占相当的比例。同时,工资是劳动者维持基本生活的主要来源,是其生存的保证。因此,工资纠纷如果得不到及时有效的解决,不仅会使争议的性质发生变化,使民事纠纷上升为刑事犯罪,而且还可能会影响到社会秩序的稳定。目前,有些外商投资企业投资不到位,或基于其他原因,长期拖欠职工工资,到最后一走了之,致使职工哄抢企业财产、到政府门口请愿等事件时有发生。因此,如何有效地防止和解决用人单位拖欠劳动者工资问题,是我们面临的需要迫切解决的一大问题。

目前,我国劳动法对解决用人单位拖欠职工工资已有的法律规定为:

1. 对正常经营的用人单位拖欠职工工资的,规定可通过劳动争议处理程序,要求用人单位支付拖欠的款项,如果造成损失的,还应负责赔偿。

2. 对处于破产状况的用人单位拖欠职工工资的,规定了职工工资在一定条件下有优先清偿权。我国《企业破产法》第113条规定:"破产财产在优先清偿破产费用和共益债务后,依照下列顺序清偿:(一)破产人所欠职工的工资和医疗、伤残补助、抚恤费用,所欠的应当划入职工个人账户的基本养老保险、基本医疗保险费用,以及法律、行政法规规定应当支付给职工的补偿金;……"《支付规定》第14条规定:"用人单位依法破产时,劳动者有权获得其工资。在破产清偿中用人单位应按《中华人民共和国企业破产法》规定的清偿顺序,首先支付欠付本单位劳动者的工资。"

上述这些法律规定体现了劳动者工资优先保护的立法精神。但一直困扰着劳动执法的问题是:这一优先保护法律措施奏效的前提是企业有产可"破",当用人单位无产可"破"或企业歇业、清算期间根本无力偿还积欠的工资时怎么办?此时,劳动者的工资债权将与其他普通债权一样成为泡影。这对于靠工资维持生存的劳动者来说,就可能不会像多数普通债权人那样保持清醒的头脑自认"倒霉",他们就会找企业的主管部门或当地政府讨"公道"。无论从工资对劳动者生存的重要性上考察,还是从拖欠工资得不到偿还的社会后果上看,均有必要进一步探索完善保障劳动者工资权的法律措施。本书认为,在此问题上可以借鉴国外行之有效的建立用人单位"积欠工资清偿基金"这一举措。例如,日本在劳动法中规定,要求雇主按其当月雇用劳工的薪资额及规定的费用,向社会保险机构缴纳一定数额的积欠工资垫偿基金。设立这一基金的目的是,借助企业的社会连带责任,以集中的基金发挥企业联合救助的功能。国家通过立法规定可从这一基金中获得工资给付的劳动者的条件。符合条件的劳动者即可按照法定程序在垫偿基金中获得工资补偿。这样使得劳动者因用人单位无偿还能力而得不到工资的风险转嫁到全社会有相同考虑的用人单位承担,大大增强了对劳动者工资权的保障能力。

三、最低工资的保障

(一) 最低工资的概念

最低工资是指国家直接发布的劳动者在法定或劳动合同约定的工作时间内提供了正常劳动的前提下,其所在企业应支付的最低劳动报酬。最低工资标准是指单位劳动时间的最低工资数额。最低工资不包括加班加点工资,中班、夜班、高温、低温、井下、有毒有害等特殊工作环境、条件下的津贴,以及国家法律、法规、政策规定的劳动者保险、福利待遇和企业通过贴补伙食、住房等支付给劳动者的非货币性收入等。从最低工资的概念中可以看出,最低工资具有两个条件:一是劳动者在单位时间内提供了正常的劳动,这是最低工资适用的前提条件。所谓"正常劳动",是指劳动者按劳动合同的约定,在法定工作时间内从事的劳动。按照规定,劳动者依法律、法规的规定休假、探亲以及参加社会活动等,都应视同提供了正常劳动。二是最低工资标准的确定虽然实行政府、工会、企业三方代表共同研究确定原则,但最终由政府直接发布,任何人、任何组织无权随意变更。

最低工资标准一般采取月最低工资标准和小时最低工资标准的形式。月最低工资标准适用于全日制就业劳动者,小时最低工资标准适用于非全日制就业劳动者。

最低工资保障制度的实施,对促进劳动力市场的发育,促进工资管理和工资支付的法制化,加强企业工资收入的宏观调控,制止部分企业过分压低职工工资,保护劳动者合法权益,发挥了积极作用。我国《劳动法》第48条明确规定:"国家实行最低工资保障制度。……用人单位支付劳动者的工资不得低于当地最低工资标准。"最低工资保障制度适用于我国境内的所有企业和有雇工的个体工商户,包括国有企业、集体企业、外商投资企业和私营企业等。为了落实《劳动法》规定的最低工资保障制度,我国劳动和社会保障部于2004年3月颁布了《最低工资规定》,对最低工资保障制度作了具体规定。

(二)最低工资标准的确定和发布

1. 最低工资标准的确定

(1)确定最低工资标准的原则

① 差别标准原则。考虑到我国幅员广阔,南北、东西经济发展的差异大,《劳动法》第48条规定,最低工资的具体标准由省、自治区、直辖市人民政府规定,报国务院备案。即不在全国实行统一的最低工资标准。劳动部颁布的《最低工资规定》第7条进一步规定:"省、自治区、直辖市范围内的不同行政区域可以有不同的最低工资标准。"

② 三方共同确定原则。指由政府、工会、企业三方代表共同研究确定当地最低工资标准,尽量使最低工资标准具有社会公正性。《最低工资规定》第8条规定:"最低工资标准的确定和调整方案,由省、自治区、直辖市人民政府劳动保障行政部门会同同级工会、企业联合会/企业家协会研究拟订,并将拟订的方案报送劳动保障部。方案内容包括最低工资确定和调整的依据、适用范围、拟订标准和说明。劳动保障部在收到拟订方案后,应征求全国总工会、中国企业联合会/企业家协会的意见。劳动保障部对方案可以提出修订意见,若在方案收到后14日内未提出修订意见的,视为同意。"

(2)确定最低工资标准应考虑的因素

根据《劳动法》第49条和《最低工资规定》的有关规定,确定和调整月最低工资标准,应参考当地就业者及其赡养人口的最低生活费用、城镇居民消费价格指数、职工个人缴纳的社会保险费和住房公积金、职工平均工资、经济发展水平、就业状况等因素。确定和调整小时最低工资标准,应在颁布的月最低工资标准的基础上,考虑单位应缴纳的基本养老保险费和基本医疗保险费因素,同时还应适当考虑非全日制劳动者在工作稳定性、劳动条件和劳动强度、福利等方面与全日制就业人员之间的差异。

2. 最低工资标准的发布和调整

最低工资标准的发布程序是:省、自治区、直辖市劳动保障行政部门应将本地区最低工资标准方案报省、自治区、直辖市人民政府批准,并在批准后 7 日内在当地政府公报上和至少一种全地区性报纸上发布。省、自治区、直辖市劳动保障行政部门应在发布后 10 日内将最低工资标准报劳动保障部。最低工资标准发布实施后,如确定最低工资标准的相关因素发生变化,应当适时调整。最低工资标准每两年至少调整一次。

3. 最低工资的实施

《最低工资规定》从以下几方面规定了最低工资实施的措施:

(1) 规定了用人单位应履行的义务。《最低工资规定》第 11 条规定:"用人单位应在最低工资标准发布后 10 日内将该标准向本单位全体劳动者公示。"即劳动者有向用人单位了解当地政府对最低工资标准、最低工资的组成部分等规定内容的权利,用人单位有回答和主动告知的义务。

(2) 规定了政府的劳动行政主管部门和工会负有对最低工资执行情况进行检查、监督的职责。其中,工会如发现企业支付劳动者工资低于最低工资标准,有权要求有关部门处理。

(3) 规定了用人单位及有关部门违反《最低工资规定》应承担的法律责任。即用人单位未履行《最低工资规定》中的向劳动者公示义务的,由劳动保障行政部门责令其限期改正;用人单位支付劳动者的工资低于最低标准的,由劳动保障行政部门责令其限期补发所欠劳动者工资,并可责令其按所欠工资的 1 至 5 倍支付劳动者赔偿金。

第十一章 劳动就业

第一节 劳动就业概述

一、劳动就业的概念

劳动就业从不同的角度可作不同的解释:从劳动经济学的角度看,劳动就业是劳动力与生产资料结合生产社会物质财富并进行社会分配的过程;从劳动者个人的角度看,劳动就业是劳动者的谋生手段;从社会价值的角度看,劳动就业是使劳动力和生产资料两大资源得到合理利用的过程;从劳动法的角度看,劳动就业是指具有劳动权利能力和劳动行为能力并有就业愿望的公民获得有报酬或经营收入的职业。它具有以下特征:

(1)其主体必须是具有劳动权利能力和劳动行为能力的公民。在我国境内,具有我国国籍的公民一般应年满十六周岁,包括能够参加劳动的残疾人;外国公民应年满十八周岁。

(2)公民在主观上必须有求职的愿望。如果公民在主观上不具有求职愿望,即使临时参加社会劳动,也不能算是就业,例如在校学生的勤工俭学。

(3)其结果必须是获得了劳动报酬或经营收入。这可使就业劳动与社会义务劳动相区别。

一般而言,符合上述条件的人员被称为"就业者"。世界各国和有关的国际组织从劳动统计和国民经济统计管理的角度,对就业者的统计还确定了一些数量标准,如劳动时间、经营收入等。国际统计学会在 1954 年和 1957 年于日内瓦召开的第八届和第九届国际统计学大会上,确定了国际通用的就业标准,即凡是在规定年龄之上具有下列情况的都属于就业人员:

(1)正在工作中,即在规定的时期内正在从事有报酬或收入职业的人;

(2)有职业但是临时没有工作的人,例如由于疾病、事故、劳动争议、休假、旷工或气候不良、机件损坏、故障等原因而临时停工的人;

(3)雇主和个人经营者,或正在协助家庭经营企业或农场而不领取报酬的家属成员,在规定的时间内,从事正常工作时间的 1/3 以上者。

此外,该会议还规定了劳动就业的范围,一般只包括国民经济各部门所使用的劳动力,武装部队中的人员和在校学习的学生不在劳动就业人员的范围内。

二、劳动就业权

（一）劳动就业权的概念

劳动就业权也可称为"就业权"或"工作权"，是指公民享有的使自己的劳动力与生产资料结合实现职业劳动的权利。它与《宪法》确立的劳动权是两个既有联系又有区别的概念。我国《宪法》第 42 条第 1 款规定："中华人民共和国公民有劳动的权利和义务。"其中的劳动权是指我国公民享有使自己的劳动力与社会生产资料结合实现劳动过程的权利。虽然两者在实现劳动过程这一点上是相同的，但劳动就业权和劳动权作为两个法律概念，无论在概念的外延还是内涵上均不相同。劳动就业权是相对于失业而言的，在劳动就业权的内涵中，除了有劳动权的内容外，还包含着获取劳动报酬的权利，实现的是职业劳动；而劳动权仅指实现劳动力与生产资料两大生产要素的结合，它可以是职业劳动，也可以是非职业劳动，例如义务劳动等。因此，劳动权的外延比劳动就业权广。确切地说，劳动就业权是劳动权的一种表现方式。

劳动是人类社会赖以生存和发展的物质财富产生的源泉，它是人类社会与生俱来的活动，但是劳动权与劳动现象在产生上却不具有历史和逻辑的一致性。在资本主义社会之前，劳动只是被剥削阶级的一项天经地义的义务，劳动作为一项权利，是人类社会步入资本主义阶段后才出现的。资本主义的生产方式在创造了一个大工业资本家阶级的同时，也创造了一个人数众多的产业工人阶级。由于工人阶级不拥有生产资料，他们只能靠让渡自己的劳动力给资本家实现劳动力与生产资料的结合，并通过获得工资维持自己的生存。因此，工人一旦失去与生产资料结合的就业机会，就意味着失去维持其生存的生活来源。"要生存，要工作"成为历次工人运动的口号和奋斗目标，失业不仅成为工人生存的威胁，也是社会不安定的重要因素。为此，德国资产阶级在自然法学派的"自然权利"、"天赋人权"等思想的影响下，首先将劳动作为人的生存权写进了 1919 年的《魏玛宪法》中，并为此后各资本主义宪法所效仿。当今世界各国无论实行何种社会制度，无一例外地将劳动权作为公民的生存权载入宪法中。例如，《葡萄牙共和国宪法》第 59 条规定："所有人都有劳动的权利。"[1]《意大利宪法》第 35 条规定："共和国保护一切形式的劳动。"[2]《希腊宪法》第 22 条规定："劳动是一种权利，受国家保护。"[3]《日本宪法》第 27 条规定："一切国民均有劳动的权利和义务。"[4]由此可见，劳动权是源于人们对劳动就业权的需要和努力而产生的，它

---

[1] 转引自姜士林、陈玮主编：《世界宪法大全》（上卷），中国广播电视出版社 1989 年版，第 948 页。
[2] 同上书，第 1113 页。
[3] 同上书，第 1086 页。
[4] 同上书，第 348 页。

是世界工人运动胜利的成果,是进化了的法律对人类文明达成共识的关于人的生存价值的肯定。在人类社会进入高科技发展时期的今天,解决劳动者的就业、保障公民的生存仍然是世界各国政府最重要的工作之一。一国公民就业率的高低,是衡量该国政府工作成功与否和社会经济发展好坏的重要标准。为此,联合国和国际劳工组织对各国公民的劳动就业权也给予了极大的关注。著名的《世界人权宣言》第23条规定:"每个人都享有工作、自由选择职业、公正和满意的工作条件,以及得到保护免遭失业的权利。"[1]国际劳工组织在1964年于日内瓦召开的第四十八届会议上通过的第122号《就业政策公约》,要求各会员国采取积极措施,"促进经济增长和发展,提高生活水平,满足对人力的需求,并解决失业和不充分就业的问题"。

我国政府一直致力于促进就业的工作。新中国成立初期,为解决旧中国遗留下的失业问题,国家采取了一系列的临时性失业救济和促进就业的措施,取得了令世人瞩目的成就。党的十一届三中全会以后,中共中央、国务院为了解决长期以来积聚的大量失业青年的就业问题,提出了"三结合"的就业方针,即在国家统筹规划和指导下,实行劳动部门介绍就业、自愿组织起来就业和自谋职业相结合的就业方针。实践证明,"三结合"的就业方针取得了巨大的成功。为了满足我国社会主义市场经济体制对劳动力与生产资料这两大生产要素配置的要求,我国制定了一系列符合市场经济需要的促进就业的法律、法规。除《劳动法》外,主要有2007年8月30日第十届全国人民代表大会常务委员会第二十九次会议通过并于2008年1月1日生效的《中华人民共和国就业促进法》(以下简称《就业促进法》),2007年10月30日经劳动和社会保障部第二十一次部务会议通过《就业服务与就业管理规定》等。

(二)劳动就业权的特征

1. 权利实现要求的特殊性

劳动就业权的权利主体是具有劳动权利能力和劳动行为能力的公民,劳动就业权的相对义务主体是国家和社会。受劳动过程实现的客观规律的制约,劳动就业权的实现有着与其他权利实现不同的特殊要求,即公民劳动就业权的实现不完全是由人的主观意志决定的,它在很大程度上依赖于社会客观条件的存在。因此,国家作为劳动就业权的相对义务主体,负有的不仅仅是不妨碍权利主体行使权利的不作为的义务,而且要以积极的作为促进和保障该权利的实现。对处于非就业状态下的公民,国家要采取一切措施,发展经济,创造和扩大就业机会,通过采取职业介绍、职业训练、职业辅导等措施促进公民就业;对已经处于就业状态的公民,国家通过法律,对用人单位解除劳动合同作出必要的限制,以

---

[1] 转引自张宏良、金瑞德编:《改变人类命运的八大宣言》,中国社会出版社1996年出版,第79页。

保障公民劳动就业权的实现。

2. 权利内容的特殊性

劳动就业权是公民使自己的劳动力与社会生产资料相结合和取得相应报酬的两个权利的结合。如果公民参加的是没有报酬的劳动,则实现的不是劳动就业权,例如义务劳动;如果公民的收入不是基于劳动而取得的,那也不能称为劳动就业,例如公民因投资而获得的红利。因此,参加社会劳动和取得相应报酬是劳动就业权不可偏废的两个方面。

3. 权利救济手段的特殊性

国家作为劳动就业权的相对义务主体,负有促进和保障公民劳动就业的义务,这并不意味着国家要将公民的劳动就业包揽下来。所以,当受诸多因素的制约,有就业愿望的公民不能就业时,公民不能就此以诉讼或仲裁的方式向国家主张权利,只能申请领取失业保险救济金或社会救济金。

三、我国劳动就业的方针和形式

(一) 我国劳动就业的方针

长期以来,我国实行的就业方针为:"劳动者自主就业、市场调节就业、政府促进就业。"《就业促进法》在总结促进就业社会实践的基础上,将该劳动就业方针写进了法律中。《就业促进法》第2条规定:"国家把扩大就业放在经济社会发展的突出位置,实施积极的就业政策,坚持劳动者自主择业、市场调节就业、政府促进就业的方针,多渠道扩大就业。"劳动者自主就业是指劳动者通过公平竞争获得就业岗位;市场调节就业是指通过市场导向使劳动力的配置趋于合理和高效;政府促进就业是指政府采取一切措施,扩大就业渠道和增加就业岗位,建立和完善就业服务体系,帮助劳动者实现就业。例如,通过合理调整就业结构,引导有利于增加就业机会的产业和企业的发展;在增加基本建设投资、积极扩大内需、保持国民经济快速发展的同时,通过产业政策的调整,重视发展具有比较优势和市场潜力的劳动密集型企业,特别是就业容量比较大的服务性企业和中小企业;积极发展集体、私营、个体等多种所有制经济,实行灵活多样的就业形式,增加就业岗位,拓宽就业渠道;建立市场导向的就业机制,鼓励、支持并采取各种措施促进市场导向就业机制的形成;建立机制健全、运行规范、服务周到、监督有力的劳动力市场等。

(二) 我国劳动就业的形式

随着社会主义市场经济的建立,我国的劳动就业也完成了由原来的靠国家统包统配向靠市场竞争就业和多渠道、多方位的就业方式过渡。目前,我国劳动就业的形式主要有:

1. 劳动者与用人单位直接洽谈就业

例如,国家每年在大中专院校学生毕业之前在各地举办大规模的人才交流洽谈会,即将就业的高校毕业生通过洽谈会与有关的用人单位直接见面、洽谈、双向选择后实现就业。

2. 职业介绍机构介绍就业

由职业介绍机构为劳动力供求双方沟通联系,由双方订立劳动合同实现就业。

3. 劳动者自己组织起来就业

劳动者在国家的扶持下,自愿组织起来,通过举办各种集体经济组织实现就业,例如举办劳动服务企业。国家在资金、税收、场地等方面都给予优惠和照顾。

4. 自谋职业

即劳动者自谋就业的出路,例如劳动者从事个体经营等。

5. 国家安置就业

对少数劳动者,目前国家仍然负有保证其实现第一次就业的义务。例如,城镇复员军人、在服役期内荣立二等功和因公致残的三等以上伤残的原农业户口的复员军人及转业军人;烈士的子女(仅限一名)等。

第二节 劳动就业的基本原则

劳动就业的基本原则是指在劳动就业过程中必须遵守的基本准则。根据我国劳动法的规定,劳动就业应遵守如下基本原则:

一、国家促进就业的原则

促进就业是指国家采取的帮助公民实现劳动就业的一系列措施的总称。促进就业不仅是劳动过程实现的内在要求,也是国家保障公民生存权的重要举措。我国《劳动法》对促进就业作了专章的规定,《就业促进法》对国家促进就业的措施作了详尽的规定。主要有:

(一)建立促进就业的政府责任体系

《就业促进法》首次将各级政府促进就业的目标责任制度写入法律中。各级人民政府和有关部门应当建立促进就业的目标责任制度。《就业促进法》第58条规定,县级以上人民政府按照促进就业目标责任制的要求,对所属的有关部门和下一级人民政府进行考核和监督。同时,《就业促进法》第6条明确规定:"国务院建立全国促进就业工作协调机制,研究就业工作中的重大问题,协调推动全国的促进就业工作。国务院劳动行政部门具体负责全国的促进就业工作。省、自治区、直辖市人民政府根据促进就业工作的需要,建立促进就业工作协调机制,协调解决本行政区域就业工作中的重大问题。县级以上人民政府有关部门按照各自的职责分工,共同做好促进就业工作。"

(二) 建立促进就业的政策支持体系

《就业促进法》第 11 条规定:"县级以上人民政府应当把扩大就业作为重要职责,统筹协调产业政策与就业政策。"主要包括:

1. 国家通过促进经济发展,创造就业条件,扩大就业机会

一般而言,调整产业结构只能解决结构性失业问题;健全就业的服务体系只能使劳动力尽快地寻找到与之相适应的劳动就业岗位,不能从根本上解决劳动力严重供大于求的问题。只有发展经济,创造就业条件,扩大就业机会,才是帮助公民实现就业权的最根本的措施。《促进就业法》第 13 条和第 14 条分别规定:"国家发展国内外贸易和国际经济合作,拓宽就业渠道。""县级以上人民政府在安排政府投资和确定重大建设项目时,应当发挥投资和重大建设项目带动就业的作用,增加就业岗位。"

2. 国家采取措施鼓励企业、事业组织、社会团体在法律、行政法规规定的范围内兴办产业或者拓展经营,增加就业

例如,国家制定一系列优惠政策,扶持劳动就业服务企业,安置和吸收社会失业人员。《就业促进法》第 12 条规定:"国家鼓励各类企业在法律、法规规定的范围内,通过兴办产业或者拓展经营,增加就业岗位。国家鼓励发展劳动密集型产业、服务业,扶持中小企业,多渠道、多方式增加就业岗位。国家鼓励、支持、引导非公有制经济发展,扩大就业,增加就业岗位。"

3. 国家鼓励劳动者自主创业、自谋职业,政府提供便利

《就业促进法》第 7 条规定:"国家倡导劳动者树立正确的择业观念,提高就业能力和创业能力;鼓励劳动者自主创业、自谋职业。各级人民政府和有关部门应当简化程序,提高效率,为劳动者自主创业、自谋职业提供便利。"

4. 实行有利于促进就业的财政政策

《就业促进法》第 15 条规定:"国家实行有利于促进就业的财政政策,加大资金投入,改善就业环境,扩大就业。县级以上人民政府应当根据就业状况和就业工作目标,在财政预算中安排就业专项资金用于促进就业工作。就业专项资金用于职业介绍、职业培训、公益性岗位、职业技能鉴定、特定就业政策和社会保险等的补贴,小额贷款担保基金和微利项目的小额担保贷款贴息,以及扶持公共就业服务等。就业专项资金的使用管理办法由国务院财政部门和劳动行政部门规定。"另外,该法第 17 条规定,国家鼓励企业增加就业岗位,扶持失业人员和残疾人就业,对吸纳符合国家规定条件的失业人员达到规定要求的企业、失业人员创办的中小企业、安置残疾人员达到规定比例或者集中使用残疾人的企业、从事个体经营的符合国家规定条件的失业人员、从事个体经营的残疾人以及国务

院规定给予税收优惠的其他企业和人员,依法给予税收优惠。同时,《就业促进法》第19条还规定:"国家实行有利于促进就业的金融政策,增加中小企业的融资渠道;鼓励金融机构改进金融服务,加大对中小企业的信贷支持,并对自主创业人员在一定期限内给予小额信贷等扶持。"

(三)建立统一、规范的人力资源市场体系

公民就业平等权客观上要求消除各种形式的就业歧视,在全国范围内建立统一、规范的人力资源市场。为此,《就业促进法》第32条和第34条分别规定:"县级以上人民政府培育和完善统一开放、竞争有序的人力资源市场,为劳动者就业提供服务。""县级以上人民政府加强人力资源市场信息网络及相关设施建设,建立健全人力资源市场信息服务体系,完善市场信息发布制度。"

(四)建立面向所有劳动者的职业教育和培训体系

职业教育和就业培训能够促进劳动者提高职业技能,增强就业能力和创业能力,是国家促进就业中不可或缺的措施之一。《就业促进法》第45条和第46条规定,县级以上人民政府根据经济社会发展和市场需求,制定并实施职业能力开发计划;加强统筹协调,鼓励和支持各类职业院校、职业技能培训机构和用人单位依法开展就业前培训、在职培训、再就业培训和创业培训;鼓励劳动者参加各种形式的培训。

(五)建立和完善公共就业的服务体系和就业困难群体援助制度

建立以职业介绍、职业指导和就业培训为核心的就业服务体系,汇集劳动力流动和用人单位用工的需求信息,为劳动者和用人单位缔结劳动关系牵线搭桥,这是各国采取的促进就业的重要措施之一。就业困难群体援助是指对因身体状况、技能水平、家庭因素、失去土地等原因难以实现就业,以及连续失业一定时间仍未能实现就业的人员,各级人民政府通过采取税费减免、贷款贴息、社会保险补贴、岗位补贴等办法,通过公益性岗位安置等途径,对就业困难人员实行优先扶持和重点帮助的制度。我国《就业促进法》第52条至第57条对这一制度作了规定。

二、公平就业和自主择业原则

(一)公平就业

我国是一个劳动力资源大国,就业问题十分突出。随着市场经济进一步完善、农村劳动力向城市转移等,失业问题将更趋严重,社会财富的有限性使得就业岗位正在成为最稀缺的资源。社会成员对于岗位的获得与占有在某种意义上是对社会财富的获得与占有。因此,保障公民就业机会的均等、就业条件的公平、防止和杜绝各种形式的就业歧视是《就业促进法》立法关注的焦点。早在1958年,国际劳工组织在第111号《消除就业和职业歧视公约》中,就对就业歧视作了这样的界定:就本公约而言,歧视一词包括:(1)基于种族、肤色、性别、宗教、政治观点、民族血统或社会出身所作出的任何区别、排斥或优惠,其结果是剥夺或损害在就业和职业上的机会和待遇的平等;有关会员国经与有代表性的雇主组织和工人组织以及其他适当机构协商后可能确定的、具有取消或者损害就业和职业机会均等或者待遇平等作用的其他区别、排斥或者优惠;(2)对任何一项特定职业给予内在需要的区别、排斥或优惠不应视为歧视;(3)就本公约而言,就业和职业包括获得职业培训、获得就业和特定职业以及就业条款和条件。我国《就业促进法》根据我国的实际情况,通过如下几个方面的规定保障公平就业原则的贯彻实施。

1. 明确了劳动者的平等就业权。《就业促进法》第3条第1款规定:"劳动者依法享有平等就业和自主择业的权利。"

2. 明确了平等就业和公平就业的基本内涵,将就业歧视从传统的因民族、种族、性别和宗教信仰等歧视因素扩大到地区歧视、病理歧视和身份歧视等。《就业促进法》第3条第2款规定:"劳动者就业,不因民族、种族、性别、宗教信仰等不同而受歧视。"该法第20条针对城乡就业不平等的现状作了规定:"国家实行城乡统筹的就业政策,建立健全城乡劳动者平等就业的制度,引导农业富余劳动力有序转移就业。"另外,针对在实际生活中传染病病原携带者受歧视的现状,《就业促进法》第30条规定:"用人单位招用人员,不得以是传染病病原携带者为由拒绝录用。但是,经医学鉴定传染病病原携带者在治愈前或者排除传染嫌疑前,不得从事法律、行政法规和国务院卫生行政部门规定禁止从事的易使传染病扩散的工作。"《就业服务与就业管理规定》第19条第2款进一步规定:"用人单位招用人员,除国家法律、行政法规和国务院卫生行政部门规定禁止乙肝病原携带者从事的工作外,不得强行将乙肝病毒血清学指标作为体检标准。"随着我国工业化进程的加快,每年有大量的农民工进城就业,一些城镇为了保护本地劳动力的就业,对外来农民工进城就业设置歧视性的限制。为此,《就业促进法》第31条规定:"农村劳动者进城就业享有与城镇劳动者平等的劳动权利,不得对农村劳动者进城就业设置歧视性限制。"

3. 明确规定了政府、用人单位和职业中介机构等在保障公平就业原则的贯彻上承担的义务。《就业促进法》第25条规定:"各级人民政府创造公平就业的环境,消除就业歧视,制定政策并采取措施对就业困难人员给予扶持和援助。"第26条规定:"用人单位招用人员、职业中介机构从事职业中介活动,应当向劳动者提供平等的就业机会和公平的就业条件,不得实施就业歧视。"

4. 确立了劳动者公平就业的法律救济途径。《就业促进法》第62条规定:"违反本法规定,实施就业歧视的,劳动者可以向人民法院提起诉讼。"

(二) 自主择业

自主择业是指公民根据自己的意愿、才能,结合社会的需要自主地选择职业。应该承认,劳动是劳动力的消耗过程,更是人的自我价值的实现过程,不同的职业、不同的工作岗位对劳动者劳动能力的要求不同,社会回报的程度也不同。公民作为自身劳动力的所有者,有权根据自身的实力,通过平等竞争获得自己理想的职业和工作岗位,取得理想的经济利益。确立公民自主择业权,不仅符合公民行使劳动权的价值取向,而且有利于调动公民劳动的积极性和主观能动性,为公民将自己的劳动潜能最大化地释放于社会、服务于祖国建设事业提供了条件。公民通过行使订立、变更、解除和终止劳动关系权而实现自主择业。

三、照顾就业困难人员就业的原则

根据《就业促进法》的规定,就业困难人员是指因身体状况、技能水平、家庭因素、失去土地等原因难以实现就业,以及连续失业一定时间仍未能实现就业的人员。就业困难人员的具体范围,可由省、自治区、直辖市人民政府根据本行政区域的实际情况规定。一般而言,就业困难人员包括残疾人、少数民族和退役军人等。对特殊就业群体进行就业照顾是人类社会进步和文明程度提高的标志。我国《就业促进法》确立了对就业困难人员就业优先扶持和重点帮助制度。《就业促进法》第52条规定:"各级人民政府建立健全就业援助制度,采取税费减免、贷款贴息、社会保险补贴、岗位补贴等办法,通过公益性岗位安置等途径,对就业困难人员实行优先扶持和重点帮助。"

残疾人、退役军人和少数民族劳动者由于健康原因、技能原因或历史、社会原因等,在就业过程中需要给予特殊的照顾。《劳动法》第14条规定:"残疾人、少数民族人员、退出现役的军人的就业,法律、法规有特别规定的,从其规定。"我国《残疾人保障法》、《兵役法》等法律、法规对残疾人和退役军人的就业作了具体的规定。残疾人参加社会劳动和就业的权利得到政府的高度重视。我国采取集中与分散相结合和鼓励自谋职业的方针促进残疾人就业。福利企业是集中安置残疾人就业的重要形式,政府通过给予税收减免等优惠政策,鼓励发展福利企业,以吸纳更多的残疾人就业。同时,我国还实行残疾人按比例就业的政策,所有用人单位都要按照一定比例安排残疾人就业,达不到比例的企业和单位要缴纳促进残疾人就业保障金。而对于少数民族劳动者就业,《就业促进法》第28条规定:"各民族劳动者享有平等的劳动权利。用人单位招用人员,应当依法对少数民族劳动者给予适当照顾。"

四、禁止十六周岁以下的未成年人就业的原则

未成年人是指未满十八周岁的公民。我国劳动法把未满十六周岁就业的未

成年人称为童工,已满十六周岁不满十八周岁就业的未成年人称为未成年工。未成年人的身体还处于成长发育的时期,过早地参加社会劳动或承担超过一定劳动强度的劳动会影响其身体的健康发育。因此,对未成年人的就业作一定的限制是非常必要的。我国对未成年人的就业区分两种情况作不同的规定:一是禁止未满十六周岁的未成年人就业。《劳动法》第15条规定:"禁止用人单位招用未满十六周岁的未成年人。文艺、体育和特种工艺单位招用未满十六周岁的未成年人,必须依照国家有关规定,履行审批手续,并保障其接受义务教育的权利。"另外,国务院在1991年还专门颁布了《禁止使用童工的规定》。二是对已满十六周岁不满十八周岁的未成年人,法律对其可以从事的职业、工种等作了排除式的规定,即未成年工只能从事与其身体的成长发育程度相适应的劳动,且用人单位应对其进行特殊劳动保护。

第三节 就业服务

一、就业服务的概念

就业服务是指就业服务机构依法所为的旨在促进劳动者就业和用人单位用人的各项措施的总称。主要包括:就业和失业登记、职业介绍、职业指导、就业训练等。就业服务按提供服务机构性质的不同,可以分为非营利性就业服务和营利性就业服务两种。其中,非营利性就业服务按照提供服务机构性质的不同,又可以分为公共就业服务和其他非营利性就业服务两种。国家鼓励社会各方面依法开展就业服务活动。《就业促进法》第36条规定:"县级以上地方人民政府对职业中介机构提供公益性就业服务的,按照规定给予补贴。国家鼓励社会各界为公益性就业服务提供捐赠、资助。"

二、就业服务机构

(一)县级以上劳动保障行政部门

劳动保障行政部门是全国劳动就业服务的主管部门,地方各级劳动保障行政部门是地方就业服务的管理机构。劳动保障行政部门在就业服务中的职能为:统筹管理本行政区域内的公共就业服务工作;加强对公共就业服务和职业中介服务的指导和监督;根据政府制订的发展计划,建立健全覆盖城乡的公共就业服务体系。

(二)公共就业服务机构

公共就业服务机构是指由国家财政支持的,旨在实现政府确立的就业工作目标,而为劳动者和用人单位提供公益性就业服务和承担劳动保障部门委托经办的促进就业相关事务的机构。地方各级人民政府设立地方公共就业服务机构,街道、乡镇、社区公共服务机构建立基层服务窗口,开展以就业援助为重点的公共就业服务。公共就业服务机构使用全国统一标志。

(三)职业中介机构

职业中介机构是指由法人、其他组织和公民个人举办的,为用人单位招用人员和劳动者求职提供中介服务以及其他相关服务的经营性组织。职业中介机构所从事的职业中介活动可以是营利性的也可以是非营利性的。我国实行职业中介许可制度,未经依法许可和登记的机构,不得从事职业中介活动。《就业促进法》第37条第1款规定:"地方各级人民政府和有关部门不得举办或者与他人联合举办经营性的职业中介机构。"

1. 职业中介机构的设立条件

根据我国《就业促进法》第40条的规定,设立职业中介机构应当具备下列条件:

(1)有明确的章程和管理制度。其中开办非营利性职业介绍机构的,应当在机构章程和管理制度中体现其非营利宗旨。

(2)有开展业务必要的固定场所、办公设施和一定数量的开办资金。

(3)有一定数量具备相应职业资格的专职工作人员。即职业介绍机构工作人员必须具有相应的职业资格证书。

(4)法律、法规规定的其他条件。

2. 职业中介机构的设立程序

(1)申请。由职业中介机构的举办者持有关资料向有关劳动保障行政部门提出开办申请。

(2)批准。我国对职业中介实行行政许可制度。开办职业中介机构或其他机构开展职业介绍活动,必须经劳动保障行政部门批准。劳动保障行政部门接到开办申请后,应当自接到申请之日起20日内审查完毕,对符合条件的,应予以批准;不予批准的,应当说明理由。

(3)登记。经许可的职业中介机构,须持劳动保障行政部门的批准文件,到工商行政管理机关办理企业登记注册。

三、就业服务的内容

(一)公共就业机构的就业服务内容

1. 为劳动者免费提供的就业服务项目

(1)介绍服务。包括为求职者介绍用人单位;为用人单位和居民家庭推荐求职者;经劳动保障行政部门批准,组织职业招聘洽谈会。

(2)指导服务。包括帮助劳动者了解职业状况,掌握求职方法,确定择业方向,增强择业能力;向劳动者提出培训建议,为其提供职业培训相关信息;开展对劳动者个人职业素质和特点的测试,并对其职业能力进行评价;对妇女、残疾人、少数民族人员及退出现役的军人等就业群体提供专门的职业指导服务;对大中专学校、职业院校、技工学校学生的职业指导工作提供咨询和服务;对准备从事个体劳动或开办私营企业的劳动者提供创业咨询服务等。

(3) 信息服务。发布包括职业供求信息、市场工资指导价位信息和职业培训信息等。

(4) 咨询服务。为劳动者提供就业政策法规、人力资源市场状况的咨询。

(5) 对就业困难人员的就业援助服务。根据服务对象的特点,在一定时期内为不同类型的劳动者、就业困难人员集中组织活动,开展专项服务。

(6) 登记服务。为劳动者提供就业登记或失业登记服务。

(7) 其他公共就业服务。

2. 为用人单位提供的就业服务项目

(1) 招聘用人指导服务;

(2) 代理招聘服务;

(3) 跨地区人员招聘服务;

(4) 企业人力资源管理咨询等专业性服务;

(5) 经县级以上劳动保障行政部门批准,为用人单位提供劳动保障事务代理服务;

(6) 为满足用人单位需求开发的其他就业服务项目。

(二) 职业中介机构的就业服务内容

我国《就业服务与就业管理规定》第52条规定:"职业中介机构可以从事下列业务:(一) 为劳动者介绍用人单位;(二) 为用人单位和居民家庭推荐劳动者;(三) 开展职业指导、人力资源管理咨询服务;(四) 收集和发布职业供求信息;(五) 根据国家有关规定从事互联网职业信息服务;(六) 组织职业招聘洽谈会;(七) 经劳动保障行政部门核准的其他服务项目。"

四、就业服务的规则

就业服务规则是指就业服务机构在进行就业服务活动时应该遵循的准则。根据我国《就业促进法》和《就业服务与就业管理规定》的有关规定,公共就业服务机构和职业中介机构在进行就业服务时,分别应该遵循下列规则:

(一) 公共就业服务机构

公共就业服务机构开展公共就业服务应当实行公开服务制度,主动接受社会监督;不得从事经营性活动;举办的招聘会,不得向劳动者收取费用。

(二) 职业中介机构

职业中介机构从事职业中介活动,应当遵循合法、诚实信用、公平、公开的原则,不得有下列行为:

(1) 提供虚假就业信息;
(2) 发布的就业信息中包含歧视性内容;
(3) 伪造、涂改、转让职业中介许可证;
(4) 为无合法证照的用人单位提供职业中介服务;
(5) 介绍未满十六周岁的未成年人就业;
(6) 为无合法身份证件的劳动者提供职业中介服务;
(7) 介绍劳动者从事法律、法规禁止从事的职业;
(8) 扣押劳动者的居民身份证和其他证件,或者向劳动者收取押金;
(9) 以暴力、胁迫、欺诈等方式进行职业中介活动;
(10) 超出核准的业务范围经营;
(11) 其他违反法律、法规规定的行为。

第四节 招工制度

一、招工制度的概念

招工制度是指法律规定的用人单位从社会上吸收劳动力招收工人所应遵守的规则、办法等。一般而言,招工制度是与用工形式联系在一起的。在计划经济时代,我国一直实行由国家"统包统配"和"内招"的招工制度,与之相对应的是固定工制;现在我国实行由企业直接面向社会招用劳动者的招工制度,与之相对应的是劳动合同制。目前,我国涉及招工制度的法律、法规主要有:《劳动法》、《就业促进法》、《就业服务与就业管理规定》,1996年劳动部、公安部、外交部、对外贸易经济合作部颁发的《外国人在中国就业管理规定》,以及有关地方性法规等。

二、招工的原则

根据法律、法规的有关规定,用人单位招收工人应遵守以下原则:

(一) 尊重用人单位用人自主权的原则

用人单位作为市场经济的主体,依法享有用人自主权。体现在招工制度上,即用人单位可依法自主确定招用工人的数量、条件和方式,自愿选择职业介绍机构或人才流动等中介服务机构,任何单位和个人不得非法干预。我国在过去很长的时间里,对企业招用劳动者实行计划管理,即企业招用劳动力,必须首先取得劳动行政部门批准的招工指标,否则企业不得招用工人。这显然与企业作为市场经济主体所需要的自主权不相适应。为此,我国《就业促进法》第8条第1款规定:"用人单位依法享有自主用人的权利。"

（二）面向社会公开招收的原则

面向社会公开招收是相对于"内招"和"子女顶替"而言的,即要求企业在招用劳动者时,应面向全社会劳动者,并公开其招收录用的人数、条件、工作期限、劳动报酬及录用的条件等情况,以提供有就业愿望的社会劳动者平等的择业机会。

（三）公平竞争、择优录用原则

即企业对公民的劳动能力要以同一尺度和标准衡量,通过公平竞争择优吸收劳动力就业,不得进行就业歧视。《就业促进法》第26条规定:"用人单位招用人员、职业中介机构从事职业中介活动,应当向劳动者提供平等的就业机会和公平的就业条件,不得实施就业歧视。"

三、招工的途径

用人单位招用人员可自主选择招工的途径。《就业服务与就业管理规定》在总结实践经验的基础上,规定了用人单位可以下列途径自主招用人员:

（1）委托公共就业服务机构或职业介绍机构招工;

（2）参加劳动力交流洽谈会实现招工;

（3）委托报纸、广播、电视、互联网站等大众传播媒介发布招用信息进行招工;

（4）利用劳动力供需信息网络进行招工;

（5）利用本企业场所、企业网站等自有途径发布招聘信息招工;

（6）法律、法规允许的其他途径。

四、招工的规则

用人单位招用人员除按一定的程序进行外,还应遵守法律规定的规则,为一定的行为和不为一定的行为。根据《就业促进法》和《就业服务与就业管理规定》对招工的要求,可以将用人单位招工的规则概况如下:

（一）用人单位在招用人员过程中禁止的行为

（1）不得提供虚假招聘信息,发布虚假招聘广告。

（2）不得扣押被录用人员的居民身份证和其他证件。

（3）不得以担保或者其他名义向劳动者收取财物。

（4）不得招用未满16周岁的未成年人以及国家法律、行政法规规定不得招用的其他人员。

(5) 不得招用无合法身份证件的人员。

(6) 不得以招用人员为名牟取不正当利益或进行其他违法活动。

(7) 不得以诋毁其他用人单位信誉、商业贿赂等不正当手段招聘人员。

(8) 除国家规定的不适合妇女从事的工种或者岗位外，不得以性别为由拒绝录用妇女或者提高对妇女的录用标准。用人单位录用女职工，不得在劳动合同中规定限制女职工结婚。

(9) 招用人员时不得歧视残疾人。

(10) 不得以是传染病病原携带者为由拒绝录用。但是，经医学鉴定传染病病原携带者在治愈前或者排除传染嫌疑前，不得从事法律、行政法规和国务院卫生行政部门规定禁止从事的易使传染病扩散的工作。用人单位招用人员，除国家法律、行政法规和国务院卫生行政部门规定禁止乙肝病原携带者从事的工作外，不得强行将乙肝病毒血清学指标作为体检标准。

(11) 用人单位发布的招用人员简章或招聘广告中，不得包含歧视性内容。

（二）用人单位在招用人员过程中必须为的行为

(1) 用人单位招用从事涉及公共安全、人身健康、生命财产安全等特殊工种的劳动者，应当依法招用持相应工种职业资格证书的人员；招用未持相应工种职业资格证书人员的，须组织其在上岗前参加专门培训，使其取得职业资格证书后方可上岗。

(2) 用人单位招用台港澳人员后，应当按有关规定到当地劳动保障行政部门备案，并为其办理台港澳人员就业证。

(3) 用人单位招用外国人，应当在外国人入境前，按有关规定到当地劳动保障行政部门为其申请就业许可，经批准并获得中华人民共和国外国人就业许可证书后方可招用。用人单位招用外国人的岗位必须是有特殊技能要求、国内暂无适当人选的岗位，并且不违反国家有关规定。

(4) 用人单位委托公共就业服务机构或职业中介机构招用人员，或者参加招聘洽谈会时，应当提供招用人员简章，并出示营业执照（副本）或者有关部门批准其设立的文件、经办人的身份证件和受用人单位委托的证明。招用人员简章应当包括用人单位基本情况、招用人数、工作内容、招录条件、劳动报酬、福利待遇、社会保险等内容，以及法律、法规规定的其他内容。

(5) 用人单位招用人员时，应当依法如实告知劳动者有关工作内容、工作条件、工作地点、职业危害、安全生产状况、劳动报酬以及劳动者要求了解的其他情况。用人单位应当根据劳动者的要求，及时向其反馈是否录用的信息。

(6) 用人单位应当对劳动者的个人资料予以保密。公开劳动者的个人资料信息和使用劳动者的技术、智力成果，须经劳动者本人书面同意。

第十二章 职业培训

第一节 职业培训概述

一、职业培训的概念和特征

职业培训是指根据社会职业的要求以及劳动者择业的意愿,对求职者和在职者进行的旨在提高其专业技术知识和实际操作技能的教育和训练。职业培训是我国职业教育的一个组成部分。职业教育与普通教育均是我国国民教育体系中不可偏废的部分。职业培训与普通教育相比,具有如下特点:

(一)在教育的目的上

职业培训是以提高劳动者在某一领域的专业技术和实际操作技能为目的的,具有很强的针对性;而普通教育是以提高受教育者的基础文化水平为目标的,具有基础性和普及性。

(二)在教育的对象上

职业培训的对象是社会劳动者,包括失业劳动者、企业的下岗人员、在职职工和其他求职者;而普通教育的对象主要是处于学龄期的青少年。

(三)在教育的内容上

职业培训是以有关的运用知识和实际操作技能为主,在教育内容上具有选择性和单一性;而普通教育在内容上具有基础性和系统性。

(四)在教育的方法和手段上

职业培训通常是一种非规范性的学习,可以是学徒培训、短期的职校培训等;而普通教育一般都是全日制的常规教育。

二、职业培训的意义

建立和发展职业培训是社会化大生产的内在要求,无论何种社会制度,都要求从事某种职业的人员具有一定的专业技术,而专业技术的获得和提高越来越多地依赖职业培训。尤其在当今社会里,知识的发展日新月异,对劳动者进行职业培训,提高劳动者的职业技能,对处于发展中的我国而言,意义尤为重大。"从根本上说,科技的发展,经济的振兴,乃至整个社会的进步,都取决于劳动者素质的提高和大量合格人才的培养。"①因此,职业培训在我国的经济建设中具有战略性意义。

1. 职业培训是实施我国"科教兴国"战略的重要环节,能加快缩短我国与世界先进国家距离的步伐。人类社会已进入了知识爆炸的时代,国家之间的竞争归根到底就是科学技术的竞争,"科教兴国"是我国缩短与世界先进国家距离、增强国力的唯一正确道路。职工是我国经济建设的主体,如果离开对职工的智力开发谈"科教兴国",那么"科教兴国"就会成为一句空话。因此,职业培训是我国实现"科教兴国"的不可缺少的战略步骤。

2. 职业培训是建设社会主义精神文明的重要保证。由于历史原因,我国的生产力水平较低,劳动力的文化素质也较低。加强职业培训,不仅可以提高劳动者的职业技能,而且可以从职业道德、劳动纪律和文化素养等方面提高劳动者的社会主义觉悟,从而提高我国职工队伍整体的精神文明水平。

3. 职业培训有利于我国劳动制度改革的顺利完成。随着我国现代化企业制度的建立,一方面,大量的企业富余职工成为下岗工人,另一方面,一些新型的生产岗位的工作没有人干,出现了"有人无事干、有事无人干"的现象。对劳动者进行职业培训、转业训练,使其掌握从事其他工作的专业技术,帮助其实现再就业,能大大减少劳动制度改革给职工队伍带来的震荡,保持社会的稳定,从而保证我国劳动制度改革的顺利进行。

三、职业培训立法概况

第二次世界大战后,各国对职业培训都给予了高度的重视。联邦德国和日本战后经济的飞速发展,与其完善的职业培训制度有着密切的关系。联邦德国在 1969 年先后颁布了《职业训练法》、《训练奖励法》、《雇佣促进法》,在 1976 年颁布了《改进训练场所法》等。而日本更是在 1958 年就颁布了《职业训练法》。其他主要工业化国家,如英国、美国和法国等,也颁布了大量的职业培训方面的法规。

我国的职业培训立法大致上可分为两个阶段:

(一) 十一届三中全会以前

这一阶段的职业培训以举办职业培训班和师傅带徒弟为主要形式。职业培训的立法主要有:1957 年 11 月国务院颁布的《关于国营、公私合营、合作社营、个体经营的企业和事业单位的学徒的学习期限和生活补贴的暂行规定》和 1961 年 5 月劳动部颁发的《技工学校通则》等。

---

① 中共中央第十三次全国代表大会报告《沿着有中国特色的社会主义道路前进》。

（二）十一届三中全会以后

这一阶段我国的职业培训发展迅速，与之相对应，职业培训的立法也随着增加。主要有：

1. 综合性法规方面：《劳动法》关于职业培训的专章规定、1996年5月由第八届全国人民代表大会常务委员会第十九次会议通过的《中华人民共和国职业教育法》、1993年9月劳动部颁布的《关于深化技工学校教育改革的决定》、1994年12月劳动部颁布的《关于就业训练规定》和1996年10月劳动部和国家经贸委颁布的《企业职工培训规定》。

2. 学徒培训方面：1981年由当时的劳动总局颁布的《关于加强和改进学徒培训工作的意见》。

3. 就业前培训方面：1995年6月劳动部颁布的《从事技术工种劳动者就业上岗前必须培训的规定》和1996年12月劳动部颁布的《劳动预备制度实施方案》。

4. 工人技术考核方面：1990年9月劳动部颁布的《关于高级技师评聘的实施意见》、1990年7月劳动部颁布的《工人考核条例》、1993年7月劳动部颁布的《职业技能鉴定规定》和1994年2月劳动部会同人事部颁布的《职业资格证书规定》。

5. 职业培训实体方面：1991年2月劳动部颁布的《关于就业训练中心管理规定》和1994年12月劳动部颁布的《职业培训实体管理规定》等。

第二节　职业培训的分类

职业培训按不同的标准有不同的分类：

一、以培训对象为标准

（一）就业前的职业培训

就业前的职业培训是指以处于非就业状态且有就业愿望的劳动者为对象的职业培训。接受培训的人员包括：城乡初次求职的劳动者；曾经就业现在失业的职工和需要转换职业的企业富余职工；向非农产业转移及在城镇就业的农村劳动者等。就业前的职业培训由培训机构根据劳动力市场需求和用人单位的要求设置专业和确定培训标准，按照培训人员的素质状况确定培训期限。对参加培训的各类人员实行公开报名、自选专业、考核发证、择优推荐就业的原则。其中，对城乡新生劳动力和从事技术工种的劳动力的职业培训，国家作了特殊的规定。

1. 对城乡新生劳动力（包括城镇初、高中毕业后不能升入高一级学校学习并有就业愿望的青年和农村初、高中毕业后不能升入高一级学校学习并准备向非农产业转移或进城务工的青年)实行劳动预备和就业准入制度,即对上述人员要追加一至三年的职业培训和相关教育,在取得相应的培训证书和职业资格证书后,方可就业。为了鼓励适龄的青年参加劳动预备的培训,国家从政策上进行扶持,规定:对适合参加劳动预备制度的人员,原则上免费入学;确属生活困难者,可缓交或免交学费;对参加勤工俭学和社会服务以及在用人单位试工者,可给予一定的补助;学习成绩优秀者,给予适当奖励;对参加一年以上职业培训者,在报考各类中等职业学校时,同等条件下优先录取;对取得中级技术等级证书者,通过相应的资格考试,可取得技工学校学历,还可报考中等职工学校;对经过职业培训,取得职业资格证书的人员,被用人单位录用后,应按其达到的技术等级享受相应的工资待遇。

2. 对从事技术工种的劳动者实行就业上岗前必须培训的制度。我国《劳动法》第68条第2款规定:"从事技术工种的劳动者,上岗前必须经过培训。"这里所指的"技术工种"是指技术复杂,通用性广,涉及国家财产、人民生命安全和消费者利益的工种(职业)。为此,劳动部颁布了《从事技术工种劳动者就业上岗前必须培训的规定》(已废止),要求:从事技术工种的人员,必须在培训后经职业技能鉴定机构鉴定,取得职业资格证书或岗位合格证书后,才能就业或上岗;各种职业培训实体对从事技术工种劳动者进行的培训,必须按照国家职业技能标准、工人技术等级标准或岗位规范的要求进行;职业介绍机构和用人单位在推荐或办理从事技术工种的劳动者就业和上岗的有关手续和订立劳动合同时,必须按规定执行。另外,还对擅自推荐或招收、录用未经培训和未取得职业资格证书的劳动者的职业介绍机构、职业培训实体和用人单位承担的法律责任作了规定。

目前,我国公布了首批50个技术工种的目录。例如,交通行业有:汽车维修工、汽车驾驶员;建设行业有:混凝土工、起重机驾驶员、塔式起重机驾驶员、电梯安装维修工等。

(二)就业后的职业培训

就业后的培训也称"在职培训",是指以已经就业的劳动者为培训对象的培训。用人单位在使用劳动力的同时,负有对劳动者进行职业培训的义务。我国《劳动法》第68条规定:"用人单位应当建立职业培训制度,按照国家规定提取和使用职业培训经费,根据本单位实际,有计划地对劳动者进行职业培训。"为此,《企业职工培训规定》第9条规定:"企业应将职工培训列入本单位的中长期规划和年度计划,保证培训经费和其他培训条件。"同时,该规定第21条第1项规定:"职工培训经费按照职工工资总额的1.5%计取,企业自有资金可有适当部分用于职工培训。"在职培训应贯彻按需施教、学用结合、定向培训的原则。在培训方式上,企业可以根据实际情况,采用在自己独办或联合设置的职工培训机构进行培训,也可以委托社会公共培训机构进行培训;在培训时间上,可以是在生产、工作中的不脱产培训或半脱产培训,也可以是全脱产培训。

二、以培训的形式为标准

(一) 学徒培训

学徒培训是指企业对招收的学徒工确定的以师带徒的培训方式,是企业培养新技术工人所使用的传统的培训方式。学徒培训有以下特征:

1. 在学徒培训中,企业是培训者或委托培训者,学徒工是受培训者,双方通过订立学徒培训合同确定相互之间的权利和义务。合同的内容包括学习期限、学习的工种或专业、学徒工在学徒期间的生活待遇、考核方法、学习纪律和违约责任等。学徒培训是一种由师傅直接带教徒弟学艺,在生产和工作过程中边学边干的培训方式。学徒者能否在规定的时间内完成培训任务,不完全取决于学徒者单方面的努力,与师傅传授技艺方法的得当与否有着直接的联系。因此,有的用人单位为了确保学徒培训的顺利进行,在签订学徒培训合同的同时,要求师徒之间签订师徒合同,明确师傅"教"和徒弟"学"的具体任务,力争师徒做到保教、包学和包会。师徒合同是学徒培训合同的从合同。

2. 学徒培训适用于技术工人,非技术性的简单体力劳动岗位无须招用学徒工。学徒培训的期限一般为三年,企业可根据培训工种(专业)的技术复杂程度适当延长或缩短培训的期限。

3. 在学徒培训中,学徒工与用人单位的关系是一种非正式的劳动关系。学徒工最终能否与企业建立正式的劳动关系,取决于学徒工在培训结束时是否达到预期的培训要求和目标。企业对培训期满经考核合格的学徒工进行转正定级,转正后学徒工与企业的关系成为正式的劳动关系。

(二) 就业训练中心的培训

就业训练中心的培训又称"就业训练",是指由劳动就业服务机构管理和指导的就业训练实体组织和举办的职业培训。根据劳动和社会保障部于1994年颁布的《就业训练规定》有关内容的规定,就业训练中心组织的职业培训有以下特点:

1. 就业训练中心按照劳动力市场的需求和用人单位的要求设置专业和培训标准,根据专业的内容和受培训人员的素质确定培训的期限,实行长短结合。简单劳动岗位上的熟练工,训练期限一般不少于三个月;一般技术岗位上的熟练工,训练期限不少于六个月;技术性较强的生产岗位上的熟技工,训练期限要在一年或一年以上。

2. 就业训练中心的培训包括:为城乡初次求职的劳动者提供的就业前训练;为失业职工和需要转换职业的企业富余职工提供的转业训练;为向非农产业

转移及在城镇就业的农村劳动者提供的转业训练;为妇女、残疾人、少数民族及复转军人等特殊群体人员提供的专门的就业训练。

3. 由就业训练中心根据培训的目标和标准编制教学计划和大纲,采用符合要求的教材,配备符合条件的师资。

4. 就业训练中心招收学员实行面向社会、公开招收、自愿报名、自选专业、考核发证的原则,学员结业后,不包分配,择优推荐就业。

5. 受培训者与就业训练中心的权利和义务由双方签订培训合同进行确定。其内容包括培训专业、时间、费用、教育实习、考核发证和违约责任等条款。如果就业训练中心为用人单位进行定向训练或委托训练,应与用人单位签订训练合同,确定双方的责任、权利和义务。

6. 就业训练采取多层次、多形式、多渠道的培训方式,以实际操作技能为主,同时进行必要的职业指导及其他内容的培训。

7. 就业训练可以由劳动行政部门所属的劳动就业服务机构组织实施,也可以由非劳动行政部门开办的就业训练实体或个人等举办。但非劳动行政部门,包括企事业单位、社会团体、机关和个人等,开展就业训练活动和举办就业训练实体,必须经当地县级以上劳动就业服务机构核准,并领取就业训练资格证。在非劳动行政部门就业训练单位结业的学员,享有同在劳动行政部门所属的就业训练中心结业学员同等的参加职业资格鉴定和择优推荐就业的权利。

8. 就业训练考核分为结业考核和职业资格鉴定两种。结业考核标准按照培训标准确定。获得结业证书的学员,职业介绍机构凭证择优推荐就业。职业资格鉴定标准按国家颁布的标准执行。

(三) 用人单位举办的职工培训

用人单位举办的职工培训是指企业按照工作需要,由其独办或联合设置的职工培训机构对职工进行的思想政治、职业道德、管理知识、技术业务、操作技能等方面的教育和训练活动。其特点表现为:

1. 培训的对象为企业的在职职工。培训的内容可以是以提高本岗位技术业务和操作技能为目标的在岗培训和晋升培训,也可以是以适应新岗位为目标的转岗培训、转业培训和对新录用人员或学徒工的上岗培训。

2. 培训的方式灵活多样。企业根据实际情况,可以实行脱产或半脱产的培训方式,也可以安排在生产工作时间以外的业余时间培训。

3. 对参加由企业承担培训费用的脱产和半脱产的职工,企业可以与之订立培训合同,明确双方权利、义务及违约责任。

(四) 学校的正规培训

学校的正规培训是指由技工学校、职业(技术)学校和成人高等学校等教学机构承担的职业培训。

1. 技工学校培训。技工学校是培养中等技术水平和中等文化程度的技术工人的学校。技工学校的招收对象为十五至二十二周岁的初、高中毕业生。培训的目标包括德、智、体三方面：政治思想好；能熟练地掌握本专业（工种）中等技术水平的作业；身体健康。技工学校的学制是根据受培训者原有的文化程度和专业知识要求确定的。一般而言，初中毕业文化程度的受培训者，学制为三年；高中毕业文化程度的受培训者的学制为两年。技工学校专业设置具有相对的稳定性，同时体现社会对人才的需求。符合条件的青年通过自愿报名，并经统一考试，由学校择优录取。其中，由用人单位委托学校培训或定向培养的受培训者，由用人单位、学校和受培训者三方订立培训合同，明确三方的权利和义务。毕业后，委托或定向培养的毕业生，由原委托或定向单位负责吸收录用；非定向的毕业生，由劳动部门按照专业对口的原则集中组织招收，实现双向选择或择优推荐就业，也可以自谋职业。

2. 职业（技术）学校培训。职业（技术）学校是主要培养初级技术人员的学校。其招收的对象为初中毕业生或初中文化水平以下的人员，学制为两至三年。课程的设置分为普通文化课和职业技术课两大模块。毕业后的学生一般有两种就业方式：委托或定向培养的职业学校毕业生，由委托或定向单位负责吸收录用，其余的毕业生到所在街道就业管理所登记后，由就业管理机构（职业介绍所）推荐就业，也可以自谋职业。

3. 成人高等学校培训。成人高等学校主要有教育学院、干部管理学院、职工大学和各类业余大学（如夜大、电大、函大等）。成人高等学校培训是我国普通教育系统的一个组成部分，但又与职业教育紧密联系在一起，是以培训中、高级专业技术人才为目标的。它与其他的职业培训相比，更注重文化基础课和高难度专业技术课的教育。招收的对象可以是已经接受过不同层次的教育和职业培训的在职人员，也可以是高中毕业生。所有学生的入学，都要经过全国的统一考试。毕业后的学生与普通高校同等学力的学生享受同等待遇。

第三节 职业培训实体

一、职业培训实体的概念

职业培训实体是指开发劳动者职业技能，提高劳动者素质，增强劳动者就业能力和工作能力的各类培训机构。主要包括：社会组织和个人单独或联合举办的技工学校、职业（技术）学校、就业训练中心、职工培训中心（学校）等；也包括境外机构和个人、外商投资企业（机构）单独或同境内的具有法人资格的社会组织联合举办的培训实体。职业培训实体承担着各类职业培训任务，要发展我国的职业培训事业,首先应加强对职业培训实体的建设和管理。

二、职业培训实体设立的条件和程序

(一) 条件

根据我国《职业教育法》第 24 条的规定,设立职业培训实体应具备的基本条件为:

1. 职业学校

(1) 有组织机构和章程;

(2) 有合格的教师;

(3) 有符合规定标准的教学场所、与职业教育相适应的设施、设备;

(4) 有必备的办学资金和稳定的经费来源。

2. 职业培训机构

(1) 有组织机构和管理制度;

(2) 有与培训任务相适应的教师和管理人员;

(3) 有与进行培训相适应的场所、设施、设备;

(4) 有相应的经费,例如,政府财政部门和办学主管部门的拨款、地方政府预算安排的就业经费中用于失业青年就业训练的经费、当年收缴的失业保险费中用于失业职工的转业训练的经费、按规定收取的培训费、地方发展教育基金用于职业教育的部分、企业营业外支出和职工教育经费中用于职业培训的部分、境内外机构及个人的捐款等。

(二) 程序

我国劳动和社会保障部颁布的《职业培训实体管理规定》,根据职业培训实体培训目标和开办主体的不同,规定了不同的开办程序。具体为:

1. 以培养初级职业技能水平的劳动者和非技术岗位的劳动者为主要任务的职业培训实体,政府举办的,由当地人民政府批准,报上一级劳动行政部门备案;具有法人资格的社会组织举办的,由其上一级主管部门审批,报同级劳动行政部门备案;个人举办的,由县、区劳动行政部门审批,报上一级劳动行政部门备案。

2. 以培养中级职业技能水平劳动者为主要任务的职业培训实体,国务院有关行业主管部门(社会团体)举办的,在征得职业培训实体所在省、自治区、直辖市劳动行政部门同意后,由国务院有关行业主管部门(社会团体)批准;地方有关单位或个人举办的,由省、自治区、直辖市劳动行政部门审查,报省、自治区、直辖市人民政府批准。

3. 以培养高级职业技能水平劳动者为主要任务的职业培训实体,由国务院劳动行政部门审批。

4. 跨地区(部门)举办职业培训实体,应征得培训实体所在地县级以上地方人民政府劳动行政部门同意。

5. 境外机构和个人、外商投资企业(机构)单独举办的职业培训实体,按照上述规定执行。

三、主要职业培训实体简介

(一) 就业训练中心

1. 就业训练中心的概念

就业训练中心是指劳动行政部门和其他社会组织为城镇失业人员和其他求职人员提高职业技能、增强就业能力而举办的职业技术教育实体。它的基本任务是培养有一定专业技能和良好职业道德的劳动者,为开发利用城乡劳动力资源服务。它是在劳动行政部门领导下专门从事就业训练的事业单位。就业训练中心专业设置具有较大的灵活性,可根据当地经济建设和社会发展的需要,因地制宜地确定。教育的方法也与培养目标相一致,坚持理论联系实际,以操作技能为主,注重实习教育,在教育基地的建设上形成以劳动就业服务企业为骨干,以用工单位为依托的较为稳定的生产实习基地。目前,我国下岗工人的转业培训、转岗培训等任务主要由就业训练中心承担。

2. 就业训练中心的职责

根据《就业训练规定》的规定,就业训练中心的职责为:

(1) 贯彻执行有关劳动就业和职业培训的法律、法规和政策;

(2) 组织就业训练、转业训练的教学与实习;

(3) 开展教学研究,编写教材和教学资料;

(4) 法律、法规规定的其他职责。

3. 就业训练中心的机构设置

就业训练中心实行主任负责制。就业训练中心主任应具有大专以上文化程度,有教学、管理经验及其相应的任职资格。就业训练中心应建立健全各项规章制度,实行目标管理责任制。就业训练中心应根据专业设置需要,配备专、兼职教师。专业理论课教师应具有大专及以上文化程度,实习指导教师应具备中级以上技术水平。

4. 就业训练中心的经费来源及经费使用项目

就业训练中心的经费来源主要有:

(1) 地方政府预算安排的就业经费中的就业训练费。其中,就业经费中用于就业训练的费用一般不少于30%。

(2) 失业保险基金中的转业训练费。当年收缴的失业保险费中用于转业训练的费用原则上不应少于15%。

(3) 地方发展教育基金中职业技术教育经费的一部分。
(4) 按规定从学员和委托训练单位收取的就业训练费。
(5) 其他来源。

就业训练经费的主要开支项目有：
(1) 开展就业训练的补贴；
(2) 失业职工和特别困难学员就业训练补贴；
(3) 添置教学和实习设备；
(4) 组织编写教材、教学大纲、电化教学资料等；
(5) 表彰和奖励就业训练单位、教职工和学员；
(6) 组织学员参加技能竞赛和文体活动；
(7) 支付聘用教职工的工资；
(8) 就业训练的其他费用。

(二) 技工学校和职业学校

技工学校和职业学校是我国职业教育事业的重要组成部分，它们的主要任务是培养初、中级技术工人。技工学校可以由劳动部门、各行业的主管部门、用人单位、其他社会组织和个人单独或联合举办。1993年，劳动部颁布了《关于深化技工学校教育改革的决定》，改革的内容主要有：

(1) 鼓励企业、事业单位、社会团体、民主党派和个人开办技工学校，提倡联合办学，扩大技工学校的总体规模。

(2) 改革技工学校的招生制度，突出技工学校的招生要适应社会的需求。学校招生的计划由学校根据社会需要和办学条件，商主管部门确定后，报劳动部门汇总，由劳动部下达指导性计划。由学校自行组织报名、考试、评卷、录取新生，招收学生的时间可按企业需要和市场需求确定。

(3) 深化技工学校教育改革，提高教育质量。学校课程的设置以《国家职业技能标准》或《工人技术等级标准》为基本依据，理论课的设置要适应操作技能培训的需要，教育内容以应用知识为主。注重启发式和直观教育，培养学生独立思考和解决实际问题的能力。生产实习课要突出基本技能训练，要把学生的基本技能训练同直接参加产品生产密切结合起来，不断提高学生的实际操作技能。

第四节 职业培训的标准和考核

一、职业培训的标准

职业培训的标准是指劳动者在职业培训后所要达到的预期要求和目标。职业培训的标准因培训的专业、工种的不同而不同，有国家标准、行业标准和企标准。一般而言,国家规定,从事技术工种的劳动者上岗前必须进行培训,并实行职业资格证书制度,因此,对技术工种劳动者的培训,国家规定的职业技能标准、工人技术等级标准或岗位规范的要求即为该培训的最低标准。委托培训的用工单位可以与受委托的培训机构在培训合同中确定培训标准,但企业确定的培训标准不得低于国家规定的标准。而对于非技术工种或国家无具体要求的工种或岗位的培训,可由委托培训的用工单位自行确定培训的标准。

二、职业培训的考核

职业培训的考核是指有关机构或部门在劳动者培训期满时,对培训的结果或效果进行的考评。考核的标准应根据培训的标准确定。

(一) 取得培训学历证书和培训证书的考核

《职业教育法》第25条规定:"接受职业学校教育的学生,经学校考核合格,按照国家有关规定,发给学历证书。接受职业培训的学生,经培训的职业学校或者职业培训机构考核合格,按照国家有关规定,发给培训证书。学历证书、培训证书按照国家有关规定,作为职业学校、职业培训机构的毕业生、结业生从业的凭证。"

(二) 职业技能的考核

职业技能的考核是指对劳动者实际业务水平的考察和评定。不同的职业(工种),其考核的标准和要求也不同。因此,要使职业技能的考核体现科学性、客观性和公正性,首先就要制定科学的职业分类和职业技能标准。我国《劳动法》第69条规定:"国家确定职业分类,对规定的职业制定职业技能标准,实行职业资格证书制度,由经过政府批准的考核鉴定机构负责对劳动者实施职业技能考核鉴定。"

1. 职业分类

职业分类是指依据一定的标准和原则,将社会职业划分成不同的等级和种类,并对每一种类和等级的范围和要求进行界定等。职业分类是制定职业技能标准、考核和鉴定的前提,是劳动力管理的基础性工作。我国的职业分类按照劳动部颁布的《工种分类目录》进行分类。

2. 职业技能标准

职业技能标准是指在职业分类的基础上,根据具体职业(工种)现有的全社会平均技术水平,对从事或将要从事特定职业(工种)的劳动者所要求的知识和技能水平进行的概括和界定。其内容包括知识要求、技能要求和工作实例三部分。职业技能标准是从业人员进行职业培训、技能考核和技能鉴定的基本依据。

3. 职业技能考核

(1) 工人考核制度

职业技能考核是工人考核的重要组成部分。劳动部在1990年颁布了《工人考核条例》，对劳动者职业技能考核的种类、内容、方法以及组织管理等都作了明确的规定。

① 考核的种类。工人考核分为录用考核、转正定级考核、上岗转岗考核、本等级考核、升级考核以及技师任职资格的考评六大类。A. 录用考核是指用人单位对准备录用的劳动者进行的旨在确定其是否符合录用条件的考核。国家要求全民所有制企业、事业单位和国家机关从社会招用新工人，包括录用技工学校、职业学校、职业高中的毕业生，以及就业训练中心和其他各种就业训练班结业的学生，须经工人考核组织的录用考核，方能择优录用。B. 转正定级考核是指对学徒期、见习期、学习期和试用期满的劳动者进行的旨在确定其是否符合转正定级条件的考核。C. 上岗转岗考核是指对上岗或转岗的劳动者进行的旨在确定其是否具备该岗位所要求的各种条件的考核。《工人考核条例》第 8 条规定，工人改变工种、调换新岗位，或者操作新的先进设备时，应经过技术业务培训和上岗转岗培训，经考核合格后，才能上岗。D. 本等级考核是指用人单位对在岗的劳动者定期进行的旨在确定其是否保持本等级技术水平的考核。经考核不合格的，允许补考，补考仍然不合格的，应降低其技术等级或者调换工作岗位，重新确定技术等级和工资待遇。E. 升级考核是指对符合本等级要求且申请提高技术等级的劳动者进行的旨在确定其是否具备较高等级技术水平的考核。如果经考核合格，可取得相应的技术等级证书，作为用人单位使用和调整工资待遇的依据。F. 技师任职资格的考核是指对优秀的高级技术工人进行的旨在确定其是否具备技师任职资格的考核。对考评合格者，发给相应的技师合格证书，作为应聘职务的凭证。

② 考核的内容。包括思想政治表现、生产工作成绩和技术业务水平三方面。其中，技术业务水平的考核，主要是按照现行的《工人技术等级标准》或《岗位规范》进行技术业务理论和实际操作技能的考核。

③ 考核的方法。对工人思想政治表现的考核，在加强班组日常管理的基础上，定期进行；对工人生产工作成绩的考核，在加强班组日常管理的基础上，可以采用定量为主、定性为辅的方法，明确评分标准，定期进行。对工人技术业务理论的考核，以笔试为主，操作技能考核可以结合生产或者作业项目分期分批进行，也可以选择典型工件或作业项目专门组织进行。三项考核成绩均合格的，即为考核合格。

④ 考核的组织和管理。全国工人考核工作由劳动部综合管理，并负责制定有关规定，指导协调工人考核工作；各省、自治区、直辖市及计划单列市劳动行政部门和国务院有关部门的劳动工资机构，制定实施办法，并成立工人考核委员会，负责组织本地区、本部门的工人考核工作；企业、事业单位或者企业主管部门应根据实际情况组成不同专业(工种)的考核组织，负责具体考核工作。各专业

工种的考核组织成员中,应当有 2/3 以上的专业技术人员、技师、高级技术工人。

(2) 职业技能的鉴定制度

职业技能鉴定是指对劳动者进行技术等级的考核和技师资格的考评。劳动部在 1993 年颁布了《职业技能鉴定规定》,对职业技能鉴定的机构、对象、鉴定工作的实施等均作了规定。

① 职业技能鉴定的机构。职业技能鉴定站(所)是具体实施职业技能鉴定的机构。其设立的条件为:具有与所鉴定工种(专业)及其等级或类别相适应的考核场地和设备;具有与所鉴定工种(专业)及其等级或类别操作技能相适应的、符合国家标准的检测仪器;有专(兼)职的组织管理人员和考评员;有完善的管理办法。

② 职业技能鉴定考评员的条件。职业技能鉴定考评员必须具有高级工或技师、中级专业技术职务以上的资格;鉴定技师资格的考评员必须具有高级技师、高级专业技术职务的资格。考评员由各省、自治区、直辖市劳动行政部门所属的职业技能鉴定指导中心进行资格考核,由劳动行政部门核准并颁发考评员资格证书。鉴定技术等级的考评员资格认定和合格证书的核发权限,由省、自治区、直辖市劳动行政部门具体规定。鉴定技师资格的考评员资格认定和合格证书的颁发,由省、自治区、直辖市劳动行政部门核准。

③ 职业技能鉴定的对象。职业技能鉴定的对象有三方面:一是各类职业技术学校和培训机构毕(结)业生,凡属技术等级考核的工种,逐步实行技术等级鉴定;二是企业、事业单位学徒期满的学徒工,必须进行职业技能鉴定;三是企业、事业单位的职工以及社会各类人员,根据需要,自愿申请职业技能鉴定的。

④ 职业技能鉴定工作的实施。职业技能鉴定站(所)享有独立进行职业技能鉴定的权利,有权拒绝任何组织或个人更改鉴定结果的非正当要求。职业技能鉴定站(所)必须遵守劳动行政部门的有关规定、实施办法,必须从国家规定的试题库中提取试题,不得自行编制试题。试题由劳动部组织有关行业或单位的专家、名师,根据现行《工人技术等级标准》和《国家职业技能标准》统一编制职业技能鉴定试题,建立试题库。对技术等级考核合格的劳动者,发给相应的技术等级证书;对技师资格考评合格者,发给相应的技师合格证书或高级技师合格证书。

(3) 职业资格证书制度

职业资格是对从事某一职业所必须具备的学识、技术和能力的基本要求。职业资格包括从业资格和执业资格。从业资格是指从事某一专业(工种)学识、技术和能力的起点标准。执业资格是指政府对某些责任较大、社会通用性强、关系公共利益的专业(工种)实行准入控制,是依法独立开业或从事某一特定专业(工种)知识、技术和能力的必备条件。1994 年,劳动部、人事部颁布的《职业资格证书规定》第 6 条第 2 款规定:"若干职业技术资格和职业技能鉴定(技师、高级技师考评和技术等级考核)纳入职业资格证书制度。"职业资格证书制度应当遵循申请自愿、费用自理、客观公正的原则,凡是我国公民或获准在我国境内就业的其他国籍的人员,均可按照国家有关规定和程序申请相应的职业资格,取得相应的职业资格证书。职业资格证书是国家对申请人专业(工种)学识、技术、能力的认可,是求职、任职、独立开业和单位录用的主要依据。

第十三章 社会保险和职工福利

第一节 社会保险概述

一、社会保险的含义

社会保险是指由国家法律规定的,对因丧失劳动能力或劳动机会或暂时中断劳动的劳动者提供一定物质帮助或补偿,以维持其基本生活的一种社会保障制度。

二、社会保险的特征

(一) 社会保险与社会保障

社会保险制度归根到底是工业革命的产物。工业革命导致一部分社会成员——雇佣劳动者失去了土地这一天然的生活保障,雇佣劳动者如果不能将自己的劳动力与社会的生产资料结合,即不能实现就业,那么等待他的就是饥饿和死亡。社会保险制度就是为了帮助雇佣劳动者摆脱因各种原因不能靠劳动维持自己的生存而可能陷入的困境而设计的一种制度。它利用保险机理为雇佣劳动者或曾经受雇的劳动者提供一定程度的生活保障。其基本的操作方法为:由劳动者和雇主向国家指定的社会保险机构缴纳一定的保险费,当特定的保险事故(年老、失业、疾病、生育、工伤)发生时,由社会保险机构向劳动者支付一定的救济费。社会保障是指政府和社会为了保持经济发展和社会稳定,对劳动者和社会成员因年老、伤残、疾病、失业而丧失劳动能力或劳动机会,或因自然灾害、意外事故等面临生活困难时,通过国民收入的分配和再分配提供物质帮助或社会服务,以确保其基本生活需要。一般认为,社会保障是一种制度体系,它由社会保险、社会福利、社会救济和社会优抚四个部分构成。即社会保险是社会保障的一个组成部分。

社会保险和社会保障虽然都具有保障社会稳定、安全和发展的功能,但两者在保障的对象、权利人行使权利的条件等方面都有明显的区别。

1. 在保障的对象上

社会保险保障的对象仅是特定的社会成员,即已经建立劳动关系或曾经建立劳动关系的劳动者;而社会保障保障的对象是包括劳动者在内的所有社会成员。即社会保障保障的对象具有普遍性,任何社会成员均可能成为社会保障的受益人。

2. 在权利人实现权利的条件上

社会保险通过保险的机理使特定的社会成员获得物质帮助,即权利人行使权利是以其支付保险费为代价的。而社会保障从本质上讲并不以权利人付费为前提,"尽管在社会保障的许多领域仍然以社会成员是否支付了一定金额的金钱决定是否享受这种利益或享受利益的大小,但从本质上说,支付对价只是为了解决社会保障的经费来源问题,并不是社会保障的本质决定的。在社会保障机制中,只存在一定的利益从社会或代表社会的国家向遭受社会危险的社会成员的单向流动"[①]。

劳动法是以劳动关系为主要调整对象的法。我国《劳动法》第九章对"社会保险和福利"作了专章规定。劳动法学和社会保障法学也因社会保险和福利这一共同的调整范围成为内容有交叉和重叠的法律学科。

(二) 社会保险与商业保险

社会保险在机制构架的机理上与商业保险是相同的。"社会保险只是在商业保险世界中普遍风靡的保险观念和方法在社会福利领域的扩展。"[②]但两者在保险的性质、实施方式和适用对象等方面都具有明显的区别。

1. 性质不同

社会保险是由国家通过立法形式实施的福利保障事业,其目的是保障丧失劳动能力或劳动机会的劳动者的基本生活,具有社会物质帮助和非营利性的特点。商业保险是保险公司根据经济规律进行的一种金融活动,它以营利为目的。

2. 实施的方式不同

社会保险是由国家法律规定强制实施的,符合条件的当事人无论就是否参加保险、参加的险种以及保险费率的多少等都不能作出选择和协商,而是由法律直接规定。而商业保险一般都是建立在当事人自愿的基础上,并且投保人可以根据自己的意愿选择险种。

3. 适用的对象不同

社会保险适用的对象为已经建立或曾经建立劳动关系的劳动者,保险事故为丧失劳动能力或劳动机会,在保险分类上属于人身保险的范畴。而商业保险的适用对象是全体公民,保险事故可以是人身风险,也可以是财产风险,因此商业保险包括财产保险和人身保险两个方面。

4. 基金的来源不同

社会保险的基金一般来源于用人单位、劳动者和国家财政,劳动者和用人单

[①] 种明钊主编:《社会保障法律制度研究》,法律出版社 2000 年版,第 8—9 页。
[②] Philippa Watson, *Social Security Law of the European Communities*, Mansell Publishing, 1980, p. 1.

位按照国家规定比例缴纳的社会保险费是社会保险基金的主要来源,当劳动者和用人单位缴费形成的保险基金不足以支付时,由国家财政进行补贴。而商业保险的保险基金主要来源于投保人缴纳的保险费,且商业保险的保险费全部由投保人单方承担。

三、社会保险的功能

社会保险制度最先于工业发达国家建立,原意是要抵御工业生产对工人收入带来的不稳定性,让工人面对各种城市生活危机时能得到保障。随着社会经济和法律的发展,社会保险的功能在不断地扩大,主要体现为:

1. 是国家保证劳动者生存权的需要

一个文明和人道的国家,有责任保障每一个社会成员的生命,有责任不让一个人饿死或营养不良。毫无疑问,每一个社会成员首先应依靠自己的力量,在力所能及的范围内满足自己的生存需要。但在一个国家里,总有一些人处于贫困和生存条件不足的状态,例如没有工作、年老、疾病、工资低难以糊口等。《世界人权宣言》第25条第1款规定:"人人有权享受为维持他本人和家属的健康和福利所需的生活水准,包括食物、衣着、住房、医疗和必要的社会服务;在遭到失业、疾病、残废、守寡、衰老或在其他不能控制的情况下丧失谋生能力时,有权享受保障。"我国1991年颁布的《中国的人权状况(白皮书)》也指出:"对于一个国家和民族来说,人权首先是人民的生存权。没有生存权,其他一切人权均无从谈起。……在中国,维护人民的生存权利,改善人民的生存条件,至今仍然是一个首要问题。"而社会保险正是在劳动者因各种原因丧失劳动能力或就业机会时,提供相应的物质帮助,保障其生存的一种社会保障制度。

2. 是保持社会稳定的必要手段

劳动关系是各种社会关系的基础,劳动关系直接影响着社会的稳定。因此,无论是哪国的社会保险法,都含有保持社会稳定和缓和劳资矛盾的目的。从美国社会保障法的社会背景看,1930年左右,资本主义社会发生了经济危机,经济萧条、失业充斥了整个社会。1926年,美国著名的经济学家凯恩斯发表了《自由放任主义的终结》一文,强调国家干预经济的主张。他认为:由国家承担起私人和市场无法承担的老年救济、失业保障等社会责任,是一种有效的克服市场失灵和反危机的措施,也是有效的经济稳定器之一。目前,我国正处于经济体制转型时期,大量的下岗工人和失业人员需要国家为其提供相应的生活保障。为此,我国从中央到地方都将抓好"三条保障线工作"(国有下岗工人、失业保障和城镇居民最低生活保障)作为国家的头等大事。只有社会稳定了,才会有社会的发展,稳定是发展的前提和基础。而社会保险正是保持社会稳定的必要手段。

3. 是保证社会公平职能的基本措施

市场经济与社会保险体制的功能不同,市场经济强调的是自由公平竞争,追求效率促进经济的发展,不可避免会产生大量的竞争失败者,并导致社会财富的两极分化;社会保险和社会保障是为了救助竞争失败者,矫正和缓和严重的不平等,体现社会公平。

四、社会保险的产生和发展

(一)世界社会保险制度的产生

社会保险产生于工业革命后的欧洲,首先出现在德国,之后逐渐扩展到全世界。19世纪末,德国议会根据宰相俾斯麦的提议,通过了一系列保障劳动者生活安全的法案,其中包括1883年的《疾病保险法》、1884年的《工伤保险法》和1889年的《老年与残疾保险法》等。现代意义的社会保险制度随着这些法律的通过而正式产生。继德国之后,欧洲的其他国家相继接受并效仿德国的社会保险理论和立法。20世纪30年代发生的波及整个资本主义国家的经济危机,使自由竞争为特征的市场经济下的一系列社会问题凸显出来,促使人们开始对当时的社会制度进行反思。英国著名的经济学家、社会改革家威廉·亨利·贝弗利奇教授最系统地阐述了其社会保险的思想。他认为,社会保险作为社会安全措施的一种,应当以全体社会成员为对象,不应局限于受雇的劳动者;社会保险应当贯彻实际需要原则发放津贴和给予救济,不应过多地考虑社会成员以前收入的多少;负有缴费义务的人应按照统一的标准承担缴费义务,不应过多考虑风险的大小和收入的高低;建立统一的社会福利机构,以降低社会保险经费管理体系运行所需的成本;对因无收入而不能参加社会保险的社会成员,国家应给予无偿的资助。贝弗利奇的社会保险思想对英国社会保险制度的构建产生了深刻的影响。根据此社会保险理论,英国在20世纪40年代颁布了一系列的社会保险法律,主要包括:1942年的《家庭津贴法》,1946年的《国民保险法》、《国民工伤保险法》和《国民保健事业法》,1947年的《国民救济法》等。这些法律的颁布和实施,使英国形成了与欧洲大陆不同的具有社会福利性质的社会保险风格。英国的社会保险制度后来又成为欧洲一些国家(瑞士、瑞典等)效仿的对象,甚至对后来美国社会保险制度的建立都有一定的影响。

(二)我国社会保险立法的沿革

1. 改革开放前的社会保险

严格意义上讲,我国改革开放前的社会保险不是真正意义上的社会保险,只能称之为劳动保险,因为并未实行保险的社会化。新中国成立以后,我国逐步形成了高度集中的计划经济体制。我国的劳动保险制度形成于20世纪50年代初期,以我国1951年颁布《中华人民共和国劳动保险条例》(以下简称《劳动保险

条例》)为标志。计划经济时期,我国劳动保险制度的主要内容包括:

(1) 劳动保险仅适用于城市劳动者,其他社会成员不能成为劳动保险的保障对象。根据《劳动保险条例》的规定,法定的可以参加劳动保险的对象为:职工在100人以上的工厂、厂矿及其附属单位;所有的铁路、航运、邮电部门及其附属单位;工、矿、交通事业的基本建设单位;国营建筑公司。从中可以看出,新中国成立初期的劳动保险的覆盖面非常狭窄,大多数劳动者不能享受劳动保险待遇。

(2) 劳动保险费全部由企业承担,劳动者不承担缴费义务。按照《劳动保险条例》的规定,劳动者一切保险待遇的支出和保险费的缴纳全部由企业承担,职工个人不承担任何部分。保险基金的来源非常单一。

(3) 保险基金仅在企业内统筹,未形成社会统筹。在《劳动保险条例》实施后不久,1969年财政部颁布了《关于国营企业财务工作中几项制度的改革意见(草案)》,其中规定,国有企业不再提取劳动保险基金,劳动保险支出全部由企业作为"营业外支出"处理。这样,劳动保险实际上已变成企业保险。

2. 我国社会保险制度的改革

计划经济下的劳动保险制度与市场经济体制存在着严重的冲突。市场经济体制下要求劳动力能合理自由流动,企业应该有平等和公平的竞争环境。但旧的劳动保险制度所体现的保险范围狭窄、保险费来源单一导致保险基金脆弱和保障性不强、劳动保险社会化程度低导致企业负担不均和劳动者无法自由流动等缺陷,都严重地制约着我国社会主义市场经济体制的建立和完善,我国不得不对旧的劳动保险制度进行改革。

我国社会保险制度的改革开始于1978年十一届三中全会以后,大体上可以分为以下两个阶段:一是1978年至1984年,为社会保险制度的恢复期。在此期间,国家发布了一系列的规定,重申国有企业劳动者享有的各种劳动保险待遇。二是1984年以后,我国社会保险制度的改革全面开始。1986年,我国颁布了旨在打破"铁饭碗"的《国营企业实行劳动合同制的暂行规定》,对合同职工的劳动保险待遇进行了规定,同时还颁布了《国营企业职工待业保险暂行规定》,填补了我国失业保险制度的空白。90年代以后,我国的社会保险制度改革全面展开。从改革养老保险开始,1991年,国务院颁布《关于企业职工养老保险制度改革的决定》,1995年颁布《关于深化职工养老保险制度改革的通知》,1997年颁布《国务院关于建立统一的企业职工基本养老保险制度的决定》;在工伤保险方面,劳动部于1996年颁布了劳部发[1996]266号《企业职工工伤保险试行办法》,以指导工伤保险的司法实践,经过多年的实践,国务院于2003年4月27日正式颁布了《工伤保险条例》(自2004年1月1日起施行);在失业保险方面,国务院于1999年1月颁布了《失业保险条例》以取代《国营企业职工待业保险暂行规定》;在医疗保险方面,国家体改委、财政部、劳动部和卫生部于1994年4月联合发布了《关于职工医疗制度改革的试点意见》,同年11月国务院发布了《关于江苏省镇江市、江西省九江市职工医疗保障制度改革试点方案的批复》,1998年12月4日国务院颁布了《关于建立城镇职工基本医疗保险制度的决定》,2007年国务院颁布了《关于开展城镇居民基本医疗保险试点的指导意见》;在生育保险方面,劳动部于1994年12月颁布了《企业职工生育保险试行办法》。目前,我国已经初步建立了与市场经济相适应的社会保险体系。

3. 我国社会保险改革的基本内容

(1) 根据市场经济体制的需要,建立多层次的社会保险体系。即根据劳动者在市场经济体制下可能遇到的各种风险,建立相应的社会保险。对此,我国《劳动法》第70条作了原则性的规定:"国家发展社会保险事业,建立社会保险制度,设立社会保险基金,使劳动者在年老、患病、工伤、失业、生育等情况下获得帮助和补偿。"旨在建立养老、疾病、工伤、失业和生育等多层次的社会保险体系。

(2) 将社会保险的覆盖面扩大到社会的全体劳动者。劳动者无论其所在用人单位的所有制性质、工资的分配形式和劳动者的用工形式,都有权并应当参加国家规定的社会保险,并按照国家规定享受相应的劳动保险待遇。

(3) 社会保险基金一般由用人单位、职工个人和国家三方合理分摊。养老保险、失业保险和医疗保险由三方承担;工伤保险主要由用人单位承担,劳动者个人不缴纳保险费;生育保险主要由用人单位和国家承担。

(4) 保险基金实行社会统筹。改变原来的企业保险的状况,社会保险基金实行省级或设区的市级统筹,以增强社会保险基金的抗风险能力。

第二节 失业保险制度

一、失业和失业人员

(一) 失业和失业人员的概念

失业是与就业相对应的概念,它是指符合法定年龄的具有劳动权利能力和劳动行为能力并有求职愿望的公民未能实现就业的状态。

失业人员是指在劳动年龄内的有劳动能力但目前无工作,并以某种方式正在寻找工作的人员。包括就业转失业的人员和新生劳动力中未实现就业的人员。我国《失业保险条例》所指失业人员只限定为就业转失业的人员。从失业人员的概念中可以看出,成为失业人员应具备如下主、客观两个方面的条件:

1. 客观条件

（1）必须在劳动年龄内。已经达到或超过国家规定的退休年龄或尚未达到就业（劳动）年龄的人员，不可能成为失业人员。根据我国目前劳动法的有关规定，我国的法定劳动年龄为16至60周岁，体育、文艺和特种工艺单位按照国家规定履行审批程序后可以招用未满16周岁的未成年人。对企业中男年满60周岁、女年满50周岁的职工和机关事业单位中男年满60周岁、女年满55周岁的职工实行退休制度，对从事有毒、有害工作和符合条件的患病、因工致残职工可以降低退休年龄。对因退休而退出了劳动力队伍的人员而言，不存在失业问题。

（2）具有劳动能力。即失业人员具有从事正常社会劳动的行为能力。在法定劳动年龄内的人员，若不具备相应的劳动能力，也不能视其为失业人员，如精神病人、完全伤残不能从事任何社会性劳动的人员等。

2. 主观条件

必须要有就业的愿望。即那些目前虽无工作，但没有工作要求的人不能视为失业人员。

（二）失业的成因

造成失业的原因是多方面的，具体到不同国家或一个国家的不同时期，其主导因素并不完全相同。国际上一般将失业原因分为如下几类：

1. 摩擦性失业。即由于求职的劳动者与需要提供的岗位之间存在着时间上的差异而导致的失业，如新生劳动力找不到工作，工人想转换工作岗位时出现的工作中断等。

2. 季节性失业。即由于某些行业生产条件或产品受气候条件、社会风俗或购买习惯的影响，使生产对劳动力的需求出现季节性变化而导致的失业。

3. 技术性失业。即由于使用新机器设备和材料，采用新的生产工艺和新的生产管理方式，出现社会局部劳动力过剩而导致的失业。

4. 结构性失业。即由于经济、产业结构变化以及生产形式、规模的变化，促使劳动力结构进行相应调整而导致的失业。

5. 周期性失业。即市场经济国家由于经济的周期性萎缩而导致的失业。

失业是一种社会经济现象。在市场经济体制下，劳动力和生产资料两大生产要素要按照市场的公平竞争规则进行优化配置。在竞争过程中，必然会有一部分劳动力因各种原因暂时不能实现就业。可以说，失业是市场经济体制不可避免的现象。社会和政府应该采取一切必要措施减少失业，把失业人员的数量控制在社会可以承受的范围内，但不可完全消除失业现象。为此，政府或社会有义务通过实施失业保险对暂时不能实现就业的劳动者给予帮助，保障他们的基本生活，为其提供再就业服务，把失业造成的消极影响降到最低限。因此，发展和完善我国的失业保险制度，对分担失业风险、解决失业问题具有十分重要的作用。

二、失业保险的概念

失业保险是指劳动者在失业期间依法获得救济金以维持其基本生活的保险制度。

失业保险是世界许多国家采用的解决失业问题的有效手段。从世界范围看,法国最早于1905年实行失业保险,是最早实行这一制度的国家。随即,挪威、丹麦两国也分别在1906年和1907年建立了类似于法国的失业保险制度。当时,这几个国家实行的是非完全强制性失业保险制度,即法律确定范围内的人员是否参加失业保险取决于个人意愿。参加保险,就必须根据失业保险法律规定接受管理,包括承担一定的义务和享受相应的权利。1911年,英国颁布了《国民保险法》,开创了强制性失业保险制度的先河,后被一些国家效法,构成了世界失业保险制度的主流。到1997年初,世界上已有68个国家和地区建立了失业保险制度,其中大多数国家和地区实行强制性保险,自愿性保险的范围只限于工会已建立失业保险基金的产业。

我国的失业保险制度是在1986年正式建立的。1986年,国务院颁布了《国营企业职工待业保险暂行规定》,明确规定对国营企业职工实行职工待业保险制度。当时建立失业保险制度的主要目的之一是配合国有企业改革和劳动制度改革。原有的失业保险制度尽管发挥了重要作用,但还不能完全适应建立社会主义市场经济体制、深化国有企业改革和建立现代企业制度的要求,主要存在以下问题:一是适用范围窄,只是在国有企业和企业化管理的事业单位实行,非国有经济的从业人员和大部分事业单位职工还没有被纳入失业保险范围,造成了这部分人"有险无保";二是基金承受能力较弱,由于覆盖范围窄,又仅限于用人单位单方缴费,收缴的失业保险费数额有限;三是统筹程度不高,失业保险基金主要实行市县统筹,只有部分地区建立了调剂金制度,失业保险社会互济的功能不能得以充分发挥。为此,国务院在吸取我国失业保险制度建立和发展的实践经验、借鉴国外有益做法的基础上,于1999年1月颁布了《失业保险条例》,许多省、自治区和直辖市也根据当地的实际情况制定了地方性法规。

三、失业保险基金的来源

建立失业保险基金是失业保险制度的重要内容。其他国家一般采取五种方式筹集失业保险所需资金:一是由雇主和雇员双方负担;二是由雇主和国家双方负担;三是由雇员和国家双方负担;四是由国家、雇员和雇主三方负担;五是全部由雇主负担。全部由雇主负担失业保险所需资金的,主要采取征收保险税的办法,目前只有个别国家采用。各国主要采取的是征缴费用、建立基金的方式。我国失业保险制度建立以来,一直实行基金制,在基金来源上采取用人单位缴费和财政补贴的方式。根据我国《失业保险条例》的规定,失业保险所需资金来源于四个部分:失业保险费,包括单位缴纳和个人缴纳两部分,这是基金的主要来源;财政补贴,这是政府负担的一部分;基金利息,这是基金存入银行和购买国债的收益部分;其他资金,主要是指对不按期缴纳失业保险费的单位征收的滞纳金等。失业保险费由城镇企业事业单位按照本单位工资总额的2%缴纳,城镇企业事业单位职工按照本人工资的1%缴纳。城镇企业事业单位招用的农民合同制工人本人不缴纳失业保险费。

四、劳动者享受失业保险待遇的条件及待遇标准

(一)享受失业保险待遇的条件

劳动者应同时具备以下条件,才能享受失业保险待遇:

1. 按照规定参加失业保险,所在单位和本人已按规定履行缴费义务满一年的

在享受失业保险待遇与缴费关系上,我国实行权利和义务相一致的原则。劳动者享受失业保险待遇的前提条件之一是其所在用人单位和其本人按照规定缴纳失业保险费满一定的时间,否则就不具有享受失业保险待遇的资格。由此可见,我国享受失业保险待遇的劳动者必须符合曾经建立过劳动关系并且缴费满法定期限的条件,如果从未就业过或即使就业过但缴费时间不满一年的,都不能享受失业保险待遇。例如刚毕业的大学生,即使因客观原因,暂时找不到工作处于失业状态,也无权享受失业保险待遇。

2. 非因本人意愿中断就业的

许多国家的法律都将主观上的"非自愿"失业作为劳动者享受失业保险待遇的条件之一。如果劳动者的失业是出于其自愿,例如劳动者辞职等,那么该劳动者就无权享受失业保险待遇。有的国家甚至规定,劳动者由于行为不端被解雇的,或参加劳资纠纷导致停产而使自己失业的,也要取消其享受资格或降低给付标准,有的还要推迟给付时间。在我国,"非因本人意愿中断就业的"是指下列人员:

(1)终止劳动合同的;

(2)被用人单位解除劳动合同的;

(3)被用人单位开除、除名和辞退的;

(4)根据《劳动法》第32条第2、3项与用人单位解除劳动合同的;

(5)法律、行政法规另有规定的。

3. 已办理失业登记,并有求职要求的

只有同时具备上述三个条件的失业人员,才能申请享受失业保险待遇。

（二）失业保险待遇

失业保险人员享受的失业保险待遇，具体包括：

1. 失业保险金

失业保险金也称"失业补助金"，是由国家指定经营社会保险的机构依法支付给失业人员的生活补助费。通常以周为单位支付，标准为其最近一段时期平均工资的一定百分比。大多数国家计算失业补助金的替代率为平均收入的40%—75%。有些国家一律支付等额补助金。如果失业人员已成家，除发给基本补助金外，还要对其配偶及子女加发一定的补助金。

在我国，根据《失业保险条例》的规定，失业保险金的发放标准，由省、自治区、直辖市人民政府按照低于当地最低工资标准、高于城市居民最低生活保障标准的水平确定。对于失业人员领取失业保险金的期限，根据失业人员失业前所在单位和本人按照规定累计缴费时间的长短，划分为三个档次：累计缴费时间满1年不足5年的，领取失业保险金的最长期限为12个月；累计缴费时间满5年不足10年的，领取失业保险金的最长期限为18个月；累计缴费时间10年以上的，领取失业保险金的最长期限为24个月。重新就业后再次失业的，缴费时间重新计算，领取失业保险金的期限可以与前次失业应领取而尚未领取的失业保险金的期限合并计算，但最长不得超过24个月。

单位招用的农民合同制工人连续工作满1年，其所在单位已为其缴纳了失业保险费，劳动合同期满未续订或提前解除劳动合同的，由社会保险机构根据其工作时间的长短，对其支付一次性生活补助。补助标准由省、自治区、直辖市人民政府规定。

另外，失业人员在领取失业保险金期间重新就业、应征服役、移居境外、享受基本养老保险待遇、被判刑收监执行或者被劳动教养、无正当理由拒不接受当地人民政府指定的部门或者机构介绍的工作的，以及有法律、行政法规规定的其他情形的，应停止领取失业保险金，并同时停止享受其他失业保险待遇。在职人员因被判刑收监执行或者被劳动教养，而被用人单位解除劳动合同的，可以在其刑满、假释、劳动教养期满或解除劳动教养后，申请领取失业保险金；失业人员在领取失业保险金期间因被判刑收监执行或者被劳动教养而停止领取失业保险金的，可以在其刑满、假释、劳动教养期满或解除劳动教养后恢复领取失业保险金。

2. 其他失业保险待遇

其他失业保险待遇包括：领取失业保险金期间的医疗补助金，领取失业保险金期间死亡的失业人员的丧葬补助金及其供养的配偶、直系亲属的抚恤金。另外，还可以向为失业人员在领取失业保险金期间开展职业培训、职业介绍的机构或接受职业培训、职业介绍的本人给予补贴，以帮助失业人员实现再就业，并减轻失业人员的经济负担。医疗补助金的标准由省级人民政府规定。丧葬补助金和抚恤金的标准应参照对当地职工的规定办理,一次性发放。

第三节 养老保险制度

一、养老保险的概念和特征

养老保险是世界各国普遍采用的一种社会保障制度,是指劳动者在因年老或病残而丧失劳动能力的情况下依法领取一定生活费用的一种社会保险制度。它是我国五种社会保险中最重要的险种之一。这一概念主要包含以下三层含义:

1. 养老保险是对因年老和因病残完全或基本退出社会劳动生活后的人员自动发生作用的保险。这里所说的"完全",是以劳动者与生产资料的脱离为特征的;所谓"基本",指的是参加生产活动已不成为其主要社会生活内容。

2. 养老保险的目的是保障老年人的基本生活需求,为其提供稳定可靠的生活来源。

3. 养老保险是以社会保险为手段来达到保障目的的。养老保险是世界各国较普遍实行的一种社会保障制度。

目前,我国涉及养老保险的法律、法规主要有:1951 年的《劳动保险条例》、国发[1978]104 号《关于工人退休、退职的暂行办法》、国发[1995]6 号《关于深化企业职工养老保险制度改革的通知》(以下简称国发[1995]6 号《通知》)、国发[1997]26 号《关于建立统一的企业职工基本养老保险制度的决定》、全国总工会《劳动保险问题解答》以及劳动行政部门的一些部门规章等。

二、养老保险的类型

(一) 世界各国养老保险制度的类型

从世界范围看,各国因采用的养老保险基金方式不同而使养老保险呈现出不同特点,大体上有以下两种:

1. 现收现付制(又称"收税制")

这种养老保险制度的主要做法为:雇主和雇员(或全部由雇主)按工资总额的一定比例(统筹费率)缴纳工资税(保险费),由政府统筹用于短期内的收入的再分配。这是一种在近期横向收支平衡原则指导下的基金筹集模式。瑞典、英国等欧洲国家采用此种方式。其优点为:可依需求变动及时调整征税比例,保持收支平衡,社会共济性强;操作方便,管理成本低(不需要过多的个人信息)。缺点为:引起代际收入的再分配,一代人的受益需要下一代人的供款来支付;缺乏必要的储蓄积累,难以适应经济波动或人口老龄化的情况;会减弱劳动者就业的积极性。

2. 强制储蓄制（又称"长期积累制"）

这种养老保险制度的主要做法为：劳动者从参加工作起，按工资总额的一定比例（缴费率）由雇主和雇员定期缴纳保险费，记入个人账户，作为长期积累并可以增值的资金。其所有权归个人所有，按一定条件一次性或按月领取。这是一种远期纵向收支平衡原则指导下的社会保障资金筹集方式。新加坡就采用此种方式，具体做法为：按雇员工资的40%缴纳，由雇主与雇员各承担一半，雇主支付的部分可以记入成本，雇员缴纳部分在工资中扣除。这40%划分为三个账户：30%存入普通账户，可用于购房或投资；6%存入保健储蓄账户，用于医疗；4%存入特别账户，作养老之用。强制储蓄制的优点为：激励性强，透明度高，提取比例稳定，便于监督管理，基金可进入资本市场运作，长期积累增值保证未来的支付，不会引起代际转嫁负担问题。缺点为：管理成本高（需要较多的个人信息和复杂的信息管理系统），供款与受益之间的时间长，当出现不可控制风险（通货膨胀、战争、自然灾害等）时基金难以保值，没有资源再分配的效果，不具有社会保险性质。

鉴于上述两种养老保险制度的利弊，许多国家都在进行养老保险制度的改革，希望能寻求两种方式的优化组合：既能保证当前的开支需要，又能满足未来开支需求的增长。

（二）我国养老保险的类型

我国在借鉴世界各国养老保险制度的基础上，创设了在维持社会统筹现收现付制框架基础上引进个人账户长期积累制的形式，统筹基金用于保障劳动者的基本生活需要，个人账户的积累用于个人未来需求。即实行"社会统筹和个人账户相结合"的基本养老保险改革模式。同时，国家鼓励用人单位和劳动者在国家设立的基本养老保险以外，建立用人单位补充养老保险和个人自愿保险，以加强对老年人生活的经济保障。1991年，《国务院关于企业职工养老保险制度改革的决定》中明确提出："随着经济的发展，逐步建立起基本养老保险与企业补充养老保险和职工个人储蓄性养老保险相结合的制度。"因此，我国的养老保险由三个部分（或层次）组成。第一部分是基本养老保险，第二部分是企业补充养老保险，第三部分是个人储蓄性养老保险。

1. 基本养老保险制度

基本养老保险又称"第一层次保险"，亦称"国家基本养老保险"，它是按国家统一政策规定强制实施的为保障广大离退休人员基本生活需要的一种养老保险制度。当劳动者满足法律规定的退休条件时，可以从国家指定的经营社会保险的机构获得经济供给，所供给的货币就称为"基本养老金"。在我国实行养老保险制度改革以前，基本养老金也称"退休金"、"退休费"，是一种最主要的养老保险待遇。按照国家对基本养老保险制度的总体思路,未来基本养老保险的目标替代率确定为58.5%。

基本养老保险实行"社会统筹与个人账户相结合"的保险模式,即在基本养老保险基金的筹集上采用传统型的基本养老保险费用的筹集模式,由国家、单位和个人共同负担;基本养老保险基金实行社会互济;在基本养老金的计发上采用结构式的计发办法,强调个人账户养老金的激励因素和劳动贡献差别。

2. 企业补充养老保险

企业补充养老保险是指由企业根据自身经济实力,在国家规定的实施政策和实施条件下为本企业职工所建立的一种辅助性的养老保险。它居于多层次的养老保险体系中的第二层次,由国家宏观指导、企业内部决策执行。企业补充养老保险与基本养老保险既有区别又有联系。其区别主要体现在两种养老保险的层次和功能上的不同,其联系主要体现在两种养老保险的政策和水平相互联系、密不可分。企业补充养老保险由劳动保障行政部门管理,单位实行补充养老保险,应选择经劳动保障行政部门认定的机构经办。企业补充养老保险的资金筹集方式有现收现付制、部分积累制和完全积累制三种。企业补充养老保险费可由企业完全承担,或由企业和员工双方共同承担,承担比例由劳资双方协议确定。

3. 个人储蓄性养老保险

职工个人储蓄性养老保险是由职工自愿参加、自愿选择经办机构的一种补充保险形式。由社会保险机构经办的职工个人储蓄性养老保险,由社会保险主管部门制定具体办法,职工个人根据自己的工资收入情况,按规定缴纳个人储蓄性养老保险费,记入当地社会保险机构在有关银行开设的养老保险个人账户,并应按不低于或高于同期城乡居民储蓄存款利率计息,以提倡和鼓励职工个人参加储蓄性养老保险。所得利息记入个人账户,本息一并归职工个人所有。职工达到法定退休年龄经批准退休后,凭个人账户将储蓄性养老保险金一次总付或分次支付给本人。

三、我国养老保险改革的主要内容

1. 扩大职工基本养老保险的覆盖面,由原来的职工养老保险扩大至所有劳动者的养老保险,将包括个体工商户和私营企业主等非工薪收入者均纳入保险范围。

2. 实行由国家、企业和职工个人共同负担养老保险费的制度。改革前我国的养老保险基金完全由企业一方缴纳。现实行基本养老保险费用由单位和个人共同负担,国家给予扶持和帮助。同时,国家对职工个人缴纳的养老保险费的权属作了规定:"职工在离退休前或者离退休后死亡,其基本养老保险个人账户的储存额尚未领取或未领取完,其余额中的个人缴费部分,按照规定发给职工指定的受益人或法定继承人。"

3. 改原来单一的职工养老保险为国家实行基本养老保险、企业补充养老保险和个人自愿养老保险相结合的多层次的职工养老保险制度。

4. 提高养老保险基金的社会化统筹程度。

5. 对职工基本养老保险实行社会统筹与职工基本养老保险个人账户制度。

四、基本养老保险费的缴纳

根据国发[1995]6号《通知》规定,职工的基本养老保险费用由单位和个人共同负担,同时规定两套交费办法。

(一)个人缴纳的养老保险费

职工本人以上一年度月平均工资为个人缴费工资基数。月平均工资应按国家统计局规定列入工资总额统计的项目计算,其中包括工资、奖金、津贴、补贴等收入。月平均工资超过当地职工平均工资300%以上的部分,不计入个人缴费工资基数;低于当地职工平均工资60%的按60%计入。

职工按不低于个人缴费工资基数3%的比例缴费,以后一般每两年提高1个百分点,最终达到个人账户养老保险费的50%。已离退休人员个人不缴费。

个体工商户本人、私营企业主等非工薪收入者,可以当地上一年度职工月平均工资作为缴费的基数,并由个人按20%左右的费率缴费,其中4%左右进入社会统筹基金,16%左右进入个人账户;或者可以当地全部职工月平均工资作基数,缴纳基本养老保险费。

(二)企业缴纳养老保险费

企业可以全部职工缴费工资基数之和或以企业职工工资总额的一定比例缴纳。

五、职工基本养老保险金的计发

国发[1995]6号《通知》对职工基本养老保险金规定了两套计发办法。

(一)以职工个人账户累计储存额(包括本金和利息),按离退休后的预期平均余命按月计发

平均余命也称"生命期望值",是指某年龄人的余命的平均值,即某年龄开始到死亡为止的平均存活年限。比如,从60岁开始到死亡为止,人的平均存活年限为18年,那么60岁人的平均余命就是18年。平均余命与平均寿命是两个不同的概念,但对0岁人来说二者是一致的。

鉴于在职职工以前没有实行个人缴费,有些职工实行个人缴费后不久即将离退休,因此区分不同对象,采用不同的计发办法,以使新老养老保险制度有机

衔接,平稳过渡。即实行"新人新办法"、"老人老办法"、"中人中办法"的过渡。

1. "新人新办法"指凡国发[1995]6号《通知》实施后参加工作的职工,达到法定离退休年龄离退休时,一律按基本养老保险个人账户的储存额按月支付基本养老金。计算公式为:

$$月基本养老金 = 基本养老保险个人账户储存额 \div 120(平均余命按10年计)$$

2. "老人老办法"指国发[1995]6号《通知》实施前已经离退休的人员,仍按原来的办法计发养老金,同时享受改革后的养老金调整待遇。在国发[1995]6号《通知》实施前参加工作、实施后3年内到达法定离退休年龄离退休的职工,在按改革前原养老金计发办法计发的同时,再按缴费期个人账户累计储存额的一定比例增发养老金。计算公式为:

$$月基本养老金 = 按改革前原计发办法计发的养老金 + 基本养老保险个人账户储存额 \times 增发比例$$

确定增发比例的原则是,使同一工资水平的职工,后离退休的养老金比先离退休的略有增加,但差距不宜太大。

3. "中人中办法"指国发[1995]6号《通知》实施前参加工作、实施3年后到达法定离退休年龄离退休的职工,其在该通知实施前的工作年限可视同缴费年限,以职工个人账户中的储存额推算出全部工作年限的储存额,再除以120,按月计发基本养老金。计算公式为:

$$月基本养老金 = 基本养老保险个人账户储存额 \times 系数 \div 120$$

实行以上办法一的职工,基本养老金的发放方式为:只要达到法定的离退休年龄,凡个人缴费累计满15年,或在国发[1995]6号《通知》实施前参加工作连续工龄(包括缴费年限)满10年的人员,均可享受基本养老保险待遇,按月领取养老金;如果在国发[1995]6号《通知》实施前参加工作、连续工龄(包括缴费年限)不满10年,或者在《通知》实施后参加工作、缴费不满15年,到达法定离退休年龄的人员,按其基本养老保险个人账户中的全部储存额一次性支付给本人,同时终止养老保险关系。

(二)将养老金分为社会性养老金、缴费性养老金和个人账户养老金三个部分,并分别以缴费年限满10年和不满10年为标准计发

1. 缴费年限满10年及以上的,按以下办法计发养老金

(1)社会性养老金:按当地职工平均工资的20%—25%计发,具体比例由当地政府确定。

(2)缴费性养老金:个人及企业缴费每满1年,按缴费工资基数的1.0%—1.4%计发,具体系数由当地政府确定。

社会性养老金和缴费性养老金从养老保险社会统筹基金中支付,按月计发。

(3) 个人账户养老金:记入基本养老保险个人账户的储存额(包括本金和利息)归个人所有,职工符合离退休条件离退休后,可以由本人选择一次或者多次或者按月领取。职工或离退休人员死亡后,其个人账户储存额的结余部分一次发给其指定的受益人或者法定继承人。职工未达到规定离退休条件但遇到非常特殊的困难时,经过申请、审查和批准,可以在个人账户中提前支取一部分费用。

(4) 随着个人账户养老金逐年增加,逐步冲减基本养老金中保留的各种补贴,以至缴费性养老金。逐步将基本养老金调整到与我国经济发展相适应的合理水平。

2. 缴费年限不满10年的,按以下办法计发养老金

社会性养老金和缴费性养老金按缴费每满1年发给相当于2个月当地职工平均工资养老金,一次付清。个人账户养老金按个人账户的储存额(包括本金和利息)计发,一次付清。

六、职工享受养老保险待遇的条件

在养老保险制度改革之前,我国对退休的条件主要从年龄和工龄上加以规定,而目前我国职工享受养老保险待遇的条件可概括为以下两个方面:

(1) 达到国家规定的退休年龄。我国《劳动保险条例》第15条规定,一般职工男年满60周岁,女年满50周岁(工人)或55周岁(职员),可退职养老。

(2) 符合国家规定的工作年限或缴费年限。具体为:养老保险制度改革前参加工作,连续工龄(包括缴费年限)满10年,或者改革后参加工作,缴费满15年。

另外,我国还对职工的离休、退职条件作了规定:

(1) 离休条件。离休年龄条件与国家公务员退休年龄条件相同。离休者必须是新中国成立前参加革命工作的老干部。

(2) 退职条件。国发[1995]6号《通知》实施之前参加工作,达到退休年龄时连续工龄(包括缴费年限)满5年、不满10年的人员,应该退职;连续工龄满5年,因病或者非因工致残的被保险人,经劳动鉴定委员会确认完全丧失劳动能力的也可以退职。

此外还规定,从事高空、井下、高温、低温、有毒有害工作和特别繁重体力劳动的职工,可以提前离退休。

值得探讨的是,劳动者未达到退休年龄,用人单位能否强行要求职工"内退"?"内退"是指劳动者未达退休年龄而退出劳动岗位,由用人单位支付生活费的一种制度。内退制度是国发[1993]111号《国有企业富余职工安置规定》中予以确立的。内退的职工因未达法定的退休年龄,其劳动权与其他劳动者一

样受法律的平等保护,但基于我国改革初期国有企业人浮于事,隐性失业状况严重,为增强企业活力,提高经济效益,国家规定在劳动者自愿的前提下,国有企业可依法实行内退。国发[1993]111号第9条对可内退的职工条件作了两个方面的规定:一是年龄条件,职工距退休年龄不到5年;二是主观条件,必须是职工本人申请,企业领导批准。只有两个条件同时具备时,才可实行内退。但在实践中,有些企业为了减轻负担,采取了"一刀切"的做法,对距退休年龄不到5年的职工,强迫其退出岗位休养,这种做法确有侵害劳动者劳动权之嫌。为此,劳动部于1994年发出了《关于严格按照国家规定办理职工退出工作岗位休养问题的通知》(劳部发[1994]259号),再次重申了国发[1993]111号规定的内退条件。

七、农村社会养老保险

受我国经济发展水平的限制,长期以来,我国的养老保险制度一直是针对城镇劳动者而言的,农业劳动者的养老问题主要依靠家庭解决。国家只对农村的优抚对象、社会救济对象、五保户、贫困户等特殊群体制定了特殊的养老政策。随着社会主义市场经济体制的逐步形成和农村经济改革的不断深入,建立和发展农村社会养老保险体系已趋紧迫。1991年1月,国务院决定由民政部负责开展建立农村社会养老保险制度的试点。随后,民政部制定了《县级农村社会养老保险基本方案》(以下简称《基本方案》),并在山东等地组织了较大规模的试点。截至1995年6月,已有30个省、自治区、直辖市的1400多个县(市、区、旗)开展了这项工作,26个省、自治区、直辖市人民政府颁发了养老保险的地方性法规。

《基本方案》的主要内容为:

(一)农村社会养老保险的基本原则

农村社会养老保险的基本原则是:保障水平与农村生产力发展和各方面承受能力相适应;养老保险与家庭赡养、土地保障以及社会救助等形式相结合;权利与义务相对等;效率优先,兼顾公平;自我保障为主,集体(含乡镇企业、事业单位)调剂为辅,国家给予政策扶持;政府组织与农民自愿相结合。

(二)参加农村社会养老保险的对象

根据《基本方案》的规定,参加农村社会养老保险的对象是非城镇户口、不由国家供应商品粮的农村人口,一般以村为单位确认(包括村办企业职工、私营企业、个体户、外出人员等)。乡镇企业职工、民办教师、乡镇招聘干部、职工等,可以由乡镇企业或事业单位确认,组织投保。缴纳保险年龄一般为20周岁至60周岁。领取养老金的年龄一般为60周岁。

(三)农村社会养老保险资金的筹集

资金筹集坚持以个人缴纳为主,集体补助为辅,国家给予政策扶持的原则。

个人缴纳要占一定比例;集体补助主要从乡镇企业利润和集体积累中支付;国家予以政策扶持,主要是通过对乡镇企业支付集体补助予以税前列支体现。

(四)农村社会养老保险的缴费方式

《基本方案》从农民收入不固定的实际情况出发,对农村社会养老保险的缴费方式作了比较灵活的规定,大体可分为以下三种:一是定期缴费。在收入比较稳定或比较富裕的地区和人群中采用这种方式。如乡镇企业可按月、按季缴纳保费,富裕地区的农民可按半年或按年缴纳保费,其缴费额既可以按收入的比例,也可以按一定的数额缴纳。二是不定期缴费。这是多数地区因收入不稳定而采取的方式。丰年多交,歉年少交,灾年缓交。家庭收入好时交,不好时可不交。三是一次性缴费。多数是岁数偏大的农民,根据自己年老后的保障水平将保费一次缴足,一直到60周岁以后按规定领取养老金。

(五)农村社会养老保险的待遇

1. 投保人在交费期间身亡者,个人缴纳全部本息,退给其法定继承人或指定受益人。

2. 投保人领取养老金从60周岁开始,保证期为10年。领取养老金不足10年身亡者,保证期内的养老金余额可以继承。无继承人或指定受益人者,按农村社会养老保险管理机构的有关规定支付丧葬费用。领取者超过10年长寿者,支付养老金直至身亡为止。

3. 保险对象从本县(市)迁往外地的,若迁入地尚未建立农村社会养老保险制度,可将其个人缴纳全部本息退给本人。

4. 投保人招工、提干、考学等农转非,可将保险关系(含资金)转入新的保险轨道,或将个人缴纳全部本息退还本人。

第四节 工伤保险制度

一、工伤保险的概念

工伤,顾名思义为因工负伤,其中的"工"就其本质而言,指劳动者履行职务(业务)的行为或者执行维护国家、人民和社会公共利益的行为。工伤保险又称"职业灾害保险",是指劳动者因执行职务或维护国家、人民和社会公共利益而导致伤害、疾病、残废或死亡等意外事故时,通过保险的方式获得医疗照顾和现金给付的一种社会保险。

机器化的生产方式,在极大提高社会劳动率的同时,也大大增加了劳动者的职业灾害风险。一旦劳动者在劳动过程中受伤、致残、死亡或形成职业病,一方面,劳动者个人和家庭的生活受到严重干扰和影响,另一方面,用人单位也因此承担巨大的经济压力,有的甚至导致企业的关闭。在人类社会尚不能完全消灭或避免职业灾害但又不能因存在职业灾害就停止生产或劳动的情况下,就产生了对劳动者工伤赔偿的法律制度。为了避免一个企业因对劳动者职业危害赔偿的经济负担而影响其正常的生产和工作,人们将保险中的风险分担和管理制度引入到企业的工伤赔偿中,产生了工伤保险制度。最早的工伤保险法律是德国1884年颁布的《工伤保险法》,这也是世界上第二部社会保险法规。随后,英国和法国也颁布了类似的工伤保险法规。随着人类对人权保护的关注和重视,人们普遍意识到工伤保险的宗旨不仅在于对受害者的事后救济,更重要的在于对职业灾害的预防。目前,世界绝大多数国家都建立了工伤保险法律制度。

国际劳工组织对职业危害的预防和救济也给予了高度的重视,先后颁布了一系列的公约和建议书,对各国建立工伤保险和工伤赔偿制度提出了具体的要求。主要有:1921年第12号《农业工人赔偿公约》,规定农业工人应包括在工人赔偿的范围内;1925年第17、18和19号公约,分别是《工人事故赔偿公约》、《工人职业病赔偿公约》和《本国工人与外国工人关于事故赔偿的同等待遇公约》;1952年又颁布了第102号《社会保险最低标准公约》,其中规定,劳动者由于职业原因受到伤害,应享受以医疗护理和定期支付的形式给予的工伤津贴。

新中国成立后,国家对工伤保险的立法一直很重视。1951年颁布的《劳动保险条例》及随后颁布的《劳动保险条例实施细则》都对工伤保险作了较详细的规定。1965年,全国总工会劳动保险部《劳动保险问题解答》对工伤保险的一些具体法律问题作了规范性的解释。随着我国社会主义市场经济的建立,具有鲜明计划经济烙印的《劳动保险条例》已不能适应社会经济发展的需要。劳动部于1996年颁布了劳部发[1996]266号《企业职工工伤保险试行办法》,指导工伤保险的司法实践。经过多年的实践,国务院于2003年4月27日正式颁布了《工伤保险条例》(自2004年1月1日起施行),标志着在我国工伤保险立法趋于成熟。

二、工伤保险的归责原则

早期的工伤赔偿,采用的是过失责任赔偿原则,即只有受雇者能举证证明灾害发生是由于雇主或其工作同伴的故意或过失所导致的,雇主才对受雇者的伤害承担赔偿责任,否则雇主不承担责任。显然,过失责任的归责原则对受雇人不利,往往使劳动者因举证困难而得不到应有的赔偿。运用在职业危害赔偿上的过失责任归责原则受到越来越多的社会公正人士的批评。随着法律的发展和人类文明的进步,人们逐渐认识到,职业危害的赔偿与普通人身损害赔偿有着本质性的区别。劳动者在劳动过程中受伤,一般是由于工作的环境造成的,而在劳动关系中,工作环境和条件是由用人单位提供的。从法律上讲,劳动者有权要求用人单位提供足以保障劳动者人身安全的工作环境和条件。但事实上,有些职业本身就具有高度的危险性,例如驾驶员、机械制造等工作,即使用人单位提供代表最先进科技发展水平的安全装置,也无法完全避免职业危害的发生。即用人单位即使就劳动者发生的工伤主观上没有过错,但也应对此承担责任。由此产生了无过错责任的归责原则。

在工伤赔偿中的无过错责任的原则,是指劳动者因执行职务或在工作中所导致的灾害,无论用人单位对该灾害的发生主观有无过错,均要承担赔偿责任。正因如此,我国《工伤保险条例》规定,工伤保险的保险费由用人单位缴纳,职工个人不缴纳工伤保险费。

需要指出的是,无过错责任原则是针对用人单位而言的,至于劳动者在工伤事故的发生中是否存在主观上的过错,不影响工伤性质的认定和用人单位赔偿的数额。也就是说,即使劳动者在工伤事故的发生中存在一定的过错,例如劳动者违反操作规程等,用人单位的工伤赔偿责任也不因此免除或减少。但有的国家的法律也要求劳动者在防止和减少职业危害上尽最低限度的注意义务,否则就会导致用人单位的免责。例如,我国《工伤保险条例》第16条规定,职工如果"犯罪或者违反治安管理伤亡的;醉酒导致伤亡的;自残或者自杀的",都不能认定为工伤。

三、工伤保险基金

(一)工伤保险基金的来源

工伤保险基金由用人单位缴纳的工伤保险费、工伤保险基金的利息和依法纳入保险基金的其他资金构成。职工个人不缴纳工伤保险费。

(二)工伤保险费率

工伤保险对不同的行业工伤风险程度实行差别费率。具体参照《国民经济行业分类》(GB/T 4754-2002),将行业划分为三个类别:一类为风险较小行业,二类为中等风险行业,三类为风险较大行业。三类行业分别实行三种不同的工伤保险缴费率。统筹地区社会保险经办机构要根据用人单位的工商登记和主要经营生产业务等情况,分别确定各用人单位的行业风险类别。

(三)工伤保险基金的管理

工伤保险基金在直辖市或设区的市实行全市统筹。工伤保险基金存入社会保障基金财政专户,用于法律规定的各种工伤保险待遇和费用的支付。任何单位和个人不得将工伤保险基金挪作他用。

四、工伤认定

(一)工伤性质的认定

我国法律、法规对"工伤"未作概念的界定,而是采用列举法,分三个层次对工伤性质的认定标准作了规定。

1. 属于工伤的情形

根据《工伤保险条例》第 14 条规定,职工有下列情形之一的,应当认定为工伤:

(1) 在工作时间和工作场所内,因工作原因受到事故伤害的

这是典型的工伤事故发生情形。它同时具备三个条件:一是在工作时间内,即在上班过程中。二是在工作场所内,这里的工作场所不仅包括工作岗位,还包括其他的职场所,即应包括用人单位所有能支配的劳动场所。三是因工作原因。这里的"因工作原因",本书认为应理解为与工作有直接的联系。例如,机械修理工在修理故障机械时所受到的伤害。如果只是与工作有间接的联系,不能认定为"因工作原因"。例如,某银行女职员穿了一双高跟鞋上班,在工作时间内上楼梯时不小心导致脚扭伤。该女职员认为自己是在工作时间和工作场所内,因工作需要上楼到其他科室去,所以应认定为工伤。本书认为,该女职工虽然是在工作时间和工作场所内负伤,但不是"因工作原因",而是她所穿的高跟鞋具有的不安全因素导致,所以不能认定为工伤。

(2) 工作时间前后在工作场所内,从事与工作有关的预备性或收尾性工作受到伤害的

这种伤害的本质与前一种典型的工伤无异,本应认定为工伤。

(3) 在工作时间和工作场所内,因履行工作职责受到暴力等意外伤害的

这里的"意外伤害"显然包括两种情况:一种是人为因素,例如外来暴力袭击;另一种是非人为的,例如因工作场所某固定物倒塌等而受伤害。但需要注意的是,这种意外伤害是否构成工伤,除须满足在工作时间和工作场所内条件外,还须具备"因履行工作职责"的条件,如果不是因为履行工作职责而遭受的意外伤害,不应认定为工伤。例如,某企业女工与男友发生冲突,该男友在女工上班期间,借故进入厂区殴打女工,女工因此受到的伤害就不应认定为工伤。而工厂门卫因阻拦无正当理由进入工作场所的人而招致殴打,所受到的伤害应认定为工伤。

(4) 患职业病的

职业病是指用人单位的劳动者在职业活动中,因接触粉尘、放射性物质和其他有毒、有害物质等因素而引起的疾病。职业病的名目及分类由国务院卫生行政部门会同国务院劳动保障行政部门规定、调整并公布。职业病对劳动者健康的伤害,毫无疑问属于工伤。我国《职业病防治法》第 5 条和第 6 条分别规定:"用人单位应当建立、健全职业病防治责任制,加强对职业病防治的管理,提高职业病防治水平,对本单位产生的职业病危害承担责任。""用人单位必须依法参加工伤社会保险。国务院和县级以上地方人民政府劳动保障行政部门应当加

强对工伤社会保险的监督管理,确保劳动者依法享受工伤社会保险待遇。"

（5）因工外出期间,由于工作原因受到伤害或者发生事故下落不明的

职工出差期间,如果因为工作原因受到伤害,例如职工受单位委派,前往其他单位催讨货款,遭受殴打而受伤害,或者发生事故下落不明的。

（6）在上下班途中,受到机动车事故伤害的

上下班途中,受到机动车事故伤害,虽然不是在工作时间和工作场所内所受到的伤害,但上下班是员工开始工作和结束工作必须经过的阶段,所以,员工从住处到上班地点以及从上班地点回住处的行为,与工作有着紧密的联系,在此过程中受到的机动车伤害也应认定为工伤。[①]

在司法实践中,经常会发生争议的是：当员工有几种不同的回家线路时,在某一线路上遭受机动车事故,员工认为自己是在上下班途中,而单位认为不是。有的用人单位为了避免发生这样的争议,要求员工对自己上下班的线路事先进行确认,只有在双方确认的线路上发生机动车事故所受伤害,才认定为工伤。一般认为,员工只要在合理的线路和合理的时间内受到机动车事故伤害的,都应认定为工伤。

（7）法律、行政法规规定应当认定为工伤的其他情形

在上述七种情形中,第三、第五和第六种情形容易出现工伤赔偿和一般人身损害赔偿竞合的情况,对于如何适用法律和进行司法救济,将在本节最后进行探讨。

2. 视同工伤的情形

根据《工伤保险条例》第15条的规定,职工有下列情形之一的,视同工伤：

（1）在工作时间和工作岗位,突发疾病死亡或者在48小时内经抢救无效死亡的

职工因突发疾病死亡在工作岗位上,或者在48小时内经抢救无效死亡的,应认定为工伤。这里的"突发疾病",可以是职工旧疾病的复发,也可以是突发的新疾病,只要是在工作时间和工作岗位上发生的"突发",就推定为与工作有关,应视同工伤处理。

（2）在抢险救灾等维护国家利益、公共利益活动中受到伤害的,以及职工原在部队服役,因战、因公负伤致残,已取得革命伤残军人证,到用人单位后旧伤复发的

法律将因维护国家、人民和社会公共利益而负伤的情形规定为视同工伤,体

[①] 2009年7月24日,国务院法制办公室公布《国务院关于修改〈工伤保险条例〉的决定（征求意见稿）》,征求社会各界意见。征求意见稿删去了条例第14条第6项关于在上下班途中受到机动车事故伤害认定为工伤的情形。此消息立刻引起了社会各界的关注。

现了弘扬社会主义道德的法律价值取向,对培育和营造社会正义和高尚的社会道德氛围有一定的积极作用。但本书认为,法律首先应体现权利和义务相一致的原则,职工为了社会公共利益或国家安全使自己的生命和健康受到伤害,而受益者是全体社会成员或特定的社会成员,如果将此伤害视同工伤,势必加重用人单位的负担。这不仅不符合权利义务相一致的原则,而且会增加用人单位吸收复员伤残军人再就业的顾虑。因此,本书认为对因维护社会公共利益而遭受伤害(包括抢险救灾和在部队服役因公、因战负伤)的人员,国家应设立专门的基金,用于他们的医疗和生活补助,这样能更有效地保护英雄们的合法权益。

3. 不得认定为工伤或视同工伤的情形

《工伤保险条例》第16条规定,职工有下列情形之一的,不得认定为工伤或视同工伤:

(1) 因犯罪或违反治安管理伤亡的

犯罪或违反治安管理的行为,与"工"毫不相干,由此而导致的伤亡,不能认定为工伤或视同工伤。

(2) 醉酒导致伤亡的

由于酒精对人体意识和控制能力的影响,许多国家的法律都规定,职工在工作之前或工作过程中不得醉酒,这也是劳动者必须具备的最起码的职业道德和敬业精神。如果职工因醉酒而导致伤亡,不得认定为工伤。但值得探讨的是,如何认定"醉酒",在司法实践中,用人单位认为,职工只要是喝过酒就是醉酒;而劳动者认为,醉酒与喝酒不是同一概念,醉酒应该有"量"的标准。本书认为,从字面上看,"醉酒"应该与"喝酒"不是同一概念,但从预防和减少工伤事故的需要出发,应该对职工在工作之前一定时间内和工作过程中的喝酒行为作绝对的禁止规定。因此,法律应对"醉酒"的认定标准作进一步的规定,以减少司法实践对此的争议。

(3) 自杀或者自残的

法律将自杀和自残排除在工伤之外,一方面因为自杀和自残的行为属于受伤者自己故意制造的事故,与"工"无任何关系;另一方面也体现鼓励人们珍爱生命的法律精神。

(二) 工伤责任主体的认定

在一般情况下,劳动关系的双方当事人都很明确,用人单位为承担劳动者工伤责任的主体。但当作为劳动关系当事人的用人单位不明确或难以确定时,对于职工的工伤责任应由谁来承担的问题,《工伤保险条例》作了特殊规定:

1. 用人单位分立、合并、转让的,承继单位应当承担用人单位的工伤保险责任;原用人单位已经参加工伤保险的,承继单位应当到当地社会保险的经办机构办理工伤保险变更手续。

2. 用人单位实行承包经营的,工伤保险责任由职工劳动关系所在单位承担。

3. 职工被借调期间受到工伤事故伤害的,由原用人单位承担工伤保险责任,但原用人单位与借调单位可以约定补偿办法。

4. 企业破产的,在破产清算时优先拨付应由用人单位支付的工伤保险待遇费用。

5. 职工被派出境外工作,依据前往国家或者地区的法律应当参加当地工伤保险的,其国内的工伤保险关系中止;不能参加当地工伤保险的,其国内的工伤保险关系不中止。

6. 无营业执照或者未经依法登记、备案的单位以及被依法吊销营业执照或者撤销登记、备案的单位的职工受到事故伤害或患职业病的,由该用人单位向伤残职工或死亡职工的直系亲属给予一次性赔偿,赔偿标准不得低于法律规定的标准。

(三) 工伤认定程序

1. 申请

(1) 申请人

工伤事故认定的申请人是用人单位,但如果用人单位未按规定提出工伤认定申请的,受伤害的职工或者其直系亲属和工会组织可以直接向用人单位所在地统筹地区劳动保障行政部门提出工伤认定申请。

(2) 申请的期限

职工发生事故伤害或者按照职业病防治法规定被诊断、鉴定为职业病,所在单位应当自事故伤害发生之日或者被诊断、鉴定为职业病之日起30日内,向统筹地区劳动保障行政部门提出工伤认定申请。遇有特殊情况,经报劳动保障行政部门同意,申请时限可以适当延长。用人单位未在规定的期限内提出工伤认定申请的,受伤害职工或者其直系亲属、工会组织在事故伤害发生之日或者被诊断、鉴定为职业病之日起一年内,可以直接按规定提出工伤认定申请。

(3) 申请所应提供的材料

提出工伤认定申请应当填写工伤认定申请表,并提交:劳动合同文本复印件或其他建立劳动关系的有效证明;医疗机构出具的受伤后诊断证明书或职业病诊断证明书(或者是职业病诊断鉴定书)。

申请人提供材料不完整的,劳动保障行政部门应当当场或者在15个工作日内以书面形式一次性告知工伤认定申请人需要补正的全部材料。

2. 处理

(1) 作出受理或不受理的决定。工伤认定申请人提供的申请材料完整,属于劳动保障行政部门管辖范围且在受理时效内的,劳动保障行政部门应当受理。劳动保障行政部门受理或者不予受理的,应当书面告知申请人并说明理由。

（2）调查核实。劳动保障行政部门受理工伤认定申请后，根据需要可以对提供的证据进行调查核实，有关单位和个人应当予以协助。用人单位、医疗机构、有关部门及工会组织应当负责安排相关人员配合工作，据实提供情况和证明材料。对申请人提供的符合国家有关规定的职业病诊断证明书或者职业病诊断鉴定书，不再进行调查核实。职业病诊断证明书或者职业病诊断鉴定书不符合国家规定的格式和要求的，劳动保障行政部门可以要求出具证据部门重新提供。职工或者其直系亲属认为是工伤，用人单位不认为是工伤的，由该用人单位承担举证责任。用人单位拒不举证的，劳动保障行政部门可以根据受伤害职工提供的证据依法作出工伤认定结论。

（3）作出认定结论和送达。劳动保障行政部门应当自受理工伤认定申请之日起60日内作出工伤认定决定。认定决定包括工伤或视同工伤的认定决定和不属于工伤或不视同工伤的认定决定。劳动保障行政部门应当自工伤认定决定作出之日起20个工作日内，将工伤认定决定送达工伤认定申请人以及受伤害职工（或其直系亲属）和用人单位，并抄送社会保险经办机构。

工伤认定法律文书的送达按照《民事诉讼法》有关送达的规定执行。工伤认定结束后，劳动保障行政部门应将工伤认定的有关资料至少保存20年。职工或者其直系亲属、用人单位对不予受理决定不服或者对工伤认定决定不服的，可以依法申请行政复议或者提起行政诉讼。

五、劳动能力鉴定

国家技术监督局于1996年3月14日发布了《职工工伤与职业病致残程度鉴定》，依据伤病者医疗终结时的器官损伤、功能障碍及其对医疗与护理的依赖程度，适当考虑了由于伤残引起的社会心理因素影响，对伤残程度进行综合判定分级：一是器官损伤。它往往是工伤的直接后果，但职业病不一定有器官缺损。二是功能障碍。工伤后功能障碍的程度与器官缺损的部位及严重程度有关，职业病所致的器官功能障碍与疾病的严重程度相关。对功能障碍的判定，应以医疗终结时的医疗检查结果为依据，根据评残对象逐个确定。三是医疗依赖。它是指伤、病致残后，于医疗终结时仍然不能脱离治疗者。四是护理依赖。它是指伤、病残者因生活不能自理需依赖他人护理者。生活自理范围主要包括下列五项：进食、翻身、大小便、穿衣和洗漱、自我移动。护理依赖的程度分三级：完全护理依赖，指上述五项均需护理者；大部分护理依赖，指上述五项中三项需要护理者；部分护理依赖，指上述五项中一项需要护理者。五是心理障碍。一些特殊残情，在器官缺损或功能障碍的基础上虽不造成医疗依赖，但却导致心理障碍或减损伤残者的生活质量，在评定残情时，应适当考虑这些后果。

依据上述原则将工伤及职业病致残造成劳动能力降低或丧失的情况分为十

级,其中一级最重,十级最轻:一级,器官缺失或功能完全丧失,其他器官不能代偿,存在特殊医疗依赖及完全护理依赖者;二级,器官严重缺损或畸形,有严重功能障碍或并发症,存在特殊医疗依赖和大部分护理依赖者;三级,器官严重缺损或畸形,有严重功能障碍或并发症,存在特殊医疗依赖和部分护理依赖者;四级,器官严重缺损或畸形,有严重功能障碍或并发症,存在特殊医疗依赖,生活可以自理者;五级,器官大部分缺损或明显畸形,有较重功能障碍或并发症,存在一般医疗依赖,生活能自理者;六级,器官大部分缺损或明显畸形,有中等功能障碍或并发症,存在一般医疗依赖,生活能自理者;七级,器官大部分缺损或畸形,有轻度功能障碍或并发症,存在一般医疗依赖,生活能自理者;八级,器官部分缺损,形态异常,轻度功能障碍,有医疗依赖,生活能自理者;九级,器官部分缺损,形态异常,轻度功能障碍,无医疗依赖,生活能自理者;十级,器官部分缺损,形态异常,无功能障碍,无医疗依赖,生活能自理者。

职工劳动能力鉴定等级是职工享受不同工伤待遇的主要依据。

六、职工工伤保险待遇

根据《工伤保险条例》的规定,工伤保险待遇主要包括:

(一)职工工伤医疗期间的待遇

1. 就医的医疗机构。职工治疗工伤应当在签订服务协议的医疗机构就医,情况紧急时,可以先到就近的医疗机构急救。

2. 治疗工伤所需的费用,凡符合工伤保险诊疗项目目录、工伤保险药品目录和工伤保险住院服务标准的,从工伤保险基金中支付。

3. 住院治疗的待遇。职工工伤需住院治疗的,除支付治疗工伤所需费用外,用人单位还按照本单位因工出差伙食补助标准的70%发给住院伙食补助费;经医疗机构出具证明,报经办机构同意,工伤职工到统筹地区以外的医疗机构就医的,所需的交通、食宿费由所在单位按本单位职工因工出差标准报销。

4. 工伤职工到规定的医疗机构进行康复性治疗的费用,以及工伤职工在符合规定条件下安装假肢、假牙、假眼、配置轮椅等辅助器具所需的费用,按照国家规定的标准由工伤保险基金支付。

5. 职工需要暂停工作接受工伤治疗的,在停工留薪期内,原工资福利不变,由所在单位按月支付。停工留薪期一般不超过12个月,伤情严重或者情况特殊,经设区的市级劳动能力鉴定委员会确认,可以适当延长,但延长的期限不得超过12个月。生活不能自理的职工在停工留薪期需要护理的,由所在单位负责。工伤职工在停工留薪期届满后仍需治疗的,继续享受工伤医疗待遇。

(二)职工工伤致残的待遇

工伤职工评定伤残等级后,停止停工留薪待遇,享受伤残待遇。

1. 工伤职工经鉴定伤残等级并经劳动能力鉴定委员会确认需要生活护理的,从工伤保险基金按月支付生活护理费。按照生活完全不能自理、生活大部分不能自理或者生活部分不能自理三个不同等级支付,其标准分别为统筹地区上年度职工月平均工资的50%、40%或30%。

2. 伤残被鉴定为一至四级的,保留劳动关系,退出工作岗位,享受以下待遇:

(1)从工伤保险基金按伤残等级支付一次性伤残补助金,标准为:一级伤残为24个月的本人工资;二级伤残为22个月的本人工资;三级伤残为20个月的本人工资;四级伤残为18个月的本人工资。

(2)从工伤保险基金中按月支付伤残津贴,标准为:一级伤残为本人工资的90%;二级伤残为本人工资的85%;三级伤残为本人工资的80%;四级伤残为本人工资的75%。伤残津贴实际金额低于当地最低工资标准的,由工伤保险基金补足差额。

(3)工伤职工达到退休年龄并办理退休手续后,停发伤残津贴,享受基本养老保险待遇。基本养老保险待遇低于伤残津贴的,由工伤保险基金补足差额。

3. 伤残被鉴定为五级、六级的,享受以下待遇:

(1)从工伤保险基金按伤残等级支付一次性伤残补助金,标准分别为16个月和14个月的本人工资。

(2)保留与用人单位的劳动关系,由用人单位安排适当的工作。难以安排工作的,由用人单位按月发给伤残津贴,标准分别为本人工资的70%和60%。伤残津贴实际金额低于当地最低工资标准的,由用人单位补足差额。

(3)经工伤职工本人提出,该职工可以与用人单位解除或终止劳动关系,由用人单位支付一次性工伤医疗补助金和伤残就业补助金。具体标准由省、自治区、直辖市人民政府规定。

4. 伤残被鉴定为七至十级的,享受以下待遇:

(1)从工伤保险基金按伤残等级支付一次性伤残补助金,标准依次为12个月、10个月、8个月和6个月的本人工资。

(2)劳动合同期满终止,或者职工本人提出解除劳动合同的,由用人单位支付一次性工伤医疗补助金和伤残就业补助金。具体标准由各省、自治区、直辖市人民政府规定。

5. 职工工伤复发的,确认需要治疗的,享受相应的工伤待遇。

(三)因工死亡的待遇

职工因工死亡,其直系亲属按规定从工伤保险基金中领取丧葬补助金、供养亲属抚恤金和一次性工亡补助金。

1. 丧葬补助金

标准为6个月的统筹地区上年度职工月平均工资。

2. 供养亲属抚恤金

(1) 供养亲属的范围。指该职工的配偶、子女、父母、祖父母、外祖父母、孙子女、外孙子女、兄弟姐妹。子女,包括婚生子女、非婚生子女、养子女和有抚养关系的继子女,其中,婚生子女、非婚生子女包括遗腹子女;父母,包括生父母、养父母和有抚养关系的继父母;兄弟姐妹,包括同父母的兄弟姐妹、同父异母或者同母异父的兄弟姐妹、养兄弟姐妹、有抚养关系的继兄弟姐妹。

(2) 供养亲属领取抚恤金的条件。一是依靠因工死亡职工生前提供主要生活来源;二是有下列情形之一的,可按规定申请供养亲属抚恤金:① 完全丧失劳动能力的;② 工亡职工配偶男年满60周岁、女年满55周岁的;③ 工亡职工父母男年满60周岁、女年满55周岁的;工亡职工子女未满18周岁的;④ 工亡职工父母均已死亡,其祖父、外祖父年满60周岁,祖母、外祖母年满55周岁的;⑤ 工亡职工子女已经死亡或完全丧失劳动能力,其孙子女、外孙子女未满18周岁的;⑥ 工亡职工父母均已死亡或完全丧失劳动能力,其兄弟姐妹未满18周岁的。

(3) 抚恤金的标准。按照职工本人工资的一定比例发给。配偶每月40%,其他供养亲属每人每月按30%,孤寡老人或者孤儿每人每月在上述标准的基础上加发10%。抚恤金总额不应超过死者本人工资。

(4) 停止领取抚恤金的条件。有下列情形之一的,停止享受抚恤金待遇:① 年满18周岁且未完全丧失劳动能力的;② 就业或参军的;③ 工亡职工配偶再婚的;④ 被他人或组织收养的;⑤ 死亡的。

领取抚恤金的人员,在被判刑收监执行期间,停止享受抚恤金待遇。刑满释放仍符合领取抚恤金资格的,按规定的标准享受抚恤金。

3. 一次性工亡补助金

一次性工亡补助金标准为48个月至60个月的统筹地区上年度职工月平均工资。具体标准由统筹地区的人民政府根据当地经济、社会发展状况规定,报省、自治区、直辖市人民政府备案。

另外,职工因工外出期间发生事故或在抢险救灾中下落不明,从事故发生当月起三个月内照发工资,从第四个月起停发工资,由工伤保险基金向其供养亲属按月支付供养亲属抚恤金。生活有困难的,可以预支一次性工亡补助金的50%。职工被人民法院宣告死亡的,按照规定享受因工死亡待遇。

(四) 职工工伤保险待遇的停止

根据《工伤保险条例》第40条的规定,工伤职工有下列情形之一的,停止享受工伤保险待遇:

1. 丧失享受待遇条件的;
2. 拒不接受劳动能力鉴定的;
3. 拒绝治疗的;

4. 被判刑正在收监执行的。

七、非法用工单位伤亡人员的一次性赔偿

（一）非法用工单位伤亡人员的概念

非法用工单位伤亡人员，是指在无营业执照或者未经依法登记、备案的单位以及被依法吊销营业执照或者撤销登记、备案的单位受到事故伤害或者患职业病的职工，或者用人单位使用童工造成的伤残、死亡童工。

按照《工伤保险条例》第63条的规定，非法用工单位的职工受到事故伤害或患职业病的，由该单位向伤残职工或者死亡职工的直系亲属给予一次性赔偿。

（二）赔偿的项目和标准

1. 赔偿项目

一次性赔偿包括受到事故伤害或患职业病的职工或童工在治疗期间的费用和一次性赔偿金。职工或童工受到事故伤害或患职业病，在劳动能力鉴定之前进行治疗期间的生活费、医疗费、护理费、住院期间的伙食补助费及所需的交通费等费用，按照《工伤保险条例》规定的标准和范围，全部由伤残职工或童工所在单位支付。

2. 赔偿标准

按照国家的有关规定，一次性赔偿金按一定的赔偿基数计算。所谓赔偿基数，是指单位所在地工伤保险统筹地区上年度职工年平均工资。非法用工伤亡人员的一次性赔偿按以下标准支付：一级伤残的为赔偿基数的16倍，二级伤残的为赔偿基数的14倍，三级伤残的为赔偿基数的12倍，四级伤残的为赔偿基数的10倍，五级伤残的为赔偿基数的8倍，六级伤残的为赔偿基数的6倍，七级伤残的为赔偿基数的4倍，八级伤残的为赔偿基数的3倍，九级伤残的为赔偿基数的2倍，十级伤残的为赔偿基数的1倍。

受到事故伤害或患职业病造成死亡的，按赔偿基数的10倍支付一次性赔偿金。

八、工伤赔偿与民事侵权赔偿竞合的法律救济

（一）工伤赔偿与民事侵权赔偿竞合法律救济模式的介绍

劳动者的工伤如果纯粹因劳动条件引起，不涉及其他因素，则该工伤赔偿责任按照劳动法的规定应该由用人单位或社会保险机构承担。但当工伤事故的发生与用人单位以外的第三人有关时，就会出现工伤赔偿与民事侵权人身损害赔偿竞合的情况，以职工上下班途中遇交通事故最为典型。关于工伤赔偿与民事侵权人身损害赔偿竞合法律救济的模式，国际上有四种：

1. 免除责任模式

免除责任模式又称"替代责任模式",是指以工伤赔偿完全取代一般民事侵权赔偿,即发生工伤事故符合工伤赔偿给付条件时,受害劳动者只能向雇主或者工伤保险机构请求工伤保险给付,只要这一给付得以实现,就无权享有向第三人人身损害赔偿的请求权。在这一模式下,法律为受害劳动者选择了救济途径,当劳动者实现了工伤赔偿请求权时,就完全免除了第三人侵权的民事赔偿责任。例如,德国的相关法律规定,因劳动灾害而受损害者,只能获得伤害保险给付,不能依侵权行为法请求损害赔偿。但这项原则仅适用于雇主以及同一企业之其他受雇人执行职务时所肇之事。

2. 选择模式

选择模式是工伤事故发生后,受害劳动者可以在工伤赔偿与民事损害赔偿之间择一救济,要么选择工伤赔偿救济,要么选择民事侵权赔偿救济。一旦权利人作出了选择,就意味着放弃了另一种救济途径。英国和其他英联邦国家早期的雇佣赔偿曾一度采用此种模式,但后来被废止。

3. 兼得模式

兼得模式也称"相加模式",是指在发生工伤事故后,受害劳动者可以根据法律获得工伤赔偿给付,又可以依据侵权法获得侵权损害赔偿给付,即获得双重给付。英国现行的工伤赔偿即采用这一模式。

4. 补充模式

补充模式是指在发生工伤事故后,受害劳动者可以同时请求工伤赔偿给付和侵权赔偿给付,但最终所获得的赔偿金的总额以受害人所遭受的实际损失为限。例如,劳动者在遭受工伤事故后,如果首先请求工伤赔偿,在工伤赔偿给付实现后,仍然可以享有向赔偿责任的第三人提起一般民事侵权赔偿之诉,但在该诉中所主张的赔偿额只能是其实际损失与工伤赔偿给付的差额部分。现在,日本和北欧一些国家采用这一模式。

(二) 我国关于工伤赔偿与民事侵权赔偿竞合的立法沿革

我国现行法律对工伤赔偿和民事侵权赔偿竞合时如何适用法律没有专门的、统一的规定,只能从零散的分布于各个不同时期的法律文件中归纳我国关于两者竞合立法模式的选择,大致经历了单一赔偿模式、替代补充模式和兼得模式三个阶段。

1. 单一赔偿模式阶段

20世纪50年代,我国工伤赔偿实行单一赔偿原则,即职工发生工伤只能请求劳动保险救济,没有侵权责任救济的相关规定。根据1951年政务院颁布、1953年修订的《劳动保险条例》的规定,企业是劳动者工伤赔偿责任的承担者。1957年卫生部制定的《职业病范围和职业病患者处理办法的规定》也规定了职业病与工伤享受同等待遇。但当时工伤保险并不实行社会统筹,工伤赔偿全部由企业承担。采用这一赔偿模式的主要原因是当时实行计划经济体制,劳动者的"铁饭碗"决定了劳动者的生老病死全部由单位包揽责任。同时,由于我国在新中国成立初期民事法律处于空白状态,不具有产生工伤赔偿和民事侵权赔偿的竞合问题的法律基础。

2. 替代补充模式阶段

当我国实现了计划经济向市场经济转型后,原来的劳动保险制度已明显与经济发展的要求不相适应。1996年,劳动部颁布了《企业职工工伤保险试行办法》(以下简称《试行办法》),规定将工伤保险纳入社会统筹,由企业向工伤保险机构缴纳工伤保险费,社会保险机构负责工伤保险基金的筹集、管理和支付。《试行办法》首次对因交通事故引起的工伤保险赔偿和民事侵权赔偿的竞合问题作了规定。《试行办法》第28条规定:"由于交通事故引起的工伤,应当首先按照《道路交通事故处理办法》及有关规定处理。工伤保险待遇按照以下规定执行:(一)交通事故赔偿已给付了医疗费、丧葬费、护理费、残疾用具费、误工工资的,企业或者工伤保险经办机构不再支付相应待遇(交通事故赔偿的误工工资相当于工伤津贴)。企业或者工伤保险经办机构先期垫付有关费用的,职工或其亲属获得交通事故赔偿后应当予以偿还。(二)交通事故赔偿给付的死亡补偿费或者残疾生活补助费,已由伤亡职工或亲属领取的,工伤保险的一次性工亡补助金或者一次性伤残补助金不再发给。但交通事故赔偿给付的死亡补偿费或者残疾生活补助费低于工伤保险的一次性工亡补助金或者一次性伤残补助金的,由企业或者工伤保险经办机构补足差额部分。(三)职工因交通事故死亡或者致残的,除按照本条(一)、(二)项处理有关待遇外,其他工伤保险待遇按照本办法的规定执行。(四)由于交通肇事者逃逸或其他原因,受伤害职工不能获得交通事故赔偿的,企业或者工伤保险经办机构按照本办法给予工伤保险待遇。(五)企业或者工伤保险经办机构应当帮助职工向肇事者索赔,获得赔偿前可垫付有关医疗、津贴等费用。"1997年6月,原劳动部办公厅对《〈关于工伤确认等问题的请示〉的复函》(劳办发[1997]51号)中规定:"除道路交通事故外,职工工伤涉及其他民事伤害赔偿的,例如《试行办法》第八条第(五)项所规定的'因履行职责遭致人身伤害的'情形,其民事伤害赔偿和工伤保险待遇的处理问题,也应参照《试行办法》第二十八条的规定办理。"这一阶段,我国工伤赔偿与民事侵权赔偿竞合的立法呈现出替代模式的特点,即侵权责任代替工伤赔偿责任,且民事责任在先、工伤保险为补充。

3. 兼得模式阶段

2001年10月颁布的《职业病防治法》第52条规定:"职业病病人除依法享有工伤社会保险外,依照有关民事法律,尚有获得赔偿的权利的,有权向用人单位提出赔偿要求。"2002年6月颁布的《安全生产法》第48条规定:"因生产安全事故受到损害的从业人员,除依法享有工伤社会保险外,依照有关民事法律尚有获得赔偿的权利的,有权向本单位提出赔偿要求。"2004年1月1日开始生效的《工伤保险条例》取消了1996年《工伤保险试行办法》第28条关于"取得了交通事故赔偿,就不再支付相应工伤待遇"的规定,但没有明确工伤赔偿与民事侵权赔偿竞合时的法律救济办法。为了解决司法实践中遇到的两者竞合的法律问题,最高人民法院在2004年出台的《关于审理人身损害赔偿案件适用法律若干问题的解释》(以下简称《解释》)中规定:"依法应当参加工伤保险统筹的用人单位的劳动者,因工伤事故遭受人身损害,劳动者或者其近亲属向人民法院起诉请求用人单位承担民事赔偿责任的,告知其按《工伤保险条例》的规定处理。因用人单位以外的第三人侵权造成劳动者人身损害,赔偿权利人请求第三人承担民事赔偿责任的,人民法院应予支持。"从上述规定中可以看出,自2001年我国颁布《职业病防治法》以来,总体而言,我国在工伤赔偿和民事侵权赔偿的竞合上采用了兼得模式,权利人在获得了工伤赔偿后,仍然可以依法就民事侵权赔偿主张权利,即权利人可以同时获得工伤赔偿和民事侵权赔偿。但在承担民事赔偿责任的主体上,《职业病防治法》、《安全生产法》与最高人民法院的《解释》却有着明显的不同。《职业病防治法》和《安全生产法》将用人单位既规定为工伤保险的投保人,承担缴纳工伤保险费的义务,同时又规定为民事责任的侵权人,当劳动者在生产中发生工伤事故时,劳动者在获得工伤保险赔偿后,仍然可以向用人单位提起民事侵权之诉。而最高人民法院的《解释》则将用人单位排除在承担民事侵权责任主体以外,即劳动者在发生工伤依法获得工伤保险赔偿后,不能再向用人单位提起民事侵权赔偿之诉,只有在该工伤事故是由用人单位以外的第三人造成的条件下,劳动者才可以在获得工伤赔偿后向第三人主张民事侵权赔偿。法律和司法解释对同一问题的不同规定,使司法人员在社会实践中难以把握和操作。

(三)我国工伤赔偿和民事侵权赔偿竞合立法模式的选择

工伤保险是一个国家社会保险和社会保障的重要构成部分。任何制度的构建都要建立在本国的社会条件之上,不能脱离国情而进行理论建构。不同的国情造成不同的工伤救济立法模式,甚至一国在不同的经济、政治发展阶段其工伤救济立法模式也会不同。我国在工伤赔偿与民事侵权赔偿竞合救济模式上由单一的工伤赔偿模式到兼得模式的演变,与我国的经济发展和法制建设的历程是相一致的。但由于我国法律、司法解释在相关问题规定上的不一致和不明确,导致司法实践对工伤赔偿和民事侵权赔偿竞合处理的混乱。为此,也引发了理论界对这一问题的热议,主张采取上述各种处理模式的皆有。本书认为,我国自改革开放以来,经济建设和法制建设取得了举世瞩目的成就,但就我国的整体国力而言,仍然属于发展中国家,在法制建设上国家补偿、社会保险制度还很不发达,作为社会保险之一的工伤保险对受害人的补偿力度也比较小。在"以人为本"已深入人心的社会背景下,兼得模式总体上是符合我国经济发展水平和法制建设理念的。但在兼得模式下,需要明确如下两个方面的问题:

1. 医疗费、误工费等损失是否可以兼得的问题

根据保险法的一般理论,填补原则(或者称"实际损失赔偿原则")是财产保险给付中的一项基本原则,即当发生财产保险事故后,权利人从保险人或其他责任人那里获得的赔偿总额不得超过权利人因保险事故发生所遭受的实际损失。由此,在财产保险中产生了"保险代位追偿制度"、"比例分摊制度"、"超额保险无效制度"等一系列与填补原则相关的制度。但这些制度均不适用于人身保险,因为人的生命、健康是无法用金钱限定其价值的。然而,在工伤损害救济中,医疗费、误工费等虽然也是人身保险补偿中的一部分,但因这些损失具有可以用金钱衡量的财产损失的一般特征,即它的损失可以通过等价有偿的方式得到补偿。因此,本书认为,在兼得模式下,医疗费、误工费等具有一般财产损失特征的损失赔偿不能兼得,即受害劳动者无论从工伤保险赔偿中还是从民事侵权赔偿中获得了医疗费、误工费等具有一般财产损失特征费用的给付后,不得就此项损失再向负有工伤赔偿或民事侵权赔偿责任的责任人求偿;承担支付医疗费、误工费等损失赔偿的责任人在依法给付赔偿后,也不具有向另一责任人追偿的权利。

2. 在工伤保险赔偿中用人单位及其受雇人是否可以成为民事侵权赔偿的责任人的问题

根据我国现行的《职业病防治法》和《安全生产法》的相关规定,工伤事故发生后,受害劳动者在依法享有工伤保险外,依照民事法律尚有获得赔偿权利的,有权向本单位提出赔偿要求。即在工伤事故赔偿中,用人单位作为劳动力的使用者,一方面要作为工伤保险的投保人为劳动者缴纳工伤保险费,另一方面在工伤事故发生后仍然要作为承担民事侵权赔偿的责任人。本书认为,法律这一规定的合理性和正当性值得商榷。理由如下:

(1) 工伤保险对从业劳动者而言是人身保险,但对于用人单位而言,具有了责任保险的性质。用人单位通过向国家指定的社会保险机构缴纳工伤保险费,换取社会保险机构在工伤事故发生时向投保的用人单位的受害劳动者承担工伤保险给付的义务。即用人单位通过参加工伤保险,缴纳工伤保险费,将本该自己承担的工伤赔偿责任全部或部分转嫁给社会保险机构;社会保险机构利用保险所具有的"互助共济"的保障功能,确保受害劳动者求偿权的实现。《职业病防治法》和《安全生产法》的相关规定,与工伤保险赔偿的一般理论不相符合。

(2) 将用人单位同时设定为工伤赔偿和民事侵权赔偿的责任人,不仅不合理地加重了用人单位在工伤赔偿中的经济负担,而且也会挫伤用人单位参加工

伤社会保险的积极性,不利于我国社会保险制度的建立和推广。

为此,本书认为,在工伤保险赔偿中用人单位是否可以成为民事侵权赔偿的责任人的问题上,我国法律应该吸收最高人民法院《解释》的规定,将用人单位排除在权利人可以求偿的民事侵权第三人的范围外。这里的"用人单位"还应该包括与用人单位有劳动关系的其他受雇人。

第五节 医疗保险制度和生育保险制度

一、医疗保险制度

(一) 医疗保险的概念和立法

医疗保险是指劳动者在患病或非因工负伤时,依法获得物质帮助的一种制度。我国1951年的《劳动保险条例》确立了医疗保险制度,其相当一部分内容已不能适应经济发展新的需要。为此,国家体改委、财政部、劳动部和卫生部于1994年4月联合发布了《关于职工医疗制度改革的试点意见》;同年11月,国务院发布了《关于江苏省镇江市、江西省九江市职工医疗保障制度改革试点方案的批复》;1998年12月4日,国务院颁布了《关于建立城镇职工基本医疗保险制度的决定》,对我国医疗保险制度的改革作了规定。经过近十年的改革,在总结经验和教训的基础上,2007年7月,国务院颁布了《关于开展城镇居民基本医疗保险试点的指导意见》(国发[2007]20号),对深化城镇居民基本医疗保险试点工作作了进一步的规定。

(二) 医疗保险改革的主要内容

1. 改革的目标

医疗保险改革的目标是建立社会统筹医疗基金与个人医疗账户相结合的社会保险制度,并使之逐步覆盖城镇所有劳动者。

2. 改革的主要内容

一是改革职工医疗保险费用的筹集办法,实行职工基本医疗保险费由用人单位和职工共同缴纳。用人单位缴费率控制在职工工资总额的6%左右,职工缴费率一般在本人工资收入的2%。职工医疗保险实行属地原则,所有的企、事业单位都必须参加所在地的医疗保险制度改革,执行当地统一的缴费标准。

二是建立社会统筹医疗基金和职工个人医疗账户相结合的制度。用人单位为职工缴纳的医疗保险费用的30%左右和职工缴纳的医疗保险费用,记入个人医疗账户,用于支付个人的医疗费用。用人单位为职工缴纳的医疗保险费用的其余部分进入社会统筹医疗基金,由市医疗保险机构管理,集中调剂使用。确定统筹基金的起付标准和最高支付限额,起付标准原则上控制在当地职工年平均工资的 10% 左右,最高支付限额原则上控制在当地职工年平均工资的 4 倍左右。起付标准以下的医疗费用,从个人账户中支付或由个人自付。起付标准以上、最高支付限额以下的医疗费用,从统筹基金中支付,个人也要负担一定比例。

二、生育保险制度

(一) 生育保险的概念和立法

生育保险是国家通过立法,对怀孕、分娩女职工给予生活保障和物质帮助的一项社会保险。其宗旨在于通过向职业妇女提供生育津贴、医疗服务和产假,帮助她们恢复劳动能力,重返工作岗位。生育保险提供的生活保障和物质帮助通常由现金补助和实物供给两部分组成。现金补助主要是指对生育妇女发放的生育津贴。有些国家还包括一次性现金补助或家庭津贴。实物供给主要是指提供必要的医疗保健、医疗服务以及孕妇、婴儿需要的生活用品等。提供的范围、条件和标准主要根据本国的经济实力而确定。

我国企业职工的生育保险制度建立于 1951 年,是《中华人民共和国劳动保险条例》的一个组成部分。国家机关、事业单位的生育保险制度建立于 1955 年,以政务院颁布的《国务院关于女工作人员生产假期的通知》(已失效)为标志。企业与国家机关、事业单位的生育保险制度虽然分别建立,但其项目和待遇水平是相同的。当时规定,女职工生育享受产假 56 天;产假期间由所在单位照发工资;生育期间的医疗费用由职工所在单位负担。1988 年,《女职工劳动保护规定》出台后,统一了企业和国家机关、事业单位生育保险待遇,主要内容是:将正常产假由原来的 56 天延长为 90 天;生育医疗费用由职工所在单位负担。随着我国市场经济的建立和发展,旧的生育保险制度已无法适应经济发展的需要,劳动部在 1994 年 12 月颁布了《企业职工生育保险试行办法》,以满足社会发展的客观需要。

(二) 生育保险的主要内容

1. 生育保险基金

生育保险按属地原则组织。生育保险费用实行社会统筹,根据"以支定收,收支基本平衡"的原则筹集资金,由企业按照其工资总额的一定比例向社会保险经办机构缴纳生育保险费,建立生育保险基金。生育保险费的提取比例由当地人民政府根据计划内生育人数和生育津贴、生育医疗费等项费用确定,并可根据费用支出情况适时调整,但最高不得超过工资总额的 1%。企业缴纳的生育保险费作为期间费用处理,列入企业管理费用。职工个人不缴纳生育保险费。

2. 生育保险待遇

(1) 产假

女职工生育按照法律、法规的规定享受产假。产假期间的生育津贴按照本企业上年度职工月平均工资计发,由生育保险基金支付。

(2) 生育的各种费用

女职工生育的检查费、接生费、手术费、住院费和药费由生育保险基金支付。超出规定的医疗服务费和药费(含自费药品和营养药品的药费)由职工个人负担。女职工生育出院后,因生育引起疾病的医疗费,由生育保险基金支付;其他疾病的医疗费,按照医疗保险待遇的规定办理。女职工产假期满后,因病需要休息治疗的,按照有关病假待遇和医疗保险待遇规定办理。

第六节 职工福利

一、职工福利的概念

职工福利是指用人单位向职工提供的一定货币、实物或服务等旨在满足职工共同或特殊生活需要,提高和改善职工生活质量的物质帮助。

职工福利与社会福利不同。一般认为,社会福利是指由国家、社会向社会的全体成员或部分成员,或者特定的社会组织向其成员提供的旨在保证其基本生活生活水平,提高其生活质量的各种设施、服务和措施。根据社会福利的这一定义,社会福利包括三个层次:一是国家或社会向全体社会成员提供的各种物质帮助(有人称为"狭义的社会福利");二是由一定的组织或社会机构兴办的以一定区域内的居民为享受对象的福利事业(有人称为"社区福利");三是由用人单位兴办的仅以本单位职工为享受对象的福利事业(通常称为"职工福利"或"集体福利")。由此可见,职工福利是社会福利的下属概念,也是社会福利的重要组成部分。

二、职工福利的作用和特点

职工福利的作用是由社会福利的作用决定的。社会福利与社会保障的作用不同。社会保障注重的是"保障"功能,是国家为社会生存、发展而设置的一道安全保护网。而社会福利则侧重于"改善和提高",其最终目标是不断增进社会成员的生活质量,以实现全体社会成员的幸福、安全和快乐。因此,社会福利是一种更高形态的公共利益的实现形式。它以社会保障为基础,但又超越于社会保障。[①]

职工福利虽然与工资和社会保险一样,属于社会产品再分配的范畴,但与后两者相比,具有如下特征:

---

① 参见种明钊主编:《社会保障法律制度研究》,法律出版社 2000 年版,第 366 页。

(一) 普遍性

职工福利的普遍性是指用人单位兴办的福利设施、设备等是向单位的全体员工开放的,单位内的全体成员除本人自愿放弃外,可以不受任何的限制和排除。

(二) 均等性

均等性是指单位职工享受职工福利的机会和大小具有均等的特点,一般不因职工贡献的大小或职务的高低而存在个体的差异性。

(三) 单向性

单向性是指用人单位向本单位职工提供福利是单向的,它不以职工支付一定的代价为条件,即不以等价有偿或者互助为原则。这与工资和社会保险有明显的区别。

三、职工福利基金的来源

在不同的国家和地区,职工福利基金的法定来源不同,主要有:按国家规定从用人单位财产或收入中提取;用人单位自筹;福利设施或服务收入等。按照我国1993年制定的《企业财务通则》和《企业会计准则》的规定,目前我国的职工福利基金的来源主要为按国家规定从企业财务中提取。规定的具体内容为:

(1) 按工资总额的14%计提职工福利费,列入成本,用于职工集体福利设施以外的职工福利开支。

(2) 税后利润在支付被没收财物损失、违反税法的滞纳金和罚款,弥补以前年度亏损后,按一定比例计提公益金,用于职工集体福利设施支出,并在使用后转为盈余公积金。

四、职工福利的基本内容

我国目前职工福利的基本内容包括两个方面:一是职工集体福利;二是职工个人福利。

(一) 职工集体福利

职工集体福利是指为满足职工集体生活需要而由用人单位举办的各种福利项目和设施。它可以表现为一种具体的设施,也可以是一种福利性服务。通常表现为:

1. 建造职工食堂,解决职工就餐问题;
2. 设立职工医疗和疗养设施,建立哺乳室、幼儿园、托儿所等,满足职工的健康医疗需要以及为职工子女就学提供方便;
3. 设立各种文化娱乐设施,丰富职工的文化生活等。

(二) 职工个人福利

职工个人福利是指由用人单位为满足职工的生活需要而直接赋予职工个人的一种福利形式。用人单位通常以直接支付给特定职工一定量货币的形式实现职工个人福利。主要有：

1. 给予职工生活补贴。例如,用人单位根据物价上涨的情况,给予全体职工同等标准的金钱补贴,主要项目有:"菜篮子费"、"取暖费"、"燃气费"等。

2. 给予职工的交通补贴。

3. 给予职工的生活困难补助。用人单位对因各种原因造成的生活困难的职工,可根据情况给予一定标准的生活困难补助,以满足特殊职工的生活需要。

4. 其他福利补贴。例如,用人单位可以根据需要,利用福利基金为职工建立补充社会保险;根据国家劳动法律、法规的规定,建立各种职工休假制度等。

第三篇 权利救济

第十四章 劳动争议处理

第一节 劳动争议处理概述

一、劳动争议的概念

劳动争议又称"劳动纠纷",指劳动关系双方当事人之间因劳动权利和劳动义务所发生的争议。

劳动争议与其他社会关系纠纷(如民事纠纷、经济纠纷等)一样,都是某种社会关系产生矛盾的表现,直接体现了该社会关系当事人之间的利益冲突。由于各种社会关系纠纷产生的前提和基础不同,决定了适用调节和化解这些纠纷的法律也不同,例如处理民事纠纷适用民法和民事诉讼法,处理劳动争议适用劳动法(包括劳动实体法和劳动程序法)。因此,厘清不同社会关系之间的区别,就成为准确施法的前提。劳动争议与其他社会关系纠纷相比,具有以下特征:

(一)有特定的当事人

劳动争议的当事人就是劳动关系的当事人,即一方为用人单位,另一方为劳动者,并且只有相互之间建立了劳动关系的劳动者和用人单位,才有可能成为劳动争议的双方当事人。而其他关系纠纷的当事人不具有这一特点。例如,在民事纠纷中,任何公民(包括刚出生的婴儿)之间、公民与法人之间以及法人相互之间都可能产生民事纠纷。劳动争议双方当事人之间虽然在劳动合同关系中法律地位平等,但在实际生产和劳动中,存在着一定的行政隶属关系。即劳动者要遵守用人单位内部的规章制度,服从用人单位的安排和指挥。劳动争议双方当事人之间这种错综复杂的关系是劳动争议区别于其他争议的又一大特征。

(二)有特定的争议内容

劳动争议的对象是劳动权利和劳动义务,其实质是劳动领域中的利益冲突,它与用人单位的生产、经营及劳动者的生命、健康及生活有着直接的联系。如因劳动报酬、劳动保护、社会保险、福利等而发生的纠纷。其他社会关系的争议则不具有上述内容。例如,民事纠纷仅限于以平等主体之间的财产关系和与财产关系有密切联系的人身关系为内容而形成的纠纷。

(三) 有特定的争议表现形式

一般社会关系的纠纷(如民事纠纷)表现为争议主体之间的利益冲突,影响面的范围局限于主体范围之内。而劳动争议除可表现为一般社会关系纠纷的形式,有时还以消极怠工、罢工、示威等形式出现,涉及面广,影响范围大。

在市场经济条件下,用人单位与劳动者在劳动过程中的具体利益存在着差异性:一般而言,劳动者希望用人单位能够提供较高的劳动报酬和劳动条件,以满足自己不断提高和改善生活水平的需求;而用人单位作为资本的运作方和劳动力的使用者,总是希望获得素质高且廉价的劳动力,以便降低生产成本,提高经济效益。这就使劳动关系双方在根本利益一致的前提下,产生了具体利益的不一致,如双方对具体利益差别协调不好,就会发生劳动争议。因此,劳动者与用人单位在劳动过程中具体利益的差异是产生劳动争议的社会基础。我国正处于经济体制的转型时期,劳动者在劳动过程中的利益追求呈现出公开化、明晰化、复杂化的趋向,劳动关系表现在劳动就业、工资分配、职业培训、社会保险、福利、劳动安全与卫生等方面的矛盾日益突出,我国劳动争议近年内呈现出大幅上升的趋势。因此,及时、迅速和有效地处理劳动争议,已经成为我国实现和谐社会目标不可或缺的举措之一。

二、劳动争议的种类

劳动争议按不同的标准可作不同的分类

1. 按劳动争议的性质来分,劳动争议可分为既定权利争议和待定权利争议两种。所谓"既定权利争议",是指劳动关系双方当事人基于劳动法律、法规的规定和劳动合同的约定,因主张权利存在与否或权利是否受到侵害或有无履行合同约定义务等而发生的争议。例如,因劳动报酬、社会保险、福利、履行劳动合同等而发生的争议。既定权利争议是关于法律、法规或合同遵守与否而发生的争议,是对既存权利而发生的争议,所以有些国家称为"权利争议"。所谓"待定权利争议"是指劳动关系双方当事人对于劳动条件要求继续维持或变更而发生的争议。即劳动关系双方当事人基于社会经济状况的变迁和发展,对于将来构成彼此间权利义务内容的劳动条件,要求继续维持现存条件或应予变更、调整而发生的争议。例如,因签订集体合同、要求增加津贴、减少工时等而发生的争议。它是因双方当事人利益未来如何分配而发生的争议,所以有些国家称为"利益争议"。

2. 按劳动争议的主体来分,劳动争议可分为职工个人劳动争议和集体劳动争议。职工个人劳动争议是指争议的主体一方为劳动者、另一方为用人单位的劳动争议,是只涉及单个职工利益的劳动争议。集体劳动争议是指争议一方职工达到法定人数并且具有共同请求的劳动争议。根据2007年12月29日第十届全国人民代表大会常务委员会第三十一次会议通过并于2008年5月1日生效的《中华人民共和国劳动争议调解仲裁法》(以下简称《劳动争议调解仲裁法》)第7条的规定,我国集体劳动争议职工一方的法定人数为10人以上。

3. 按劳动争议涉及的内容来分,目前我国的劳动争议可分为:
(1) 关于确认劳动关系发生的争议;
(2) 关于订立、履行、变更、解除和终止劳动合同发生的争议;
(3) 关于除名、辞退和辞职、离职发生的争议;
(4) 关于工作时间、休息休假、社会保险、福利、培训以及劳动保护发生的争议;
(5) 关于劳动报酬、工伤医疗费、经济补偿或者赔偿金等发生的争议等。

4. 按产生劳动争议是否具有涉外因素来分,劳动争议可分为国内劳动争议和涉外劳动争议两种。

三、我国劳动争议的处理机构及受案范围

我国《劳动法》第77条第1款规定:"用人单位与劳动者发生劳动争议,当事人可以依法申请调解、仲裁、提起诉讼,也可以协商解决。"即我国劳动争议的处理程序分为调解、仲裁和诉讼三个阶段。与此相对应,我国处理劳动争议的机构为:劳动争议调解组织、劳动争议仲裁委员会和人民法院。

我国劳动争议的种类很多。由于我国法制不健全等因素的限制,目前还不能把所有的劳动争议都纳入法制化轨道。根据《劳动法》、《劳动合同法》、《劳动争议调解仲裁法》以及最高人民法院分别于2001年4月、2006年8月颁布的《最高人民法院关于审理劳动争议案件适用法律若干问题的解释》和《最高人民法院关于审理劳动争议案件适用法律若干问题的解释(二)》[以下分别简称为《解释》(一)和《解释》(二)]的规定,目前属于劳动争议处理机构受案范围的劳动争议有如下几种:

1. 因确认劳动关系发生的争议。如前所述,劳动关系与一般民事关系最根本的区别在于劳动关系的双方主体具有不平等性,劳动力相对于资本总是处于弱势的地位。正因如此,对劳动者倾斜保护成为劳动立法应该遵循的基本原则。劳动法规定了处于强势地位的用人单位应该对劳动者承担相应的雇主责任。在实践中,一些用人单位为了逃避法律规定的雇主责任,故意将劳动关系包装成一般的民事关系,从而引发纠纷。因此,《劳动争议调解仲裁法》将因确认劳动关系发生的纠纷列为劳动争议处理的范围。

2. 因开除、除名、辞退职工和职工辞职、自动离职发生的争议。开除是指用

人单位对严重违犯劳动纪律而又经教育不改的职工所采取的强制解除劳动关系的一种最严厉的处分措施。除名是用人单位专门对无正当理由经常旷工,经批评教育无效,且旷工时间超过法定期限的职工所采取的一种强行解除劳动关系的措施。辞退是指用人单位因故解除与职工劳动关系的一种强行措施,包括因违纪辞退和正常辞退两种。辞职是指职工因故终止与用人单位劳动关系的一种行为。自动离职是指职工未办理任何手续,擅自离职强行解除与用人单位劳动关系的行为。

3. 因执行国家有关工资、社会保险、福利、培训、劳动保护的规定发生的争议。这里所指的"国家有关规定"包括劳动法律、法规和规范性文件。工资按照国家统计局规定,应统计在职工工资总额中的五种报酬,包括标准工资、有规定标准的各种奖金、津贴和补贴、加班加点工资和特殊情况下支付的工资。社会保险包括工伤保险、医疗保险、生育保险、待业保险、养老保险和病假待遇、死亡丧葬抚恤等社会保险待遇。需要指出的是,劳动者退休后,与尚未参加社会保险统筹的原用人单位因追索养老金、医疗费、工伤保险待遇和其他社会保险费而发生的纠纷属于劳动争议,但劳动者因享受社会保险待遇与社会保险经办机构之间发生的争议不属于劳动争议。福利是指用人单位用于补助职工及其家属和举办集体福利事业的费用,包括集体福利费、职工上下班交通补助费、探亲路费、取暖补贴、生活困难补助费等。培训是指职工在职期间(含转岗)的职业技术培训,包括在各类专业学校(职业技术学校、职工学校、技工学校、高等院校等)和各种职业技术训练班、进修班的培训及与其相关的培训合同、培训费用等。劳动保护是指为劳动者在劳动过程中获得适宜的劳动条件而采取的各项保护措施,包括工作时间和休息时间、休假制度的规定,各项保障劳动安全与卫生的措施,女职工和未成年工的劳动保护规定等。

4. 国家机关、事业单位、社会团体与本单位建立劳动合同关系的职工之间,个体工商户与帮工、学徒之间发生的争议。

5. 因订立、履行、变更、解除和终止劳动合同发生的争议。包括劳动者与用人单位解除或者终止劳动关系后,请求用人单位返还其收取的劳动合同定金、保证金、抵押金、抵押物产生的争议,或者办理劳动者的人事档案、社会保险关系等移转手续产生的争议。

6. 因工作时间和休息休假发生的争议。

7. 因工伤医疗费、经济补偿或者赔偿金等发生的争议。

8. 法律、法规规定的应当依照《企业劳动争议处理条例》处理的其他劳动争议。除上述劳动争议外,其他的劳动争议如果法律、法规规定应当依照《企业劳动争议处理条例》处理,则应纳入我国劳动争议处理机构的受案范围。这项规定也为我国的劳动争议处理全面纳入法制轨道提供了立法依据。

须要说明的是,根据《劳动法》第 84 条第 2 款的规定,因履行集体合同发生的争议也属于劳动争议仲裁机构和人民法院的受案范围。

按照最高人民法院《解释》(二)第 7 条的规定:"下列纠纷不属于劳动争议:(一)劳动者请求社会保险经办机构发放社会保险金的纠纷;(二)劳动者与用人单位因住房制度改革产生的公有住房转让纠纷;(三)劳动者对劳动能力鉴定委员会的伤残等级鉴定结论或者对职业病诊断鉴定委员会的职业病诊断鉴定结论的异议纠纷;(四)家庭或者个人与家政服务人员之间的纠纷;(五)个体工匠与帮工、学徒之间的纠纷;(六)农村承包经营户与受雇人之间的纠纷。"

四、正确处理劳动争议的意义

劳动关系是社会关系的核心,只有建立和谐、稳定的劳动关系,才会有整个社会关系的和谐、稳定和发展。而正确处理劳动争议是保持劳动关系稳定和顺利发展的一个必不可少的环节。对此,我国曾有过正反两方面的经验和教训。早在 1949 年 11 月和 1950 年 11 月,我国就分别颁布了《中华全国总工会关于劳资关系暂行处理办法》和《劳动部关于劳动争议解决程序的规定》,使大量的劳动争议得到了及时处理,对资本主义工商业的社会主义改造起到了积极作用。1956 年,由于受"左"的思潮影响,我国取消了劳动争议处理的法律手段,仅靠一般的人民来访的方式处理劳动争议。这使许多劳动争议不能及时有效地得到解决,不仅不能保护当事人的合法权益,有的甚至引发恶性刑事事件,严重影响了社会的安定和生产的发展。我国在总结了正反两方面的经验后,于 1987 年 7 月由国务院发布了《国营企业劳动争议处理暂行规定》,使我国的劳动争议重新纳入了法制轨道。国务院于 1993 年 7 月 6 日发布了《中华人民共和国企业劳动争议处理条例》(以下简称《条例》)。与此同时,国家颁布了与《条例》相配套的《劳动争议仲裁委员会组织规则》和《企业劳动争议调解委员会组织及工作规则》,以保证我国劳动争议处理司法程序的正常运行。《劳动法》将劳动争议处理规定为"一调一裁两审"程序,并将仲裁设定为法院受理劳动争议案件的必经前置程序;同时规定,劳动争议的仲裁时效为自劳动争议发生之日起 60 日。十多年的司法实践证明,这样的程序设计存在着诸多的缺陷,主要表现为:一是"一裁两审"的体制程序多、时间长、成本大,难以及时稳定劳动关系;二是规定仲裁为诉讼的必经程序,限制了劳动争议当事人直接行使诉权;三是调解机构权威性不足等。为此,《劳动争议调解仲裁法》针对上述问题作了相应的规定:第一,对"一调一裁两审"程序进行了补充、修改,着力缩短周期,提高效率,降低了职工维权成本。例如,规定了"一裁终局"的制度,使部分案件一裁就终局,不必再走完劳动争议处理的全部程序,对调解予以强化;缩短仲裁期间;明确规定劳动争议仲裁不收费等。第二,将仲裁时效延长为一年,并且规定了时效的中断和中止制度等。第三,设定了多元化的劳动争议调解模式,整合了现在社会上已经成立的各种劳动调解组织来参与劳动争议调解等。《劳动争议调解仲裁法》为劳动争议的正确处理提供了法律保证。正确处理劳动争议,具体来说有以下几方面的意义:

1. 可以及时保障劳动关系当事人的合法权益。正确解决劳动争议,一方面可以保证用人单位在和谐的环境中组织生产和劳动,提高劳动生产率;另一方面可以保证职工各项合法权益不受侵犯,保证其正常的生活不受干扰。

2. 可以提高当事人履行义务的自觉性,防止和减少劳动争议的发生。正确处理劳动争议的过程,也是对争议双方当事人进行法制宣传的过程。争议双方当事人可从中认识到,只有依照法律规定和合同的约定办事,才能得到国家的支持和保护,从而提高当事人的法制观念,提高其履行义务的自觉性,减少和防止劳动争议的发生。

3. 可以消除用人单位和劳动者之间的隔阂,增进企业经营者与职工在劳动过程中的合作,更好地提高劳动者的劳动积极性。劳动争议的正确解决,可使影响劳动关系正常发展的"症结"得到及时化解,使企业与职工之间建立良好的劳动关系,更好地为社会主义建设并肩奋斗。

4. 可以避免矛盾的激化和恶性事件的发生,促进社会的安定。劳动权是职工生存权的核心,劳动关系的稳定在整个社会关系的稳定中起着至关重要的作用。劳动争议如得不到及时、公正、正确的处理,就可能使矛盾激化,引发恶性事件。因此,劳动争议的处理在调节整个社会关系中起着"稳定器"和"避震器"的作用。

第二节 我国劳动争议处理的基本原则

劳动争议处理的基本原则是指劳动处理机构在处理劳动争议时必须遵循的基本准则,它贯穿于劳动争议处理的整个过程中。《劳动法》第78条规定:"解决劳动争议,应当根据合法、公正、及时处理的原则,依法维护劳动争议当事人的合法权益。"第77条第2款规定:"调解原则适用于仲裁和诉讼程序。"《劳动争议调解仲裁法》第3条规定:"解决劳动争议,应当根据事实,遵循合法、公正、及时、着重调解的原则,依法保护当事人的合法权益。"《劳动法》和《劳动争议调解仲裁法》对劳动争议处理原则的规定,基本精神是一致的。

一、调解原则

调解是指在第三者主持下,依法劝说争议双方当事人通过民主协商,在互谅互让的基础上达成协议,从而消除争议的一种方法。劳动争议双方当事人属同一单位,需长期共事和合作的特点,使调解成为化解劳动争议普遍使用的手段之一。

我国的调解原则包含两方面的内容:一为调解作为解决劳动争议的基本手段贯穿于劳动争议处理的全过程。劳动争议调解组织处理劳动争议工作的程序全部是进行调解。劳动争议仲裁委员会和人民法院在处理劳动争议时,必须先行调解,在调解不成时,才能进行裁决或判决。二是指调解要在争议双方当事人自愿的基础上进行,不能有丝毫的勉强和强制,否则企业调解委员会的调解协议书、仲裁委员会或人民法院的调解书将不能产生法律效力。

二、合法原则

合法原则是指劳动争议处理机构处理劳动争议的所有活动和决定都要符合法律规定。这里的"法律"包括程序法和实体法,从立法层次上包括法律、法规、地方性法规和有关政策。在不同层次的法律、法规相矛盾时,应依据高层次的法规;在相同层次的法律、法规不一致时,可采用由共同上级部门指定依据的方式确定适用的法律和法规。

三、公正原则

公正原则是指劳动争议处理机构在处理劳动争议时必须保证争议双方当事人处于平等的法律地位,具有平等的权利和义务,不得袒护任何一方。例如,争议发生后,任何一方当事人都有提出调解、申请仲裁或向人民法院提出诉讼的权利,同时都有义务服从仲裁委员会或者人民法院的应诉通知;在劳动争议处理过程中,劳动争议处理机构应保证当事人双方平等地行使法律赋予的陈述理由、辩解等权利;在劳动争议裁决过程中,劳动争议处理机构应本着以事实为依据、以法律为准绳的原则,对劳动争议进行公正、客观的裁决,不应受任何外界因素的影响和干扰。

保证争议双方当事人平等的法律地位是劳动争议处理机构公正处理争议的前提和基础,也是公正处理争议的具体体现。须注意的是,劳动争议双方当事人虽然在实际工作中存在着行政的隶属关系,即存在着领导和被领导、指挥和被指挥的关系,但一旦发生劳动争议,进入劳动争议处理程序,两者即为平等的争议主体,它们在法律上的地位是完全平等的,任何一方不得有超越另一方的特权。

四、及时处理原则

及时处理原则是指劳动争议处理机构在处理劳动争议时,应本着一个"快"字,能够今天处理的,不要拖到明天去处理,最低限度应当在法律、法规规定的时限内受理、审理和结案。具体包括三个方面:一是劳动争议调解组织对案件调解不成,应在规定的时限内及时结案,不要使当事人丧失申请仲裁的权利;二是劳动争议仲裁委员会对案件先行调解不成时,应及时裁决,不能超过处理期限;三是人民法院在调解不成时,应及时判决。总之,要使劳动争议在法律、法规规定的时限内得到及时的化解和处理,及时保护当事人的合法权益,防止矛盾激化。

第三节 劳动争议调解组织对劳动争议的调解

一、劳动争议调解组织和调解员

根据《劳动争议调解仲裁法》的规定,我国的劳动争议调解组织包括:企业劳动争议调解委员会,依法设立的基层人民调解组织,以及在乡镇、街道设立的具有劳动争议调解职能的组织。按照《劳动争议调解仲裁法》的规定,发生劳动争议后,当事人可以向上述组织申请调解。

(一)企业劳动争议调解委员会的组成

企业劳动争议调解委员会是用人单位根据《劳动法》、《条例》和《劳动争议调解仲裁法》的规定,在本单位内部设置的专门处理劳动争议的职工群众性组织。我国《劳动法》第80条规定,"在用人单位内,可以设立劳动争议调解委员会"。《企业劳动争议调解委员会组织及工作规则》第7条第2款规定:"设有分厂(或者分公司、分店)的企业,可以在总厂(总公司、总店)和分厂(分公司、分店)分别设立调解委员会。"一般在总厂(总公司、总店)设一级调解委员会,在分厂(分公司、分店)设二级调解委员会。两级调解委员会在处理劳动争议时可以分工协作,从而增加了劳动争议在基层解决的可能性。

根据《劳动争议调解仲裁法》第10条第2款的规定:"企业劳动争议调解委员会由职工代表和企业代表组成。职工代表由工会成员担任或者由全体职工推举产生,企业代表由企业负责人指定。企业劳动争议调解委员会主任由工会成员或者双方推举的人员担任。"

(二)调解员的条件

根据《劳动争议调解仲裁法》第11条的规定,劳动争议调解组织的调解员应当由具备下列条件的成年公民担任:

(1)思想道德条件:公道正派、联系群众并热心调解工作;
(2)专业知识条件:具有一定法律知识、政策水平和文化水平。

二、劳动争议调解组织调解的特征

劳动争议调解委员会调解与劳动争议仲裁委员会和人民法院在处理劳动争议时的调解有本质的区别:

（一）在劳动争议处理中的地位不同

调解委员会的调解,是我国劳动争议处理的一个独立程序,它与劳动争议仲裁和诉讼一起,构成我国处理劳动争议的完整体系。而劳动争议仲裁和诉讼中的调解,仅是劳动争议仲裁机构及人民法院处理劳动争议中一个重要环节,不具有程序性。

（二）主持调解的主体不同

调解委员会的调解由调解员主持,仲裁机构和人民法院的调解分别由仲裁员、仲裁庭和审判员、合议庭主持。

（三）调解案件的范围不同

调解委员会只调解本单位内且争议双方当事人均同意调解的劳动争议;仲裁委员会调解依法属于自己受案范围内的劳动争议;人民法院则调解不服仲裁裁决依法提起诉讼的劳动争议。

（四）调解效力不同

经调解委员会调解达成的调解协议书一般不具有法律强制执行力,主要靠双方当事人之间的信任、承诺及道德规范的约束力保证实施。但根据《劳动争议调解仲裁法》第16条的规定:"因支付拖欠劳动报酬、工伤医疗费、经济补偿或者赔偿金事项达成调解协议,用人单位在协议约定期限内不履行的,劳动者可以持调解协议书依法向人民法院申请支付令。人民法院应当依法发出支付令。"而经仲裁委员会或人民法院调解达成的调解协议书,则具有法律强制执行力,一方当事人不履行,另一方当事人可依法申请法院强制执行。

三、调解组织调解劳动争议的原则

调解组织调解劳动争议的原则是指调解组织在调解劳动争议中应坚持的基本准则,它是劳动争议在调解程序中特有的原则。劳动争议处理在不同的阶段有不同的处理机构和不同的处理依据及程序,因此,各阶段的劳动争议处理有基于其自身活动规律所派生的特有原则。不同的处理机构在处理劳动争议时,不仅要遵守劳动争议处理的基本原则,还要遵守其特有原则。概括起来,调解委员会调解争议的特有原则为:

（一）自愿原则

自愿原则是指调解委员会在处理劳动争议的整个过程中都必须尊重争议双方当事人的意愿,不得有任何勉强。具体包括四个方面的内容:

1. 申请调解自愿。劳动争议发生后,只有争议双方当事人均同意调解,调解委员会才能受理,有一方不同意就不得受理。

2. 调解过程自愿。在整个调解过程中,调解人员要同当事人民主协商,通过耐心的说服教育,促成当事人分清是非,达成共识;不得采取任何强制和行政命令手段,强迫当事人接受调解意见。

3. 达成协议自愿。调解协议必须在双方当事人自愿的基础上达成,即调解协议的所有内容都必须是双方当事人真实的、一致的意思表示,不得勉强。

4. 履行协议自愿。除因支付拖欠劳动报酬、工伤医疗费、经济补偿或者赔偿金事项达成的调解协议,用人单位在协议约定期限内不履行的,劳动者可以持调解协议书依法向人民法院申请支付令外,当事人如果不自觉履行达成的调解协议,调解组织不得强迫当事人履行。

(二)尊重当事人申请仲裁和诉讼权利的原则

尊重当事人申请仲裁和诉讼权利的原则,是指调解组织对劳动争议的调解不是劳动争议仲裁和诉讼的必要条件,在调解组织调解的任何阶段,争议双方当事人都享有依法申请仲裁和诉讼的权利。

申请仲裁和提起诉讼是每个公民保护自己合法权益而享有的一项民主权利,它受我国宪法和法律的保护,任何组织(包括调解委员会)和个人都不得阻止和侵犯。尊重当事人申请仲裁和诉讼权利的原则,具体包括以下几方面的内容:

1. 发生劳动争议后,劳动关系当事人在法律许可范围内有自由决定和选择解决争议的途径和方式的权利。即劳动争议发生后,当事人双方可以选择由调解组织调解的方式解决争议,也可以不经调解,直接申请仲裁,对此,调解组织不得阻止。

2. 在调解组织受理争议进行调解的过程中,争议双方当事人都可提出申请仲裁的请求,调解组织不得干涉。并且只要一方当事人一经提出仲裁申请,调解程序即告结束。

3. 劳动争议经调解达成协议,如事后当事人反悔,不愿履行协议,仍享有提起仲裁的权利。调解组织也不得阻拦和干预。

4. 调解组织在受理劳动争议后,应该在法定期限内完成调解,不能久调不决,影响当事人申请仲裁的权利的行使。为此,《劳动争议调解仲裁法》第14条第3款规定:"自劳动争议调解组织收到调解申请之日起十五日内未达成调解协议的,当事人可以依法申请仲裁。"

四、调解组织调解的程序

调解组织调解的程序是指调解委员会及争议双方当事人在劳动争议调解中应遵守的程序。

(一)申请和受理

劳动争议发生后,当事人双方都可以口头或书面形式向调解组织提出申请,并填写劳动争议调解申请书。

调解委员会接到申请后,应征询对方当事人的意见,对方当事人不愿调解的,应作好记录,并以书面形式通知申请人。对双方均同意调解的,应审查申请人和被申请人是否是劳动争议当事人;申请争议事项是否属调解组织受理的劳动争议,并作出受理或不受理的决定,对不受理的,应向申请人说明理由。

(二) 调查和调解

调解组织处理劳动争议,除一些情节简单、是非明确、事实清楚的争议案件,可以在询问当事人后直接进入调解程序,一般争议都需进行必要调查。例如,派调解员向知情人及周围群众了解情况,必要时还需进入现场调查和勘验,请有关部门进行鉴定等,以掌握能证明事实真相的第一手材料。在此基础上,由调解员主持召开由争议双方当事人参加的调解会议。调解组织在调解时应听取双方当事人对争议事实和理由的陈述,在查明事实、分清是非的基础上,依照有关劳动法律、法规及依法制订的企业规章和签订的劳动合同,公正调解。

在调查或调解时均应制作相应的笔录。

(三) 制作调解协议书或调解意见书

对经调解达成一致协议的劳动争议,应制作调解协议笔录,由双方当事人及调解员签名和盖章。根据调解笔录制作调解协议书。调解不成时,应作记录,制作调解意见书。调解不成包括争议双方达不成协议、调解期届满不能结案以及调解协议送达后当事人反悔三种情况。调解意见书与调解协议不同,调解意见书是调解组织发送的公文,仅是一种建议性质的文书,是调解组织单方的意思表示,对争议双方当事人都没有约束力。而调解协议书是争议双方当事人的意思表示,虽不具有强制执行效力,但一经双方当事人签字,就应自觉履行,对双方当事人具有约束力。

第四节 劳动争议仲裁委员会对劳动争议的仲裁

一、劳动争议仲裁的概念

仲裁,顾名思义,"仲"即中间人,"裁"即公断。仲裁是指第三人对纠纷事实和当事人责任的认定和裁决。仲裁作为和平解决争议的一种方式,其适用范围相当广泛,根据仲裁所要解决的争议的性质分有国际仲裁、涉外经济贸易仲裁、海事仲裁、劳动仲裁、国内经济仲裁等。劳动争议仲裁是指劳动争议仲裁机构根据劳动争议当事人一方或双方的申请,依法就争议的事实和当事人应承担的责任作出判断和裁决的活动。劳动争议仲裁与其他仲裁相比,具有以下特征:

(1) 从仲裁的主体看,劳动争议仲裁机构是法律规定的专门处理劳动争议的由劳动行政部门代表、同级工会代表和用人单位代表三方组成的联合机构。它不是一般的民间组织、行政机构或司法机构。

(2) 从仲裁的对象看,劳动争议仲裁的对象是劳动争议,即劳动关系双方当事人因劳动权利和劳动义务而发生的纠纷。而不是其他的民事纠纷、海事纠纷等。

(3) 从仲裁实现的原则及与诉讼的关系看,劳动争议仲裁实行强制原则。即只要争议一方当事人提出仲裁申请即能引起劳动争议仲裁程序的开始。而根据1994年8月31日全国人大常委会通过的《中华人民共和国仲裁法》的规定,我国其他纠纷的仲裁统一实行"自愿原则",即当事人采用仲裁方式解决纠纷的,应当双方自愿,并且达成仲裁协议。没有仲裁协议,一方申请仲裁的,仲裁委员会不予受理。另外,劳动争议仲裁与法院诉讼是实行"裁审衔接"和"裁审分轨"相结合的制度。即部分劳动争议实行裁审分轨,而另一部分劳动争议实行裁审衔接。实行裁审衔接的,劳动争议仲裁就成为法院审理劳动争议的必经前置程序。根据《劳动争议调解仲裁法》第47条规定:"下列劳动争议,除本法另有规定的外,仲裁裁决为终局裁决,裁决书自作出之日起发生法律效力:(一)追索劳动报酬、工伤医疗费、经济补偿或者赔偿金,不超过当地月最低工资标准十二个月金额的争议;(二)因执行国家的劳动标准在工作时间、休息休假、社会保险等方面发生的争议。"

二、劳动争议仲裁组织机构及其职责

(一) 劳动争议仲裁委员会的设立和构成

我国《劳动争议调解仲裁法》第17条对劳动争议仲裁委员会设立的原则作了规定:"劳动争议仲裁委员会按照统筹规划、合理布局和适应实际需要的原则设立。省、自治区人民政府可以决定在市、县设立;直辖市人民政府可以决定在区、县设立。直辖市、设区的市也可以设立一个或者若干个劳动争议仲裁委员会。劳动争议仲裁委员会不按行政区划层层设立。"该法第18条又进一步规定:"国务院劳动行政部门依照本法有关规定制定仲裁规则。省、自治区、直辖市人民政府劳动行政部门对本行政区域的劳动争议仲裁工作进行指导。"

仲裁委员会由下列人员组成:

(1) 劳动行政部门代表;

(2) 同级工会代表;

(3) 用人单位方面代表。

仲裁委员会的组成人数必须是单数,仲裁委员会设主任一人,由同级劳动行政部门代表担任;副主任一至二人,由仲裁委员会委员协商产生;委员若干人,由组成仲裁委员会的三方组织各自选派。仲裁委员会委员的确认或更换,须报同级人民政府批准。

(二) 劳动争议仲裁委员会的职责

根据《劳动争议调解仲裁法》第19条的规定,劳动争议仲裁委员会依法履

行下列职责：

(1) 聘任、解聘专职或者兼职仲裁员；

(2) 受理劳动争议案件；

(3) 讨论重大或者疑难的劳动争议案件；

(4) 对仲裁活动进行监督。

劳动争议仲裁委员会下设办事机构，负责办理劳动争议仲裁委员会的日常工作。

仲裁委员会的人员组成及其职责决定了仲裁委员会是国家授权、依法独立处理劳动争议案件的专门机构，它是属于劳动行政范畴的一种特殊的执法机构。仲裁委员会的行政性表现在它的组织成员上。工会代表和用人单位方面代表分别代表争议双方的不同利益，劳动行政部门则代表政府参加劳动仲裁，并与工会代表和用人单位方面代表一起行使仲裁权。劳动行政部门在劳动仲裁中起着不可替代的作用。参照国际惯用的"三方原则"组成的我国劳动仲裁委员会，不仅表现出行政性，并且给争议双方当事人以公平感和信任感。仲裁委员会的执法性表现在它的职责上。仲裁委员会依国家法律授权而产生，虽不体现国家司法权，但它是劳动法律、法规的实施机构之一。仲裁委员会的特殊性表现为它与一般的劳动行政机关有着很大的区别：一是仲裁委员会在行使仲裁权时是居于双方当事人之间，而劳动行政机关在执法时是居于当事人之上；二是仲裁委员会依法独立办案，具有某些司法特征，而劳动行政机关不具有这一特点；三是劳动争议仲裁不属于行政行为，不受行政诉讼法的调整。

(三) 劳动争议仲裁庭和仲裁员

1. 劳动争议仲裁庭

劳动争议仲裁庭是指由仲裁员按"一案一庭制"组成的专门处理劳动争议案件的机构。一般仲裁庭由一名首席仲裁员、两名仲裁员组成。处理职工一方在十人以上的集体劳动争议的特别仲裁庭由三名以上仲裁员单数组成。仲裁庭的首席仲裁员由仲裁委员会负责人或授权其办事机构负责人指定，另两名仲裁员由仲裁委员会授权其办事机构负责人指定或由当事人各选一名，具体办法由省、自治区、直辖市自行决定。仲裁庭是根据不同案件有针对性地成立的，它是临时的、非常设性的机构，随案件的结束而自行解散。它的职责就是在仲裁委员会领导下处理劳动争议。

2. 劳动争议仲裁员

劳动争议仲裁员是指仲裁委员会聘任的具有特定资格的专门从事劳动争议案件仲裁的工作人员，由专职和兼职两部分构成。专职仲裁员由仲裁委员会从劳动行政主管部门专门从事劳动争议处理工作的人员中聘任，兼职仲裁员由仲裁委员会从劳动行政主管部门或其他行政部门的人员、工会工作者、专家、学者和律师中聘任。劳动争议仲裁委员会应当设仲裁员名册。根据《劳动争议调解仲裁法》第20条的规定，仲裁员应当公道正派并符合下列条件之一：

（1）曾任审判员的；

（2）从事法律研究、教学工作并具有中级以上职称的；

（3）具有法律知识、从事人力资源管理或者工会等专业工作满五年的；

（4）律师执业满三年的。

三、劳动争议仲裁参加人

（一）劳动争议仲裁参加人的概念

劳动争议仲裁参加人是指为维护争议当事人的合法权益，依法享有仲裁权利和承担仲裁义务的人或单位。包括劳动争议仲裁当事人、仲裁中的第三人及仲裁代理人。劳动争议仲裁参加人与劳动仲裁的其他参与人（如证人、鉴定人、翻译人等）相比，有如下特点：

（1）劳动争议仲裁参加人参加劳动争议仲裁的目的是维护争议当事人的合法权益。而劳动争议仲裁的其他参与人是基于法律赋予的义务而参加仲裁活动的，目的是协助仲裁机构查明案情。

（2）劳动争议仲裁参加人在仲裁中都处于当事人或与当事人同等的地位，依法享有仲裁权利和承担仲裁义务。例如，依法享有承认、放弃、申请回避、请求调解等仲裁权利，承担履行生效仲裁文书规定的义务，遵守仲裁纪律等。而仲裁的其他参与人没有这些权利和义务。

（3）劳动争议仲裁参加人在仲裁活动中始终处于主体地位，他们在仲裁中的行为可以引起仲裁程序的产生、变更或消灭，如当事人自行和解、撤诉等。

（二）劳动争议仲裁当事人

劳动争议仲裁当事人是指基于劳动权利和劳动义务发生争议，以自己的名义参加仲裁活动并受仲裁裁决约束的利害关系人。劳动争议当事人具有如下特征：

（1）以自己名义参加劳动争议仲裁活动；

（2）与案件的仲裁结果有直接的利害关系；

（3）受仲裁裁决的约束。

只有符合以上三个条件，才能成为仲裁当事人。证人、鉴定人、仲裁代理人等虽然也参与仲裁，但他们与争议的权利、义务没有直接的利害关系，也不承担法律上的后果，因此他们不属于劳动争议仲裁当事人。劳动争议仲裁当事人即为劳动争议的双方当事人，一方为职工，另一方为用人单位。劳动争议仲裁一方或双方当事人在两人以上的，称为劳动争议仲裁的共同当事人，其中两人以上的申诉人称为共同申诉人；两人以上的被诉人称为共同被诉人。劳务派遣单位或者用工单位与劳动者发生劳动争议的,劳务派遣单位和用工单位为共同当事人。

劳动争议仲裁当事人在仲裁活动中享有以下权利:

(1) 向劳动争议仲裁机构提起仲裁申请,要求对争议事项进行调解或裁决的权利;放弃和变更仲裁请求的权利;在裁决前有申请撤诉的权利;被诉人有承认、反驳申诉人仲裁请求和提起反诉的权利;争议双方在庭审中有向证人、鉴定人提问和质询的权利。

(2) 委托代理人参加仲裁的权利。

(3) 申请仲裁员、仲裁委员会组成人员、书记员、鉴定人、勘验人、翻译人员回避的权利。

(4) 自行和解的权利。

(5) 收集、提供证据和查阅与本案有关材料的权利。

(6) 对裁决不服的,有依法向人民法院起诉的权利。

(7) 申请人民法院强制执行的权利。

仲裁当事人在仲裁活动中应当承担如下义务:

(1) 遵守劳动争议仲裁活动的程序和仲裁纪律;

(2) 实事求是地陈述案情,不提供伪证;

(3) 认真履行生效裁决书和调解书规定的义务;

(4) 在仲裁期间,不得有激化矛盾的行为。

(三) 劳动争议仲裁第三人

劳动争议仲裁第三人是指与劳动争议案件的处理结果有利害关系而参加到仲裁活动中的人。《劳动争议调解仲裁法》第23条规定:"与劳动争议案件的处理结果有利害关系的第三人,可以申请参加仲裁活动或者由劳动争议仲裁委员会通知其参加仲裁活动。"劳动争议仲裁第三人必须具备如下条件:

(1) 参加劳动争议仲裁的时间,必须是在他人之间的仲裁活动已经开始,而仲裁庭尚未作出裁决之前;

(2) 参加劳动争议仲裁的原因是与本案的处理结果有法律上的利害关系,即案件最后处理结果证明第三人有实体责任或没有实体责任。

仲裁第三人参加仲裁活动的方式,可以是第三人自己申请,也可以是仲裁委员会通知其参加。一般来说,仲裁第三人在仲裁活动中有陈述自己意见、了解申诉人和被诉人争议的事实和理由、提供对自己有利证据以及对裁决确定由其承担的义务提起诉讼等权利。

(四) 仲裁代理人

仲裁代理人是指代理当事人一方,以被代理的当事人的名义,在法律规定或当事人授权范围内,为被代理人行使劳动争议仲裁权利和承担仲裁义务的行为。其中,行使这种代理权的人称为仲裁代理人。仲裁代理制度的实行,一方面为具有仲裁权利能力而没有仲裁行为能力的当事人创造了参加仲裁活动的条件,另一方面也为虽能亲自参加仲裁活动但缺乏法律知识的当事人提供了法律帮助。

1. 仲裁代理人的特点

(1) 只能以被代理人的名义进行仲裁活动;由被代理人承担法律后果。

(2) 参加仲裁活动的目的是维护被代理人的合法权益,与劳动争议无利害关系。

(3) 必须在代理权限范围内进行仲裁活动。

2. 仲裁代理人的种类

根据《劳动争议调解仲裁法》第 24 条和第 25 条的规定,我国的仲裁代理人有三种:

(1) 法定代理人。法定代理人是指根据法律规定行使代理权的人。法定代理人的代理权是法律确定的,所以法定代理人参加仲裁活动无须办理委托代理书,只要证明自己的身份即可。法定代理人在仲裁活动中与被代理的当事人处于同一法律地位,具有全权代理的资格。《劳动争议调解仲裁法》第 25 条规定:"丧失或者部分丧失民事行为能力的劳动者,由其法定代理人代为参加仲裁活动;……劳动者死亡的,由其近亲属或者代理人参加仲裁活动。"

(2) 指定代理人。指定代理人是指基于仲裁委员会的指定而行使代理权的人。指定代理是在法定代理人或利害关系人不明确时,为保障被代理人的合法权益以及仲裁活动的顺利开展,由仲裁委员会进行指定的代理人。因此,指定代理人是法定代理人的一种特殊情况,指定代理人在仲裁中的权利、义务与法定代理人是一致的。《劳动争议调解仲裁法》第 25 条规定:丧失或者部分丧失民事行为能力的劳动者,由其法定代理人代为参加仲裁活动;无法定代理人的,由劳动争议仲裁委员会为其指定代理人。

(3) 委托代理人。委托代理人是指受仲裁当事人、法定代理人的委托而代理仲裁的人。委托代理人的代理权范围是由被代理人的意思表示决定的,即委托代理人应在被代理人的授权范围内进行仲裁活动,如超过被代理人的委托权限范围,其行为的法律后果对被代理人不发生法律效力,而由委托代理人自己承担。《劳动争议调解仲裁法》第 24 条规定:"当事人可以委托代理人参加仲裁活动。委托他人参加仲裁活动,应当向劳动争议仲裁委员会提交有委托人签名或者盖章的委托书,委托书应当载明委托事项和权限。"

四、劳动争议仲裁的原则

劳动争议仲裁的原则是指劳动争议仲裁机构在仲裁程序中应遵守的准则。它是劳动争议仲裁的特有原则,反映了劳动争议仲裁的本质要求。

（一）一次裁决原则

即劳动争议仲裁实行一个裁级一次裁决制度，一次裁决即为终局裁决。当事人如不服仲裁裁决，只能依法向人民法院起诉，不得向上一级仲裁委员会申请复议或要求重新处理。

（二）合议原则

《劳动争议调解仲裁法》第45条规定："裁决应当按照多数仲裁员的意见作出，少数仲裁员的不同意见应当记入笔录。仲裁庭不能形成多数意见时，裁决应当按照首席仲裁员的意见作出。"合议原则是民主集中制在仲裁工作中的体现，其目的是保证仲裁裁决的公正性。

（三）强制原则

劳动争议仲裁实行强制原则，主要表现为：当事人申请仲裁无须双方达成一致协议，只要一方申请，仲裁委员会即可受理；仲裁庭在对争议调解不成时，无须得到当事人的同意，可直接行使裁决权；对发生法律效力的仲裁文书，可申请人民法院强制执行。

（四）回避原则

《劳动争议调解仲裁法》第33条规定："仲裁员有下列情形之一，应当回避，当事人也有权以口头或者书面方式提出回避申请：（一）是本案当事人或者当事人、代理人的近亲属的；（二）与本案有利害关系的；（三）与本案当事人、代理人有其他关系，可能影响公正裁决的；（四）私自会见当事人、代理人，或者接受当事人、代理人的请客送礼的。劳动争议仲裁委员会对回避申请应当及时作出决定，并以口头或者书面方式通知当事人。"

（五）区分举证责任原则

劳动关系是由劳动者与用人单位之间因从属性劳动而发生的关系。在这一关系中，用人单位处于组织和管理劳动的强势地位，许多能证明双方当事人之间的劳动权利和劳动义务情况的证据被用人单位单方掌控。为此，我国《劳动争议调解仲裁法》第39条第2款规定："劳动者无法提供由用人单位掌握管理的与仲裁请求有关的证据，仲裁庭可以要求用人单位在指定期限内提供。用人单位在指定期限内不提供的，应当承担不利后果。"区分举证责任有利于保护劳动者的合法权益及提高办案质量。

（六）劳动争议仲裁不收费的原则

基于劳动争议和劳动争议仲裁性质的考量以及维护劳动者和用人单位合法权益的需要，《劳动争议调解仲裁法》第53条规定："劳动争议仲裁不收费。劳动争议仲裁委员会的经费由财政予以保障。"

五、劳动争议仲裁的管辖

劳动争议仲裁管辖是指劳动争议仲裁机构之间受理劳动争议案件的具体分工。根据《劳动争议调解仲裁法》第 21 条的规定，我国的劳动争议管辖实行地域管辖。

地域管辖是指按照行政区划确定对劳动争议案件的受理范围。它是我国劳动仲裁机构受理劳动争议案件的主要分工标准，包括一般地域管辖和特殊地域管辖两种。

（一）一般地域管辖

一般地域管辖是指按照争议当事人所在地划分案件的管辖。《劳动争议调解仲裁法》第 21 条第 1 款规定："劳动争议仲裁委员会负责管辖本区域内发生的劳动争议。"

（二）特殊地域管辖

《劳动争议调解仲裁法》第 21 条第 2 款规定："劳动争议由劳动合同履行地或者用人单位所在地的劳动争议仲裁委员会管辖。双方当事人分别向劳动合同履行地和用人单位所在地的劳动争议仲裁委员会申请仲裁的，由劳动合同履行地的劳动争议仲裁委员会管辖。"

六、劳动争议仲裁程序

劳动争议仲裁机构在处理劳动争议时应按下列程序进行：

（一）仲裁申请和受理

劳动争议发生后，当事人需要申请仲裁的，应依法向仲裁委员会提交仲裁申诉书，并按照被申请人人数提交副本。

仲裁申请书应当载明下列事项：

（1）劳动者的姓名、性别、年龄、职业、工作单位和住所，用人单位的名称、住所和法定代表人或者主要负责人的姓名、职务；

（2）仲裁请求和所根据的事实、理由；

（3）证据和证据来源、证人姓名和住所。

书写仲裁申请确有困难的，可以口头申请，由劳动争议仲裁委员会记入笔录，并告知对方当事人。劳动仲裁委员会办事机构工作人员在接到申诉书后，应审查：申请人是否与本案有直接的利害关系；申请仲裁的争议是否属于仲裁委员会受理的劳动争议；该劳动争议是否属于本仲裁委员会管辖；申请书及其有关材料是否齐全并符合要求；申诉的时间是否符合申请时效规定等。劳动争议仲裁委员会收到仲裁申请之日起五日内，认为符合受理条件的，应当受理，并通知申请人；认为不符合受理条件的，应当书面通知申请人不予受理，并说明理由。对劳动争议仲裁委员会不予受理或者逾期未作出决定的,申请人可以就该劳动争议事项向人民法院提起诉讼。劳动争议仲裁委员会受理仲裁申请后,应当在五日内将仲裁申请书副本送达被申诉人。被申诉人收到仲裁申请书副本后,应当在十日内向劳动争议仲裁委员会提交答辩书。劳动争议仲裁委员会收到答辩书后,应当在五日内将答辩书副本送达申请人。被申诉人未提交答辩书的,不影响仲裁程序的进行。

(二) 开庭审理和裁决

应按下列步骤进行:

1. 送达开庭通知,请当事人到庭

仲裁庭应于开庭五日前,将仲裁庭组成人员、开庭时间、地点的书面通知送达当事人。当事人接到通知,无正当理由拒不到庭的,或在开庭期间未经仲裁庭同意自行退庭的,对申诉人按撤诉处理,对被申诉人可缺席裁决。当事人有正当理由的,可以在开庭三日前请求延期开庭。是否延期,由劳动争议仲裁委员会决定。

2. 开庭审理

仲裁庭开庭审理和裁决的案件,可根据案情选择以下程序:

(1) 由书记员查明双方当事人、代理人及有关人员是否到庭,宣布仲裁纪律。

(2) 首席仲裁员宣布开庭,宣布仲裁员、书记员名单,告知当事人申诉、申辩权利和义务,询问当事人是否申请回避并宣布案由。

(3) 听取申诉人的申诉和被申诉人的答辩。

(4) 仲裁员以询问的方式,对需要进一步了解的问题进行当庭调查,并审查证据,宣读鉴定结论和勘验笔录,在进行辩论后,还要征询当事人的最后意见。

(5) 当庭再行调解。调解达成协议的,仲裁庭应当制作调解书。调解书应当写明仲裁请求和当事人协议的结果。调解书由仲裁员签名,加盖劳动争议仲裁委员会印章,送达双方当事人。调解书经双方当事人签收后,发生法律效力。

(6) 调解达不成协议或者调解书送达前,一方当事人反悔的,仲裁庭应当及时作出裁决。

仲裁庭裁决劳动争议案件,应当自劳动争议仲裁委员会受理仲裁申请之日起四十五日内结束。案情复杂需要延期的,经劳动争议仲裁委员会主任批准,可以延期并书面通知当事人,但是延长期限不得超过十五日。逾期未作出仲裁裁决的,当事人可以就该劳动争议事项向人民法院提起诉讼。仲裁庭裁决劳动争议案件时,其中一部分事实已经清楚,可以就该部分先行裁决。

裁决书应当载明仲裁请求、争议事实、裁决理由、裁决结果和裁决日期。裁决书由仲裁员签名,对裁决持不同意见的仲裁员,可以签名,也可以不签名。

七、仲裁文书的生效、撤销和执行

仲裁文书包括仲裁裁决书和经仲裁委员会调解而达成的劳动争议调解书。

（一）仲裁裁决和调解书的生效条件

根据《劳动争议调解仲裁法》的规定，劳动争议仲裁裁决书的生效条件因劳动争议性质的不同而不同。

1. 对于因不超过一定数额的劳动报酬、工伤医疗费、经济补偿金或赔偿金和因执行国家规定的工作时间、休息休假、社会保险等劳动标准而发生的争议，劳动争议仲裁委员会的裁决为终局裁决，裁决书自作出之日起发生法律效力。需要注意的是，该仲裁裁决的效力会因劳动者向人民法院提起诉讼而终止。《劳动争议调解仲裁法》第47条和第48条对此作了规定："下列劳动争议，除本法另有规定的外，仲裁裁决为终局裁决，裁决书自作出之日起发生法律效力：（一）追索劳动报酬、工伤医疗费、经济补偿或者赔偿金，不超过当地月最低工资标准十二个月金额的争议；（二）因执行国家的劳动标准在工作时间、休息休假、社会保险等方面发生的争议。""劳动者对本法第四十七条规定的仲裁裁决不服的，可以自收到仲裁裁决书之日起十五日内向人民法院提起诉讼。"

《劳动争议调解仲裁法》将上述这些案件单列出来，在仲裁环节终局，不必经过法院审理，主要有两个方面的原因：一是这些案件涉案金额比较小、涉及纠纷事项比较简单，便于办案部门操作；二是这两类案件在全部劳动争议案件总数中所占比例较大。据统计，2006年我国劳动争议案件立案总数为31.7万件，其中因劳动报酬和社会保障问题引发的劳动争议占全部劳动争议案件的2/3。① 这样规定，能使相当一批案件得到及时有效的处理，有利于发挥我国处理劳动争议机制上的优势，缩短劳动争议处理周期，降低劳动者的维权成本，也进一步增强了仲裁裁决的法律效力。

2. 其他劳动争议仲裁裁决自当事人收到仲裁裁决书之日起十五日期满不起诉的，裁决书发生法律效力。《劳动争议调解仲裁法》第50条规定："当事人对本法第四十七条规定以外的其他劳动争议案件的仲裁裁决不服的，可以自收到仲裁裁决书之日起十五日内向人民法院提起诉讼；期满不起诉的，裁决书发生法律效力。"

3. 仲裁调解书经双方当事人签收后，发生法律效力。

（二）仲裁裁决的撤销

仲裁裁决的撤销是指用人单位对法律规定的由劳动争议仲裁机构终局裁决

---

① 参见《〈劳动争议仲裁法〉将二审增设"一裁终审"制度（2）》，http://www.chinanews.com.cn/gn/news/2007/10-24/1057293.shtml，2009年8月17日访问。

的劳动争议的裁决书不服而实施的司法救济方式。根据《劳动争议调解仲裁法》第49条第1、2款的规定:"用人单位有证据证明本法第四十七条规定的仲裁裁决有下列情形之一,可以自收到仲裁裁决书之日起三十日内向劳动争议仲裁委员会所在地的中级人民法院申请撤销裁决:(一)适用法律、法规确有错误的;(二)劳动争议仲裁委员会无管辖权的;(三)违反法定程序的;(四)裁决所根据的证据是伪造的;(五)对方当事人隐瞒了足以影响公正裁决的证据的;(六)仲裁员在仲裁该案时有索贿受贿、徇私舞弊、枉法裁决行为的。人民法院经组成合议庭审查核实裁决有前款规定情形之一的,应当裁定撤销。"

(三) 仲裁文书的执行

1. 当事人对发生法律效力的调解书、裁决书,应当依照规定的期限履行。一方当事人逾期不履行的,另一方当事人可以依照民事诉讼法的有关规定向人民法院申请执行。受理申请的人民法院应当依法执行。

2. 仲裁裁决的先予执行。根据《劳动争议调解仲裁法》第44条的规定,仲裁庭对当事人之间权利义务关系明确、不先予执行将严重影响申请人的生活的追索劳动报酬、工伤医疗费、经济补偿或者赔偿金的案件,根据当事人的申请,可以裁决先予执行,移送人民法院执行。劳动者申请先予执行的,可以不提供担保。

八、劳动争议仲裁的申诉时效

劳动争议仲裁的申请时效是指法律、法规对劳动争议仲裁委员会及仲裁参加人提起仲裁活动的时限规定。法律规定时效制度的意义在于促使当事人尽早地行使申诉权,以避免劳动关系过长时间地处于不稳定和不确定的状态;促使劳动仲裁机构在法律规定的时间内了结案件,及时维护当事人的合法权益,防止矛盾的激化。我国法律、法规对劳动争议仲裁的申诉时效的规定有着曲折的历程。最早的《劳动争议处理条例》将劳动争议仲裁申诉时效规定为自权利人知道或者应当知道权利受侵害之日起六个月。后来,《劳动法》又将其规定为六十日。《劳动法》第82条规定:"提出仲裁要求的一方应当自劳动争议发生之日起六十日内向劳动争议仲裁委员会提出申请。"十多年的司法实践证明,《劳动法》规定的劳动争议仲裁时效过短,不利于对劳动者合法权益的保护。为此,《劳动争议调解仲裁法》在总结以往劳动立法和司法实践的经验后,对劳动争议仲裁时效制度作了如下规定:

(一) 仲裁时效的一般规定

《劳动争议调解仲裁法》第27条规定:"劳动争议申请仲裁的时效期间为一年。仲裁时效期间从当事人知道或者应当知道其权利被侵害之日起计算。"劳动关系存续期间因拖欠劳动报酬发生争议的,劳动者申请仲裁不受前款规定的仲裁时效期间的限制;但是,劳动关系终止的,应当自劳动关系终止之日起一年内提出。

(二) 仲裁时效的中止和中断

《劳动争议调解仲裁法》确立了劳动争议仲裁时效的中止和中断制度。根据《劳动争议调解仲裁法》第 27 条的规定,仲裁时效因当事人一方向对方当事人主张权利,或者向有关部门请求权利救济,或者对方当事人同意履行义务而中断。从中断时起,仲裁时效期间重新计算。因不可抗力或者有其他正当理由,当事人不能在法律规定的仲裁时效期间申请仲裁的,仲裁时效中止。从中止时效的原因消除之日起,仲裁时效期间继续计算。

第五节 人民法院对劳动争议的审理

一、人民法院对劳动争议审理的概念

人民法院对劳动争议的审理是指人民法院对不服仲裁裁决而提起诉讼的劳动争议,依法进行审理并作出判决的劳动争议处理方式。它是我国劳动争议处理的终极程序,与企业调解委员会对劳动争议的调解和劳动争议仲裁委员会对劳动争议的仲裁一起,构成我国劳动争议处理的完整程序。

二、人民法院对劳动争议案件的受理

根据《劳动争议调解仲裁法》的规定,人民法院应当受理下列劳动争议案件:

(一) 劳动争议仲裁委员会未在法律规定的时限内作出仲裁裁决,当事人向法院依法提起诉讼的

《劳动争议调解仲裁法》第 43 条第 1 款规定:"仲裁庭裁决劳动争议案件,应当自劳动争议仲裁委员会受理仲裁申请之日起四十五日内结束。案情复杂需要延期的,经劳动争议仲裁委员会主任批准,可以延期并书面通知当事人,但是延长期限不得超过十五日。逾期未作出仲裁裁决的,当事人可以就该劳动争议事项向人民法院提起诉讼。"

(二) 劳动者对仲裁裁决不服,依法向人民法院提起诉讼的

《劳动争议调解仲裁法》第 48 条规定:"劳动者对本法第四十七条规定的仲裁裁决不服的,可以自收到仲裁裁决书之日起十五日内向人民法院提起诉讼。"

三、人民法院审理劳动争议的程序

目前,我国劳动争议诉讼适用《民事诉讼法》规定的程序,实行二审终审制,由各级人民法院的民庭受理,包括劳动争议案的起诉、受理、调查取证、审判和执行等一系列诉讼程序。

第十五章 劳动监督检查

第一节 劳动监督检查概述

一、劳监督检查的概念和特征

(一) 劳动监督检查的概念

劳动监督检查是指劳动监督检查主体为保证劳动法的贯彻实施,维护劳动者的合法权益,依法对用人单位遵守劳动法律、法规的情况实行监督和检查等一系列活动的总称。

"徒法不足以自行",制定得再好的法律,如果不能贯彻实施,也只是书面上的一篇文字,没有任何的意义。只有得到全面实施的法律,才能发挥其社会功效和威力。因此,设立劳动监督检查制度,通过对用人单位遵守劳动法律、法规的情况进行监督检查,可以提高劳动关系主体的守法意识,增强其法制观念;及时地发现并制止和纠正违法行为,减少劳动争议的发生;保障劳动法律、法规的全面实施,维护我国劳动关系的协调发展。

(二) 劳动监督检查的法律特征

1. 劳动监督检查的权利主体是依法享有劳动监督检查权的机构和个人

根据我国《劳动法》第十一章的有关规定,享有劳动监督检查权的主体包括:县级以上各级人民政府劳动行政部门、县级以上各级人民政府有关部门、各级工会、其他任何组织和个人。

2. 劳动监督检查的相对人为用人单位,不包括劳动者

(1) 用人单位与劳动者在执行劳动法中所处的地位不同。用人单位与劳动者作为劳动法律关系的主体,虽然都负有遵守劳动法的义务,但用人单位是劳动的组织者和指挥者,而劳动者是作为生产要素进入劳动过程,并按照用人单位的指示履行劳动义务。这决定了:第一,劳动者的劳动行为始终处于用人单位的监督与检查中,即劳动者劳动行为的合法性完全可以通过加强用人单位的劳动组织和管理实现;第二,现行法律已经赋予用人单位对劳动者执行劳动法情况进行监督检查的权利。劳动者遵守劳动法的义务主要表现为:完成生产任务,提高职业技能,执行劳动安全卫生规程,遵守劳动纪律与职业道德。这些义务最终均表现为遵守劳动纪律与用人单位的规章制度,如果劳动者违反这一义务就意味着违反了劳动法的有关规定。我国劳动法在规定劳动者有遵守劳动法义务的同

时,赋予了用人单位对违反这一义务的劳动者进行制裁和处分的权利。例如,《劳动法》第25条规定,用人单位对于"严重违反劳动纪律或者用人单位规章制度的"或者"严重失职,营私舞弊,对用人单位利益造成重大损害的"职工,可以随时通知解除劳动合同。由此可见,用人单位与劳动者在执行劳动法中所处的不同地位,决定了不需要将劳动者纳入劳动监督检查的范围。

(2) 将劳动者排除在劳动监督检查相对人范围之外符合劳动法的立法宗旨。保护劳动者的合法权益是劳动法主要的立法宗旨之一。为此,劳动法对劳动关系的双方当事人采用了不同的本位主义:对劳动者采用的是权利本位主义,而对用人单位采用的是义务本位主义。遵守劳动法的义务主体主要是用人单位,而劳动者往往成为用人单位违反劳动法而权利受侵犯的受害者。为此,劳动者非但不应成为监督检查的相对人,还应成为对用人单位执行劳动法的情况进行监督检查的权利人,以维护自身的合法权益。

(3) 将劳动者排除在监督检查相对人范围之外已成为国际惯例。19世纪30年代,英国颁布的《工厂法》首创工厂法检查制度,一开始就将厂方贯彻执行国家颁布的《工厂法》作为监督检查的对象。后来,世界各国的劳动立法也一直将雇主或者用人单位作为劳动监督检查的相对人。即将用人单位作为劳动监督检查的相对人已经成为世界各国普遍的劳动监督检查规则。

我国1993年颁布的《劳动监察规定》曾将用人单位与劳动者均列入劳动监察相对人的范围,这是不妥的。1995年1月1日起实施的《劳动法》对此进行了及时纠正,重新将劳动监督检查的相对人界定为用人单位。《劳动法》第85条规定:"县级以上各级人民政府劳动行政部门依法对用人单位遵守劳动法律、法规的情况进行监督检查,对违反劳动法律、法规的行为有权制止,并责令改正。"

3. 劳动监督检查的内容是用人单位遵守劳动法律、法规的情况

根据我国《劳动法》第85条和第88条的规定,享有劳动监督检查权的机构和个人依法对用人单位遵守劳动法律、法规的情况进行监督检查。这意味着劳动监督检查的范围非常广泛,它与劳动法所规范的用人单位的行为范围是相对应的,具体包括:用人单位的招工、培训、劳动合同、集体合同、工资、工时、休假、劳动安全与卫生、女职工和未成年工的特殊劳动保护以及执行社会保险和福利等劳动法规定的各方面的内容。

二、劳动监督检查的体系

根据《劳动法》第十一章"监督检查"的规定,我国劳动监督检查的体系包括如下几部分:

(一) 政府部门的监督检查

劳动关系从属性的特点,决定了作为劳动关系主体的用人单位与劳动者在

劳动关系运行过程中所处的地位不同,相对于拥有生产资料的用人单位,劳动者始终处于比较弱的地位。显然,单纯依靠劳动者的力量是难以保障以维护劳动者合法权益为立法宗旨之一的劳动法的全面实施的。政府部门对用人单位遵守劳动法情况的监督检查这一"公"权力的介入,就成为平衡和补救劳动关系主体之间内在矛盾的重要手段,也是保障劳动法全面实施的重要措施。相对于其他机构和个人的监督检查而言,政府部门的监督检查在整个劳动监督检查体系中处于首要地位。这是因为:一方面,政府部门监督检查的范围最广泛。不论用人单位的隶属关系如何,不论劳动关系的哪一部分内容,都可以纳入政府部门监督检查的范围。另一方面,政府部门监督检查具有强制性,是有法律约束力的监督检查。政府部门在对用人单位遵守劳动法的情况进行监督检查时,如发现用人单位违反劳动法律、法规的行为,可以直接行使法律赋予的制止权和制裁权。例如,责令用人单位改正、罚款、吊销营业执照等。由此可见,政府部门的监督检查是一国劳动监督检查体系中最基本和最有效的监督检查形式,其他形式的监督检查只有在政府监督检查形式的配合下,才能发挥作用。因此,要完善和加强劳动监督检查制度,首先应完善和加强政府部门的监督检查。

按照《劳动法》的规定,我国政府部门的监督检查包括两个部分:

1. 劳动行政部门的监督检查

劳动行政部门是我国专门分管劳动工作的政府职能部门。毫无疑问,对用人单位遵守劳动法的情况进行监督检查,以保障劳动法的贯彻实施,是劳动行政部门重要的职责之一。因此,《劳动法》第85条规定:"县级以上各级人民政府劳动行政部门依法对用人单位遵守劳动法律、法规的情况进行监督检查,对违反劳动法律、法规的行为有权制止,并责令改正。"《劳动合同法》第73条规定:"国务院劳动行政部门负责全国劳动合同制度实施的监督管理。县级以上地方人民政府劳动行政部门负责本行政区域内劳动合同制度实施的监督管理。县级以上各级人民政府劳动行政部门在劳动合同制度实施的监督管理工作中,应当听取工会、企业方面代表以及有关行业主管部门的意见。"

2. 政府相关部门的监督检查

基于各种法律之间的关联性和交叉性以及各政府职能部门职责范围的独立性,对用人单位遵守劳动法情况的监督检查完全依靠劳动行政部门的力量是不够的,还必须有其他政府部门的配合。在实践中,可能会出现用人单位的某一行为在违反了劳动法的同时又违反了其他法律、法规规定的情况,即形成违法的竞合。在此情况下,劳动行政部门在对用人单位的违法行为进行处理时就需要有其他政府部门的配合。例如,用人单位违法招用童工,既违反了《禁止使用童工的规定》,同时也违反了国家颁布的《九年制义务教育法》的有关规定。劳动行政部门在对用人单位这一违法行为进行处理时,应与教育等政府管理部门协调处理。另外,某些制裁措施是劳动行政部门以外的其他部门专门行使的。例如,吊销营业执照只能由工商行政部门行使。为此,我国《劳动法》第87条规定:"县级以上各级人民政府有关部门在各自职责范围内,对用人单位遵守劳动法律、法规的情况进行监督。"《劳动合同法》第76条规定:"县级以上人民政府建设、卫生、安全生产监督管理等有关主管部门在各自职责范围内,对用人单位执行劳动合同制度的情况进行监督管理。"

一般而言,政府相关部门的监督检查主要有两种:一是用人单位主管部门的监督检查;二是工商、卫生、公安、税务等专项政府部门的监督检查。

(二) 工会的监督检查

工会以维护职工的合法权益为天职,是职工整体利益的代表。各国劳动法和工会法都赋予工会对用人单位遵守劳动法的情况进行监督检查的权利,我国也不例外。我国《劳动法》第88条第1款规定:"各级工会依法维护劳动者的合法权益,对用人单位遵守劳动法律、法规的情况进行监督。"《劳动合同法》第78条规定:"工会依法维护劳动者的合法权益,对用人单位履行劳动合同、集体合同的情况进行监督。"

工会的监督与政府部门的监督不同。工会既不是政府的职能部门,也不是执法部门,而是群众性的自治组织。因此,工会基于维权的需要,对用人单位遵守劳动法律、法规的情况进行监督,在性质上属于一种社会监督。当发现用人单位存在违反劳动法律、法规的行为而侵害劳动者的合法权益时,工会不能像政府劳动行政部门一样,直接行使制裁权,只能依法向用人单位或者有关部门提出建议、意见和要求,督促用人单位及时纠正,以维护劳动者的合法权益。

(三) 群众监督

为了最大程度地保障劳动法律、法规得到贯彻实施,我国《劳动法》在规定了政府监督检查和工会监督的同时,还设立了群众监督的形式,作为政府监督和工会监督的必要补充。《劳动法》第88条第2款规定:"任何组织和个人对于违反劳动法律、法规的行为有权检举和控告。"《劳动合同法》第79条规定:"任何组织或者个人对违反本法的行为都有权举报,县级以上人民政府劳动行政部门应当及时核实、处理,并对举报有功人员给予奖励。"对用人单位遵守劳动法律、法规的情况进行监督检查是政府有关部门和工会的职责,即对用人单位遵守劳动法律、法规的情况进行监督检查不仅是政府有关部门和工会的权利,也是它们的义务;而对其他不特定的主体而言,对用人单位违反劳动法律、法规的行为进行监督则是法律赋予的一项权利,违反劳动法律、法规的用人单位有义务接受群众的监督。但不特定主体监督的方式应符合法律规定,既可以是检举,也可以是控告。

三、劳动监督检查的立法概况

(一) 世界劳动监督检查制度的起源和发展

世界各国的劳动监督检查体系的主要形式为劳动监察。作为现代意义劳动立法开端的 1802 年英国议会通过的《学徒健康与道德法》,因没有规定专门的执法监督机构,其实施状况与立法规定有相当大的差距。为此,1833 年英国首创《工厂法》的监督检查制度,设立专门的人员作为工厂监察员,负责对业主贯彻实施《工厂法》的状况进行监察。1844 年,监察员成为国家公务员。1892 年,英国政府又任命十五个工人为助理监察员,分布在全国各地,协助监察员工作,并规定地方政府应接受工厂监察员对违反工厂安全、卫生法规的雇主的控告。1901 年,英国还规定,地方政府每年应向内政大臣报告执行工厂法的情况。英国的这些措施开了现代意义劳动监察制度的先河。

在英国逐步完善劳动监督制度的同时,美国的马萨诸塞州于 1877 年首先颁布了《工厂监察法》,之后其他各州相继效仿。从 19 世纪 70 年代至 20 世纪初,法国、德国、瑞典、奥地利、芬兰、荷兰、比利时、意大利等国也先后设立了劳工监察制度。国际劳工组织也通过了一系列的建议书和公约,以推动劳动监察制度的发展。例如,1926 年《(海员)劳动监察建议书》、1937 年《(建筑业)劳动监察建议书》、1947 年《工商业劳动监察公约》(第 81 号公约)、1947 年《(非本部领土)劳动监察员公约》(第 85 号公约)等。其中,第 81 号公约对劳工监察的实施范围、监察员的权利和义务、劳工监察的职能和人员组成等都作了明确的规定,现已被许多国家批准和接受。

(二) 我国劳动监督检查的立法概况

我国早在 1950 年就由政务院颁布了《关于各省、市人民政府劳动局与当地国营企业工作关系的决定》。其中规定,劳动局有权监督检查国营企业有关劳动保护、劳动保险、童工女工、雇佣解雇、集体合同、文化教育等劳动政策法令的执行情况。之后,我国相继制定了《矿山安全监察条例》、《锅炉压力容器安全监察暂行条例》等。经济体制改革后,我国劳动监督检查的立法得到迅速发展。1988 年,国务院批准的《劳动部"三定"方案》,规定劳动部负责全国劳动方针、政策和劳动法律、法规执行情况的监督检查工作。1993 年,劳动部制定和颁布了《劳动监察规定》。1994 年颁布的《劳动法》和 2007 年颁布的《劳动合同法》都对劳动监督检查作了专章的规定。与此相配套,劳动部又制定了《劳动监察员管理办法》、《矿山安全监察员管理办法》、《劳动安全卫生监察员管理办法》、《劳动监察员准则》、《劳动监察程序规定》、《矿山安全监察工作规则》、《建设项目(工程)劳动安全卫生监察规定》、《矿山建设工程安全监督实施办法》、《压力管道安全管理与监察规定》、《处理举报劳动违法行为规定》等一系列规章,国务院也于 2004 年 10 月颁布了《劳动保障监察条例》等。

另外,全国总工会就劳动监督检查制定了一系列的规定,主要有:1985 年制定的《工会劳动保护监督检查委员会工作条例》、1995 年制定的《工会劳动法律监督试行办法》等。

第二节 劳动监察制度

一、劳动监察的概念

劳动监察是指国家设立的劳动监察机构对用人单位遵守劳动法律、法规的情况依法进行检查,并对违法行为进行处罚等一系列监督活动的总称。

劳动监察是政府对劳动法执行情况进行监督检查的最主要的形式,也是世界各国广为运用的一种劳动监督方式。在我国,劳动监察机构与劳动仲裁机构虽然都设立在劳动行政部门,但两者具有明显的区别:

(一)两者的性质不同

劳动监察属于行政执法行为,被监察的相对人如果不服劳动监察机构作出的处罚决定,可依法提起行政复议或者行政诉讼;劳动仲裁属于准司法行为,劳动争议的当事人如果不服仲裁裁决,可依法向人民法院提起民事诉讼。

(二)两者的目的不同

劳动监察以检查监察相对人遵守劳动法的情况并处罚违法行为,从而保障劳动法的贯彻实施为目的;劳动仲裁以处理劳动关系主体发生的劳动争议为目的。

(三)两者受理案件的原则不同

劳动监察机构对其职责范围内的监察事项应主动监察;而劳动仲裁机构对劳动关系当事人之间发生的劳动争议实行不申请不受理的原则,必须在一方当事人申请仲裁时,劳动争议仲裁机构才能审理,即劳动争议仲裁机构不得主动要求处理当事人争议事项。

(四)两者行使职权的方式不同

劳动监察机构可以对违法行为直接行使处罚权,而劳动仲裁机构可以对争议双方当事人依法行使调解权和裁决权,但不能对当事人行使处罚权。

二、劳动监察的形式

劳动监察的形式是指行使劳动监察权的方式。劳动监察的形式按不同的标准可进行不同的分类:

(一) 按照行使劳动监察权的主体划分

1. 机构监察

机构监察是指由法律规定的专门机构对劳动法律、法规执行情况进行的监察。监察机构中设置专职或者兼职的监察员，按照法律规定的程序和方式对监察相对人遵守劳动法律和规范的情况进行监督检查，这是世界各国普遍采用的一种劳动监察方式。例如，日本《劳动标准法》规定："为了本法的执行，在劳动工作的主管部门内应设劳动标准局，各都、道、府、县应设劳动标准局，各都、道、府、县辖区内应设劳动标准监察署。"

2. 个人监察

个人监察是指不设立监察机构，由劳动行政主管部门的首长直接指派或者委任的劳动监察员对劳动法律、法规的执行情况进行监督检查。如土耳其、马达加斯加、巴林等国就实行个人监察制度。

3. 并列监察

并列监察是指由监察机构和独立于监察机构之外的劳动监察员各自按照法律规定的监察范围对劳动法执行情况进行的监督检查。它与单独的机构监察和个人监察不同，在并列监察制度中，监察机构和独立的劳动监察员均是行使劳动监察权的独立主体，两者监察的范围也不相同。如卢旺达的劳动法就有类似的规定。

(二) 按照劳动监察的内容划分

1. 综合监察

综合监察是指劳动监察机构和监察员的监察内容具有多项性和综合性。一般而言，除少数法律明文规定的专项监察项目外，其他项目都在劳动监察机构和劳动监察员的监察范围内。

2. 专项监察

专项监察是指对技术性、专业性强的项目由专门监察机构实施的监察。例如，美国联邦政府劳工部下设职业安全卫生局和采矿安全保健局，分别执行工厂安全卫生监察和矿山安全卫生监察；我国设立专门机构对矿山安全和锅炉压力容器安全进行监察等。

(三) 按照监察权是否由监察机构或者监察人员亲自行使划分

1. 自行监察

自行监察是指监察机构和劳动监察员在法律规定的职权范围内亲自对监察事项进行的监察。这是劳动监察最普遍的形式，除法律明文规定可以委托监察的以外，监察机构或者监察员应当也必须亲自履行监察的职责。

2. 委托监察

委托监察是指劳动监察机构或者劳动监察员将其职权范围内的监察事务，

依法委托给特定的机构或者人员,由接受委托的机构或者人员行使监察权的监察形式。随着现代化生产和高科技的发展,许多领域的劳动监察业务需要由具有相应专业知识的人员完成。为此,有的国家确立了委托监察制度。例如,法国《劳动法典》规定,劳动部长可委托开业医生临时性担任实施涉及工人健康方面的有关职责,以劳工检查机构的顾问资格进行工作的开业医生和工程师在履行这些职责时应享有法律授予劳工检查员的权利。

根据劳动法的有关规定,我国目前实行的是以机构监察、综合监察和自行监察为主的监察体系。

三、我国的劳动监察机构和劳动监察员

（一）劳动监察机构

劳动监察机构是代表国家依法对劳动法的遵守情况进行监察的专门机构。根据我国《劳动监察规定》的规定,我国的劳动监察机构为设立在各级劳动行政部门内行使劳动监察职权的职能机构,行政上隶属于劳动行政部门,业务上受上一级劳动行政主管部门的监督和指导。

县级以上劳动行政部门都设立综合性劳动监察机构,具体负责劳动监察工作;劳动部和省级劳动行政部门还设立锅炉压力容器安全监察机构和矿山安全监察机构,工业或矿山集中的地区劳动行政部门也分别设立锅炉压力容器安全监察机构和矿山安全监察机构。县级劳动监察机构的管辖范围,除省级政府另有规定的以外,负责对本行政区域内的用人单位遵守劳动法律、法规情况的监察;省级、地(市)级劳动监察机构的管辖范围,由省级人民政府确定。

（二）劳动监察员

1. 劳动监察员的概念

劳动监察员是指依法执行劳动监督检查的公务人员。我国的劳动监察员隶属于劳动行政部门,包括一般劳动监察员和劳动安全卫生监察员两种,分别由《劳动监察员管理办法》和《劳动安全卫生监察员管理办法》作了专门规定。其中,一般劳动监察员又由专职监察员和兼职监察员组成。专职监察员是指劳动行政部门专门从事劳动监察工作的人员;兼职监察员是指劳动行政部门非专门从事劳动监察工作的人员。兼职监察员主要负责与其业务有关的单项监察,须对用人单位处罚时,应会同专职监察员进行。

2. 劳动监察员的任职条件

我国有关法律、法规对一般劳动监察员和劳动安全卫生监察员的任职条件分别作了规定,归纳起来,包括如下几个方面:

(1) 政治素质条件。例如,《劳动监察员管理办法》规定,一般劳动监察员应具备"坚持原则,作风正派,勤政廉洁",并能"认真贯彻执行国家法律、法规和

政策"的条件。

（2）专业知识条件。例如，一般劳动监察员要具备"熟悉劳动业务，熟练掌握和运用劳动法律、法规知识"的条件；矿山安全监察员须熟悉矿山安全的技术知识、技术规程和技术规范；锅炉压力容器安全监察员须掌握锅炉压力容器的安全知识等。

（3）专业培训或学历条件。例如，一般劳动监察员的要求是经国务院劳动行政部门或省级劳动行政部门劳动监察专业培训合格的人员；矿山安全监察员须具有中等以上采矿工程专业或相关专业学历。

（4）技术职称条件。矿山安全监察员须具备担任助理工程师以上职称的专业技术水平；锅炉压力容器安全监察员须从高级工程师、工程师、助理工程师或工人技师中选任。

（5）工作经历条件。一般劳动监察员须在劳动行政部门从事劳动行政业务工作三年以上；矿山安全监察员须有两年以上矿山现场工作经历和一年以上矿山安全监察工作经历。

3. 劳动监察员的任命

劳动法律和法规对一般劳动监察员和劳动安全卫生监察员的任命程序和权限分别作了规定。

在一般劳动监察员中，专职劳动监察员的任命，由劳动监察机构负责提出任命建议并填写劳动监察员审批表，经同级人事管理机构审核，报劳动行政部门领导批准；兼职劳动监察员的任命，由有关业务工作机构按规定推荐人选，并填写劳动监察员审批表，经同级劳动监察机构和人事管理机构审核，报劳动行政部门领导批准。经批准任命的劳动监察员由劳动监察机构办理颁发劳动监察证件手续。劳动监察员任命后，地方各级劳动行政部门按照规定填写监察证件统计表，逐级上报省级劳动行政部门，由省级劳动行政部门汇总并报国务院劳动行政部门备案。劳动监察员调离原工作岗位，或不再直接担任劳动监察任务时，由任命机构免去任职，监察机构负责收回其监察证件，并交回发证机构注销。劳动监察员实行每三年进行一次考核验证制度。对经考核合格的换发新证；持证人未按规定考核验证或经考核不能胜任劳动监察工作的，注销其监察证件。劳动监察证件由国务院劳动行政部门统一监制。

劳动安全卫生监察员中，劳动部矿山安全监察机构和锅炉压力容器安全监察机构的监察员，都由劳动部考核任命；地方劳动行政部门矿山安全监察机构和锅炉压力容器安全监察机构的监察员，都由省级劳动行政部门考核任命，报劳动部备案。矿山安全监察员和锅炉压力容器安全监察员经考核合格后，由任命机构发给相应的监察员证件和监察标志。同样，劳动安全卫生监察员的各种证件和标志由国务院劳动部统一监制。

四、劳动监察的对象

劳动监察的对象是监察相对人遵守劳动法的行为。关于劳动监察的对象应明确两个方面的含义：一是监察相对人的范围；二是监察相对人所应遵守的劳动法律规范的范围，即劳动监察保障实施的劳动法律规范的范围。

如前所述，劳动监察的相对人只能是用人单位，不包括劳动者。至于监察相对人所应遵守的劳动法律规范的范围，我国《劳动法》对此并未作明确的规定。理论界和司法界对此也是众说纷纭，莫衷一是。概括起来，有三种观点：

一是所有的劳动法律、法规均为劳动监督检查的法律规范，即用人单位所有的用工行为均属于劳动监督检查的对象，劳动监督检查应保障各种劳动法律、法规的实施。

二是劳动监督检查的法律规范仅限于劳动基准法，即规定劳动标准和劳动条件的最低、最高标准的法律规范。具体包括：最低工资法、工时法、劳动安全卫生法、女工和未成年工劳动保护法等。

三是劳动监督检查的法律规范限于强制性的法律规范。即规定用人单位在用工过程中不得为和必须为的法律规范，具体包括劳动基准法和其他强制性的法律规范，例如，禁止招用童工的法律规定等。

本书同意第三种观点，即应将劳动监督检查的法律规范的范围限定于强制性法律规范。在法理上，按照法律规范的约束力的不同，可将其分为强制性的法律规范和任意性的法律规范。强制性的法律规范是义务人必须遵守的法律规范，而任意性的法律规范当事人是可以选择适用的，它不具有必须遵守的法律效力。因此，将所有的劳动法律、法规均纳入劳动监察的范围，不仅不必要地扩大了劳动监察的范围，分散了原本就紧缺的劳动监察力量，而且容易混淆劳动监察与劳动争议仲裁的界线。而将劳动监察的劳动法律、法规的范围限于劳动基准法，其范围过于狭窄。因为劳动基准法不能涵盖劳动法中所有的强制性法律规范，如果将劳动监察的范围限于劳动基准法，会导致用人单位违反劳动法其他强制性法律规范的行为得不到劳动监察的后果。例如，用人单位违反规定招用童工的行为等。

根据《劳动保障监察条例》第11条的规定："劳动保障行政部门对下列事项实施劳动保障监察：（一）用人单位制定内部劳动保障规章制度的情况；（二）用人单位与劳动者订立劳动合同的情况；（三）用人单位遵守禁止使用童工规定的情况；（四）用人单位遵守女职工和未成年工特殊劳动保护规定的情况；（五）用人单位遵守工作时间和休息休假规定的情况；（六）用人单位支付劳动者工资和执行最低工资标准的情况；（七）用人单位参加各项社会保险和缴纳社会保险费的情况；（八）职业介绍机构、职业技能培训机构和职业技能考核鉴定机构遵守国家有关职业介绍、职业技能培训和职业技能考核鉴定的规定的情况;(九)法律、法规规定的其他劳动保障监察事项。"

五、劳动监察的职责

有关劳动法律和法规对一般劳动监察机构和专门劳动保护监察机构的职责分别作了规定。归纳起来,有如下几个方面:

1. 宣传国家劳动方针政策和劳动法律、法规、规章,督促用人单位贯彻执行。

2. 对用人单位遵守劳动法律、法规、规章的情况进行监督检查,依法纠正和查处违反规定的行为。

3. 参加对职业危害严重的新建、改建、扩建企业和事业单位、重大技术改造工程项目的设计审查和竣工验收;参加有关劳动安全的新技术、新设备、新材料的鉴定;参加矿山设计审查和矿山工程验收。

4. 对设计、制造、安装、使用、检验、修理、改造锅炉压力容器的单位进行监督检查,制止和纠正违反行为。

5. 参加职工伤亡事故的调查和处理。

6. 对劳动监察人员进行培训;对厂长、矿长和特种作业人员进行培训,并按规定进行考核和发证。

7. 法律、法规规定的其他职责。

六、劳动监察机构和劳动监察人员的权利和义务

(一) 劳动监察机构和劳动监察人员的权利

劳动监察机构和劳动监察人员在履行劳动监察职责时,可行使如下权利:

1. 调查权

劳动监察工作属于劳动行政执法,与其他执法部门一样,要遵守"以事实为依据,以法律为准绳"的原则。弄清事实真相,是准确适用法律的前提和基础。因此,法律必须赋予监察机构和监察人员依法调查的权利。调查权应包括检查权、询问权和查阅资料权等。我国《劳动保障监察条例》规定,劳动监察机构和监察人员根据工作的需要,可以随时进入有关单位进行检查;在必要时,可向被调查者下达劳动监察询问通知书、劳动监察指令书,并要求其在收到该通知书或指令书之日起十日内据实向劳动监察机构作出书面答复;查阅(调阅)或复制被检查单位的有关资料,询问有关人员。我国对劳动监察机构和劳动监察人员上述权利的规定,也符合国际劳工组织通过的《工商业劳动监察公约》的有关规定。《工商业劳动监察公约》规定,凡持有正当证件的检查员,有权不论昼夜任何时间,无须事先通知,自由进入应受检查的任何场所;有权白天进入其有正当

理由应受检查的任何工作场所;有权进行其所认为必要的任何检查、试验和询问,以查明用人单位是否严格遵守有关法律,可以单独或当证人面前向企业的雇主或职工询问有关法律实施的任何事项,调阅按法律规定应保存的关于工作条件的任何记录簿、名册或其他文件,查清法律规定必须张贴的通告是否实行,对使用的原料与物质进行抽样检查。

2. 制止和处罚权

劳动监察机构对经调查被确认正在发生的违反劳动法律、法规的行为有制止的权利;对已经发生的违反劳动法律、法规的行为有依法进行处罚的权利。我国《劳动保障监察条例》规定,劳动监察机构和监察人员对有违反劳动法律、法规行为的监察相对人,可依法分别给予警告、通报批评、罚款、吊销许可证、责令停产停业整顿的处罚;对触犯其他行政法规的,可建议有关行政机构给予行政处罚;对触犯刑律的,可建议司法机关追究其刑事责任。《工商业劳动监察公约》也有类似的规定:检查员对已观察到的对工人健康与安全已构成危险的缺点,有权采取步骤予以纠正;有权发布命令要求用人单位于一定期限内将装置和机械设备加以必要的改善,对紧迫的危险立即采取措施加以消除;如这一程序与国家的惯例不符,有权请求主管机关发布命令或采取立即执行的措施。

(二)劳动监察机构和劳动监察人员的义务

《工商业劳动监察公约》要求,劳动监察机构和监察人员在劳动检查中,应承担三方面的义务:禁止与其监督下的企业发生直接或者间接的利益关系;不得泄漏在其执行职务期间所获得的任何资料或商业秘密或工作程序;对任何申诉的来源保守秘密。《工商业劳动监察公约》所规定的上述内容被许多国家的法律、法规所接受。我国《劳动监察规定》规定,劳动监察员在履行职责时,应承担的义务为:秉公执法,不得滥用职权,不得徇私舞弊;不得向他人泄漏案情及企业有关保密资料;为举报者保密。

七、劳动监察的程序

劳动监察程序是劳动监察所应遵循的步骤。它是劳动监察顺利进行并获得公正、合法监察结果的法律保障。按照我国劳动部 1995 年颁布的《劳动监察程序规定》的规定,我国的劳动监察程序有一般劳动监察程序和劳动安全卫生监察程序、不立案劳动监察程序和立案劳动监察程序之分。

(一)一般不立案劳动监察程序

一般不立案劳动监察程序适用于劳动监察机构或劳动监察员未发现监察相对人存在违反劳动法律、法规的行为,仅作例行监察的情况。根据《劳动监察程序规定》的有关规定,一般不立案劳动监察程序的规则较简单,可归纳如下:

1. 监察应有两名以上的劳动监察员共同进行,并出示劳动监察证件,说明身份。

2. 告知用人单位检查的目的、内容、要求和方法。

3. 了解用人单位遵守劳动法律、法规的情况,并巡视劳动场所。在必要时可以通过向用人单位发出劳动监察询问通知书了解用人单位遵守劳动法律、法规的情况。用人单位应自收到通知书之日起十日内向劳动监察机构作出书面答复。

4. 现场检查情况应有笔录,笔录应由劳动监察员和用人单位代表(或法定代表人委托的代理人)签名或盖章,用人单位法定代表人拒不签名或盖章的,应注明拒签情况。

(二) 一般立案劳动监察程序

一般立案劳动监察程序适用于发现劳动监察相对人有违反劳动法律、法规的行为,并经过审查由劳动监察机构确认有违章事实的情况。按照《劳动监察程序规定》的有关规定,劳动监察员在适用一般立案劳动监察程序时应遵守如下规定:

1. 承办人回避制度

承办查处违法案件的劳动监察员,有下列情形之一的,应当自行回避:

(1) 是用人单位法定代表人的近亲属的;

(2) 本人或其近亲属与承办查处的案件有利害关系的;

(3) 因其他原因可能影响案件公正处理的。

当事人认为承办人员应当回避的,有权向承办查处工作的劳动行政部门申请,要求其回避。当事人申请回避,应当采用书面形式。承办人的回避由劳动监察机构负责人决定;劳动监察机构负责人的回避,由劳动行政部门负责人决定。回避决定应在收到申请之日起三日内作出。作出回避决定前,承办人员不得停止对案件的调查处理。对驳回回避申请的决定,应当向申请人说明理由。

2. 按照规定的查处步骤进行

查处违反劳动法律、法规行为的步骤为:

(1) 登记立案。发现监察相对人有违反劳动法律、法规的行为,并经审查由劳动监察机构确认有违法事实的,应当登记立案。登记立案要填写立案审批表,报劳动监察机构负责人审查批准。劳动监察机构负责人的批准之日为立案起始时间。

(2) 调查取证。登记立案后,劳动监察机构应全面、客观、公正地调查、收集有关证据。证据包括书证、物证、视听资料、证人证言、当事人的陈述、鉴定结论、勘验笔录、现场笔录等。承办人完成调查取证后,应向劳动监察机构提交调查报告和处理意见,并填写处理报批表。报批表应写明被处罚单位的名称、案由、违反劳动法律法规事实、被处罚单位的陈述、处理依据、建议处罚意见等。

(3) 处理。劳动监察机构审议劳动监察案件,应按以下规定处理:① 事实清楚,证据确凿,依法应当给予行政处罚的,应将案件处理报批表报劳动行政部门负责人批准。② 依法不应给予行政处罚的,经劳动监察机构负责人批准,应作出撤销案件的决定。③ 证据不足的,应退回原承办人补充调查。补充调查应自退回之日起十五日内结束。经补充调查证据仍然不足的,应作出撤销案件的决定。④ 用人单位有违反其他法律、法规行为的,应建议有处理权的行政机构处理。⑤ 用人单位的违法行为构成犯罪的,应及时提请司法机关依法追究其刑事责任。

劳动监察案件应从立案之日起三十日内结案。特殊情况的经上一级劳动行政部门批准,可以延长,但延长时间最长不得超过三十日。

(4) 制作处罚决定书。劳动监察处罚决定由劳动行政部门作出。劳动监察处罚决定书应载明:被处罚单位的名称,劳动行政部门认定的违法事实,适用的法律、法规,处罚决定,处罚决定的履行方式和期限,被处罚单位依法享有申请行政复议或者提起行政诉讼的权利,作出处罚决定的行政机构的名称,作出处罚决定的时间。

(5) 送达。劳动行政部门在处罚决定作出之日起七日内,应将劳动处罚决定书送达被处罚单位。送达方式参照民事诉讼法的有关规定执行。

(6) 执行。处罚决定书从送达之日起就可以执行。处罚决定中有罚款项目的,被处罚单位应持处罚决定书在规定的时间内向指定的部门缴纳罚款。被处罚单位依法申请行政复议和提起行政诉讼的,在复议和诉讼期间,不影响处罚决定的执行。逾期不申请复议、提起行政诉讼又不履行处罚决定的,劳动行政部门有权申请人民法院强制执行。

(三) 劳动安全卫生监察程序

劳动安全卫生监察程序是指矿山安全卫生和锅炉压力容器等具有专业性的劳动监察所应遵守的规则。根据《矿山安全监察工作规则》、《锅炉压力容器安全监察暂行条例》及其实施细则、《建设项目(工程)劳动安全卫生监察规定》和《违反〈中华人民共和国劳动法〉行政处罚办法》等法律、法规的规定,结合劳动安全卫生监察的实践,可以将劳动安全卫生监察程序归纳如下:

1. 监察准备

具体包括:确定监察的计划和方案,明确检查对象、目标和任务;制作检查表和检查提纲,确定监察实施的步骤和方法;查阅相关的法律和法规的规定,了解法律规定的内容;准备必要的监察工具和仪器等。

2. 实施监察

监察的方式通常有:立案监察、不立案监察;事前监察、事后监察、事中监察。监察的手段通常有:询问当事人,查阅有关材料,检查现场和勘验,以及进行有关鉴定、检验、评价等。

3. 纠正和处罚

对已经认定为违反劳动法律、法规的行为要进行纠正和依法处罚。例如,对用人单位新建、改建、扩建和技术改造项目的劳动安全卫生设施未能与主体工程同时设计、同时施工、同时投入生产和使用,安全卫生设施不符合国家规定标准的,应责令改正,并可处五万元以下罚款;对用人单位锅炉压力容器无使用证而运行的,或不进行定期检验的,应责令停止运行或查封设备,并可处一万元以下罚款;对用人单位锅炉压力容器有事故隐患的,应责令限期改正;对逾期不改正的,应责令停止运行,收回使用证件,并处一万元以下罚款等。对违章的责任人员可以作出行政处罚建议;构成犯罪的,应移交司法部门追究其刑事责任。

第三节 工会组织的监督检查

我国工会是工人阶级自愿组织起来的群众性组织。工会的这一性质决定了维护职工的合法权益是其基本职责。对用人单位遵守劳动法律、法规的情况进行监督检查,是工会维护职工合法权益的有效手段之一。我国立法一贯重视工会的监督检查职责。早在1950年的《工会法》中就规定,工会有监督企业行政方面或资方遵守劳动法的责任。1992年修订的《工会法》,对工会监督用人单位遵守劳动法律、法规的情况的权利和义务作了明确的规定。《劳动法》第88条再一次明确规定:"各级工会依法维护劳动者的合法权益,对用人单位遵守劳动法律、法规的情况进行监督。"为了贯彻《劳动法》的规定,1995年,中华全国总工会发布了《工会劳动法律监督试行办法》(以下简称《试行办法》)。我国工会的劳动监督检查按其监督内容的不同,可分为一般劳动监督和劳动保护监督两部分。

一、工会一般劳动监督

工会一般劳动监督是指各级工会依法对用人单位遵守劳动安全卫生以外的劳动法律、法规的情况的监督。具体包括:执行国家有关就业规定的情况;执行国家有关订立、履行、变更、解除劳动合同规定的情况;履行集体合同的情况;执行国家有关工作时间、休息休假规定的情况;执行国家有关工资报酬规定的情况;执行国家有关职业培训和职业技能考核规定的情况;执行国家有关职工保险、福利待遇规定的情况等。

(一)工会一般劳动监督的机构

按照《试行办法》的有关规定,县级以上工会领导机关设立工会劳动法律监督委员会,由相关业务部门的人员组成,也可以吸收社会有关人士参加。委员会的日常工作由工会有关部门负责。基层工会或职代会设立工会劳动法律监督委员会或监督小组。各级工会劳动法律监督委员会受同级工会委员会领导,并接受上级工会劳动法律监督委员会的业务指导。职代会设立的劳动法律监督委员会对职工代表大会负责。

另外,工会劳动法律监督员应具备下列条件:

(1) 熟悉劳动法律和法规;

(2) 热心为职工群众说话办事;

(3) 奉公守法,清正廉洁。

(二) 工会一般劳动监督应遵守的规则

1. 调查

工会劳动法律监督委员会有权根据职工的申诉、举报对用人单位执行劳动法律、法规的情况进行调查。工会劳动法律监督员对用人单位进行调查时应不少于两人,用人单位应当提供方便,协助其了解情况、查阅资料;监督员在执行任务时,应将调查结果在现场如实记录,经用人单位核阅后,由调查人员和用人单位的有关人员共同签名或盖章,用人单位拒绝签名或盖章的,应当在记录上注明。

2. 参加执法检查

县级以上工会经同级人大、政协同意,可以参加其组织的劳动法律、法规执法检查,可以与政府劳动部门及其他职能部门联合组织劳动法律、法规执法检查。

3. 处理

(1) 县级以上工会劳动法律监督委员会的监督员对调查中发现的违反劳动法律、法规的问题,应向用人单位指出并提出整改意见;严重问题向劳动监察部门通报,并要求查处。

(2) 基层工会劳动法律监督委员会对本单位遵守劳动法律、法规的情况进行监督,对劳动过程中发生的违反劳动法律、法规的问题,应及时向生产管理人员提出改进意见;对于严重损害劳动者合法权益的行为,向企业行政部门提出意见的同时可以向上级工会和当地政府劳动监察部门报告,要求其迅速查处。

(3) 职工代表大会设立的劳动法律监督委员会,对本单位执行劳动法律、法规的情况进行监督,定期向职工代表大会报告工资,针对存在的问题提出意见或议案,经职工代表大会作出决议,督促企业行政部门执行。

二、工会劳动保护监督

工会劳动保护监督是指工会对用人单位遵守国家规定的劳动安全和卫生法律、法规的情况进行的专项监督。

（一）工会劳动保护监督的机构

按照有关规定，市以上各级总工会劳动保护部门设立工会劳动保护监督检查员，基层工会和车间工会建立劳动保护监督检查委员会，工会小组设不脱产的劳动保护检查员。

工会劳动保护监督检查员应具有较高的政策水平，具有助理工程师以上的技术职称或理工科大专以上文化程度，熟悉劳动保护业务，有独立工作的能力，勇于坚持原则，热爱本职工作，密切联系群众。从事五年以上劳动保护工作、经验丰富的科级以上现职工会劳动保护干部，也可以担任劳动保护监督检查员。

省级以上各级工会劳动保护监督检查员，由同级工会考核申报，全国总工会任命；省属市以上各级工会劳动保护监督检查员，由同级工会考核申报，省、自治区、直辖市总工会任命。

（二）工会劳动保护监督检查员的职权

1. 宣传党和国家劳动保护政策、法令，监督检查其贯彻执行。

2. 监督检查新建、扩建或全厂性技术改造项目的劳动保护设施，严格按照与主体工程同时设计、同时施工、同时投入的规定执行。

3. 监督检查劳动保护措施经费的提取、使用和劳动保护措施计划的执行情况；检查企业的生产、劳动保护设施，发现问题后，提出口头或书面建议，限期解决。

4. 发现违章指挥、强令工人冒险作业，或在生产过程中发现明显重大事故隐患和职业危害，危及职工生命安全和会造成国家财产损失时，有权向企业行政部门或现场指挥人员作出停产解决的建议。如无效，即应支持或组织职工拒绝操作，撤离危险现场，职工工资照发。

5. 监督检查《工伤保险条例》的执行。督促企业依法为职工办理工伤保险；发生工伤事故后，协助企业查明事故的原因和责任，总结经验教训，采取防范措施。

附录一

中华人民共和国劳动法

(1994年7月5日第八届全国人民代表大会
常务委员会第八次会议通过)

第一章 总 则

第一条 为了保护劳动者的合法权益,调整劳动关系,建立和维护适应社会主义市场经济的劳动制度,促进经济发展和社会进步,根据宪法,制定本法。

第二条 在中华人民共和国境内的企业、个体经济组织(以下统称用人单位)和与之形成劳动关系的劳动者,适用本法。

国家机关、事业组织、社会团体和与之建立劳动合同关系的劳动者,依照本法执行。

第三条 劳动者享有平等就业和选择职业的权利、取得劳动报酬的权利、休息休假的权利、获得劳动安全卫生保护的权利、接受职业技能培训的权利、享受社会保险和福利的权利、提请劳动争议处理的权利以及法律规定的其他劳动权利。

劳动者应当完成劳动任务,提高职业技能,执行劳动安全卫生规程,遵守劳动纪律和职业道德。

第四条 用人单位应当依法建立和完善规章制度,保障劳动者享有劳动权利和履行劳动义务。

第五条 国家采取各种措施,促进劳动就业,发展职业教育,制定劳动标准,调节社会收入,完善社会保险,协调劳动关系,逐步提高劳动者的生活水平。

第六条 国家提倡劳动者参加社会义务劳动,开展劳动竞赛和合理化建议活动,鼓励和保护劳动者进行科学研究、技术革新和发明创造,表彰和奖励劳动模范和先进工作者。

第七条 劳动者有权依法参加和组织工会。

工会代表和维护劳动者的合法权益,依法独立自主地开展活动。

第八条 劳动者依照法律规定,通过职工大会、职工代表大会或者其他形式,参与民主管理或者就保护劳动者合法权益与用人单位进行平等协商。

第九条 国务院劳动行政部门主管全国劳动工作。

县级以上地方人民政府劳动行政部门主管本行政区域内的劳动工作。

第二章 促进就业

第十条 国家通过促进经济和社会发展,创造就业条件,扩大就业机会。

国家鼓励企业、事业组织、社会团体在法律、行政法规规定的范围内兴办产业或者拓展经营,增加就业。

国家支持劳动者自愿组织起来就业和从事个体经营实现就业。

第十一条 地方各级人民政府应当采取措施,发展多种类型的职业介绍机构,提供就业服务。

第十二条 劳动者就业,不因民族、种族、性别、宗教信仰不同而受歧视。

第十三条 妇女享有与男子平等的就业权利。在录用职工时,除国家规定的不适合妇女的工种或者岗位外,不得以性别为由拒绝录用妇女或者提高对妇女的录用标准。

第十四条 残疾人、少数民族人员、退出现役的军人的就业,法律、法规有特别规定的,从其规定。

第十五条 禁止用人单位招用未满十六周岁的未成年人。

文艺、体育和特种工艺单位招用未满十六周岁的未成年人,必须依照国家有关规定,履行审批手续,并保障其接受义务教育的权利。

第三章 劳动合同和集体合同

第十六条 劳动合同是劳动者与用人单位确立劳动关系、明确双方权利和义务的协议。

建立劳动关系应当订立劳动合同。

第十七条 订立和变更劳动合同,应当遵循平等自愿、协商一致的原则,不得违反法律、行政法规的规定。

劳动合同依法订立即具有法律约束力,当事人必须履行劳动合同规定的义务。

第十八条 下列劳动合同无效:

(一)违反法律、行政法规的劳动合同;

(二)采取欺诈、威胁等手段订立的劳动合同。

无效的劳动合同,从订立的时候起,就没有法律约束力。确认劳动合同部分无效的,如果不影响其余部分的效力,其余部分仍然有效。

劳动合同的无效,由劳动争议仲裁委员会或者人民法院确认。

第十九条　劳动合同应当以书面形式订立,并具备以下条款:

（一）劳动合同期限;

（二）工作内容;

（三）劳动保护和劳动条件;

（四）劳动报酬;

（五）劳动纪律;

（六）劳动合同终止的条件;

（七）违反劳动合同的责任。

劳动合同除前款规定的必备条款外,当事人可以协商约定其他内容。

第二十条　劳动合同的期限分为有固定期限、无固定期限和以完成一定的工作为期限。

劳动者在同一用人单位连续工作满十年以上,当事人双方同意续延劳动合同的,如果劳动者提出订立无固定期限的劳动合同,应当订立无固定期限的劳动合同。

第二十一条　劳动合同可以约定试用期。试用期最长不得超过六个月。

第二十二条　劳动合同当事人可以在劳动合同中约定保守用人单位商业秘密的有关事项。

第二十三条　劳动合同期满或者当事人约定的劳动合同终止条件出现,劳动合同即行终止。

第二十四条　经劳动合同当事人协商一致,劳动合同可以解除。

第二十五条　劳动者有下列情形之一的,用人单位可以解除劳动合同:

（一）在试用期间被证明不符合录用条件的;

（二）严重违反劳动纪律或者用人单位规章制度的;

（三）严重失职,营私舞弊,对用人单位利益造成重大损害的;

（四）被依法追究刑事责任的。

第二十六条　有下列情形之一的,用人单位可以解除劳动合同,但是应当提前三十日以书面形式通知劳动者本人:

（一）劳动者患病或者非因工负伤,医疗期满后,不能从事原工作也不能从事由用人单位另行安排的工作的;

（二）劳动者不能胜任工作,经过培训或者调整工作岗位,仍不能胜任工作的;

（三）劳动合同订立时所依据的客观情况发生重大变化,致使原劳动合同无法履行,经当事人协商不能就变更劳动合同达成协议的。

第二十七条　用人单位濒临破产进行法定整顿期间或者生产经营状况发生

严重困难,确需裁减人员的,应当提前三十日向工会或者全体职工说明情况,听取工会或者职工的意见,经向劳动行政部门报告后,可以裁减人员。

用人单位依据本条规定裁减人员,在六个月内录用人员的,应当优先录用被裁减的人员。

第二十八条 用人单位依据本法第二十四条、第二十六条、第二十七条的规定解除劳动合同的,应当依照国家有关规定给予经济补偿。

第二十九条 劳动者有下列情形之一的,用人单位不得依据本法第二十六条、第二十七条的规定解除劳动合同:

(一)患职业病或者因工负伤并被确认丧失或者部分丧失劳动能力的;

(二)患病或者负伤,在规定的医疗期内的;

(三)女职工在孕期、产期、哺乳期内的;

(四)法律、行政法规规定的其他情形。

第三十条 用人单位解除劳动合同,工会认为不适当的,有权提出意见。如果用人单位违反法律、法规或者劳动合同,工会有权要求重新处理;劳动者申请仲裁或者提起诉讼的,工会应当依法给予支持和帮助。

第三十一条 劳动者解除劳动合同,应当提前三十日以书面形式通知用人单位。

第三十二条 有下列情形之一的,劳动者可以随时通知用人单位解除劳动合同:

(一)在试用期内的;

(二)用人单位以暴力、威胁或者非法限制人身自由的手段强迫劳动的;

(三)用人单位未按照劳动合同约定支付劳动报酬或者提供劳动条件的。

第三十三条 企业职工一方与企业可以就劳动报酬、工作时间、休息休假、劳动安全卫生、保险福利等事项,签订集体合同。集体合同草案应当提交职工代表大会或者全体职工讨论通过。

集体合同由工会代表职工与企业签订;没有建立工会的企业,由职工推举的代表与企业签订。

第三十四条 集体合同签订后应当报送劳动行政部门;劳动行政部门自收到集体合同文本之日起十五日内未提出异议的,集体合同即行生效。

第三十五条 依法签订的集体合同对企业和企业全体职工具有约束力。职工个人与企业订立的劳动合同中劳动条件和劳动报酬等标准不得低于集体合同的规定。

第四章 工作时间和休息休假

第三十六条 国家实行劳动者每日工作时间不超过八小时、平均每周工作时间不超过四十四小时的工时制度。

第三十七条 对实行计件工作的劳动者，用人单位应当根据本法第三十六条规定的工时制度合理确定其劳动定额和计件报酬标准。

第三十八条 用人单位应当保证劳动者每周至少休息一日。

第三十九条 企业因生产特点不能实行本法第三十六条、第三十八条规定的，经劳动行政部门批准，可以实行其他工作和休息办法。

第四十条 用人单位在下列节日期间应当依法安排劳动者休假：

（一）元旦；

（二）春节；

（三）国际劳动节；

（四）国庆节；

（五）法律、法规规定的其他休假节日。

第四十一条 用人单位由于生产经营需要，经与工会和劳动者协商后可以延长工作时间，一般每日不得超过一小时；因特殊原因需要延长工作时间的，在保障劳动者身体健康的条件下延长工作时间每日不得超过三小时，但是每月不得超过三十六小时。

第四十二条 有下列情形之一的，延长工作时间不受本法第四十一条的限制：

（一）发生自然灾害、事故或者因其他原因，威胁劳动者生命健康和财产安全，需要紧急处理的；

（二）生产设备、交通运输线路、公共设施发生故障，影响生产和公众利益，必须及时抢修的；

（三）法律、行政法规规定的其他情形。

第四十三条 用人单位不得违反本法规定延长劳动者的工作时间。

第四十四条 有下列情形之一的，用人单位应当按照下列标准支付高于劳动者正常工作时间工资的工资报酬：

（一）安排劳动者延长工作时间的，支付不低于工资的百分之一百五十的工资报酬；

（二）休息日安排劳动者工作又不能安排补休的，支付不低于工资的百分之二百的工资报酬；

（三）法定休假日安排劳动者工作的，支付不低于工资的百分之三百的工资报酬。

第四十五条 国家实行带薪年休假制度。

劳动者连续工作一年以上的,享受带薪年休假。具体办法由国务院规定。

第五章 工 资

第四十六条 工资分配应当遵循按劳分配原则,实行同工同酬。

工资水平在经济发展的基础上逐步提高。国家对工资总量实行宏观调控。

第四十七条 用人单位根据本单位的生产经营特点和经济效益,依法自主确定本单位的工资分配方式和工资水平。

第四十八条 国家实行最低工资保障制度。最低工资的具体标准由省、自治区、直辖市人民政府规定,报国务院备案。

用人单位支付劳动者的工资不得低于当地最低工资标准。

第四十九条 确定和调整最低工资标准应当综合参考下列因素：

(一)劳动者本人及平均赡养人口的最低生活费用;

(二)社会平均工资水平;

(三)劳动生产率;

(四)就业状况;

(五)地区之间经济发展水平的差异。

第五十条 工资应当以货币形式按月支付给劳动者本人。不得克扣或者无故拖欠劳动者的工资。

第五十一条 劳动者在法定休假日和婚丧假期间以及依法参加社会活动期间,用人单位应当依法支付工资。

第六章 劳动安全卫生

第五十二条 用人单位必须建立、健全劳动安全卫生制度,严格执行国家劳动安全卫生规程和标准,对劳动者进行劳动安全卫生教育,防止劳动过程中的事故,减少职业危害。

第五十三条 劳动安全卫生设施必须符合国家规定的标准。

新建、改建、扩建工程的劳动安全卫生设施必须与主体工程同时设计、同时施工、同时投入生产和使用。

第五十四条 用人单位必须为劳动者提供符合国家规定的劳动安全卫生条件和必要的劳动防护用品,对从事有职业危害作业的劳动者应当定期进行健康检查。

第五十五条 从事特种作业的劳动者必须经过专门培训并取得特种作业资格。

第五十六条 劳动者在劳动过程中必须严格遵守安全操作规程。

劳动者对用人单位管理人员违章指挥、强令冒险作业,有权拒绝执行;对危害生命安全和身体健康的行为,有权提出批评、检举和控告。

第五十七条 国家建立伤亡事故和职业病统计报告和处理制度。县级以上各级人民政府劳动行政部门、有关部门和用人单位应当依法对劳动者在劳动过程中发生的伤亡事故和劳动者的职业病状况,进行统计、报告和处理。

第七章 女职工和未成年工特殊保护

第五十八条 国家对女职工和未成年工实行特殊劳动保护。

未成年工是指年满十六周岁未满十八周岁的劳动者。

第五十九条 禁止安排女职工从事矿山井下、国家规定的第四级体力劳动强度的劳动和其他禁忌从事的劳动。

第六十条 不得安排女职工在经期从事高处、低温、冷水作业和国家规定的第三级体力劳动强度的劳动。

第六十一条 不得安排女职工在怀孕期间从事国家规定的第三级体力劳动强度的劳动和孕期禁忌从事的劳动。对怀孕七个月以上的女职工,不得安排其延长工作时间和夜班劳动。

第六十二条 女职工生育享受不少于九十天的产假。

第六十三条 不得安排女职工在哺乳未满一周岁的婴儿期间从事国家规定的第三级体力劳动强度的劳动和哺乳期禁忌从事的其他劳动,不得安排其延长工作时间和夜班劳动。

第六十四条 不得安排未成年工从事矿山井下、有毒有害、国家规定的第四级体力劳动强度的劳动和其他禁忌从事的劳动。

第六十五条 用人单位应当对未成年工定期进行健康检查。

第八章 职业培训

第六十六条 国家通过各种途径,采取各种措施,发展职业培训事业,开发劳动者的职业技能,提高劳动者素质,增强劳动者的就业能力和工作能力。

第六十七条 各级人民政府应当把发展职业培训纳入社会经济发展的规划,鼓励和支持有条件的企业、事业组织、社会团体和个人进行各种形式的职业培训。

第六十八条 用人单位应当建立职业培训制度,按照国家规定提取和使用职业培训经费,根据本单位实际,有计划地对劳动者进行职业培训。

从事技术工种的劳动者,上岗前必须经过培训。

第六十九条 国家确定职业分类,对规定的职业制定职业技能标准,实行职业资格证书制度,由经过政府批准的考核鉴定机构负责对劳动者实施职业技能考核鉴定。

第九章 社会保险和福利

第七十条 国家发展社会保险事业,建立社会保险制度,设立社会保险基金,使劳动者在年老、患病、工伤、失业、生育等情况下获得帮助和补偿。

第七十一条 社会保险水平应当与社会经济发展水平和社会承受能力相适应。

第七十二条 社会保险基金按照保险类型确定资金来源,逐步实行社会统筹。用人单位和劳动者必须依法参加社会保险,缴纳社会保险费。

第七十三条 劳动者在下列情形下,依法享受社会保险待遇:

(一)退休;

(二)患病、负伤;

(三)因工伤残或者患职业病;

(四)失业;

(五)生育。

劳动者死亡后,其遗属依法享受遗属津贴。

劳动者享受社会保险待遇的条件和标准由法律、法规规定。

劳动者享受的社会保险金必须按时足额支付。

第七十四条 社会保险基金经办机构依照法律规定收支、管理和运营社会保险基金,并负有使社会保险基金保值增值的责任。

社会保险基金监督机构依照法律规定,对社会保险基金的收支、管理和运营实施监督。

社会保险基金经办机构和社会保险基金监督机构的设立和职能由法律规定。

任何组织和个人不得挪用社会保险基金。

第七十五条 国家鼓励用人单位根据本单位实际情况为劳动者建立补充保险。

国家提倡劳动者个人进行储蓄性保险。

第七十六条 国家发展社会福利事业,兴建公共福利设施,为劳动者休息、休养和疗养提供条件。

用人单位应当创造条件,改善集体福利,提高劳动者的福利待遇。

第十章 劳动争议

第七十七条 用人单位与劳动者发生劳动争议,当事人可以依法申请调解、仲裁、提起诉讼,也可以协商解决。

调解原则适用于仲裁和诉讼程序。

第七十八条 解决劳动争议,应当根据合法、公正、及时处理的原则,依法维护劳动争议当事人的合法权益。

第七十九条 劳动争议发生后,当事人可以向本单位劳动争议调解委员会申请调解;调解不成,当事人一方要求仲裁的,可以向劳动争议仲裁委员会申请仲裁。当事人一方也可以直接向劳动争议仲裁委员会申请仲裁。对仲裁裁决不服的,可以向人民法院提起诉讼。

第八十条 在用人单位内,可以设立劳动争议调解委员会。劳动争议调解委员会由职工代表、用人单位代表和工会代表组成。劳动争议调解委员会主任由工会代表担任。

劳动争议经调解达成协议的,当事人应当履行。

第八十一条 劳动争议仲裁委员会由劳动行政部门代表、同级工会代表、用人单位方面的代表组成。劳动争议仲裁委员会主任由劳动行政部门代表担任。

第八十二条 提出仲裁要求的一方应当自劳动争议发生之日起六十日内向劳动争议仲裁委员会提出书面申请。仲裁裁决一般应在收到仲裁申请的六十日内作出。对仲裁裁决无异议的,当事人必须履行。

第八十三条 劳动争议当事人对仲裁裁决不服的,可以自收到仲裁裁决书之日起十五日内向人民法院提起诉讼。一方当事人在法定期限内不起诉又不履行仲裁裁决的,另一方当事人可以申请人民法院强制执行。

第八十四条 因签订集体合同发生争议,当事人协商解决不成的,当地人民政府劳动行政部门可以组织有关各方协调处理。

因履行集体合同发生争议,当事人协商解决不成的,可以向劳动争议仲裁委员会申请仲裁;对仲裁裁决不服的,可以自收到仲裁裁决书之日起十五日内向人民法院提起诉讼。

第十一章 监督检查

第八十五条 县级以上各级人民政府劳动行政部门依法对用人单位遵守劳

动法律、法规的情况进行监督检查,对违反劳动法律、法规的行为有权制止,并责令改正。

第八十六条 县级以上各级人民政府劳动行政部门监督检查人员执行公务,有权进入用人单位了解执行劳动法律、法规的情况,查阅必要的资料,并对劳动场所进行检查。

县级以上各级人民政府劳动行政部门监督检查人员执行公务,必须出示证件,秉公执法并遵守有关规定。

第八十七条 县级以上各级人民政府有关部门在各自职责范围内,对用人单位遵守劳动法律、法规的情况进行监督。

第八十八条 各级工会依法维护劳动者的合法权益,对用人单位遵守劳动法律、法规的情况进行监督。

任何组织和个人对于违反劳动法律、法规的行为有权检举和控告。

第十二章 法律责任

第八十九条 用人单位制定的劳动规章制度违反法律、法规规定的,由劳动行政部门给予警告,责令改正;对劳动者造成损害的,应当承担赔偿责任。

第九十条 用人单位违反本法规定,延长劳动者工作时间的,由劳动行政部门给予警告,责令改正,并可以处以罚款。

第九十一条 用人单位有下列侵害劳动者合法权益情形之一的,由劳动行政部门责令支付劳动者的工资报酬、经济补偿,并可以责令支付赔偿金:

(一)克扣或者无故拖欠劳动者工资的;
(二)拒不支付劳动者延长工作时间工资报酬的;
(三)低于当地最低工资标准支付劳动者工资的;
(四)解除劳动合同后,未依照本法规定给予劳动者经济补偿的。

第九十二条 用人单位的劳动安全设施和劳动卫生条件不符合国家规定或者未向劳动者提供必要的劳动防护用品和劳动保护设施的,由劳动行政部门或者有关部门责令改正,可以处以罚款;情节严重的,提请县级以上人民政府决定责令停产整顿;对事故隐患不采取措施,致使发生重大事故,造成劳动者生命和财产损失的,对责任人员比照刑法第一百八十七条的规定追究刑事责任。

第九十三条 用人单位强令劳动者违章冒险作业,发生重大伤亡事故,造成严重后果的,对责任人员依法追究刑事责任。

第九十四条 用人单位非法招用未满十六周岁的未成年人的,由劳动行政部门责令改正,处以罚款;情节严重的,由工商行政管理部门吊销营业执照。

第九十五条 用人单位违反本法对女职工和未成年工的保护规定,侵害其合法权益的,由劳动行政部门责令改正,处以罚款;对女职工或者未成年工造成损害的,应当承担赔偿责任。

第九十六条 用人单位有下列行为之一,由公安机关对责任人员处以十五日以下拘留、罚款或者警告;构成犯罪的,对责任人员依法追究刑事责任:

(一)以暴力、威胁或者非法限制人身自由的手段强迫劳动的;

(二)侮辱、体罚、殴打、非法搜查和拘禁劳动者的。

第九十七条 由于用人单位的原因订立的无效合同,对劳动者造成损害的,应当承担赔偿责任。

第九十八条 用人单位违反本法规定的条件解除劳动合同或者故意拖延不订立劳动合同的,由劳动行政部门责令改正;对劳动者造成损害的,应当承担赔偿责任。

第九十九条 用人单位招用尚未解除劳动合同的劳动者,对原用人单位造成经济损失的,该用人单位应当依法承担连带赔偿责任。

第一百条 用人单位无故不缴纳社会保险费的,由劳动行政部门责令其限期缴纳,逾期不缴的,可以加收滞纳金。

第一百零一条 用人单位无理阻挠劳动行政部门、有关部门及其工作人员行使监督检查权,打击报复举报人员的,由劳动行政部门或者有关部门处以罚款;构成犯罪的,对责任人员依法追究刑事责任。

第一百零二条 劳动者违反本法规定的条件解除劳动合同或者违反劳动合同中约定的保密事项,对用人单位造成经济损失的,应当依法承担赔偿责任。

第一百零三条 劳动行政部门或者有关部门的工作人员滥用职权、玩忽职守、徇私舞弊,构成犯罪的,依法追究刑事责任;不构成犯罪的,给予行政处分。

第一百零四条 国家工作人员和社会保险基金经办机构的工作人员挪用社会保险基金,构成犯罪的,依法追究刑事责任。

第一百零五条 违反本法规定侵害劳动者合法权益,其他法律、法规已规定处罚的,依照该法律、行政法规的规定处罚。

第十三章 附 则

第一百零六条 省、自治区、直辖市人民政府根据本法和本地区的实际情况,规定劳动合同制度的实施步骤,报国务院备案。

第一百零七条 本法自1995年1月1日起施行。

附录二

中华人民共和国劳动合同法

(2007年6月29日第十届全国人民代表大会
常务委员会第二十八次会议通过)

第一章 总 则

第一条 为了完善劳动合同制度,明确劳动合同双方当事人的权利和义务,保护劳动者的合法权益,构建和发展和谐稳定的劳动关系,制定本法。

第二条 中华人民共和国境内的企业、个体经济组织、民办非企业单位等组织(以下称用人单位)与劳动者建立劳动关系,订立、履行、变更、解除或者终止劳动合同,适用本法。

国家机关、事业单位、社会团体和与其建立劳动关系的劳动者,订立、履行、变更、解除或者终止劳动合同,依照本法执行。

第三条 订立劳动合同,应当遵循合法、公平、平等自愿、协商一致、诚实信用的原则。

依法订立的劳动合同具有约束力,用人单位与劳动者应当履行劳动合同约定的义务。

第四条 用人单位应当依法建立和完善劳动规章制度,保障劳动者享有劳动权利、履行劳动义务。

用人单位在制定、修改或者决定有关劳动报酬、工作时间、休息休假、劳动安全卫生、保险福利、职工培训、劳动纪律以及劳动定额管理等直接涉及劳动者切身利益的规章制度或者重大事项时,应当经职工代表大会或者全体职工讨论,提出方案和意见,与工会或者职工代表平等协商确定。

在规章制度和重大事项决定实施过程中,工会或者职工认为不适当的,有权向用人单位提出,通过协商予以修改完善。

用人单位应当将直接涉及劳动者切身利益的规章制度和重大事项决定公示,或者告知劳动者。

第五条 县级以上人民政府劳动行政部门会同工会和企业方面代表,建立健全协调劳动关系三方机制,共同研究解决有关劳动关系的重大问题。

第六条　工会应当帮助、指导劳动者与用人单位依法订立和履行劳动合同，并与用人单位建立集体协商机制，维护劳动者的合法权益。

第二章　劳动合同的订立

第七条　用人单位自用工之日起即与劳动者建立劳动关系。用人单位应当建立职工名册备查。

第八条　用人单位招用劳动者时，应当如实告知劳动者工作内容、工作条件、工作地点、职业危害、安全生产状况、劳动报酬，以及劳动者要求了解的其他情况；用人单位有权了解劳动者与劳动合同直接相关的基本情况，劳动者应当如实说明。

第九条　用人单位招用劳动者，不得扣押劳动者的居民身份证和其他证件，不得要求劳动者提供担保或者以其他名义向劳动者收取财物。

第十条　建立劳动关系，应当订立书面劳动合同。

已建立劳动关系，未同时订立书面劳动合同的，应当自用工之日起一个月内订立书面劳动合同。

用人单位与劳动者在用工前订立劳动合同的，劳动关系自用工之日起建立。

第十一条　用人单位未在用工的同时订立书面劳动合同，与劳动者约定的劳动报酬不明确的，新招用的劳动者的劳动报酬按照集体合同规定的标准执行；没有集体合同或者集体合同未规定的，实行同工同酬。

第十二条　劳动合同分为固定期限劳动合同、无固定期限劳动合同和以完成一定工作任务为期限的劳动合同。

第十三条　固定期限劳动合同，是指用人单位与劳动者约定合同终止时间的劳动合同。

用人单位与劳动者协商一致，可以订立固定期限劳动合同。

第十四条　无固定期限劳动合同，是指用人单位与劳动者约定无确定终止时间的劳动合同。

用人单位与劳动者协商一致，可以订立无固定期限劳动合同。有下列情形之一，劳动者提出或者同意续订、订立劳动合同的，除劳动者提出订立固定期限劳动合同外，应当订立无固定期限劳动合同：

（一）劳动者在该用人单位连续工作满十年的；

（二）用人单位初次实行劳动合同制度或者国有企业改制重新订立劳动合同时，劳动者在该用人单位连续工作满十年且距法定退休年龄不足十年的；

（三）连续订立二次固定期限劳动合同，且劳动者没有本法第三十九条和第四十条第一项、第二项规定的情形，续订劳动合同的。

用人单位自用工之日起满一年不与劳动者订立书面劳动合同的,视为用人单位与劳动者已订立无固定期限劳动合同。

第十五条 以完成一定工作任务为期限的劳动合同,是指用人单位与劳动者约定以某项工作的完成为合同期限的劳动合同。

用人单位与劳动者协商一致,可以订立以完成一定工作任务为期限的劳动合同。

第十六条 劳动合同由用人单位与劳动者协商一致,并经用人单位与劳动者在劳动合同文本上签字或者盖章生效。

劳动合同文本由用人单位和劳动者各执一份。

第十七条 劳动合同应当具备以下条款:
(一)用人单位的名称、住所和法定代表人或者主要负责人;
(二)劳动者的姓名、住址和居民身份证或者其他有效身份证件号码;
(三)劳动合同期限;
(四)工作内容和工作地点;
(五)工作时间和休息休假;
(六)劳动报酬;
(七)社会保险;
(八)劳动保护、劳动条件和职业危害防护;
(九)法律、法规规定应当纳入劳动合同的其他事项。

劳动合同除前款规定的必备条款外,用人单位与劳动者可以约定试用期、培训、保守秘密、补充保险和福利待遇等其他事项。

第十八条 劳动合同对劳动报酬和劳动条件等标准约定不明确,引发争议的,用人单位与劳动者可以重新协商;协商不成的,适用集体合同规定;没有集体合同或者集体合同未规定劳动报酬的,实行同工同酬;没有集体合同或者集体合同未规定劳动条件等标准的,适用国家有关规定。

第十九条 劳动合同期限三个月以上不满一年的,试用期不得超过一个月;劳动合同期限一年以上不满三年的,试用期不得超过二个月;三年以上固定期限和无固定期限的劳动合同,试用期不得超过六个月。

同一用人单位与同一劳动者只能约定一次试用期。

以完成一定工作任务为期限的劳动合同或者劳动合同期限不满三个月的,不得约定试用期。

试用期包含在劳动合同期限内。劳动合同仅约定试用期的,试用期不成立,该期限为劳动合同期限。

第二十条 劳动者在试用期的工资不得低于本单位相同岗位最低档工资或者劳动合同约定工资的百分之八十,并不得低于用人单位所在地的最低工资标准。

第二十一条 在试用期中,除劳动者有本法第三十九条和第四十条第一项、第二项规定的情形外,用人单位不得解除劳动合同。用人单位在试用期解除劳动合同的,应当向劳动者说明理由。

第二十二条 用人单位为劳动者提供专项培训费用,对其进行专业技术培训的,可以与该劳动者订立协议,约定服务期。

劳动者违反服务期约定的,应当按照约定向用人单位支付违约金。违约金的数额不得超过用人单位提供的培训费用。用人单位要求劳动者支付的违约金不得超过服务期尚未履行部分所应分摊的培训费用。

用人单位与劳动者约定服务期的,不影响按照正常的工资调整机制提高劳动者在服务期期间的劳动报酬。

第二十三条 用人单位与劳动者可以在劳动合同中约定保守用人单位的商业秘密和与知识产权相关的保密事项。

对负有保密义务的劳动者,用人单位可以在劳动合同或者保密协议中与劳动者约定竞业限制条款,并约定在解除或者终止劳动合同后,在竞业限制期限内按月给予劳动者经济补偿。劳动者违反竞业限制约定的,应当按照约定向用人单位支付违约金。

第二十四条 竞业限制的人员限于用人单位的高级管理人员、高级技术人员和其他负有保密义务的人员。竞业限制的范围、地域、期限由用人单位与劳动者约定,竞业限制的约定不得违反法律、法规的规定。

在解除或者终止劳动合同后,前款规定的人员到与本单位生产或者经营同类产品、从事同类业务的有竞争关系的其他用人单位,或者自己开业生产或者经营同类产品、从事同类业务的竞业限制期限,不得超过二年。

第二十五条 除本法第二十二条和第二十三条规定的情形外,用人单位不得与劳动者约定由劳动者承担违约金。

第二十六条 下列劳动合同无效或者部分无效:

(一)以欺诈、胁迫的手段或者乘人之危,使对方在违背真实意思的情况下订立或者变更劳动合同的;

(二)用人单位免除自己的法定责任、排除劳动者权利的;

(三)违反法律、行政法规强制性规定的。

对劳动合同的无效或者部分无效有争议的,由劳动争议仲裁机构或者人民法院确认。

第二十七条 劳动合同部分无效,不影响其他部分效力的,其他部分仍然有效。

第二十八条 劳动合同被确认无效,劳动者已付出劳动的,用人单位应当向劳动者支付劳动报酬。劳动报酬的数额,参照本单位相同或者相近岗位劳动者的劳动报酬确定。

第三章 劳动合同的履行和变更

第二十九条 用人单位与劳动者应当按照劳动合同的约定,全面履行各自的义务。

第三十条 用人单位应当按照劳动合同约定和国家规定,向劳动者及时足额支付劳动报酬。

用人单位拖欠或者未足额支付劳动报酬的,劳动者可以依法向当地人民法院申请支付令,人民法院应当依法发出支付令。

第三十一条 用人单位应当严格执行劳动定额标准,不得强迫或者变相强迫劳动者加班。用人单位安排加班的,应当按照国家有关规定向劳动者支付加班费。

第三十二条 劳动者拒绝用人单位管理人员违章指挥、强令冒险作业的,不视为违反劳动合同。

劳动者对危害生命安全和身体健康的劳动条件,有权对用人单位提出批评、检举和控告。

第三十三条 用人单位变更名称、法定代表人、主要负责人或者投资人等事项,不影响劳动合同的履行。

第三十四条 用人单位发生合并或者分立等情况,原劳动合同继续有效,劳动合同由承继其权利和义务的用人单位继续履行。

第三十五条 用人单位与劳动者协商一致,可以变更劳动合同约定的内容。变更劳动合同,应当采用书面形式。

变更后的劳动合同文本由用人单位和劳动者各执一份。

第四章 劳动合同的解除和终止

第三十六条 用人单位与劳动者协商一致,可以解除劳动合同。

第三十七条 劳动者提前三十日以书面形式通知用人单位,可以解除劳动合同。劳动者在试用期内提前三日通知用人单位,可以解除劳动合同。

第三十八条 用人单位有下列情形之一的,劳动者可以解除劳动合同:

(一)未按照劳动合同约定提供劳动保护或者劳动条件的;

(二)未及时足额支付劳动报酬的;

(三)未依法为劳动者缴纳社会保险费的;

（四）用人单位的规章制度违反法律、法规的规定,损害劳动者权益的;

（五）因本法第二十六条第一款规定的情形致使劳动合同无效的;

（六）法律、行政法规规定劳动者可以解除劳动合同的其他情形。

用人单位以暴力、威胁或者非法限制人身自由的手段强迫劳动者劳动的,或者用人单位违章指挥、强令冒险作业危及劳动者人身安全的,劳动者可以立即解除劳动合同,不需事先告知用人单位。

第三十九条 劳动者有下列情形之一的,用人单位可以解除劳动合同:

（一）在试用期间被证明不符合录用条件的;

（二）严重违反用人单位的规章制度的;

（三）严重失职,营私舞弊,给用人单位造成重大损害的;

（四）劳动者同时与其他用人单位建立劳动关系,对完成本单位的工作任务造成严重影响,或者经用人单位提出,拒不改正的;

（五）因本法第二十六条第一款第一项规定的情形致使劳动合同无效的;

（六）被依法追究刑事责任的。

第四十条 有下列情形之一的,用人单位提前三十日以书面形式通知劳动者本人或者额外支付劳动者一个月工资后,可以解除劳动合同:

（一）劳动者患病或者非因工负伤,在规定的医疗期满后不能从事原工作,也不能从事由用人单位另行安排的工作的;

（二）劳动者不能胜任工作,经过培训或者调整工作岗位,仍不能胜任工作的;

（三）劳动合同订立时所依据的客观情况发生重大变化,致使劳动合同无法履行,经用人单位与劳动者协商,未能就变更劳动合同内容达成协议的。

第四十一条 有下列情形之一,需要裁减人员二十人以上或者裁减不足二十人但占企业职工总数百分之十以上的,用人单位提前三十日向工会或者全体职工说明情况,听取工会或者职工的意见后,裁减人员方案经向劳动行政部门报告,可以裁减人员:

（一）依照企业破产法规定进行重整的;

（二）生产经营发生严重困难的;

（三）企业转产、重大技术革新或者经营方式调整,经变更劳动合同后,仍需裁减人员的;

（四）其他因劳动合同订立时所依据的客观经济情况发生重大变化,致使劳动合同无法履行的。

裁减人员时,应当优先留用下列人员:

（一）与本单位订立较长期限的固定期限劳动合同的;

（二）与本单位订立无固定期限劳动合同的;

（三）家庭无其他就业人员，有需要扶养的老人或者未成年人的。

用人单位依照本条第一款规定裁减人员，在六个月内重新招用人员的，应当通知被裁减的人员，并在同等条件下优先招用被裁减的人员。

第四十二条 劳动者有下列情形之一的，用人单位不得依照本法第四十条、第四十一条的规定解除劳动合同：

（一）从事接触职业病危害作业的劳动者未进行离岗前职业健康检查，或者疑似职业病病人在诊断或者医学观察期间的；

（二）在本单位患职业病或者因工负伤并被确认丧失或者部分丧失劳动能力的；

（三）患病或者非因工负伤，在规定的医疗期内的；

（四）女职工在孕期、产期、哺乳期的；

（五）在本单位连续工作满十五年，且距法定退休年龄不足五年的；

（六）法律、行政法规规定的其他情形。

第四十三条 用人单位单方解除劳动合同，应当事先将理由通知工会。用人单位违反法律、行政法规规定或者劳动合同约定的，工会有权要求用人单位纠正。用人单位应当研究工会的意见，并将处理结果书面通知工会。

第四十四条 有下列情形之一的，劳动合同终止：

（一）劳动合同期满的；

（二）劳动者开始依法享受基本养老保险待遇的；

（三）劳动者死亡，或者被人民法院宣告死亡或者宣告失踪的；

（四）用人单位被依法宣告破产的；

（五）用人单位被吊销营业执照、责令关闭、撤销或者用人单位决定提前解散的；

（六）法律、行政法规规定的其他情形。

第四十五条 劳动合同期满，有本法第四十二条规定情形之一的，劳动合同应当续延至相应的情形消失时终止。但是，本法第四十二条第二项规定丧失或者部分丧失劳动能力劳动者的劳动合同的终止，按照国家有关工伤保险的规定执行。

第四十六条 有下列情形之一的，用人单位应当向劳动者支付经济补偿：

（一）劳动者依照本法第三十八条规定解除劳动合同的；

（二）用人单位依照本法第三十六条规定向劳动者提出解除劳动合同并与劳动者协商一致解除劳动合同的；

（三）用人单位依照本法第四十条规定解除劳动合同的；

（四）用人单位依照本法第四十一条第一款规定解除劳动合同的；

（五）除用人单位维持或者提高劳动合同约定条件续订劳动合同，劳动者不

同意续订的情形外,依照本法第四十四条第一项规定终止固定期限劳动合同的;

（六）依照本法第四十四条第四项、第五项规定终止劳动合同的;

（七）法律、行政法规规定的其他情形。

第四十七条 经济补偿按劳动者在本单位工作的年限,每满一年支付一个月工资的标准向劳动者支付。六个月以上不满一年的,按一年计算;不满六个月的,向劳动者支付半个月工资的经济补偿。

劳动者月工资高于用人单位所在直辖市、设区的市级人民政府公布的本地区上年度职工月平均工资三倍的,向其支付经济补偿的标准按职工月平均工资三倍的数额支付,向其支付经济补偿的年限最高不超过十二年。

本条所称月工资是指劳动者在劳动合同解除或者终止前十二个月的平均工资。

第四十八条 用人单位违反本法规定解除或者终止劳动合同,劳动者要求继续履行劳动合同的,用人单位应当继续履行;劳动者不要求继续履行劳动合同或者劳动合同已经不能继续履行的,用人单位应当依照本法第八十七条规定支付赔偿金。

第四十九条 国家采取措施,建立健全劳动者社会保险关系跨地区转移接续制度。

第五十条 用人单位应当在解除或者终止劳动合同时出具解除或者终止劳动合同的证明,并在十五日内为劳动者办理档案和社会保险关系转移手续。

劳动者应当按照双方约定,办理工作交接。用人单位依照本法有关规定应当向劳动者支付经济补偿的,在办结工作交接时支付。

用人单位对已经解除或者终止的劳动合同的文本,至少保存二年备查。

第五章　特　别　规　定

第一节　集　体　合　同

第五十一条 企业职工一方与用人单位通过平等协商,可以就劳动报酬、工作时间、休息休假、劳动安全卫生、保险福利等事项订立集体合同。集体合同草案应当提交职工代表大会或者全体职工讨论通过。

集体合同由工会代表企业职工一方与用人单位订立;尚未建立工会的用人单位,由上级工会指导劳动者推举的代表与用人单位订立。

第五十二条 企业职工一方与用人单位可以订立劳动安全卫生、女职工权益保护、工资调整机制等专项集体合同。

第五十三条 在县级以下区域内,建筑业、采矿业、餐饮服务业等行业可以由工会与企业方面代表订立行业性集体合同,或者订立区域性集体合同。

第五十四条 集体合同订立后,应当报送劳动行政部门;劳动行政部门自收到集体合同文本之日起十五日内未提出异议的,集体合同即行生效。

依法订立的集体合同对用人单位和劳动者具有约束力。行业性、区域性集体合同对当地本行业、本区域的用人单位和劳动者具有约束力。

第五十五条 集体合同中劳动报酬和劳动条件等标准不得低于当地人民政府规定的最低标准;用人单位与劳动者订立的劳动合同中劳动报酬和劳动条件等标准不得低于集体合同规定的标准。

第五十六条 用人单位违反集体合同,侵犯职工劳动权益的,工会可以依法要求用人单位承担责任;因履行集体合同发生争议,经协商解决不成的,工会可以依法申请仲裁、提起诉讼。

第二节 劳务派遣

第五十七条 劳务派遣单位应当依照公司法的有关规定设立,注册资本不得少于五十万元。

第五十八条 劳务派遣单位是本法所称用人单位,应当履行用人单位对劳动者的义务。劳务派遣单位与被派遣劳动者订立的劳动合同,除应当载明本法第十七条规定的事项外,还应当载明被派遣劳动者的用工单位以及派遣期限、工作岗位等情况。

劳务派遣单位应当与被派遣劳动者订立二年以上的固定期限劳动合同,按月支付劳动报酬;被派遣劳动者在无工作期间,劳务派遣单位应当按照所在地人民政府规定的最低工资标准,向其按月支付报酬。

第五十九条 劳务派遣单位派遣劳动者应当与接受以劳务派遣形式用工的单位(以下称用工单位)订立劳务派遣协议。劳务派遣协议应当约定派遣岗位和人员数量、派遣期限、劳动报酬和社会保险费的数额与支付方式以及违反协议的责任。

用工单位应当根据工作岗位的实际需要与劳务派遣单位确定派遣期限,不得将连续用工期限分割订立数个短期劳务派遣协议。

第六十条 劳务派遣单位应当将劳务派遣协议的内容告知被派遣劳动者。

劳务派遣单位不得克扣用工单位按照劳务派遣协议支付给被派遣劳动者的劳动报酬。

劳务派遣单位和用工单位不得向被派遣劳动者收取费用。

第六十一条 劳务派遣单位跨地区派遣劳动者的,被派遣劳动者享有的劳动报酬和劳动条件,按照用工单位所在地的标准执行。

第六十二条 用工单位应当履行下列义务:

(一) 执行国家劳动标准,提供相应的劳动条件和劳动保护;
(二) 告知被派遣劳动者的工作要求和劳动报酬;
(三) 支付加班费、绩效奖金,提供与工作岗位相关的福利待遇;
(四) 对在岗被派遣劳动者进行工作岗位所必需的培训;
(五) 连续用工的,实行正常的工资调整机制。

用工单位不得将被派遣劳动者再派遣到其他用人单位。

第六十三条 被派遣劳动者享有与用工单位的劳动者同工同酬的权利。用工单位无同类岗位劳动者的,参照用工单位所在地相同或者相近岗位劳动者的劳动报酬确定。

第六十四条 被派遣劳动者有权在劳务派遣单位或者用工单位依法参加或者组织工会,维护自身的合法权益。

第六十五条 被派遣劳动者可以依照本法第三十六条、第三十八条的规定与劳务派遣单位解除劳动合同。

被派遣劳动者有本法第三十九条和第四十条第一项、第二项规定情形的,用工单位可以将劳动者退回劳务派遣单位,劳务派遣单位依照本法有关规定,可以与劳动者解除劳动合同。

第六十六条 劳务派遣一般在临时性、辅助性或者替代性的工作岗位上实施。

第六十七条 用人单位不得设立劳务派遣单位向本单位或者所属单位派遣劳动者。

第三节 非全日制用工

第六十八条 非全日制用工,是指以小时计酬为主,劳动者在同一用人单位一般平均每日工作时间不超过四小时,每周工作时间累计不超过二十四小时的用工形式。

第六十九条 非全日制用工双方当事人可以订立口头协议。

从事非全日制用工的劳动者可以与一个或者一个以上用人单位订立劳动合同;但是,后订立的劳动合同不得影响先订立的劳动合同的履行。

第七十条 非全日制用工双方当事人不得约定试用期。

第七十一条 非全日制用工双方当事人任何一方都可以随时通知对方终止用工。终止用工,用人单位不向劳动者支付经济补偿。

第七十二条 非全日制用工小时计酬标准不得低于用人单位所在地人民政府规定的最低小时工资标准。

非全日制用工劳动报酬结算支付周期最长不得超过十五日。

第六章 监督检查

第七十三条 国务院劳动行政部门负责全国劳动合同制度实施的监督管理。

县级以上地方人民政府劳动行政部门负责本行政区域内劳动合同制度实施的监督管理。

县级以上各级人民政府劳动行政部门在劳动合同制度实施的监督管理工作中,应当听取工会、企业方面代表以及有关行业主管部门的意见。

第七十四条 县级以上地方人民政府劳动行政部门依法对下列实施劳动合同制度的情况进行监督检查:

(一)用人单位制定直接涉及劳动者切身利益的规章制度及其执行的情况;

(二)用人单位与劳动者订立和解除劳动合同的情况;

(三)劳务派遣单位和用工单位遵守劳务派遣有关规定的情况;

(四)用人单位遵守国家关于劳动者工作时间和休息休假规定的情况;

(五)用人单位支付劳动合同约定的劳动报酬和执行最低工资标准的情况;

(六)用人单位参加各项社会保险和缴纳社会保险费的情况;

(七)法律、法规规定的其他劳动监察事项。

第七十五条 县级以上地方人民政府劳动行政部门实施监督检查时,有权查阅与劳动合同、集体合同有关的材料,有权对劳动场所进行实地检查,用人单位和劳动者都应当如实提供有关情况和材料。

劳动行政部门的工作人员进行监督检查,应当出示证件,依法行使职权,文明执法。

第七十六条 县级以上人民政府建设、卫生、安全生产监督管理等有关主管部门在各自职责范围内,对用人单位执行劳动合同制度的情况进行监督管理。

第七十七条 劳动者合法权益受到侵害的,有权要求有关部门依法处理,或者依法申请仲裁、提起诉讼。

第七十八条 工会依法维护劳动者的合法权益,对用人单位履行劳动合同、集体合同的情况进行监督。用人单位违反劳动法律、法规和劳动合同、集体合同的,工会有权提出意见或者要求纠正;劳动者申请仲裁、提起诉讼的,工会依法给予支持和帮助。

第七十九条 任何组织或者个人对违反本法的行为都有权举报,县级以上人民政府劳动行政部门应当及时核实、处理,并对举报有功人员给予奖励。

第七章 法律责任

第八十条 用人单位直接涉及劳动者切身利益的规章制度违反法律、法规规定的,由劳动行政部门责令改正,给予警告;给劳动者造成损害的,应当承担赔偿责任。

第八十一条 用人单位提供的劳动合同文本未载明本法规定的劳动合同必备条款或者用人单位未将劳动合同文本交付劳动者的,由劳动行政部门责令改正;给劳动者造成损害的,应当承担赔偿责任。

第八十二条 用人单位自用工之日起超过一个月不满一年未与劳动者订立书面劳动合同的,应当向劳动者每月支付二倍的工资。

用人单位违反本法规定不与劳动者订立无固定期限劳动合同的,自应当订立无固定期限劳动合同之日起向劳动者每月支付二倍的工资。

第八十三条 用人单位违反本法规定与劳动者约定试用期的,由劳动行政部门责令改正;违法约定的试用期已经履行的,由用人单位以劳动者试用期满月工资为标准,按已经履行的超过法定试用期的期间向劳动者支付赔偿金。

第八十四条 用人单位违反本法规定,扣押劳动者居民身份证等证件的,由劳动行政部门责令限期退还劳动者本人,并依照有关法律规定给予处罚。

用人单位违反本法规定,以担保或者其他名义向劳动者收取财物的,由劳动行政部门责令限期退还劳动者本人,并以每人五百元以上二千元以下的标准处以罚款;给劳动者造成损害的,应当承担赔偿责任。

劳动者依法解除或者终止劳动合同,用人单位扣押劳动者档案或者其他物品的,依照前款规定处罚。

第八十五条 用人单位有下列情形之一的,由劳动行政部门责令限期支付劳动报酬、加班费或者经济补偿;劳动报酬低于当地最低工资标准的,应当支付其差额部分;逾期不支付的,责令用人单位按应付金额百分之五十以上百分之一百以下的标准向劳动者加付赔偿金:

(一)未按照劳动合同的约定或者国家规定及时足额支付劳动者劳动报酬的;

(二)低于当地最低工资标准支付劳动者工资的;

(三)安排加班不支付加班费的;

(四)解除或者终止劳动合同,未依照本法规定向劳动者支付经济补偿的。

第八十六条 劳动合同依照本法第二十六条规定被确认无效,给对方造成损害的,有过错的一方应当承担赔偿责任。

第八十七条 用人单位违反本法规定解除或者终止劳动合同的,应当依照本法第四十七条规定的经济补偿标准的二倍向劳动者支付赔偿金。

第八十八条 用人单位有下列情形之一的,依法给予行政处罚;构成犯罪的,依法追究刑事责任;给劳动者造成损害的,应当承担赔偿责任:

(一)以暴力、威胁或者非法限制人身自由的手段强迫劳动的;

(二)违章指挥或者强令冒险作业危及劳动者人身安全的;

(三)侮辱、体罚、殴打、非法搜查或者拘禁劳动者的;

(四)劳动条件恶劣、环境污染严重,给劳动者身心健康造成严重损害的。

第八十九条 用人单位违反本法规定未向劳动者出具解除或者终止劳动合同的书面证明,由劳动行政部门责令改正;给劳动者造成损害的,应当承担赔偿责任。

第九十条 劳动者违反本法规定解除劳动合同,或者违反劳动合同中约定的保密义务或者竞业限制,给用人单位造成损失的,应当承担赔偿责任。

第九十一条 用人单位招用与其他用人单位尚未解除或者终止劳动合同的劳动者,给其他用人单位造成损失的,应当承担连带赔偿责任。

第九十二条 劳务派遣单位违反本法规定的,由劳动行政部门和其他有关主管部门责令改正;情节严重的,以每人一千元以上五千元以下的标准处以罚款,并由工商行政管理部门吊销营业执照;给被派遣劳动者造成损害的,劳务派遣单位与用工单位承担连带赔偿责任。

第九十三条 对不具备合法经营资格的用人单位的违法犯罪行为,依法追究法律责任;劳动者已经付出劳动的,该单位或者其出资人应当依照本法有关规定向劳动者支付劳动报酬、经济补偿、赔偿金;给劳动者造成损害的,应当承担赔偿责任。

第九十四条 个人承包经营违反本法规定招用劳动者,给劳动者造成损害的,发包的组织与个人承包经营者承担连带赔偿责任。

第九十五条 劳动行政部门和其他有关主管部门及其工作人员玩忽职守、不履行法定职责,或者违法行使职权,给劳动者或者用人单位造成损害的,应当承担赔偿责任;对直接负责的主管人员和其他直接责任人员,依法给予行政处分;构成犯罪的,依法追究刑事责任。

第八章 附 则

第九十六条 事业单位与实行聘用制的工作人员订立、履行、变更、解除或者终止劳动合同,法律、行政法规或者国务院另有规定的,依照其规定;未作规定的,依照本法有关规定执行。

第九十七条 本法施行前已依法订立且在本法施行之日存续的劳动合同,

继续履行;本法第十四条第二款第三项规定连续订立固定期限劳动合同的次数,自本法施行后续订固定期限劳动合同时开始计算。

本法施行前已建立劳动关系,尚未订立书面劳动合同的,应当自本法施行之日起一个月内订立。

本法施行之日存续的劳动合同在本法施行后解除或者终止,依照本法第四十六条规定应当支付经济补偿的,经济补偿年限自本法施行之日起计算;本法施行前按照当时有关规定,用人单位应当向劳动者支付经济补偿的,按照当时有关规定执行。

第九十八条 本法自2008年1月1日起施行。